I0888355

Relatórios de Avaliação Concorrencial da OCDE: Brasil

OCDE
POLÍTICAS MELHORES PARA UMA VIDA MELHOR

Este estudo foi publicado sob a responsabilidade do Secretário-Geral da OCDE. As opiniões expressas e os argumentos utilizados nesta publicação não refletem necessariamente a posição da Organização nem dos Governos de seus países membros.

Este documento e qualquer mapa aqui incluído foi elaborado sem prejuízo do status ou soberania de qualquer território, da delimitação de limites e fronteiras internacionais e do nome do território, cidade ou área.

Os dados estatísticos para Israel são fornecidos por e sob a responsabilidade das autoridades israelenses. O uso desses dados pela OCDE é feito sem prejuízo das colinas de Golã, Jerusalém Oriental e assentamentos israelenses na Cisjordânia, nos termos do direito internacional.

Nota de rodapé da Turquia
As informações deste documento que mencionam "Chipre" referem-se à parte sul da ilha. Não existe uma única autoridade que represente ao mesmo tempo as populações cipriotas turcas e gregas na ilha. A Turquia reconhece a República Turca de Chipre do Norte (RT CN). Enquanto não houver uma solução duradoura e justa no âmbito das Nações Unidas, a Turquia manterá sua posição no que diz respeito à "questão de Chipre".

Nota de rodapé de todos os Estados membros da União Europeia, da OCDE e da União Europeia

A República de Chipre é reconhecida por todos os membros das Nações Unidas com exceção da Turquia. As informações constantes deste documento referem-se à área sob controle efetivo do Governo da República de Chipre.

Por favor, cite esta publicação como:
OECD (2022), *Relatórios de Avaliação Concorrencial da OCDE: Brasil*, OECD Publishing, Paris, https://doi.org/10.1787/283dc7c1-pt.

ISBN 978-92-64-32715-3 (impresso)
ISBN 978-92-64-95445-8 (pdf)
ISBN 978-92-64-85334-8 (HTML)
ISBN 978-92-64-75866-7 (epub)

Publicado originalmente pela OCDE sob o título:
OECD (2022), *OECD Competition Assessment Reviews: Brazil,* OECD Competition Assessment Reviews, OECD Publishing, Paris, https://doi.org/10.1787/d1694e46-en.

A tradução deste documento foi encomendada pela Diretoria de Assuntos Financeiros e Empresariais da OCDE e a sua exatidão não pode ser garantida. As únicas versões oficiais são as versões em inglês e/ou francês.

Fotografias: © Capa realizada por Erica Agostinho usando imagens das seguintes fontes: © NirutiStock/Getty Images; © Inkoly/Getty Images.

As erratas das publicações da OCDE podem ser acessadas online em: www.oecd.org/about/publishing/corrigenda.htm.
© OCDE 2022

O uso do conteúdo do presente trabalho, tanto em formato digital quanto impresso, é regido pelos termos e condições seguintes: https://www.oecd.org/termsandconditions.

Prefácio

Este Relatório de Avaliação Concorrencial da OCDE do Brasil apresenta o resultado de um grande projeto conduzido pela OCDE em estreita colaboração com o Conselho Administrativo de Defesa Econômica. O estudo se beneficiou de contribuições de diversas organizações e avalia como a defesa da concorrência pode ajudar a desenvolver ainda mais os setores portuário e de aviação civil no Brasil. O aumento da concorrência nesses setores, essenciais para o desenvolvimento nacional, pode promover a produtividade econômica de forma ampla e sistemática e, consequentemente, promover o bem-estar e a qualidade de vida na sociedade como um todo.

Três razões complementares tornam este estudo particularmente importante para o Brasil: o cenário atual do país, o escopo da avaliação e seu rigor.

Em primeiro lugar, o momento é ideal, pois o Brasil está passando pelo processo de ingresso na OCDE e é crucial ter uma análise da OCDE sobre como o país pode alcançar uma maior concorrência nesses setores vitais para o desenvolvimento. Os setores portuário e de aviação civil são responsáveis por conectar o Brasil ao resto do mundo, revelando como a comunidade internacional nos vê e o nosso papel na arena internacional.

Em relação ao escopo do trabalho, a OCDE examinou de perto os aspectos significativos desses setores essenciais com a participação ativa de instituições relevantes. Elas incluem os órgãos governamentais, como o Ministério da Economia e o Ministério da Infraestrutura; agências reguladoras, como a ANAC, a agência nacional de aviação civil e a ANTAQ, a agência nacional de transportes aquaviários; a academia, o setor de serviços; e representantes da sociedade civil. Portanto, trata-se de uma análise abrangente dos mercados que impulsionam a maior parte do nosso comércio exterior e empregam um número considerável de pessoas.

Por fim, esse esforço envolveu uma análise profunda e detalhada. Seu início se deu com a coleta de dados de especialistas brasileiros por meio de questionários, relatórios, estudos e reuniões. Após compilar e avaliar essas contribuições, a OCDE comparou o cenário brasileiro com as melhores práticas internacionais. Esse exercício serviu de base para as recomendações presentes neste relatório. Ou seja, as sugestões apresentadas neste documento derivam da vasta experiência da OCDE no estudo das iniciativas setoriais mais bem-sucedidas em todo o mundo e de uma análise de sua aplicabilidade a casos nacionais específicos. Evidentemente, isso não teria sido possível sem uma discussão aprofundada com especialistas e autoridades brasileiras dos dois setores.

Assim, convido-lhe a ler esta importante publicação para entender melhor o funcionamento dos setores portuário e de aviação civil no Brasil; o progresso alcançado até o momento; desafios e questões remanescentes; e as recomendações da OCDE sobre como enfrentá-los de forma mais efetiva.

Gostaria de expressar meus sinceros agradecimentos à OCDE e a todos os especialistas que contribuíram para este projeto.

Alexandre Cordeiro Macedo
Presidente do Conselho Administrativo de Defesa Econômica (CADE)

Introdução

Este estudo examina o impacto da regulamentação sobre a concorrência nos setores de aviação civil e portos do Brasil, os quais, juntos, representaram quase 1,6% do PIB do país antes da pandemia. A avaliação foi feita em cooperação com a autoridade brasileira de defesa da concorrência, o CADE, e mediante consultas feitas com as autoridades brasileiras relevantes e as partes interessadas locais.

O setor de aviação civil brasileiro é o maior mercado de transporte aéreo da América Latina e o décimo maior do mundo em termos de número de passageiros. Ele desempenha um papel importante no desenvolvimento econômico do Brasil e na integração nacional, dada a enorme dimensão geográfica do país. Esse setor foi muito afetado pela crise causada pela COVID-19, com uma queda no número de passageiros de 56% em 2020, e de 20% no número de funcionários no setor de aviação civil em comparação com 2019.

Da mesma forma, a infraestrutura portuária é um elemento-chave para o desenvolvimento econômico do Brasil, uma vez que facilita o comércio nacional e internacional de mercadorias. Em 2021, as exportações e importações por transporte aquaviário representaram mais de 98% das exportações brasileiras e mais de 92% das importações em termos de volume. Ademais, em 2020, o Brasil foi responsável por cerca de 7% do volume global de mercadorias carregadas e quase 4% do volume global de mercadorias descarregadas no comércio marítimo. Em comparação com a aviação civil, os efeitos da pandemia de COVID-19 no setor portuário foram relativamente menos impactantes. Em 2020, o total da carga movimentada nos portos brasileiros aumentou 5% em comparação com 2019.

Este relatório identifica aspectos do ambiente regulatório nacional que podem estar dificultando o funcionamento competitivo e eficiente desses dois setores vitais. Ao aplicar a metodologia estabelecida pelo Guia para a Avaliação da Concorrência da OCDE, são analisados 230 instrumentos legais e identificadas 368 barreiras nas quais mudanças poderiam ser feitas para mitigar o prejuízo e promover uma maior concorrência nesses setores. A OCDE também estimou os benefícios da implementação de certas recomendações-chave e constatou que isso poderia trazer benefícios de cerca de R$ 1 bilhão por ano para a economia brasileira. A redução das barreiras regulatórias à concorrência e à entrada no mercado promove a inovação, a eficiência e a produtividade, mesmo além do setor em que a redução ocorre. O aumento da concorrência também faz com que mais empresas e profissionais entrem no mercado, o que apoia mais investimentos e, em última análise, a criação de empregos. A implementação de um marco regulatório favorável à concorrência que ajude as empresas a evitar custos desnecessários e permita a flexibilidade será crucial durante o período pós-pandemia para auxiliar a atingir uma recuperação sustentável.

O presente relatório contribui para os esforços contínuos do Brasil para fortalecer a sua política de concorrência. O país é membro ativo do Comitê de Concorrência da OCDE há mais de 20 anos e, atualmente, está em processo de se tornar um país membro da OCDE. Outras iniciativas incluíram o relatório *Fighting Bid-Rigging in Brazil: A Review of Federal Public Procurement (Combate a carteis em licitações no Brasil: uma revisão das compras públicas federais)* (2021) e a *OECD Peer Review on Competition Law and Policy* (*Revisão por Pares da OCDE sobre Legislação e Política da Concorrência*) que permitiu ao país se tornar um membro associado do Comitê de Concorrência da OCDE (2019).

Agradecimentos

Este relatório foi desenvolvido pela OCDE em estreita colaboração com o Conselho Administrativo de Defesa Econômica (CADE) e diversas partes interessadas brasileiras que agregaram grande valor à análise e suas conclusões.

A OCDE agradece ao CADE por sua colaboração, compromisso e apoio ao longo do projeto. Em particular, os autores agradecem a Alexandre Cordeiro, Presidente do CADE, Alexandre Barreto, Superintendente-Geral do CADE, Guilherme Resende, Economista-Chefe do CADE, Ricardo Medeiros, Economista-Chefe Adjunto do CADE, e Bruna Pamplona de Queiroz e Carolina Andrade, Chefe e ex-Chefe da Assessoria Internacional do CADE e Pedro de Abreu e Lima Florencio da Assessoria Internacional do CADE.

Reguladores dos setores da aviação civil e portos fizeram contribuições fundamentais para o estudo. Gostaríamos de agradecê-los, em particular, como representantes de suas organizações: Juliano Noman, diretor-presidente da Agência Nacional de Aviação Civil (ANAC); Ronei Glanzmann, Secretário Nacional de Aviação Civil (SAC); Mário Povia, Secretário Nacional de Portos e Transportes Aquaviários (SNPTA); e Eduardo Nery, diretor-geral da Agência Nacional de Transportes Aquaviários (ANTAQ).

A OCDE gostaria de agradecer ao Embaixador Carlos Márcio Cozendey e aos membros de sua equipe em Paris e ao Grupo Consultivo de Alto Nível que serviu de fórum para discussão das conclusões da análise ao longo do projeto. Os membros foram: Juliano Noman, Luiz Gordo e Daiane de Souza, da ANAC; Ronei Glanzmann, Ricardo Rocha e Rodrigo Alencar, da SAC; Eduardo Nery, José Moreira Neto e Sérgio de Oliveira, da ANTAQ; Diogo Piloni, Ana Luiza Salles e Leandro Bernardino, da SNPTA; Geanluca Lorenzon, Alexandre Messa, Patrícia Pereira, Fábio Barbosa e Natasha Miranda, da Secretaria de Acompanhamento Econômico (SEAE); Martha Seillier, Amanda Pereira e Leonardo Maciel, da Secretaria Especial do Programa de Parcerias de Investimentos (SPPI); Luiz de Souza, Bruno Lima, Carlos Modena e José Arthur Silva, do Tribunal de Contas da União (TCU). Gilvandro Vasconcelos Coelho de Araujo também fez contribuições fundamentais.

As seguintes autoridades e empresas públicas participaram das reuniões e forneceram informações, conselhos e feedback no decorrer do projeto:

- Empresa Brasileira de Infraestrutura Aeroportuária, Infraero;
- Banco Central do Brasil, BCB;
- Diretoria de Portos e Costas da Marinha do Brasil, DPC/Marinha;
- Receita Federal do Brasil, RFB;
- Deputado Júlio Lopes;
- Serviço Federal de Processamento de Dados, Serpro;
- Câmara de Comércio Exterior, Camex;
- Agência Nacional do Petróleo, Gás Natural e Biocombustíveis, ANP;
- Departamento Nacional de Registro Empresarial e Integração, DREI;

- Autoridade Nacional de Aviação Civil - Portugal, ANAC;
- *Santos Port Authority* (SPA);
- Secretaria de Comércio Exterior, Secex.

As associações comerciais e empresas privadas mencionadas abaixo foram entrevistadas e forneceram informações valiosas:

- Conselho Internacional de Aeroportos (*Airport Council International* - ACI)
- Associação de Usuários dos Portos da Bahia, USUPORT;
- Brasil Terminal Portuário, BTP;
- Associação Brasileira das Empresas Aéreas, ABEAR;
- Associação Brasileira de Terminais e Recintos Alfandegados, ABTRA;
- Associação Brasileira de Armadores de Cabotagem, ABAC;
- Associação Brasileira dos Terminais Portuários, ABTP;
- Associação Brasileira das ESATAS, ABESATA;
- Instituto Brasileiro de Estudos de Concorrência, Consumo e Comércio Internacional, IBRAC;
- Associação Brasileira de Terminais de Contêineres, ABRATEC;
- Instituto Brasileiro de Petróleo e Gás, IBP;
- Dux;
- ECOSTRAT;
- EC Projetos;
- Associação Internacional de Transportes Aéreos (*International Air Transport Association* - IATA);
- Maersk;
- Maritime Law Academy (MLaw);
- Mind Consultancy
- Associação Nacional das Empresas Administradoras de Aeroportos, ANEAA;
- Associação Nacional de Concessionárias de Aeroportos Brasileiros, ANCAB;
- Associação Nacional dos Usuários dos Transportes de Carga, ANUT;
- Federação Nacional das Operações Portuárias, FENOP;
- Federação Nacional das Agências de Navegação Marítima, FENAMAR;
- Neowise;
- Praticagem de Santos;
- Órgão de Gestão de Mão de Obra de Santos, OGMO Santos;
- Associação de Terminais de Portos Privados, ATP;
- Raízen;
- RIOgaleão;
- SP Marine Pilots;
- Terrafirma;
- WFS/Orbital.

O estudo foi elaborado por uma equipe liderada conjuntamente por Ania Thiemann, Jordi Calvet-Bademunt e Gaetano Lapenta, composta por Thaiane Abreu, Marcelo Guimarães, Lorena Coutinho e Marina Tovolli, todos da Divisão de Concorrência da OCDE, e Camila Sanson e Lucas Motta do CADE. Os professores Camila Pires-Alves e Eduardo Pontual forneceram informações valiosas para a quantificação dos benefícios. A equipe foi supervisionada por Federica Maiorano (Especialista Sênior em Concorrência) e Paulo Burnier da Silveira (Especialista Sênior em Concorrência), com supervisão estratégica de Ori Schwartz e Antonio Capobianco (respectivamente Chefe e Chefe Adjunto) da Divisão de Concorrência da OCDE. Tommaso Majer, Richard May, Said Kechida, Despina Pachnou (todos da Divisão de Concorrência da OCDE) e Olaf Merk (do Fórum Internacional de Transportes (*International Transport Forum*)) forneceram informações valiosas.

O relatório foi editado por Tom Ridgway e preparado para publicação por Erica Agostinho.

Índice

FIGURAS

TABELAS

Acompanhe as publicações da OCDE em:

https://twitter.com/OECD

https://www.facebook.com/theOECD

https://www.linkedin.com/company/organisation-eco-cooperation-development-organisation-cooperation-developpement-eco/

https://www.youtube.com/user/OECDiLibrary

https://www.oecd.org/newsletters/

Abreviações e Acrônimos

ABEAR	Associação Brasileira das Empresas Aéreas
ABESATA	Associação Brasileira das Empresas de Serviços Auxiliares de Transporte Aéreo
Abremar	Associação Brasileira de Cruzeiros Marítimos
ACCC	*Australian Competition and Consumer Commission* (Comissão Australiana da Concorrência e do Consumidor);
ACI	*Airports Council International* (Conselho Internacional de Aeroportos)
AGU	Advocacia-Geral da União
ALC	América Latina e Caribe
ANAC	Agência Nacional de Aviação Civil
ANP	Agência Nacional do Petróleo, Gás Natural e Biocombustíveis
ANTAQ	Agência Nacional de Transportes Aquaviários
ANVISA	Agência Nacional de Vigilância Sanitária
APEX	Agência Brasileira de Promoção de Exportações e Investimentos
ASA	*Aeropuertos y Servicios Auxiliares de Mexico* (Aeroportos e Serviços Auxiliares do México)
ASK	Assentos-Quilômetros Oferecidos
ATC	Controle de Tráfego Aéreo
ATO	Organizações de treinamento aprovadas
ATP	Associação de Terminais Portuários Privados
AVGAS	Gasolina de aviação
BAA	*British Airports Authority* (Autoridade Britânica de Aeroportos)
BNDES	Banco Nacional de Desenvolvimento Econômico e Social
BOT	Construção-operação-transferência
CAA	Autoridade de Aviação Civil do Reino Unido
CADE	Conselho Administrativo de Defesa Econômica
CBA	Código Brasileiro de Aeronáutica
CDC	Companhia Docas do Ceará
CDP	Companhia Docas do Pará
CDRJ	Companhia Docas do Rio de Janeiro
CDRN	Companhia Docas do Espírito Santo
CE	Comissão Europeia
CENIPA	Centro de Investigação e Prevenção de Acidentes Aeronáuticos
CEPAL	Comissão Econômica para a América Latina
CFC	*Comisión Federal de Competencia* (Comissão Federal de Concorrência Mexicana)
CIAC	Centro de Instrução de Aviação Civil
CJEU	Tribunal de Justiça da União Europeia
CMA	*Competition and Markets Authority* (Autoridade de Concorrência e Mercados Britânica)
CNAE	Classificação Nacional de Atividades Econômicas
CNAP	Comissão Nacional para Assuntos de Praticagem
CNI	Confederação Nacional da Indústria
CNPJ	Cadastro Nacional de Pessoa Jurídica
CODEBA	Companhia Docas da Bahia
CODESA	Companhia Docas do Espírito Santo
CODESP	Companhia Docas de São Paulo
COFECE	*Comisión Federal de Competencia Económica* (Comissão Federal de Concorrência Econômica Mexicana)
COMAER	Comando da Aeronáutica
CONAC	Conselho de Aviação Civil

CONAERO	Comissão Nacional de Autoridades Aeroportuárias
CONAPORTOS	Comissão Nacional das Autoridades nos Portos
CPE	Centros de Emprego Portuário
DECEA	Departamento de Controle do Espaço Aéreo
DEE	Departamento de Estudos Econômicos do CADE
DIEESE	Departamento Intersindical de Estatísticas e Estudos Socioeconômicos
DPC	Diretoria de Portos e Costas
DPI	Direitos de Propriedade Intelectual
DREI	Departamento Nacional de Registro Empresarial e Integração
DTO	Organizações de treinamento declaradas
EBN	Empresa Brasileira de Navegação
ESCAP	Comissão Econômica e Social para a Ásia e o Pacífico
ETC	Estação de Transbordo de Cargas
EVTEA	Estudo de viabilidade técnica, econômica e ambiental
FAA	*United States Federal Aviation Administration* (Administração Federal de Aviação dos Estados Unidos)
FAC	*Australian Federal Airports Corporation* (Empresa de Aeroportos Federais Australianos)
FIARC	Frente Intensiva de Avaliação Regulatória e Concorrencial
FNAC	Fundo Nacional de Aviação Civil
FOB	*Freight on board*
GCI	Índice de Competitividade Global
HHI	Índice Herfindahl-Hirschman
IATA	*International Air Transport Association* (Associação Internacional de Transportes Aéreos)
IBAER	Instituto Brasileiro de Direito Aeronáutico
IBGE	Instituto Brasileiro de Geografia e Estatística
IED	Investimento Estrangeiro Direto
IGAP	Índice de Gestão das Autoridades Portuárias
INFRAERO	Empresa Brasileira de Infraestrutura Aeroportuária
IPCA	Índice Nacional de Preços ao Consumidor Amplo
Ipea	Instituto de Pesquisa Econômica Aplicada
IPTur	Instalação portuária de turismo
IRT	Índice de reajuste tarifário
ITF	*International Transport Forum* (Fórum Internacional de Transportes)
JFK	Aeroporto Internacional John F. Kennedy
JUHI	Instalação de hidrante de usuário conjunto
KFTC	Autoridade de Defesa da Concorrência da Coreia
LCC	Companhia aérea de baixo custo
MFP	Produtividade Multifatorial
MINFRA	Ministério da Infraestrutura
MoU	Memorando de Entendimento
MP	Medida Provisória
MSC	Mediterranean Shipping Company
MTP	Ministério do Trabalho e Previdência Social
NAV Brasil	NAV Brasil Serviços de Navegação Aérea
NORMAN	Normas da Autoridade Marítima
OACI	Organização da Aviação Civil Internacional
OCDE	Organização para a Cooperação e Desenvolvimento Econômico
OFT	*Office of Fair Trading* (Autoridade de Concorrência do Reino Unido)
OGMO	Órgão de Gestão de Mão de Obra
OGU	Ouvidoria Geral da União
OIT	Organização Internacional do Trabalho
ONU	Organização das Nações Unidas
PDZ	Planos de Desenvolvimento e Zoneamento
PEA	Plano de Exploração Aeroportuária
PEC	Certificado de Dispensa de Praticagem
PGO	Plano Geral de Outorgas
PIB	Produto Interno Bruto
PME	Pequenas e Médias Empresas

PMR	Regulação do mercado de produtos
PNLP	Plano Nacional de Logística Portuária
PNUD	Programa das Nações Unidas para o Desenvolvimento
Portobras	Empresa de Portos do Brasil
PPI	Programa de Parcerias de Investimentos
RAIS	Relação Anual de Informações Sociais
RBAC	Regulamento Brasileiro da Aviação Civil
RBHA	Regulamento Brasileiro de Homologação Aeronáutica
RDL	Decreto-lei real
RPK	Passageiros-Quilômetros Pagos Transportados
SAC	Secretaria Nacional de Aviação Civil
SEAE	Secretaria de Advocacia da Concorrência e Competitividade
SENACON	Secretaria Nacional do Consumidor
SGRF	Sistema de gerenciamento de risco de fadiga
SICAF	Sistema de Cadastramento Unificado de Fornecedores
SICT	*Secretaría de Comunicaciones y Transportes* (Secretaria Mexicana de Infraestrutura, Comunicações e Transportes)
SNPTA	Secretaria Nacional de Portos e Transportes Aquaviários
SPU	Secretaria do Patrimônio da União
SSE	Serviço de Segregação e Entrega de Contêineres
STF	Supremo Tribunal Federal
STJ	Superior Tribunal de Justiça
STRI	Índice de Restrição ao Comércio de Serviços
TCU	Tribunal de Contas da União
TDR	Regras de distribuição de tráfego
TEU	Unidade equivalente a vinte pés
TFUE	Tratado sobre o Funcionamento da União Europeia
THC	Taxa de movimentação no terminal
TUP	Terminal de uso privado
UNCTAD	Conferência das Nações Unidas sobre Comércio e Desenvolvimento
USUPORT	Associação de Usuários dos Portos da Bahia
VIGIAGRO	Sistema de Vigilância Agropecuária Internacional
WASG	Diretrizes globais sobre slots em aeroportos
WWACG	Grupo mundial de coordenadores de aeroportos
ZP	Zona de praticagem

Resumo Executivo

Este estudo de avaliação concorrencial foi realizado pela OCDE, em cooperação com o CADE, para identificar normas, incluindo leis e regulações setoriais, que possam dificultar o funcionamento competitivo e eficiente dos mercados no Brasil nos setores portuário e de aviação civil.

A análise das barreiras regulatórias à concorrência nesses dois setores, que são essenciais para o transporte de mercadorias e pessoas, tanto no mercado nacional quanto no internacional, constitui a parte central deste estudo. O setor de aviação civil desempenha um papel fundamental no desenvolvimento econômico e na integração nacional de um país de grandes dimensões geográficas como o Brasil. O setor portuário desempenha um papel fundamental no comércio exterior do Brasil, uma vez que o transporte aquaviário é responsável pelo fluxo da maior parte das exportações e importações brasileiras.

O presente relatório traz 368 recomendações que podem mitigar os prejuízos à concorrência. A OCDE também avaliou o impacto que a implementação de recomendações específicas teria na economia e uma estimativa conservadora constata que o benefício seria entre R$ 700 milhões e R$ 1 bilhão por ano para a economia brasileira.

Aviação civil

O Brasil tem o maior mercado de transporte aéreo da América Latina e do Caribe. Antes da pandemia de COVID-19, a aviação civil era responsável por 1,4% do PIB e 1,5 milhão de empregos. Na década de 1990, o Brasil iniciou um processo de desregulamentação do setor de aviação civil, com o objetivo de promover a concorrência, fomentando a entrada e o investimento; tal processo teve uma aceleração no início dos anos 2000. Mudanças regulatórias contínuas nos últimos anos, como a permissão para que as companhias aéreas explorassem qualquer rota desejada e definissem preços de passagens livremente, contribuíram para o intenso crescimento do setor.

As principais recomendações feitas pela OCDE às autoridades brasileiras incluem:

1. Tornar a legislação mais clara e garantir a efetiva aplicação de um regime de livre acesso a infraestruturas de abastecimento de combustível de aviação, especialmente em grandes aeroportos internacionais que processam mais voos com aeronaves maiores e que consomem mais combustível, onde o acesso a sistemas de hidrantes pode proporcionar às empresas que os utilizam uma vantagem competitiva em relação a outras que utilizam caminhões-tanque abastecedor. O livre acesso deve se basear em critérios transparentes, objetivos e não discriminatórios, garantidos outros objetivos de políticas públicas, tais como segurança, proteção ambiental e recuperação dos investimentos. Qualquer controvérsia decorrente do exercício do direito ao livre acesso deve ser decidida por um terceiro independente.
2. Monitorar mais efetivamente os preços e a qualidade dos serviços comerciais nos aeroportos. Para tanto, a ANAC poderia basear-se nas atuais pesquisas de satisfação dos passageiros previstas em contratos de concessão aeroportuária e considerar a inclusão de indicadores

relacionados à relação preço-desempenho dos serviços comerciais como um fator de qualidade em contratos de concessão aeroportuária futuros. Qualquer comportamento suspeito de práticas anticoncorrenciais deve ser devidamente notificado ao CADE.

3. Adotar cláusulas de não exclusividade para contratos comerciais em aeroportos, exceto em situações justificadas mediante aprovação prévia da ANAC.
4. Exigir que os operadores aeroportuários, ao definirem os prazos dos contratos de concessão comercial, levem em consideração o nível mínimo de investimento que será feito pela parte contratada. Se nenhum investimento for necessário, o contrato deve ter prazos curtos.
5. Considerar a harmonização de todos os modelos de concessão aeroportuária de modo a garantir que todos os *players* estejam sujeitos ao mesmo ambiente regulatório, especialmente o regime de regulação tarifária. Idealmente, as melhorias implementadas nas rodadas de concessão mais recentes devem ser aplicadas retroativamente, quando possíveis, a contratos de concessão anteriores.
6. Implementar uma abordagem estruturada para determinar os requisitos de experiência técnica para leilões de concessão de aeroportos. Esses requisitos devem estar nos níveis mais baixos possíveis e basear-se em critérios objetivos, proporcionais e técnicos, como o tamanho e as características do aeroporto.
7. Assegurar que uma entidade (ou entidades relacionadas) não tenham permissão para controlar aeroportos concorrentes, seja em concessões já outorgadas ou futuras. As participações minoritárias só devem ser aceitas em casos excepcionais e impedidas de participar na governança corporativa.
8. Considerar a flexibilização do requisito de nacionalidade dos tripulantes, especialmente para voos internacionais. Isso deve incluir a publicação de diretrizes pela ANAC sobre a avaliação transparente, objetiva e não discriminatória de pedidos de admissão temporária de tripulantes estrangeiros quando a mão de obra nacional estiver escassa. A ANAC também deve considerar a possibilidade de aumentar o período de flexibilidade para mais de seis meses se não houver trabalhadores brasileiros qualificados suficientes dentro desse prazo.
9. Considerar a revisão das limitações de tempo de voo e de jornada de trabalho aplicáveis a tripulantes, levando em consideração os regulamentos estabelecidos em outros países, além dos princípios e conhecimentos científicos relevantes, experiências passadas, questões culturais e a natureza das operações, de acordo com as recomendações da OACI.

Portos

No Brasil, os portos utilizam dois modelos de administração, cada um deles com um marco legal específico: o modelo de *landlord* para portos públicos e um modelo aplicável a portos totalmente privatizados (Terminais de Uso Privado – TUPs). Em 2021, o Brasil tinha 125 terminais em portos públicos e 170 TUPs, responsáveis pela movimentação de 34% e 66% da carga nos portos brasileiros, respectivamente.

As principais recomendações feitas pela OCDE às autoridades brasileiras incluem:

1. Abolir o monopólio do Órgão de Gestão de Mão-de-Obra (OGMO) sobre o registro e fornecimento de trabalhadores portuários. As autoridades brasileiras devem discutir com os sindicatos os estudos necessários para a elaboração de uma nova legislação. Particularmente, as autoridades brasileiras devem levar em conta tanto a imprevisibilidade da demanda por trabalhadores portuários avulsos quanto os requisitos flexíveis da indústria naval atual. Deve-se também permitir que os operadores portuários designem trabalhadores e que escolham aqueles que melhor atendam às suas necessidades. Além disso, as

autoridades brasileiras devem flexibilizar o número fixo de trabalhadores necessários para realizar cada tarefa.

2. Extinguir a exclusividade do OGMO na gestão do treinamento de trabalhadores portuários e permitir que os operadores portuários escolham o treinamento mais adequado para seus trabalhadores.
3. Extinguir a escala de rodízio única de praticagem, de acordo com as possibilidades oferecidas na Lei de Praticagem, para dar aos práticos uma opção para a prestação de seus próprios serviços. Nesse caso, as autoridades brasileiras devem definir outra forma de identificar qual prático prestará o serviço para garantir a concorrência de serviço entre os práticos e suas entidades, bem como a segurança. Esse novo regime deve considerar a fadiga dos práticos e os exercícios para a renovação de sua habilitação e garantir a disponibilidade ininterrupta desses profissionais. Alternativamente, se as autoridades brasileiras mantiverem a atual escala de rodízio estabelecida pela Diretoria de Portos e Costas (DPC), alguma forma de controle de preços dos serviços de praticagem pode ser apropriada. Se esta opção for escolhida, qualquer órgão que seja responsável pela fixação de preços deve ser independente e utilizar critérios objetivos em suas decisões.
4. Endereçar a falta de segurança jurídica relacionada à cobrança das taxas portuárias relativas à movimentação de contêineres. O Brasil deve considerar a simplificação do marco legal vigente por meio de dispositivos transparentes, não discriminatórios e objetivos para a cobrança de taxas portuárias, incluindo aquelas relacionadas à taxa de SSE/THC2.
5. Garantir maior flexibilização das regras que estabelecem as condições e o procedimento para delegação do processo de arrendamento às autoridades portuárias (atualmente, Portaria nº 574/2018) para conceder mais autonomia às autoridades portuárias na escolha dos arrendatários, seja por meio de licitações ou processos simplificados para contratos não complexos, permanecendo sujeitos à legislação federal sobre contratações públicas e contratos de arrendamento portuário.
6. Revisar os regulamentos e implementar processos mais eficientes e céleres para mudanças contratuais relacionadas ao uso e melhoria do espaço nos portos públicos. As autoridades brasileiras também devem considerar a criação de mais instrumentos, como o termo de risco de investimento, que facilitem a alteração do contrato por parte de um operador por sua conta e risco com a possibilidade de um reequilíbrio posterior do contrato em casos de interesse público e privado.
7. Considerar reduzir o número de órgãos envolvidos no processo de autorização para construir e operar instalações portuárias. Ademais, considerar a implementação de instrumentos provisórios que autorizem uma solicitação após menos etapas do processo de autorização para permitir que a entidade solicitante avance sem ter que esperar pela conclusão de todo o processo.

1 Visão Geral

Embora a regulação persiga objetivos de políticas públicas legítimos, quando ela é excessivamente restritiva ou onerosa, uma avaliação abrangente pode ajudar a identificar as áreas problemáticas e a desenvolver políticas alternativas que atinjam os objetivos do governo sem prejudicar a concorrência.

Os Projetos de Avaliação Concorrencial avaliam as regulamentações do mercado para identificar as barreiras regulatórias à concorrência. A avaliação inclui os regulamentos que restringem a entrada em um mercado; limitam a capacidade das empresas de competir (por exemplo, regulando os preços); tratam os concorrentes de forma diferente (por exemplo, favorecendo os incumbentes); facilitam a coordenação entre os concorrentes; ou limitam a capacidade dos consumidores de trocar de fornecedores. A metodologia seguida neste exercício sistemático está resumida no Anexo A., o qual também descreve as etapas do projeto e fornece referências completas à metodologia de Avaliação Concorrencial da OCDE.

Este capítulo apresenta algumas informações básicas sobre o Projeto de Avaliação Concorrencial no Brasil antes de resumir as principais conclusões da literatura sobre os benefícios da concorrência e os benefícios econômicos estimados da implementação das recomendações.

1.1. Histórico do Projeto de Avaliação Concorrencial no Brasil

Em novembro de 2020, um acordo foi celebrado entre a autoridade brasileira de defesa da concorrência, o Conselho Administrativo de Defesa Econômica (CADE), e a OCDE. Esse acordo definiu como a OCDE, em cooperação com o CADE, faria um estudo de avaliação concorrencial das leis e regulamentos em dois setores da economia brasileira: aviação civil e portos. O projeto teve início em janeiro de 2021 e foi concluído com o lançamento formal das recomendações da OCDE e um relatório público em setembro de 2022.

Por meio da metodologia estabelecida no Guia para a Avaliação de Concorrência da OCDE, o objetivo do projeto foi identificar as restrições regulatórias à concorrência desnecessárias, que atuam como barreiras ao crescimento econômico sustentável e à inovação no Brasil, e sugeriu formas alternativas e menos restritivas de alcançar os mesmos objetivos regulatórios.

O Projeto de Avaliação Concorrencial da OCDE no Brasil identificou os aspectos do ambiente nacional regulatório e de políticas públicas que podem estar dificultando o funcionamento eficiente de um mercado competitivo nos dois setores. O projeto considerou as prováveis consequências da regulamentação existente e propôs alternativas que podem atingir melhor o objetivo da política pública, garantindo ao mesmo tempo um ambiente de negócios competitivo. O resultado do projeto, que compreende principalmente as recomendações para as reformas regulatórias, destina-se a apoiar as prioridades do governo brasileiro promovendo uma maior produtividade e inovação em todos os setores da economia.

A metodologia de avaliação concorrencial se baseia no pressuposto de que, muitas vezes, há diversas formas de se atingir um objetivo específico de política pública e que algumas políticas restringem a concorrência mais do que outras. Uma vez que os consumidores geralmente se beneficiam de mais concorrência em vez de menos, é essencial identificar quais restrições à concorrência não são estritamente necessárias para atingir os objetivos públicos e desenvolver as políticas alternativas menos restritivas que ainda cumpram os objetivos governamentais desejados. O Guia para a Avaliação de Concorrência da OCDE fornece uma metodologia geral para essas duas tarefas. Essa metodologia tem sido empregada em diversos países e atualizada com base nas lições aprendidas e nos progressos regulatórios globais.

O projeto foi executado dentro do contexto da crise criada pela pandemia de COVID-19, que teve um impacto profundo na economia do Brasil. A implementação de um marco regulatório favorável à concorrência que ajude as empresas a evitar custos desnecessários e permita a flexibilidade será crucial para uma recuperação sustentável. Mais do que nunca, é importante maximizar o bem-estar da sociedade sem custos regulatórios onerosos desnecessários para as empresas.

Os dois setores objetos deste estudo desempenharam e continuam desempenhando um papel importante no aumento do desenvolvimento econômico do Brasil. O setor de aviação civil tem um papel fundamental no desenvolvimento econômico e na integração nacional de um país tão grande quanto o Brasil. Atualmente, os passageiros são apenas uma pequena parcela da população total do país, em uma proporção muito menor do que em outros países comparáveis, sugerindo um potencial de crescimento substancial. O setor portuário tem um papel fundamental no comércio exterior do Brasil uma vez que o transporte aquaviário é utilizado para a maioria das exportações e importações brasileiras. Isso é particularmente relevante uma vez que o Brasil tem um papel importante no transporte de mercadorias embarcadas no comércio marítimo global.

Esses setores também estão no cerne das atuais reformas estruturais e regulatórias no Brasil. Em particular, os objetivos da política governamental incluem:

1. melhorar a governança da política econômica, de modo a alinhar o Brasil com as melhores práticas internacionais;
2. atualizar e melhorar os marcos regulatórios para promover maior eficiência de mercado, qualidade dos serviços e segurança jurídica;

3. ampliar as oportunidades de investimento privado (nacional e estrangeiro);
4. desenvolver todos os meios de transporte de passageiros e mercadorias, de modo a promover a integração territorial;
5. aumentar a eficiência da infraestrutura, de modo a proporcionar segurança e mobilidade para pessoas e cargas;
6. melhorar os marcos regulatórios horizontais de modo a evitar inconsistências jurídicas entre entidades públicas (Governo do Brasil, 2020[1]).

Nesse contexto, e após pesquisas iniciais e intercâmbios com as partes interessadas, a análise dos setores se concentrou 1) na movimentação de cargas para atividades portuárias e 2) no tráfego de passageiros na aviação civil. A análise do setor portuário não incluiu o transporte marítimo, as vias navegáveis interiores e o transporte fluvial.

1.2. Os benefícios da concorrência e da remoção de obstáculos

O presente projeto de avaliação concorrencial visa identificar regulamentos que possam restringir forças de mercado indevidamente e, ao fazê-lo, prejudicar as perspectivas de crescimento do Brasil. Em particular, o projeto identifica regulamentos restritivos que:

1. não são claros e, assim, podem ser aplicados de forma arbitrária ou sem transparência;
2. impedem ou restringem que novas empresas, incluindo pequenas e médias empresas, acessem os mercados;
3. permitem que um número limitado de empresas (ou pessoas, no caso de profissionais regulamentados) obtenha lucros maiores do que obteriam de outra forma, por motivos não relacionados à sua produtividade ou à qualidade de seus produtos ou serviços;
4. forçam os consumidores a pagar mais do que pagariam de outro modo.

É provável que cada restrição tenha um impacto muito além dos consumidores individuais nos setores avaliados. Quando os clientes têm possibilidade de escolha, as empresas são forçadas a concorrer entre si, inovar mais e ser mais produtivas (Nickell, 1996[2]) (Van Reenen, Griffith and Blundell, 1999[3]) (Griffith, Harrison and Simpson, 2006[4]) (Aghion et al., 2004[5]). Ademais, os setores em que há maior concorrência tiveram um aumento de produtividade mais rápido. Essas conclusões foram confirmadas por diversos estudos empíricos e estão resumidas na "Factsheet on how competition policy affects macro-economic outcomes" (Informativo sobre como a política concorrencial afeta resultados macroeconômicos) da OCDE (OCDE, 2014[6]). A concorrência estimula a produtividade pois oferece uma oportunidade para que empresas mais eficientes entrem no mercado e ganhem participação nele à custa de empresas menos eficientes. Outros benefícios importantes da concorrência incluem preços mais baixos ao consumidor (Griffith and Harmgart, 2008[7]); maior possibilidade de escolha do consumidor (Min, 2014[8]) (Autorité de la concurrence, 2020[9]); e produtos e serviços de maior qualidade (Boik and Takahashi, 2020[10]).

Além das evidências de que a concorrência promove a produtividade e o crescimento econômico, muitos estudos apresentaram os efeitos positivos de uma regulação do mercado de produtos (PMR) mais flexível.[1] Esses estudos analisam o impacto da regulamentação na produtividade, emprego, pesquisa e desenvolvimento (P&D) e investimento, entre outras variáveis (Cette, Lopez and Mairesse, 2019[11]). As diferenças na regulamentação também são importantes e podem reduzir significativamente o comércio e o investimento estrangeiro direto (IED) (Fournier, 2015[12]).

Um conjunto particularmente vasto de evidências aponta para os ganhos de produtividade de PMR mais flexível. No âmbito da empresa e do setor, um PMR mais restritivo está associada a uma menor produtividade multifatorial (MFP)[2] (Nicoletti and Scarpetta, 2003[13]) (Arnold, Nicoletti and Scarpetta, 2011[14]).[3] Além disso, as regulamentações anticoncorrenciais têm um impacto sobre a produtividade que vai além do setor em que são aplicadas e esse efeito é mais importante para os setores mais próximos da fronteira da produtividade (Bourlès et al., 2013[15]).[4] Especificamente, grande parte do impacto na produtividade se deve ao investimento em P&D (Cette, Lopez and Mairesse, 2017[16]). Inovação e investimento em capital baseado no conhecimento, tais como sistema informatizado de informações e direitos de propriedade intelectual (DPI), também são afetados negativamente por um PMR mais restritivo (Andrews and Criscuolo, 2013[17]) (Andrews and Westmore, 2014[18]). Além disso, a redução das barreiras regulatórias nas indústrias de rede (como os transportes) pode ter um impacto significativo nas exportações (Daude and de la Maisonneuve, 2018[19]).

Uma maior flexibilidade também pode levar a níveis de emprego mais altos. Um estudo de 2004 constatou que, após a desregulamentação do transporte rodoviário na França, os níveis de emprego no setor aumentaram em um ritmo mais rápido do que antes da desregulamentação (Cahuc and Kamarz, 2004[20]).[5] Um estudo da OCDE que durou 10 anos e envolveu 18 países concluiu que as pequenas empresas com cinco anos ou menos contribuem, em média, com cerca de 42% para a criação de postos de trabalho (Criscuolo, Gal and Menon, 2014[21]). Conforme observado pela OCDE, "um papel tão desproporcionalmente grande de jovens empresas na criação de empregos sugere que a redução das barreiras ao empreendedorismo pode contribuir significativamente para a igualdade de renda por meio dos efeitos no mercado de trabalho" (OCDE, 2015[22]).

Há evidências de que a remoção de regulamentações anticompetitivas também pode reduzir a desigualdade de renda. Um estudo descobriu que um PMR mais restritivo melhorou a renda familiar e reduziu a desigualdade de renda (Causa, Hermansen and Ruiz, 2016[23]).[6]

Estudos empíricos mostram que barreiras à concorrência podem contribuir para o acúmulo de recursos pelos segmentos mais ricos da sociedade em detrimento de outros. Um estudo de 2018 avaliou os efeitos da redistribuição do poder de mercado em oito países (Ennis, Gonzaga and Pike, 2019[24]). Nele se constatou que o poder de mercado beneficia as famílias mais ricas, fornecendo-lhes renda, e que a parcela de riqueza dos 10% mais ricos derivada do poder de mercado está entre 12% e 21%. Por fim, um artigo de 2018 estudou o impacto do PMR na continuidade dos lucros em longo prazo e constatou que as regulamentações que criam barreiras à entrada podem proteger os lucros acima da média dos operadores em exercício (Eklund and Lappi, 2018[25]). Os autores descobriram que PMRs mais restritivos, conforme avaliados pelo indicador de PMR da OCDE, estão associadas a lucros contínuos. Os resultados descritos acima contêm diversas configurações, porém, estimativas específicas dependem do país. Por exemplo, um estudo de 2017 quantificou o impacto das reformas estruturais, incluindo a reforma do PMR tos e do mercado de trabalho, em uma grande amostra, incluindo países da OCDE e países não pertencentes à OCDE, e constatou que "as regulações do mercado de produtos restritivas terão um impacto negativo três vezes maior na produtividade multifatorial (MFP) em países com renda *per capita* inferior a cerca de US$ 8.000 (em termos de paridade do poder de compra) (Égert, 2017[26]).

Em suma, as regulamentações anticompetitivas que impedem a entrada no mercado e a sua expansão podem ser particularmente prejudiciais para a economia de um país uma vez que reduzem o crescimento da produtividade, limitam o investimento e a inovação, prejudicam a criação de empregos e podem favorecer certos grupos de empresas em detrimento de outras empresas e consumidores, com consequências para a desigualdade de renda.

O objetivo do presente relatório é identificar as barreiras regulatórias à concorrência e propor recomendações sobre as alternativas possíveis e menos restritivas. O projeto foi realizado pela OCDE com o apoio da autoridade brasileira de defesa da concorrência, o Conselho Administrativo de Defesa Econômica (CADE). As recomendações da OCDE abordam restrições específicas e ônus administrativos identificados na legislação que abrange os setores de aviação civil e portos. O benefício esperado das recomendações está diretamente ligado à remoção dessas restrições e ao consequente efeito positivo sobre a concorrência nos setores em questão. Os benefícios esperados da implementação das recomendações incluem o aumento do bem-estar do consumidor (por exemplo, devido a preços mais baixos) e o aumento do IED no setor. Além desses benefícios, espera-se que a implementação de todas as recomendações da OCDE traga efeitos positivos no longo prazo para as pequenas e médias empresas (PMEs) e para o emprego. Em particular, dada a importância dos portos para o desempenho de muitos outros setores da economia, a remoção das barreiras à concorrência nesse setor poderia ter um impacto econômico significativo em toda a economia e facilitar o comércio internacional.

Este relatório inclui estimativas de possíveis benefícios decorrentes da implementação de recomendações selecionadas (ver Anexos 2.B, 3.A and 3.B). Elas variam entre aproximadamente R$ 700 milhões e R$ 1 bilhão por ano para a economia brasileira, o que corresponde a cerca de 20 vezes o orçamento anual do CADE. As principais recomendações que impulsionam os benefícios são aquelas focadas no fornecimento de combustível de aviação, praticagem e Órgão Gestor de Mão de Obra, conforme apresentado na Tabela 1.1. Para calcular essas estimativas, a OCDE se baseou em uma estrutura para avaliar as mudanças no bem-estar do consumidor descrita no Anexo A.

Tabela 1.1. Resumo dos benefícios anuais estimados por setor

Setor: restrição	Benefício (em milhões de Reais)
Aviação civil: fornecimento de combustível de aviação	58,40-88,03
Portos: praticagem	502-796
Portos: Órgão Gestor de Mão de Obra	137,48
Total	**697,88-1 021,51**

Observação: Para saber detalhes sobre a metodologia utilizada, ver Anexo A.

É provável que esses números subestimem o impacto real da implementação total das recomendações do Projeto de Avaliação Concorrencial no Brasil por diversos motivos. Em primeiro lugar, não foi possível quantificar os efeitos de todas as recomendações individuais devido a dados insuficientes sobre questões específicas ou devido à natureza da alteração regulatória recomendada. Em segundo lugar, o projeto de Avaliação Concorrencial se concentra em leis e regulamentos, e não em sua aplicação, e mudanças na regulamentação só podem ter impacto se os regulamentos forem aplicados. Como esse nem sempre é o caso, os benefícios reais da remoção de restrições regulatórias podem ser limitados. Em terceiro lugar, as estimativas não consideram os benefícios para o ambiente de negócios decorrentes da melhoria na qualidade da legislação; por exemplo, implementando recomendações para simplificar a legislação e fornecer mais orientação e clareza às empresas. Em quarto lugar, o quadro de estimativa se concentra no impacto sobre o bem-estar dos consumidores, que é a abordagem padrão seguida pela maioria das autoridades de defesa da concorrência e está incorporada no Guia para a Avaliação de Concorrência da OCDE (OCDE, 2019[27]). Em contrapartida, outros benefícios, como o aumento de empregos e a melhoria no comércio internacional, não estão incluídos nesta estimativa.

Os benefícios substanciais indicados destacam o valor da avaliação concorrencial como um instrumento contínuo de política econômica. Em particular, a metodologia de avaliação concorrencial estabelecida no Guia da OCDE pode servir de base para esforços futuros de reformas regulatórias em outros setores. O uso contínuo da avaliação da concorrência pode ajudar a conscientizar os ministérios governamentais e as autoridades reguladoras sobre o valor da concorrência e a necessidade de garantir que as leis e regulamentos não restrinjam desnecessariamente a concorrência. Além disso, o Guia pode ser usado como parte de avaliações de impacto regulatório *ex ante* realizadas ao se desenvolver ou revisar políticas e regulamentações, de modo a examinar propostas políticas e legislativas e avaliar seus possíveis impactos antes de serem adotadas. Devido à sua estreita cooperação e contribuições para a equipe de projeto da OCDE, o CADE (e outros órgãos públicos relevantes) adquiriu experiência com o Guia para Avaliação de Concorrência, a qual será valiosa para exercícios semelhantes no futuro.

1.3. Resumo das principais constatações

Este estudo de avaliação da concorrência identifica e analisa barreiras regulatórias à concorrência, bem como os ônus administrativos nos setores de aviação civil e portos do Brasil. Ambos os setores desempenham um papel fundamental na economia nacional.

Este capítulo apresenta um resumo dos principais problemas e recomendações. Mais detalhes podem ser encontrados nos capítulos específicos do relatório, e uma lista completa de todas as barreiras à concorrência identificadas e das recomendações da OCDE é apresentada em uma planilha publicada como um documento independente em nosso site.

1.3.1. Visão geral dos setores

Os setores abrangidos por este estudo são essenciais para o transporte de mercadorias e pessoas, tanto no mercado nacional quanto internacional. Desde a década de 1990, os dois setores passaram por reformas regulatórias destinadas a promover a concorrência.

No setor portuário, o Brasil tinha 170 terminais de uso privado (TUPs) operando sob um modelo totalmente privatizado em 2021; ele foram responsáveis por 66% da carga movimentada nos portos brasileiros em 2021 (ANTAQ, 2022[28]). Não obstante, o setor de serviços de transporte marítimo no Brasil é menos aberto ao comércio e ao investimento e menos eficiente do que a média da OCDE ou outras economias comparáveis, como Chile, Colômbia e Costa Rica.

O setor da aviação civil passou por um crescimento significativo tanto em termos de passageiros-quilômetros pagos transportados (RPK) como de assentos-quilômetros oferecidos (ASK).[7] No entanto, o setor apresenta características de concentração de mercado potencialmente alta, como custos fixos altos, exposição a choques exógenos, em particular, variação no preço do combustível e barreiras legais relacionadas a padrões de segurança (CADE, 2017[29]) (ANAC, 2021[30]). Consequentemente, pode-se esperar que a remoção das barreiras à concorrência nesses setores terá um impacto econômico significativo.

A OCDE identificou mais de quinhentas restrições potencialmente prejudiciais em aproximadamente 230 instrumentos normativos, incluindo leis, decretos, portarias, regulamentos, editais de leilões públicos e contratos de concessão.

No total, o relatório faz 368 recomendações específicas para mitigar os danos à concorrência (Tabela 1.2). Essas recomendações constam em uma planilha publicada como um documento independente em nosso site.

Tabela 1.2. Resumo das barreiras à concorrência analisadas e recomendações feitas

	Aviação civil	Portos	Horizontal	Total
Possíveis restrições identificadas	324	177	49	550
Recomendações feitas	203	120	45	368

Observação: Após a análise inicial da legislação nos setores portuário e de aviação civil e uma avaliação mais aprofundada, algumas das possíveis restrições identificadas foram revogadas.

Usando uma metodologia específica descrita no Guia para a Avaliação de Concorrência da OCDE, o relatório apresenta estimativas do impacto que a implementação das recomendações teria. Ele conclui que a implementação de recomendações-chave traria benefícios da ordem de mais de R$ 1 bilhão por ano.

1.3.2. *Aviação civil*

Administração de aeroportos

Requisitos de experiência técnica

Os editais de licitação de concessões de aeroportos exigem que os licitantes demonstrem experiência técnica adequada para participar do leilão. Essa regra visa garantir que o vencedor da licitação esteja tecnicamente qualificado para cumprir os objetivos da concessão e mitigar possíveis custos para o governo e os usuários. No entanto, os requisitos de experiência técnica variaram entre os editais e nem sempre parecem proporcionais ao contrato que está sendo licitado.

A OCDE recomenda o seguinte: As autoridades brasileiras devem implementar uma abordagem estruturada para determinar os requisitos de experiência técnica para leilões de concessão de aeroportos. Esses requisitos devem estar nos níveis mais baixos possíveis e basear-se em critérios objetivos, proporcionais e técnicos, como o tamanho e as características do aeroporto.

Restrições à integração horizontal

Em seu processo de privatização, o Brasil impôs certas restrições à propriedade cruzada de aeroportos a fim de estimular a concorrência entre aeroportos. As primeiras rodadas de concessões estabeleciam que a mesma empresa não poderia receber a outorga de mais do que um aeroporto concorrente. As rodadas de concessões mais recentes não seguiram essa regra e aeroportos concorrentes podem ser administrados pela mesma empresa, o que pode prejudicar a concorrência.

A OCDE recomenda que as autoridades brasileiras assegurem que uma entidade ou entidades relacionadas não tenham permissão para controlar aeroportos concorrentes, seja em concessões já outorgadas ou futuras. As participações minoritárias só devem ser aceitas em casos excepcionais e impedidas de participar na governança corporativa.

Contratos de concessão de aeroportos

As licitações de concessão evoluíram desde sua origem e foram incorporando lições aprendidas nas rodadas anteriores. Embora muitas dessas mudanças tenham sido positivas, sucessivos contratos de concessão com cláusulas diferentes, mesmo para aeroportos semelhantes e concorrentes, podem afetar a igualdade de condições. Na prática, isso pode refletir diferentes incentivos e desincentivos de cada modelo específico de concessão utilizado no Brasil, por exemplo, outorgas, regulação tarifária e investimentos obrigatórios, que podem influenciar os custos totais e as fontes de receita de cada concessionária.

A OCDE recomenda o seguinte: As autoridades brasileiras devem considerar a harmonização de todos os modelos de concessão aeroportuária de modo a garantir que todos os players estejam sujeitos ao mesmo ambiente regulatório, especialmente o regime de regulação tarifária. Idealmente, as melhorias implementadas nas rodadas de concessão mais recentes devem ser aplicadas retroativamente a contratos de concessão anteriores. Algumas dessas alterações podem ser difíceis na prática, uma vez que podem exigir aditamentos e reequilíbrio do contrato para considerar o impacto econômico e financeiro de quaisquer modificações.

Receita dos aeroportos

Receitas advindas de serviços comerciais

O atual formato dos contratos de concessão comercial pode restringir a concorrência na prestação de serviços comerciais nos aeroportos brasileiros. As barreiras identificadas, tais como prazos de arrendamento relativamente longos e acordos de exclusividade, podem impedir uma concorrência mais intensa entre fornecedores comerciais dentro dos aeroportos, levando a preços mais altos para os usuários dos aeroportos e, também, a uma menor qualidade e menos variedade. Mesmo que as altas receitas geradas pelos serviços comerciais possam subsidiar parcialmente as tarifas aeroportuárias, ainda é possível que os passageiros acabem gastando mais no total.

Para melhorar a concorrência na prestação de serviços comerciais nos aeroportos, a OCDE tem três recomendações.

1. A ANAC deve monitorar os preços e a qualidade dos serviços comerciais nos aeroportos de forma mais eficaz, com base nas atuais pesquisas de satisfação dos passageiros previstas nos contratos de concessão aeroportuária, e deve considerar a inclusão de indicadores relacionados à relação preço-desempenho de serviços comerciais como um fator de qualidade em contratos de concessão aeroportuária futuros. Qualquer comportamento suspeito de práticas anticoncorrenciais deve ser devidamente notificado ao CADE.
2. As autoridades brasileiras devem adotar cláusulas de não exclusividade para contratos comerciais em aeroportos, exceto em situações justificadas mediante aprovação prévia da ANAC.
3. As autoridades brasileiras também devem exigir que os operadores aeroportuários, ao definirem os prazos dos contratos de concessão comercial, levem em consideração o nível mínimo de investimento que será feito pela parte contratante. Se nenhum investimento for necessário, o contrato deve ter prazos curtos.

Serviços auxiliares ao transporte aéreo

Acesso à infraestrutura de abastecimento de combustível de aviação no aeroporto

Na maioria dos aeroportos brasileiros, os incumbentes controlam os tanques de armazenamento e (em aeroportos que possuem o sistema) os dutos de combustível, o que dificulta a entrada de novas empresas no mercado. Uma vez que as regulamentações brasileiras não são claras sobre a abrangência dos direitos de livre acesso ao espaço do aeroporto, as empresas incumbentes muitas vezes não permitem que novos operadores acessem a infraestrutura de distribuição e abastecimento.

A OCDE recomenda o seguinte: As autoridades brasileiras devem tornar a legislação mais clara e garantir a efetiva aplicação de um regime de livre acesso a infraestruturas de abastecimento de combustível de aviação, especialmente em grandes aeroportos internacionais que processam mais voos com aeronaves maiores e que consomem mais combustível, onde o acesso a sistemas de hidrantes pode proporcionar às empresas que os utilizam uma vantagem competitiva em relação a outras que utilizam caminhões-tanque abastecedor. O livre acesso deve se basear em critérios transparentes, objetivos e não discriminatórios, garantidos outros objetivos de políticas públicas, tais como segurança, proteção ambiental e recuperação dos investimentos. Qualquer controvérsia decorrente do exercício do direito ao livre acesso deve ser decidida por um terceiro independente.

Pessoal da aviação civil

Requisito de nacionalidade

De acordo com a legislação brasileira, a tripulação de voos domésticos deve ser composta somente por brasileiros natos ou naturalizados. Em voos internacionais operados por companhias aéreas brasileiras, até um terço dos comissários de bordo podem ser estrangeiros, porém, os pilotos e mecânicos de voo ainda devem ser brasileiros. Em caso de falta de trabalhadores brasileiros, estrangeiros podem ser contratados provisoriamente, mas a autorização da ANAC é necessária e válida somente pelo tempo necessário para qualificar a nova tripulação brasileira e por um período máximo de seis meses.

Ao excluir estrangeiros, a regulamentação brasileira reduz o número de pessoas capazes de prestar serviços no mercado. Esse requisito também pode dificultar a entrada de possíveis empresas no mercado em razão da dificuldade e do custo de encontrar uma tripulação adequada.

Embora os estrangeiros possam ser empregados como último recurso (mediante autorização da ANAC e por tempo limitado), se não houver brasileiros interessados em se qualificar, a escassez de pessoal continuará. Embora o Brasil não esteja enfrentando uma situação de escassez de tripulantes, isso pode acontecer no futuro.

A OCDE tem uma recomendação. As autoridades brasileiras devem considerar a flexibilização do requisito de nacionalidade, especialmente para voos internacionais. Isso deve incluir a publicação de diretrizes pela ANAC sobre a avaliação transparente, objetiva e não discriminatória de pedidos de admissão temporária de tripulantes estrangeiros quando a mão de obra nacional estiver escassa. Também deve considerada a possibilidade de aumentar o período de flexibilidade para mais de seis meses se não houver trabalhadores brasileiros qualificados suficientes dentro desse prazo.

Limitações de tempo de voo e de jornada de trabalho

De acordo com a Convenção sobre Aviação Civil Internacional, o Brasil estabelece limitações de tempo de voo e de jornada de trabalho para gerenciar a fadiga e garantir que os tripulantes possam desempenhar as suas funções com segurança em um nível adequado de alerta.

A regulamentação brasileira parece ser mais restritiva do que a de outros países, o que provavelmente aumenta os custos para as companhias aéreas brasileiras em voos de longa distância em comparação com concorrentes estrangeiros. Essas limitações também podem impedir que as companhias aéreas brasileiras ofereçam voos em determinadas rotas, embora isso tenha sido mitigado pelas recentes mudanças regulatórias que preveem um sistema de gerenciamento de risco de fadiga.

A OCDE recomenda o seguinte: As autoridades brasileiras devem considerar a revisão das limitações de tempo de voo e de jornada de trabalho levando em consideração os regulamentos estabelecidos em outros países, além dos princípios e conhecimentos científicos relevantes, experiências passadas, questões culturais e a natureza das operações, de acordo com as recomendações da OACI.

1.3.3. Portos

No Brasil, os portos utilizam dois modelos de administração, cada um deles com um marco legal específico: o modelo de *landlord* para portos públicos e um modelo aplicável a portos totalmente privatizados (TUPs). Os contratos de arrendamento são os principais instrumentos utilizados para a concessão de terminais em portos públicos, enquanto as autorizações são comuns para a construção e exploração de terminais de uso privado (TUP).

Centralização do processo de arrendamento e falta de flexibilidade em contratos de arrendamento

Centralização do processo de arrendamento: A Secretaria de Portos, que faz parte do Ministério da Infraestrutura, é o órgão central de tomada de decisões referentes a arrendamento de terminais em portos públicos. A lei prevê exceções específicas ao permitir a delegação a autoridades portuárias específicas do procedimento de licitação de arrendamentos portuários, bem como da execução, gestão e fiscalização de tais contratos. Contudo, esse procedimento de delegação ainda não foi amplamente adotado.

Ao dar mais autonomia às autoridades portuárias qualificadas e responsáveis para escolher os arrendatários, a descentralização tornaria o processo conforme o procedimento padrão mais rápido e ágil.

A OCDE recomenda o seguinte: As autoridades brasileiras devem considerar uma maior flexibilização das regras que estabelecem as condições e o procedimento para delegação do processo de arrendamento às autoridades portuárias (atualmente, Portaria nº 574/2018) para conceder mais autonomia às autoridades portuárias na escolha dos arrendatários, seja por meio de licitações ou processos simplificados para contratos não complexos, permanecendo sujeitos à legislação federal sobre contratações públicas e contratos de arrendamento portuário.

Falta de flexibilidade em contratos de arrendamento: A OCDE constatou que falta flexibilidade na capacidade das autoridades públicas de fazer mudanças no uso e melhorias do espaço em portos públicos. Isso afeta as mudanças no tipo de carga e a autorização para novos investimentos. Um processo mais ágil para alterações contratuais pode levar a uma maior eficiência e diminuir a vantagem competitiva dos portos privados.

A OCDE tem duas recomendações.

1. As autoridades brasileiras devem revisar os regulamentos e implementar processos mais eficientes e rápidos para as alterações contratuais.
2. As autoridades brasileiras também devem considerar a criação de mais instrumentos, como o termo de risco de investimento, que facilitem a alteração do contrato por parte de um operador por sua conta e risco com a possibilidade de um reequilíbrio posterior em casos de interesse público e privado.

Duração do processo de autorização para construir e operar instalações portuárias

O processo de obtenção de uma autorização para construir e operar instalações portuárias pode chegar a ter 18 etapas. De modo geral, a conclusão é demorada e envolve muitas entidades diferentes. A entidade solicitante deve aguardar a conclusão do processo antes de fazer qualquer investimento.

Considerando a duração do processo e a necessidade de maior agilidade, a OCDE tem duas recomendações.

1. As autoridades brasileiras devem considerar a redução do número de órgãos envolvidos no processo de autorização.
2. Elas devem considerar a implementação de instrumentos provisórios que autorizem uma solicitação após menos etapas do processo de autorização para permitir que a entidade solicitante avance sem ter que esperar pela conclusão de todo o processo.

Praticagem e escala de rodízio

Em cada zona de praticagem no Brasil, os práticos que desejam prestar seus serviços às embarcações que chegam a um porto devem seguir uma escala de rodízio que segue uma lista preparada pelo representante dos práticos. A exigência de seguir a escala de rodízio única cria um monopólio artificial no mercado. Os práticos são obrigados a aceitar a atribuição que recebem de acordo com a escala de rodízio única, sem poder escolher seus próprios clientes, ao passo que as embarcações devem aceitar o prático designado de acordo com as regras da escala de rodízio. Isso significa que os práticos escolhidos para prestar serviços a um determinado navio atuam como monopolistas e nenhum outro prático pode competir contra eles.

A OCDE tem duas recomendações.

1. As autoridades brasileiras poderiam extinguir a escala de rodízio única, de acordo com as possibilidades oferecidas na Lei de Praticagem, para dar aos práticos uma opção sobre como prestam seus próprios serviços. Se essa opção for escolhida, as autoridades brasileiras devem definir outra forma de identificar qual prático prestará o serviço para garantir a

concorrência de serviço entre os práticos e suas entidades, bem como a segurança. Esse novo regime deve considerar a fadiga dos práticos e os exercícios para a renovação de sua habilitação, ao mesmo tempo em que garante a disponibilidade ininterrupta desses profissionais.

2. Alternativamente, se as autoridades brasileiras mantiverem a atual escala de rodízio estabelecida pela DPC, alguma forma de controle de preços dos serviços de praticagem pode ser apropriada. Se esta opção for escolhida, qualquer órgão que seja responsável pela fixação de preços deve ser independente e utilizar critérios objetivos em suas decisões.

Órgão gestor de mão de obra

Nos portos públicos brasileiros, o pool de trabalhadores portuários, conhecido como OGMO (Órgão de Gestão de Mão de Obra), detém o monopólio de registrar trabalhadores com vínculo empregatício e avulsos, determinar as equipes de trabalhadores e gerenciar o treinamento de trabalhadores portuários. Por outro lado, os portos privados podem contratar seus trabalhadores livremente. Essa assimetria regulatória causa preocupações concorrenciais.

A OCDE tem quatro recomendações.

1. O monopólio detido pelo OGMO do registro e fornecimento de trabalhadores portuários deve ser extinto. As autoridades brasileiras devem discutir com os sindicatos os estudos necessários para a elaboração de uma nova legislação. Particularmente, as autoridades brasileiras devem levar em conta tanto a imprevisibilidade da demanda por trabalhadores portuários avulsos quanto os requisitos flexíveis da indústria naval atual.
2. As autoridades brasileiras devem permitir que os operadores portuários designem trabalhadores e que escolham aqueles que melhor atendam às suas necessidades.
3. As autoridades brasileiras devem flexibilizar o número fixo de trabalhadores necessários para realizar cada tarefa.
4. As autoridades brasileiras devem extinguir a exclusividade do OGMO na gestão do treinamento de trabalhadores portuários e permitir que os operadores portuários escolham o treinamento mais adequado para seus trabalhadores.

Taxa de serviço de segregação e entrega: falta de segurança jurídica

A taxa de serviço de segregação e entrega (SSE ou THC2) foi introduzida pela primeira vez em 1996, após o estabelecimento de terminais retroportuários (também conhecidos como "portos secos"), que são áreas fora do porto utilizadas para armazenar mercadorias até seu desembaraço aduaneiro. Os operadores portuários começaram a cobrar essa taxa adicional pelo manuseio de contêineres quando eles começaram a ser armazenados em retroportos em vez de em suas próprias áreas de armazenamento.

Por mais de 20 anos, agências reguladoras e outros órgãos competentes tiveram e ainda têm opiniões divergentes sobre a legalidade dessa taxa. Ademais, o marco legal regulatório parece pouco claro, o que contribui para a insegurança jurídica dos operadores portuários, retroportos e importadores.

A OCDE recomenda o seguinte: As autoridades brasileiras devem endereçar a falta de segurança jurídica relacionada à cobrança das taxas portuárias relativas à movimentação de contêineres. O Brasil deve considerar a simplificação do marco legal vigente por meio de dispositivos transparentes, não discriminatórios e objetivos para a cobrança de taxas portuárias, incluindo aquelas relacionadas à taxa de SSE/THC2.

Referências

Aghion, P. et al. (2004), “Entry and Productivity Growth: Evidence from Microlevel Panel Data”, *Journal of the European Economic Association*, Vol. 2/2-3, pp. 265-276, https://www.jstor.org/stable/40004902. [5]

ANAC (2021), *Características do mercado de transporte aéreo público: uma visão do mercado no Brasil e comparação dos níveis de concentração com outros países. Texto para Discussão, 01*, http://www.gov.br/anac/pt-br/centrais-de-conteudo/publicacoes/textos-para-discussao/textos/td-01-caracteristicas-do-mercado-de-transporte-aereo-publico-v201911.pdf. [30]

Andrews, D. and C. Criscuolo (2013), *“Knowledge-Based Capital, Innovation and Resource Allocation, OECD Economics Department Working Papers, No. 1046”*, OECD Publishing, https://doi.org/10.1787/5k46bj546kzs-en. [17]

Andrews, D. and B. Westmore (2014), “Managerial Capital and Business R&D as Enablers of Productivity Convergence”, *OECD Economics Department Working Papers*, No. 1137, OECD Publishing, Paris, https://doi.org/10.1787/5jxx3d441knr-en. [18]

ANTAQ (2022), *Painel Estatístico Aquaviário da ANTAQ*, http://ea.antaq.gov.br/QvAJAXZfc/opendoc.htm?document=painel%5Cantaq%20-%20anu%C3%A1rio%202014%20-%20v0.9.3.qvw&lang=pt-BR&host=QVS%40graneleiro&anonymous=true. [28]

Arnold, J., G. Nicoletti and S. Scarpetta (2011), *Does Anti-Competitive Regulation Matter for Productivity? Evidence from European Firms, IZA Discussion Paper, Vol. 5511*, https://www.iza.org/publications/dp/5511/does-anti-competitive-regulation-matter-for-productivity-evidence-from-european-firms. [14]

Autorité de la concurrence (2020), *“The benefits of competition”*, http://www.autoritedelaconcurrence.fr/en/the-benefits-of-competition. [9]

Boik, A. and H. Takahashi (2020), “Fighting Bundles: The Effects of Competition on Second-Degree Price Discrimination”, *American Economic Journal: Microeconomics*, Vol. 12/1, pp. 156-187, https://doi.org/10.1257/mic.20180303. [10]

Bourlès, R. et al. (2013), “Do Product Market Regulations in Upstream Sectors Curb Productivity Growth? Panel Data Evidence for OECD Countries”, *The Review of Economics and Statistics*, Vol. 95/5, pp. 1750–1768, https://doi.org/10.1162/REST_a_00338. [15]

CADE (2017), *Cadernos do Cade: Mercado de Transporte Aéreo de Passageiros e Cargas*, https://cdn.cade.gov.br/Portal/centrais-de-conteudo/publicacoes/estudos-economicos/cadernos-do-cade/mercado-de-transporte-aereo-de-passageiros-e-cargas-2017.pdf. [29]

Cahuc, P. and F. Kamarz (2004), *De la précarité à la mobilité: vers une sécurité sociale professionelle*, Documentation Française, http://www.vie-publique.fr/rapport/27046-de-la-precarite-la-mobilite-vers-une-securite-sociale-professionnelle. [20]

Causa, O., M. Hermansen and N. Ruiz (2016), *The Distributional Impact of Structural Reforms, OECD Economics Department Working Papers, No. 1342*, OECD Publishing, http://www.oecd.org/social/labour/The-distributional-impact-of-structural-reforms.pdf. [23]

Cette, G., J. Lopez and J. Mairesse (2019), "Rent creation and rent sharing: New measures and impacts on total factor productivity", *Economic Inquiry*, Vol. 57/4, pp. 1915-1938, https://doi.org/10.1111/ecin.12809. [11]

Cette, G., J. Lopez and J. Mairesse (2017), "Upstream Product Market Regulations, ICT, R&D and Productivity", *The Review of Income and Wealth*, Vol. 63/S1, pp. S68-S89, https://doi.org/10.1111/roiw.12252. [16]

Criscuolo, C., P. Gal and C. Menon (2014), *"The Dynamics of Employment Growth: New Evidence from 18 Countries, OECD Science, Technology and Industry Policy Papers, No. 14*, OECD Publishing, https://doi.org/10.1787/23074957. [21]

Daude, C. and C. de la Maisonneuve (2018), *"Network service deregulation and manufacturing exports in Greece", OECD Economics Department Working Papers, No. 1474*, OECD Publishing, https://doi.org/10.1787/18151973. [19]

Égert, B. (2017), "The quantification of structural reforms: Extending the framework to emerging market economies", *OECD Economics Department Working Papers*, No. 1442, OECD Publishing, Paris, https://doi.org/10.1787/f0a6fdcb-en. [26]

Eklund, J. and E. Lappi (2018), "Product regulations and persistence of profits: OECD evidence", *Journal of Regulatory Economics*, Vol. 54/2, pp. 147-164, https://link.springer.com/article/10.1007/s11149-018-9365-y. [25]

Ennis, S., P. Gonzaga and C. Pike (2019), "Inequality: A hidden cost of market power", *Oxford Review of Economic Policy*, Vol. 35/3, pp. 518-549, https://doi.org/10.1093/oxrep/grz017. [24]

Fournier, J. (2015), *"The negative effect of regulatory divergence on foreign direct investment", OECD Economics Department Working Papers, No. 1268*, OECD Publishing, https://doi.org/10.1787/5jrqgvg0dw27-en. [12]

Governo do Brasil (2020), *Estratégia Federal de Desenvolvimento para o Brasil: 2020-2031*, http://www.gov.br/economia/pt-br/assuntos/gestao/estrategia-federal-de-desenvolvimento/arquivos/efd-2020-2031_v2.pdf. [1]

Griffith, R. and H. Harmgart (2008), ""Supermarkets and Planning Regulation"", *CEPR Discussion Paper No. DP6713*, https://cepr.org/publications/dp6713. [7]

Griffith, R., R. Harrison and H. Simpson (2006), *The link between product market reform, innovation and EU macroeconomic performance*, https://ec.europa.eu/economy_finance/publications/pages/publication_summary817_en.htm. [4]

Min, H. (2014), "Consumer benefits of reforming a state-dominated industry", *Journal of Regulatory Economics*, Vol. 47/1, pp. 58-77, https://doi.org/10.1007/s11149-014-9262-y. [8]

Nickell, S. (1996), "Competition and Corporate Performance", *Journal of Political Economy*, Vol. 104/4, pp. 724-746, https://doi.org/10.1086/262040. [2]

Nicoletti, G. and S. Scarpetta (2003), "Regulation, productivity and growth: OECD evidence", *Economic Policy*, Vol. 18/36, pp. 9-72, https://doi.org/10.1111/1468-0327.00102. [13]

OCDE (2019), *OECD Competition Assessment Toolkit 3: Operational Manual*, OECD Paris, https://www.oecd.org/competition/assessment-toolkit.htm. [27]

OCDE (2015), *Chapter 2. The effect of pro-growth structural reforms on income inequality*, OECD Publishing, http://www.oecd.org/economy/growth/going-for-growth-2015.htm. [22]

OCDE (2014), *"Factsheet on how competition policy affects macro-economic outcomes"*, OECD Paris, https://www.oecd.org/competition/factsheet-macroeconomics-competition.htm. [6]

Van Reenen, J., R. Griffith and R. Blundell (1999), "Market Share, Market Value and Innovation", *Review of Economic Studies*, Vol. 66/3, pp. 529-554, https://doi.org/10.1111/1467-937x.00097. [3]

Notas

[1] A metodologia seguida neste projeto é consistente com os indicadores de regulação do mercado de produtos (PMR) desenvolvido pela OCDE. Para avaliar a postura regulatória de um país e acompanhar o progresso das reformas ao longo do tempo, a OCDE desenvolveu um conjunto de indicadores econômicos de PMR em 1998 (Nicoletti and Scarpetta, 2003[13]). Esse indicador foi atualizado em 2003, 2008, 2013 e 2018.

[2] A produtividade multifatorial (MFP) é uma medida da "eficiência da utilização conjunta de insumos de mão de obra e de capital no processo de produção"; ver https://data.oecd.org/lprdty/multifactor-productivity.htm.

[3] Um estudo analisou os dados de nível de empresa em 10 países de 1998 a 2004 utilizando o índice de PMR da OCDE no âmbito do setor e descobriu que PMRs mais restritivos reduzem a produtividade multifatorial (MFP) das empresas (Arnold, Nicoletti and Scarpetta, 2011[14]).

[4] O estudo de 15 países e 20 setores de 1985 a 2007 estimou o efeito da regulamentação dos setores de serviços a montante no aumento da produtividade a jusante. A fronteira da produtividade refere-se aos países e aos setores mais produtivos da amostra. Quanto mais distante um setor estiver da fronteira, menos produtivo ele será.

[5] O crescimento do emprego no setor de transporte rodoviário na França aumentou de 1,2% ao ano entre 1981 e 1985 para 5,2% ao ano entre 1986 e 1990. Entre 1976 e 2001, o total de postos de trabalho no setor duplicou, passando de 170.000 para 340.000.

[6] Utilizando o índice PMR da OCDE em sete setores não manufatureiros nos setores de energia, telecomunicações e transporte, um estudo constatou que PMRs restritivos tiveram impacto negativo na renda familiar disponível (Causa, Hermansen and Ruiz, 2016[23]). Esse resultado se manteve tanto na média quanto em toda a distribuição de renda, e levou a uma maior desigualdade. Os autores observaram que menores barreiras regulatórias à concorrência "tendem a aumentar a renda das famílias e a reduzir a desigualdade de renda, apontando para possíveis sinergias de políticas entre objetivos de eficiência e equidade".

[7] O RPK aumentou, em relação a voos domésticos, em mais de 282%, de 25,2 bilhões em 2000 para 96,4 bilhões em 2019; e o ASK mais do que dobrou, passando de 43,6 bilhões em 2000 para 116,6 bilhões em 2019.

2 Setor de aviação civil

Este capítulo contém uma visão geral econômica, institucional e jurídica do setor de aviação civil no Brasil. Como o transporte aéreo é a forma mais rápida e segura de viajar entre os estados brasileiros, o setor tem um papel fundamental no desenvolvimento econômico brasileiro e na integração nacional. Em 2019, antes da pandemia de COVID-19, a aviação respondia por 1,4% do PIB brasileiro e 1,5 milhão de empregos. As principais instituições responsáveis pela emissão e implementação da regulamentação e fiscalização do setor são o Ministério da Infraestrutura, por meio da Secretaria Nacional de Aviação Civil (SAC), e a Agência Nacional de Aviação Civil (ANAC). O setor da aviação civil é altamente regulado, incluindo vários requisitos técnicos que seguem os padrões internacionais desenvolvidos para garantir a segurança e proteção da aviação. A OCDE identificou 120 instrumentos normativos relacionados ao setor da aviação civil no que se refere ao tráfego de passageiros, no qual este projeto está focado.

2.1. Visão geral do setor da aviação civil

2.1.1. Visão geral econômica

Os serviços de transporte aéreo abrangem o transporte aéreo de passageiros e de frete, nacional ou internacional (Departamento de Assuntos Econômicos e Sociais das Nações Unidas, 2008, p. 198[1]). As atividades do serviço de transporte aéreo incluem aquelas relacionadas ao transporte aéreo de passageiros, animais ou frete e a operação de terminais, como aeroportos, atividades de controle de tráfego aéreo e aeroportuário e serviços auxiliares ao transporte aéreo. Todas essas atividades, juntamente com outras, como a fabricação de aeronaves, serviços de aluguel e leasing e o refino de petróleo, podem ser consideradas como atividades do setor de aviação civil. Neste relatório, o termo "setor de aviação civil" refere-se ao setor de transporte de passageiros, foco da análise da OCDE.

O setor de aviação civil tem um papel fundamental no desenvolvimento econômico e na integração nacional de um país tão grande quanto o Brasil. Na verdade, com proporções quase continentais, voar é a maneira mais rápida e segura de viajar entre os estados brasileiros, tornando o transporte aéreo um serviço fundamental no país.[1] Em 2019, antes da pandemia de COVID-19, a aviação civil contribuiu com 1,4% do PIB e 1,5 milhão de empregos.[2] A pandemia afetou severamente o setor e, em 2020, caiu para 0,3% do PIB e cerca de 400.000 mil empregos (ABEAR, 2021[2]). Embora o setor da aviação civil possa não representar uma grande parcela do PIB brasileiro, é uma parte importante da economia, contribuindo para as ligações entre os setores a montante e a jusante (OCDE, 2020[3]). O desempenho do setor da aviação civil tende a acompanhar o desempenho da economia, ilustrando a articulação entre esse setor e a economia brasileira como um todo (Figura 2.1).

Figura 2.1. PIB total brasileiro e participação do transporte aéreo, 2011-19

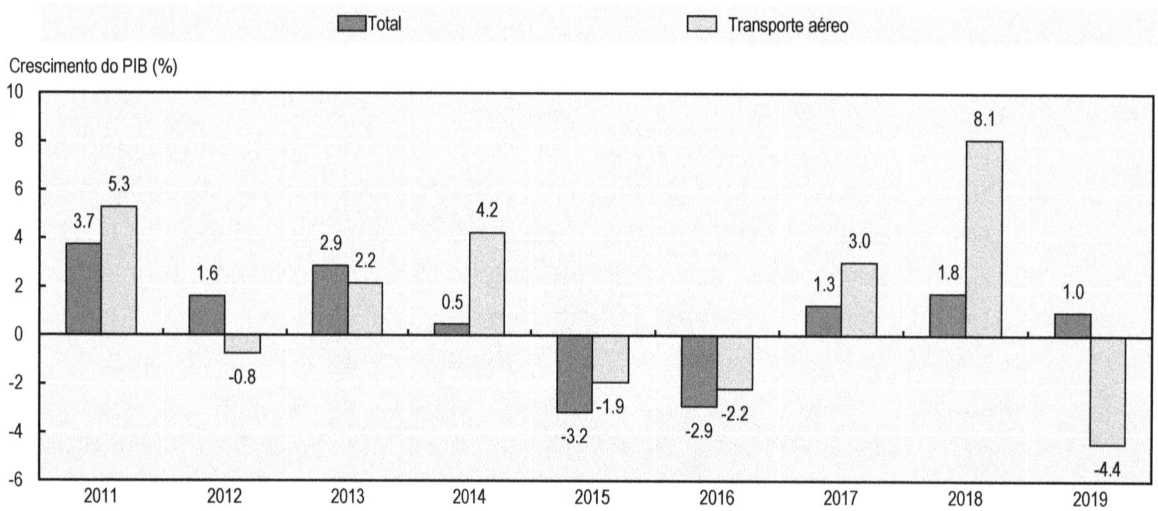

Observação: Os dados dos serviços de transporte aéreo abrangem a Seção H - Transporte e Armazenamento, Divisão 51 (transporte aéreo), CNAE 2.0 (Classificação Nacional de Atividades Econômicas). Os dados incluem transporte de passageiros e frete, mas não atividades auxiliares.
Fonte: Sistema de Contas Nacionais do IBGE; www.ibge.gov.br/estatisticas/economicas/contas-nacionais/9052-sistema-de-contas-nacionais-brasil.html?=&t=resultados.

Da mesma forma, o emprego no setor de aviação civil do Brasil, que inclui transporte aéreo e atividades relacionadas ao transporte aéreo, tende a seguir as tendências econômicas gerais. O setor de transporte aéreo foi afetado pela crise econômica brasileira de 2014, perdendo cerca de 10.000 empregos entre 2015 e 2018. As atividades auxiliares foram menos afetadas pela crise e se recuperaram mais rapidamente. Em 2019, antes da pandemia de COVID-19, a aviação civil empregava cerca de 108.000 (Tabela 2.1). Em 2020, devido à crise da COVID-19, os empregos formais no setor caíram para 85.000.

Tabela 2.1. Mudanças no emprego no setor da aviação civil, em milhares

Descrição	2010	2011	2012	2013	2014	2015	2016	2017	2018	2019	2020
Transporte aéreo (passageiros regular)	57,7	62,3	60,9	60,1	62,0	59,5	55,3	55,5	54,0	55,3	41,0
Serviço de táxi aéreo e aluguel de aeronaves tripuladas	6,1	6,5	6,7	6,9	6,5	6,0	5,7	4,8	5,2	5,3	5,3
Outros serviços de transporte aéreo de passageiros não regular	1,0	1,2	1,4	1,3	1,3	1,2	1,0	0,9	0,7	0,4	0,4
Transporte aéreo (carga)	2,7	2,5	2,1	2,3	1,8	1,8	1,8	1,8	1,9	2,0	1,7
Operação de aeroportos e campos de pouso	13,9	14,6	15,6	16,6	18,1	17,0	16,0	15,1	14,7	13,2	12,6
Atividades auxiliares de transporte aéreo	26,7	29,3	27,4	27,5	27,9	28,1	25,4	26,8	30,4	31,4	23,9
Total	**108,1**	**116,5**	**114,2**	**114,8**	**117,7**	**113,7**	**105,2**	**104,9**	**107,0**	**107,6**	**84,7**

Observação: Os dados abrangem a seção H - Transporte e armazenamento, divisão 51 - Transporte aéreo; Seção H - Transporte e armazenamento, divisão 52 - Armazenamento e atividades auxiliares dos transportes, grupo 52.4 - Atividades relacionadas ao transporte aéreo. Os dados incluem transporte de passageiros, frete e atividades auxiliares.
Fonte: Cálculos da OCDE com base no MTE (2021), https://bi.mte.gov.br/bgcaged/caged_anuario_rais/anuario.htm.

Além de contribuir para as ligações entre setores, o setor da aviação civil contribui para a conectividade mundial. Em 2019, 4,5 bilhões de passageiros foram transportados por transporte aéreo em todo o mundo. Em 2020, o setor da aviação civil enfrentou a sua pior crise desde a Segunda Guerra Mundial à medida que os esforços para controlar a propagação da COVID-19 fecharam fronteiras, impuseram lockdowns e reduziram severamente a liberdade de ir e vir (Associação Internacional de Transportes Aéreos, 2020[4]). Em 2020, o número de passageiros caiu 60% em relação a 2019, para 1,8 bilhão (Tabela 2.2).

Tabela 2.2. Número de passageiros do transporte aéreo, por região, em milhões

Região	2010	2011	2012	2013	2014	2015	2016	2017	2018	2019	2020
Leste Asiático e Pacífico	707	749	809	894	966	1 052	1 156	1 267	1 364	1 415	675
Europa e Ásia Central	672	729	750	779	823	887	942	1,016	1,086	1 283	413
América Latina e Caribe	178	198	217	234	249	264	267	276	293	305	121
Oriente Médio e Norte da África	151	160	175	189	205	217	239	258	265	276	98
América do Norte	784	797	807	815	838	878	909	941	981	1 020	397
Sul da Ásia	79	91	90	94	102	120	142	163	190	191	80
África Subsaariana	38	43	45	44	44	48	50	54	65	66	25
Total	**2 609**	**2 767**	**2 894**	**3 048**	**3 227**	**3 466**	**3 705**	**3 974**	**4 242**	**4 558**	**1 809**

Observação: Passageiros de transporte aéreo englobam passageiros de aeronaves nacionais e internacionais transportados por companhias aéreas registradas em um país de cada região.
Fonte: Cálculos da OCDE, Dados Abertos do Banco Mundial, https://data.worldbank.org.

O Brasil é o maior mercado de transporte aéreo da América Latina e Caribe.[3] Em 2019, antes da crise da COVID, cerca de 103 milhões de passageiros foram transportados por companhias aéreas brasileiras, representando 2,4% do total global (4,55 bilhões) e 33,7% de todos os passageiros transportados pelas operadoras aéreas latino-americanas (305 milhões). Em 2020, cerca de 45 milhões de passageiros foram transportados por companhias aéreas brasileiras, uma queda de 56% em relação a 2019. O número de passageiros no Brasil ainda representa apenas uma pequena porcentagem da população total, a proporção de passageiros em relação à população sendo de 0,49 em 2019. Essa taxa é menor do que a de regiões como Europa e Ásia Central (1,41) ou América do Norte (2,79), o que demonstra um grande potencial de crescimento. Uma comparação semelhante pode ser feita por grupos de países agregados por nível de renda (Figura 2.2).

Figura 2.2. Número de passageiros como proporção da população, por grupo de renda, 2019

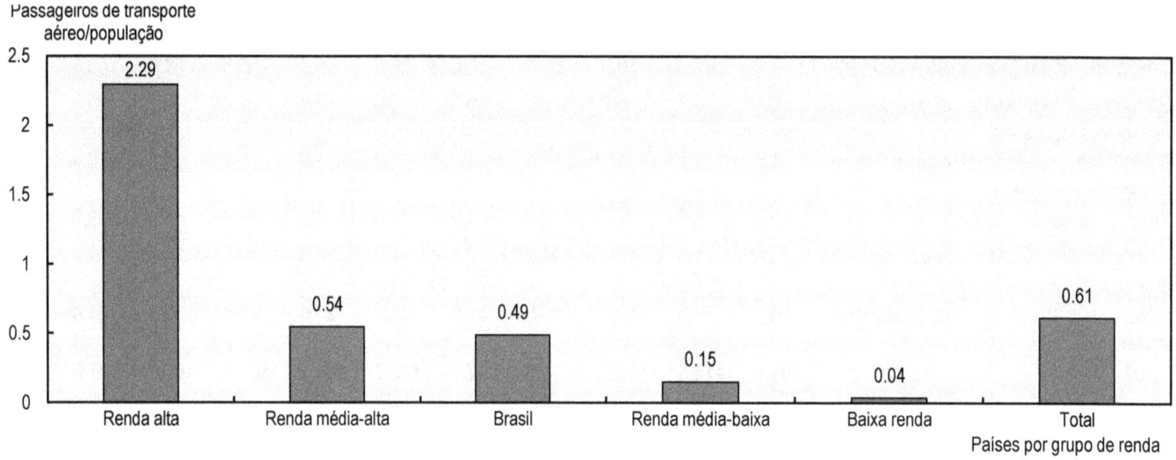

Fonte: Cálculos da OCDE com base nos Dados Abertos do Banco Mundial, https://data.worldbank.org.

2.1.2. Crescimento setorial

Na década de 1990, o Brasil iniciou um processo de desregulamentação do setor de aviação civil, com o objetivo de promover a concorrência, fomentando a entrada e o investimento; tal processo teve uma aceleração no início dos anos 2000. Mudanças regulatórias contínuas nos últimos anos, como a permissão para que as companhias aéreas explorassem qualquer rota desejada e definissem preços de passagens livremente, contribuíram para o intenso crescimento do setor.

Demanda, oferta e capacidade

Do ponto de vista da demanda, o setor da aviação civil teve um crescimento significativo. O número de passageiros de voos domésticos[4] mais que triplicou de quase 30 milhões em 2000 para mais de 90 milhões em 2019 (Figura 2.3).[5] Com a pandemia de COVID-19, o número de passageiros diminuiu pela metade, mas ainda permaneceu mais alto do que no início dos anos 2000, com 45 milhões em 2020 e 63 milhões em 2021.

Figura 2.3. Número de passageiros no Brasil, 2000-21

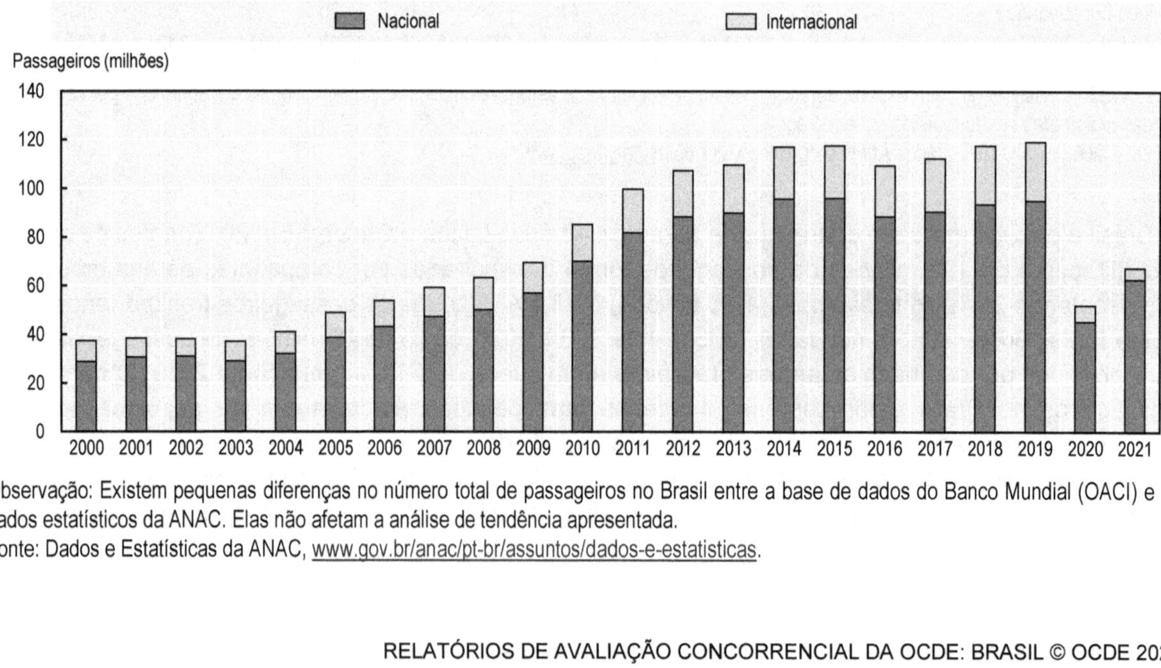

Observação: Existem pequenas diferenças no número total de passageiros no Brasil entre a base de dados do Banco Mundial (OACI) e os dados estatísticos da ANAC. Elas não afetam a análise de tendência apresentada.
Fonte: Dados e Estatísticas da ANAC, www.gov.br/anac/pt-br/assuntos/dados-e-estatisticas.

A tendência de crescimento também é vista em passageiros-quilômetros pagos transportados (RPK),[6] que, nos voos domésticos, aumentou mais de 282%, de 25,2 bilhões em 2000 para 96,4 bilhões em 2019. Em 2020, com a pandemia, o RPK diminuiu, mas permaneceu mais alto do que no início dos anos 2000, com 49,6 bilhões em 2020 e 69,7 bilhões em 2021.

Figura 2.4. Passageiros-Quilômetros Pagos Transportados (RPK) no Brasil, 2000-21

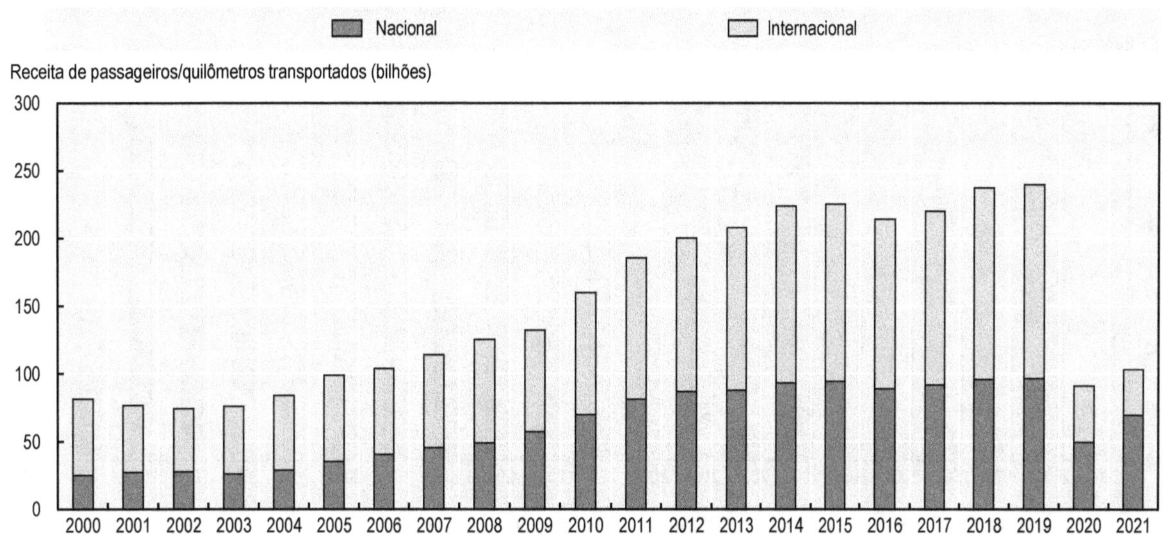

Fonte: Dados e Estatísticas da ANAC, www.gov.br/anac/pt-br/assuntos/dados-e-estatisticas.

Do ponto de vista da oferta, o setor de aviação civil também cresceu. Em 2000, havia quase 700.000 voos domésticos, em 2012, quase 1 milhão, e mais de 800.000 antes da pandemia de COVID-19, quando o setor retraiu e o número de voos despencou para pouco menos de 400.000 (Figura 2.5).

Figura 2.5. Número de voos no Brasil, 2000-21

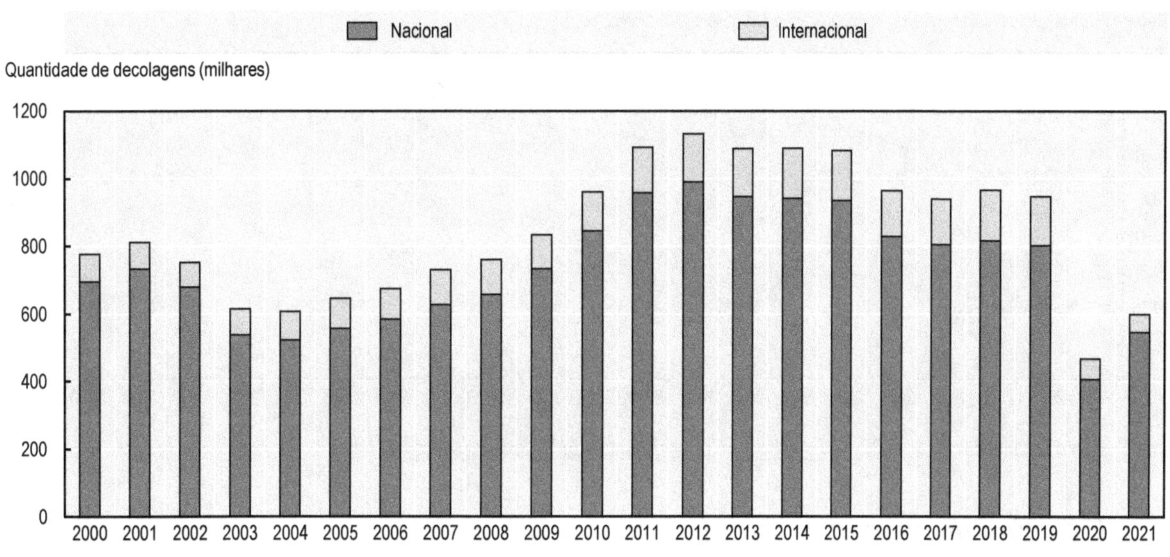

Fonte: Dados e Estatísticas da ANAC, www.gov.br/anac/pt-br/assuntos/dados-e-estatisticas.

A tendência de crescimento também é vista nos assentos-quilômetros oferecidos (ASK),[7] que mais que dobrou de 43,6 bilhões em 2000 para 116,6 bilhões em 2019. Apesar da pandemia, o ASK permaneceu mais alto em 2020 em 61,9 bilhões e 2021 em 86,6 bilhões do que no início dos anos 2000.

Figura 2.6. Assentos-quilômetros oferecidos, Brasil, 2000-21

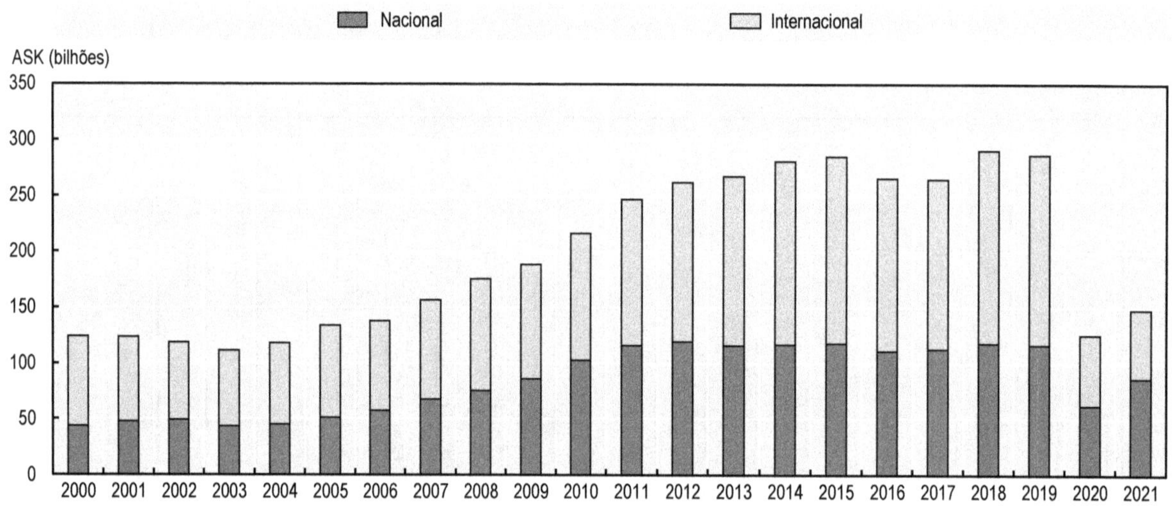

Fonte: Dados e Estatísticas da ANAC, www.gov.br/anac/pt-br/assuntos/dados-e-estatisticas.

Em termos de uso da capacidade, o fator de ocupação dos voos domésticos era de 0,58 em 2000 e atingiu 0,83 em 2019, próximo à média global de 0,8 [8] (Figura 2.7) (Gomes and Fonseca, 2014[5]).

Figura 2.7. Fator de ocupação, passageiros-quilômetros pagos transportados / assentos-quilômetros oferecidos, 2000-21

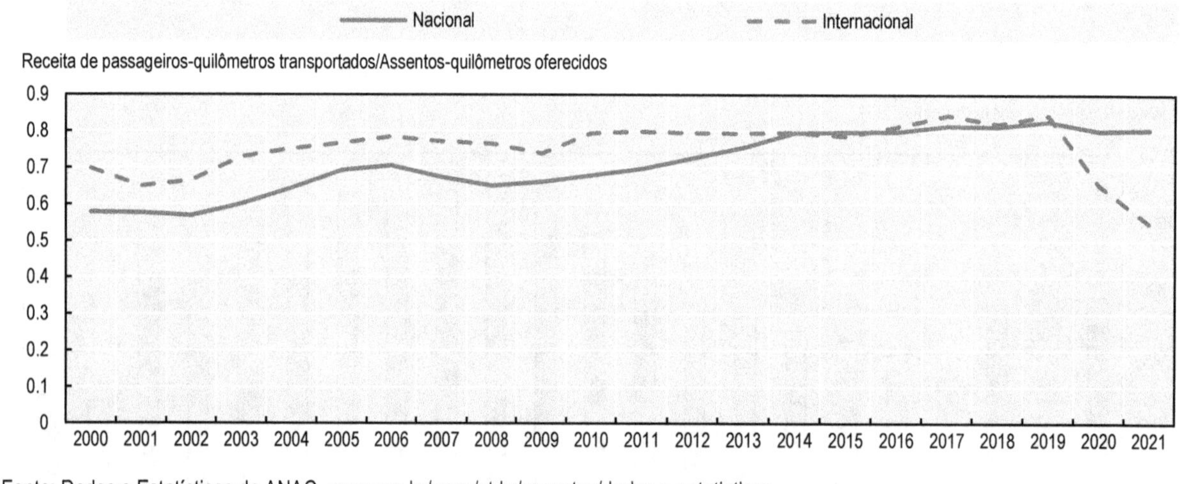

Fonte: Dados e Estatísticas da ANAC, www.gov.br/anac/pt-br/assuntos/dados-e-estatisticas.

2.1.3. *Estrutura do mercado*

O setor de transporte aéreo apresenta características de concentração de mercado potencialmente alta, como custos fixos altos, exposição a choques exógenos, em particular, variação no preço do combustível e barreiras legais relacionadas a padrões de segurança (CADE, 2017[6]) ; (ANAC, 2021[7]). Em 2021, três grandes companhias aéreas - Latam, Gol e Azul - tinham uma participação de mercado interno combinada de 98% e dominaram o setor de aviação civil no Brasil nos últimos anos (Figura 2.8).

Figura 2.8. Participação de mercado do setor de aviação civil nacional, 2000-21

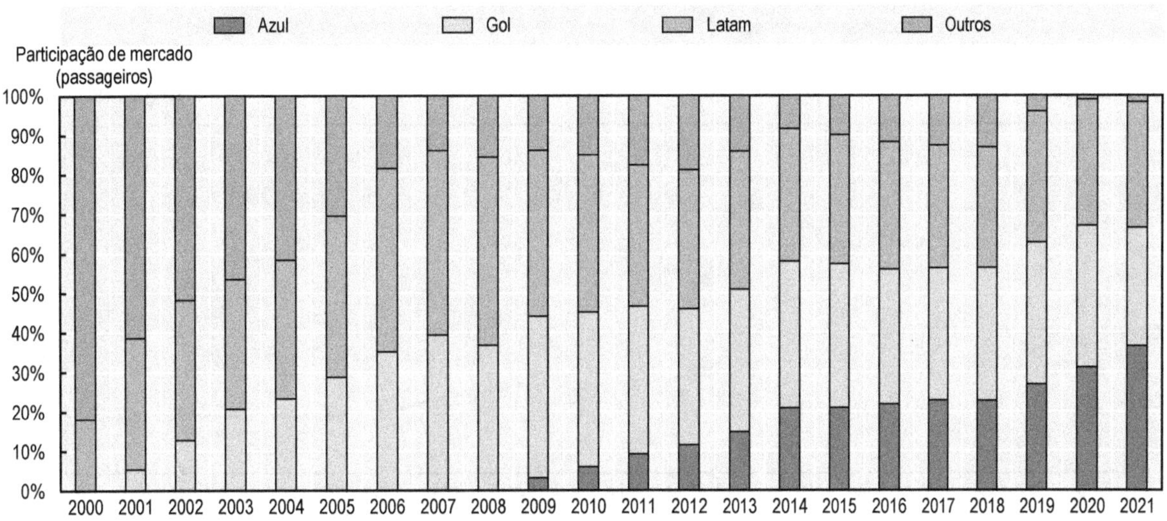

Fonte: Dados e Estatísticas da ANAC, www.gov.br/anac/pt-br/assuntos/dados-e-estatisticas.

Os altos níveis de concentração do setor são vistos quando medidos no Índice Herfindahl-Hirschman (HHI). Em 2000, o setor marcou cerca de 1.500 pontos ou foi considerado moderadamente concentrado, mas, em 2021, esse número tinha subido para mais de 3.000 pontos ou foi considerado altamente concentrado (Figura 2.9).[9]

Figura 2.9. Pontuação no HHI do setor de aviação civil nacional brasileiro, 2000-21

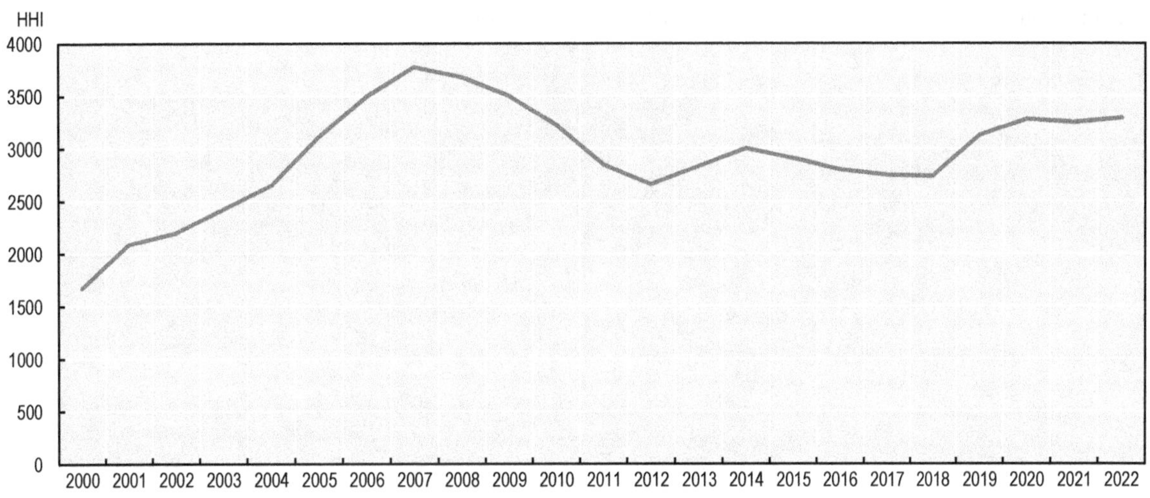

Fonte: Dados e Estatísticas da ANAC, www.gov.br/anac/pt-br/assuntos/dados-e-estatisticas.

Apesar dos altos níveis de concentração do setor, o número de voos de passageiros aumentou, enquanto o preço médio das passagens e a receita da venda de passagens diminuíram nos últimos anos.[10]

Enquanto a receita da venda de passagens tenha sido de R$ 2,8 por quilômetro em 2003, ficou abaixo de R$ 0,3 por quilômetro em 2021 (Figura 2.10).

Figura 2.10. Preço médio das passagens e receita da venda de passagens no Brasil, 2003-20

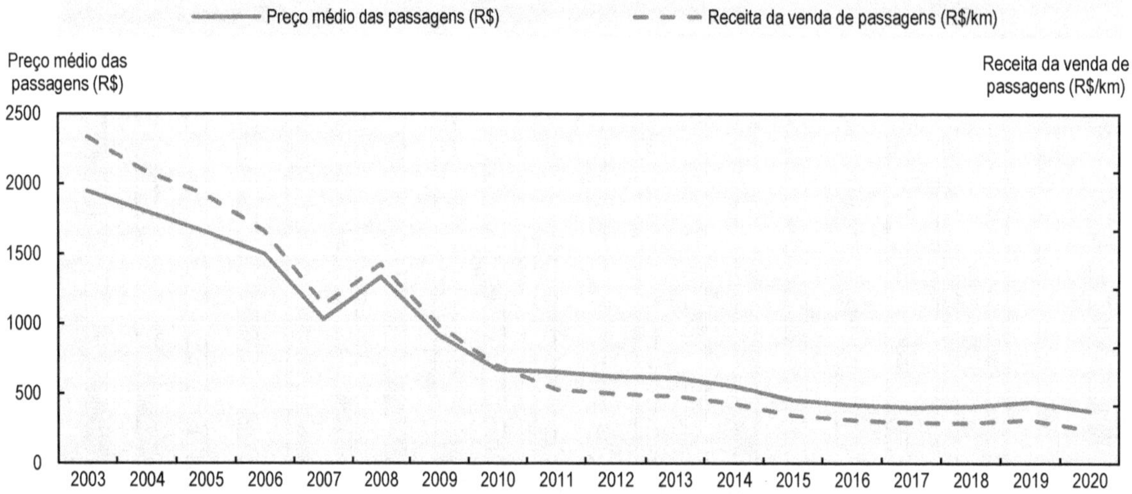

Observação: Em valores constantes. Os valores nominais foram ajustados pelo Índice Nacional de Preços ao Consumidor Amplo (IPCA) até dezembro de 2020 para permitir as comparações ao longo do tempo.
Fonte: Dados e Estatísticas da ANAC, www.gov.br/anac/pt-br/assuntos/dados-e-estatisticas.

A concentração do setor também pode ser vista geograficamente. A região sudeste concentra mais voos e os principais aeroportos do país. Seis dos sete aeroportos mais movimentados, medido pelo número de passageiros de embarque doméstico, estão localizados na região sudeste. Mais de 46% dos passageiros de voos domésticos embarcaram em São Paulo Guarulhos; São Paulo Congonhas; Belo Horizonte Confins; Rio de Janeiro Galeão; Campinas Viracopos; e Rio de Janeiro Santos Dumont em 2019. O estado de São Paulo tem o maior número de passageiros, com os aeroportos de Guarulhos, Congonhas e Viracopos respondendo por mais de 31% dos passageiros domésticos em 2019 (Figura 2.11).

Figura 2.11. Os 20 aeroportos mais movimentados do Brasil por número de passageiros de embarque doméstico, 2010 e 2019

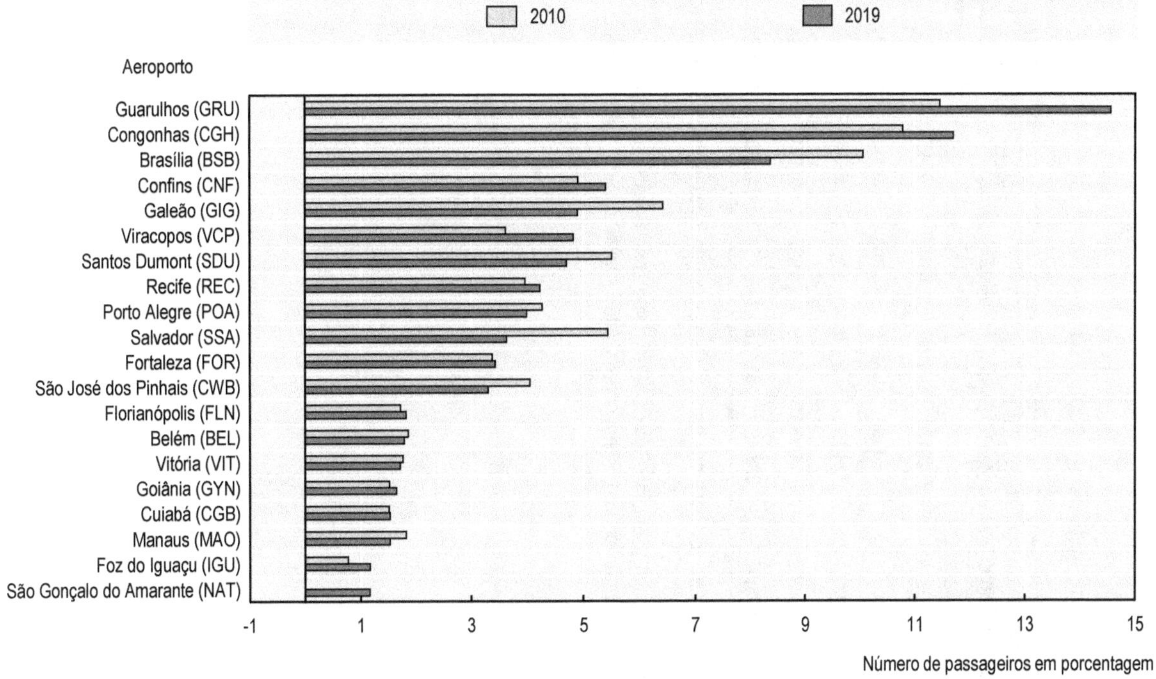

Fonte: Dados e Estatísticas da ANAC, www.gov.br/anac/pt-br/assuntos/dados-e-estatisticas.

A concentração do setor também é particularmente alta em termos de rotas. As 15 principais rotas, em número de passageiros de embarques domésticos, apresentam um HHI superior a 2.500. Na rota Rio de Janeiro Galeão a São Paulo Guarulhos, por exemplo, a LATAM respondeu por quase 55% dos passageiros e a Gol por quase 38% em 2020.[11]

Tendências recentes

Conforme anteriormente observado, o setor da aviação civil do Brasil vem passando por um processo de desregulamentação desde o início da década de 1990, com a promoção de tarifas e descontos flexíveis e a assinatura do Acordo sobre Serviços Aéreos Sub-Regionais, conhecido como o Acordo de Fortaleza, em 1996. Como parte desse processo, o governo brasileiro adotou políticas e regulamentações que visam fomentar investimentos para o desenvolvimento e a expansão do setor.

Em 2011, o país iniciou um processo de introdução da participação do setor privado nos principais aeroportos do Brasil (ver seção 2.2). Até agora, esse programa de concessão foi dividido em seis rodadas e gerou mais de R$ 18 bilhões em investimentos (Tabela 2.3).[12] A segunda rodada de concessões, envolvendo os aeroportos de Brasília, São Paulo Guarulhos e Campinas Viracopos, foi a que mais captou fundos, cerca de R$ 10 bilhões, o que representou 53,5% de todos os investimentos nas cinco primeiras rodadas.

Durante essas seis rodadas, 44 aeroportos foram concedidos a operadores privados: 10 foram individualmente concedidos nas primeiras quatro rodadas[13] e 34 foram concedidos em seis blocos regionais na quinta[14] e sexta[15] rodadas (ver seção 2.2.1). A sétima[16] e a oitava[17] rodadas estão em andamento e planejadas para serem concluídas no segundo semestre de 2022 e primeiro semestre de 2023, respectivamente. Ao final do processo, todos os aeroportos federais, que até 2011 eram totalmente controlados por uma empresa estatal, a Infraero, terão sido transferidos para a administração do setor privado.

Tabela 2.3. Investimentos em aeroportos sob concessão, por contratos de concessão, em R$, milhões, 2012-21

	Natal/São Gonçalo (NAT)	Brasília (BSB)	São Paulo/Guarulhos (GRU)	Campinas/Viracopos (VCP)	Belo Horizonte/Confins (CNF)	Rio de Janeiro/Galeão (GIG)	Florianópolis (FLN)	Fortaleza (FOR)	Porto Alegre (POA)	Salvador (SSA)	Cluster nordeste*	Cluster centro-oeste**	Cluster sudeste***
Ano da concessão	2012	2012	2012	2012	2014	2014	2017	2017	2017	2017	2019	2019	2019
Rodada	Primeira	Segunda	Segunda	Segunda	Terceira	Terceira	Quarta	Quarta	Quarta	Quarta	Quinta	Quinta	Quinta
Valor do contrato (R$)	650	5 335	17 697	12 984	5 117	12 953	2 270	3 504	4 239	4 561	5 781	1 433	1 579
Investimento esperado	650	2 850	4 600	8 700	3 500	5 600	961	1 400	1 902	2 350	2 140	763	630
Investimento total até 2021	**638,21**	**1 481,76**	**4 428,54**	**4 038,73**	**971,49**	**2 528,57**	**578,49**	**817,78**	**1 620,30**	**842,35**	**453,97**	**74,60**	**121,16**

Observação: Os valores dos contratos são expressos em valores constantes seguindo os dados dos estudos usados para dar base aos editais. Os valores de investimento são expressos em valores nominais.

*Recife Internacional (Guararapes - Gilberto Freyre); Maceió (Zumbi dos Palmares); Santa Maria Internacional (Aracaju); Campina Grande (Presidente João Suassuna); João Pessoa Internacional (Presidente Castro Pinto); e Juazeiro do Norte Internacional (Orlando Bezerra Menezes). ** Cuiabá Internacional (Marechal Rondon); Rondonópolis; Alta Floresta; e Sinop (Presidente João Figueiredo).

*** Aeroporto de Vitória e Aeroporto de Macaé.

Fonte: Cálculos da OCDE, dados da SAC e ANAC.

De 2012 a 2021, o valor total de investimentos públicos e privados nos aeroportos brasileiros foi de quase R$ 30 bilhões, dos quais quase 65% vieram de concessionárias e quase 35% foram feitos por meio de investimentos públicos diretos (Figura 2.12).

Figura 2.12. Investimentos públicos e privados em aeroportos federais, 2011-21

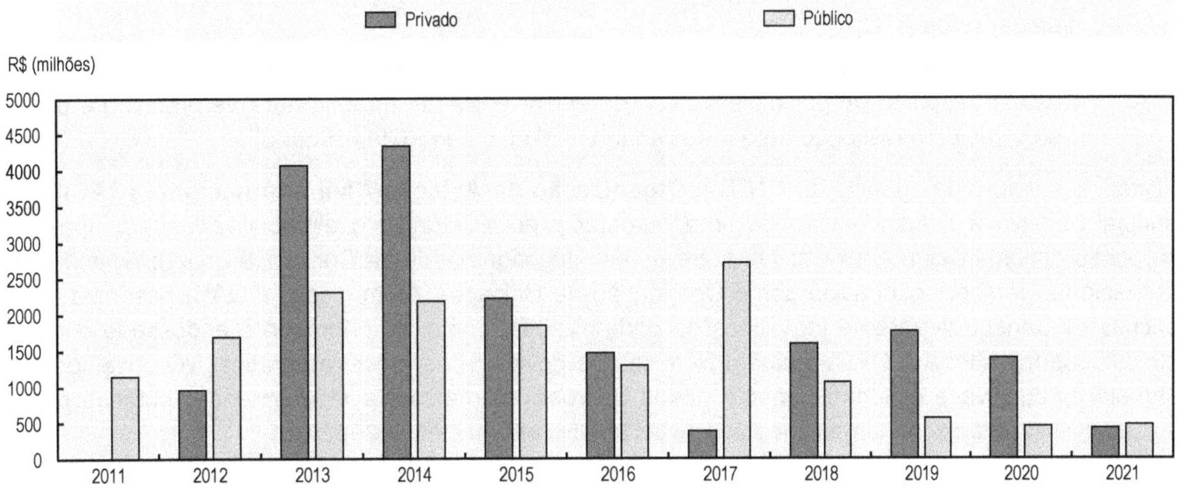

Observação: Em valores nominais. Os aeroportos federais são administrados pela Infraero ou sob concessão.
Fonte: Cálculos da OCDE; Infraero, SAC, Dados do Orçamento Geral da União (OGU) e dados do SIAFI.

2.1.4. Visão geral institucional

As instituições responsáveis pela elaboração ou aplicação de normas, instruções e diretrizes no setor da aviação civil desempenham um papel significativo no funcionamento do mercado e podem, por fim, afetar a concorrência.

No Brasil, as seguintes instituições são responsáveis pela elaboração e implementação da regulamentação e pela supervisão do setor de aviação civil.

- O **Conselho de Aviação Civil (CONAC)** é um órgão consultivo da Presidência da República criado para apoiar a elaboração de políticas no setor da aviação civil no Brasil. É composto por ministérios que lidam com questões de aviação civil.[18] O CONAC não se reúne desde 2010.
- O **Ministério da Infraestrutura (MINFRA)**, por meio da **Secretaria Nacional de Aviação Civil (SAC)**, coordena e supervisiona as instituições do sistema de aviação civil. É responsável por desenvolver diretrizes e políticas públicas sobre aviação civil e infraestrutura aeroportuária.
- A **Comissão Nacional de Autoridades Aeroportuárias (CONAERO)** é o órgão consultivo e deliberativo composto por órgãos públicos que trabalham diretamente com a gestão aeroportuária.[19] Seu objetivo é harmonizar as suas ações para tornar os aeroportos mais eficientes.
- A **Agência Nacional de Aviação Civil (ANAC)** é uma agência reguladora independente responsável por regular e supervisionar as atividades da aviação civil, bem como a infraestrutura aeronáutica e aeroportuária, em conformidade com as diretrizes e políticas emitidas pelo Governo Federal.
- A **Empresa Brasileira de Infraestrutura Aeroportuária (INFRAERO)** é uma empresa estatal responsável por desenvolver, gerenciar e operar aeroportos civis designados pelo Ministério da Infraestrutura.

- Os seguintes órgãos estão vinculados ao **Comando da Aeronáutica (COMAER)** da Força Aérea Brasileira, que faz parte do Ministério da Defesa:
  - O **Centro de Investigação e Prevenção de Acidentes Aeronáuticos (CENIPA)** é responsável pela investigação e prevenção de acidentes aéreos;
  - O **Departamento de Controle do Espaço Aéreo (DECEA)** é responsável pela gestão do espaço aéreo brasileiro, regulando o controle de tráfego aéreo (ATC) e operando certas unidades de ATC;
  - A **Empresa Brasileira de Serviços de Navegação Aérea (NAV Brasil)** é uma nova empresa estatal responsável por desenvolver, gerenciar e operar infraestrutura aeronáutica e prestar serviços de navegação aérea, designados pelo Comando da Aeronáutica.

O Brasil é membro da agência da ONU, a **Organização da Aviação Civil Internacional (OACI)**, cujo principal objetivo é a manutenção de uma burocracia administrativa e especializada para apoiar as interações diplomáticas e cooperativas entre os estados signatários da Convenção sobre Aviação Civil Internacional (também conhecida como Convenção de Chicago). Além disso, a OACI pesquisa novas políticas de transporte aéreo e inovações de padronização, conforme orientado e endossado por seus 193 estados-membros. A OACI também fornece aos governos as melhores práticas e conselhos para estabelecer coletiva e diplomaticamente novos padrões internacionais e recomendar práticas para a aviação civil internacional (Organização da Aviação Civil Internacional, 2022[8]).

Figura 2.13. Autoridades brasileiras no setor da aviação civil

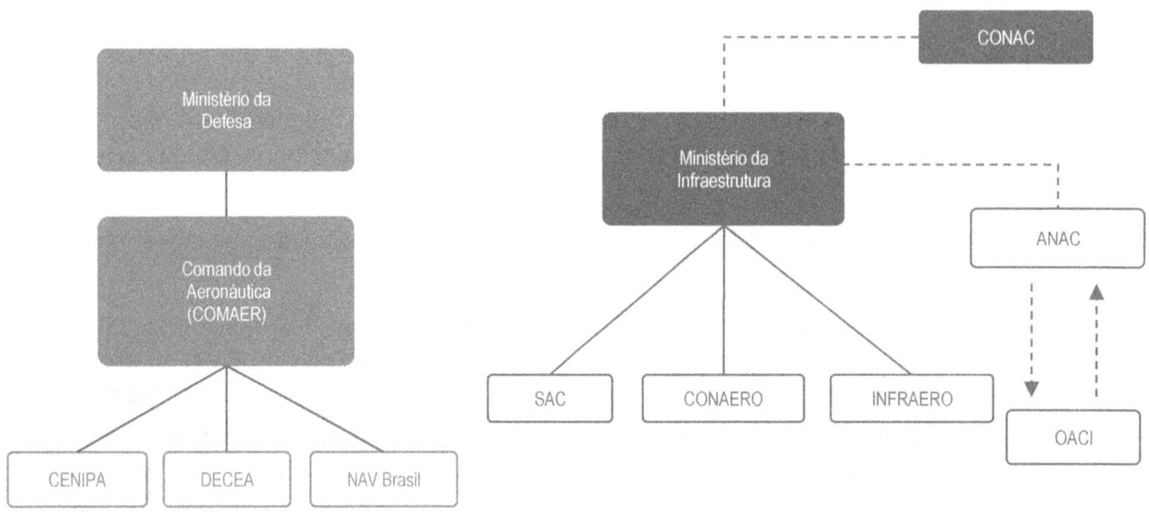

Fonte: Adaptado de (ANAC, 2021[9]).

2.1.5. *Visão geral da legislação*

A OCDE identificou 120 instrumentos normativos referentes à aviação civil que tratam do tráfego de passageiros, incluindo leis, decretos, portarias, regulamentos, editais de licitação pública e contratos de concessão. O setor da aviação civil é altamente regulado, incluindo vários requisitos técnicos que seguem os padrões internacionais desenvolvidos para garantir a segurança e proteção da aviação.

O Código Brasileiro de Aeronáutica (CBA, Lei nº 7.565/1986) prevê o marco legal da aviação civil no Brasil. O CBA cobre a maioria das questões relevantes para a aviação civil no país, como segurança, fabricação de aeronaves, controle de tráfego aéreo, registro de aeronaves, certificação e responsabilidade legal das companhias aéreas, bem como infraestrutura aeroportuária. Vigente há mais de 35 anos, o CBA foi promulgado em um ambiente regulatório diferente, no qual o governo controlava quase todo o setor, incluindo rotas e preços dos voos. De fato, o CBA é anterior à atual Constituição brasileira e ao marco institucional atualmente em vigor. Isso fez com que diversas normas do CBA deixassem de estar de acordo com o ambiente regulatório atual, com muitas disposições obsoletas que, embora de fato revogadas, permanecem no código. Não obstante, o CBA tem sido gradualmente atualizado ao longo dos anos. Por exemplo, a recém-promulgada Lei nº 14.368/2022 revogou explicitamente a maioria dessas disposições obsoletas ou ultrapassadas. Além disso, desde 2016, um projeto de lei está em trâmite no Congresso, na tentativa de estabelecer um código aeronáutico novo e totalmente atualizado.

Outra legislação relevante é a Lei nº 11.182/2005, que criou a Agência Nacional de Aviação Civil (ANAC), agência reguladora independente responsável por estabelecer a regulamentação técnica e econômica do setor de aviação civil. A lei visa garantir a segurança e a proteção da aviação e melhorar a qualidade dos serviços, ao mesmo tempo em que promove um mercado competitivo. Também estabeleceu a liberalização de preços e rotas no Brasil, seguida de sucessivos processos de modernização e simplificação da regulação setorial. Esse fato reduziu a carga regulatória e melhorou a qualidade e a eficácia das regulamentações. Incluindo:

- em 2016, a ANAC autorizou as companhias aéreas a cobrar pela bagagem despachada, seguindo os padrões internacionais (ver Quadro 2.1)
- em 2018, o mercado da aviação civil foi aberto a investidores estrangeiros (ver Quadro 2.2)
- em outubro de 2020, a ANAC e o Ministério da Infraestrutura lançaram o programa Voo Simples - com mais de 60 iniciativas para simplificar a regulamentação da aviação civil com o intuito de deixar o Brasil alinhado às melhores práticas internacionais; o objetivo dessa iniciativa é aumentar a conectividade e promover um novo ambiente de negócios sem prejudicar a segurança e a proteção da aviação. Embora o programa tenha como foco a aviação geral, o transporte aéreo comercial pode se beneficiar de seus resultados.[20] Entre as iniciativas está a Medida Provisória nº 1.089/2021 (recentemente convertida na Lei nº 14.368/2022), que o governo promulgou para revogar e alterar muitas disposições ultrapassadas no CBA e facilitar a operação de companhias aéreas estrangeiras no Brasil.

Quadro 2.1. Alterações regulatórias na franquia de bagagem despachada

Até 2016, as companhias aéreas que operam no Brasil eram obrigadas a oferecer gratuitamente aos passageiros o despacho de uma bagagem de até 23 kg em voos domésticos. A sua finalidade era proteger os consumidores.

A norma aumentava os custos para companhias aéreas e passageiros, que tinham que pagar pela bagagem despachada, mesmo que não fizessem uso desse direito. Também impedia que as empresas prestassem serviços inovadores, pois não eram capazes de oferecer diferentes tipos de passagens aéreas que melhor atendessem aos interesses dos usuários. Ademais, esse requisito aumentou os custos de entrada, especialmente para empresas estrangeiras e companhias aéreas de baixo custo, que o consideraram um encargo regulatório não razoável para as companhias aéreas. De fato, a maioria dos países permite que as companhias aéreas decidam se incluem ou não a bagagem despachada no preço da passagem.

Em dezembro de 2016, a ANAC emitiu a Resolução nº 400/2016, que entrou em vigor em 2017, permitindo que as companhias aéreas cobrassem pela bagagem despachada. Desde então, as companhias aéreas têm vendido passagens aéreas com diferentes franquias de bagagem despachada ou sem nenhuma franquia de bagagem despachada para passageiros que optarem por não usar o serviço. As companhias aéreas devem apresentar ofertas de forma transparente, permitindo que os consumidores comparem os respectivos benefícios e escolham o serviço pelo qual desejam pagar. Em troca, a franquia máxima de bagagem de mão foi alterada de 5 para 10 quilos.

Ao separar a franquia de bagagem despachada da tarifa aérea, as companhias aéreas puderam oferecer novos produtos aos passageiros, seguindo as melhores práticas internacionais. A alteração regulatória parece ser pró-competitiva, com potencial para reduzir os custos de entrada e levar a serviços inovadores. Assim, isso pode facilitar a entrada de novas empresas no mercado, especialmente companhias aéreas de baixo custo com diferentes modelos de negócios.

Uma lei promulgada em 2019 para reintroduzir uma franquia de bagagem despachada mínima foi vetada pelo presidente brasileiro, em consonância com um parecer emitido pelo Departamento de Estudos Econômicos do CADE. A Lei nº 14.368/2022 introduziu novamente uma franquia de bagagem despachada mínima, vetada novamente pelo presidente brasileiro em junho de 2022. No momento da finalização deste relatório, o Congresso Brasileiro ainda não tinha avaliado o veto, que ainda pode ser derrubado.

Fonte: Processo Administrativo (ANAC) nº 00058.054992/2014-33; (DEE/CADE, 2019[10]).

Quadro 2.2. Reformas das normas para investimento estrangeiro em companhias aéreas brasileiras

Em 13 de dezembro de 2018, o Brasil implementou reformas significativas das normas de investimento estrangeiro nas companhias aéreas domésticas brasileiras por meio da Medida Provisória nº 863/2018. O Congresso converteu a medida na Lei Federal nº 13.842/2019 em 17 de junho de 2019, incorporando as reformas no CBA. As principais reformas incluíram a remoção do limite de 20% de participação estrangeira nas companhias aéreas brasileiras, permitindo às empresas estrangeiras a detenção total do capital social e a gestão das companhias aéreas do Brasil. As restrições à emissão e transferência de ações para estrangeiros também foram retiradas.

As companhias aéreas estrangeiras agora podem investir no Brasil e deter até 100% de participação nas companhias aéreas brasileiras, mas devem estabelecer uma subsidiária no país e cumprir com a legislação brasileira para operar voos domésticos. Segundo a ANAC, o objetivo é garantir que todas as companhias aéreas que operam no Brasil estejam sujeitas aos mesmos requisitos e custos (por exemplo, impostos e contribuições sociais). Na prática, esses atos protegem as companhias aéreas domésticas da concorrência estrangeira, garantindo que as companhias aéreas paguem impostos no Brasil e criem empregos no país. Questões de soberania e segurança também podem ser motivo para restringir voos domésticos a companhias aéreas nacionais. Além disso, pode-se argumentar que, uma vez que os direitos de cabotagem são negociados de forma recíproca, uma ampla liberalização não garantiria necessariamente o mesmo direito de operar voos domésticos em países estrangeiros para as companhias aéreas brasileiras. Esse requisito pode aumentar os custos de entrada para empresas estrangeiras. A necessidade de operar (e não simplesmente estabelecer) uma empresa no Brasil também pode aumentar os custos para empresas estrangeiras dispostas a operar no mercado doméstico.

O Artigo 7 da Convenção sobre Aviação Civil Internacional (Convenção de Chicago) não proíbe a liberdade de prestação de serviços de cabotagem, que é o direito de uma companhia aérea de um país transportar passageiros e frete exclusivamente entre dois pontos de outro país. No entanto, essa disposição permite que os estados contratantes recusem esse serviço. Nesta perspectiva, a maioria dos países proíbe as companhias aéreas estrangeiras de operar cabotagem aérea (a chamada cabotagem consecutiva ou a cabotagem independente e pura) a fim de apoiar e proteger seu setor aéreo nacional e um mercado que consideram ser exclusivamente seu.

Uma exceção é o Chile, que concede direitos de cabotagem de forma unilateral desde 1979. Os direitos de cabotagem também são fornecidos por meio de acordos internacionais, mas apenas entre os estados contratantes. Por exemplo, em 1997, direitos plenos de cabotagem foram concedidos a todas as companhias aéreas da UE, o que significa que uma companhia aérea de um Estado da UE pode operar voos domésticos em outro país da UE. Existem outros exemplos de direitos de cabotagem entre Singapura e o Reino Unido, os Emirados Árabes Unidos ou o Uruguai, entre a China e a Albânia, entre a Nova Zelândia e a Austrália ou Brunei, bem como entre membros da União Econômica e Monetária do Oeste Africano: Benim, Burkina Faso, Guiné-Bissau, Costa do Marfim, Mali, Níger, Senegal e Togo.

De acordo com o Fórum Internacional de Transportes (ITF), embora a liberalização da cabotagem seja legítima, continua sendo uma questão delicada em grande parte do mundo e existe pouca vontade política para promovê-la em um futuro próximo. No entanto, ele indica que a liberalização total dos direitos de constituição pode ser uma alternativa aos direitos de cabotagem, com efeitos práticos semelhantes.

De fato, a liberalização permite que as companhias aéreas constituídas e com sede num determinado território operem voos domésticos no país, independentemente da nacionalidade dos seus acionistas. Na prática, isso pode abrir um mercado interno para operadores estrangeiros, já que eles só precisam constituir uma subsidiária no país. A entidade estrangeira deve operar como uma companhia aérea regulada internamente, empregando trabalhadores "locais" e cumprindo as leis locais referente a trabalho, impostos, imigração, registro, segurança, proteção e outras leis. Poucos países implementaram a liberalização total dos direitos de constituição, como o Brasil fez em 2018. A Austrália também oferece às companhias aéreas o direito de constituição para operar rotas domésticas desde 1999.

A maioria dos países ainda estabelece restrições de participação e controle sobre o investimento estrangeiro em suas companhias aéreas. Por exemplo, os Estados Unidos limitam a participação estrangeira das companhias aéreas dos EUA a 25% e exigem que os cidadãos dos EUA controlem as companhias aéreas. O Canadá e o México operam de forma semelhante. Na União Europeia, o investimento estrangeiro não pode exceder 49% da participação de uma companhia aérea da UE, que também é o limite máximo em Israel, Marrocos, Rússia e Ucrânia.

Fonte: (OCDE, 2020[11]); (ITF, 2019[12]); (Organização da Aviação Civil Internacional, 2016[13]).

Outras questões não diretamente relacionadas às barreiras regulatórias podem aumentar a insegurança jurídica e impedir a entrada de novos players no mercado, como o elevado nível de litígios entre companhias aéreas e passageiros (Quadro 2.3).

Quadro 2.3. Litígios entre passageiros e companhias aéreas no Brasil

As companhias aéreas que operam no Brasil em voos domésticos e internacionais enfrentam um número significativo de ações judiciais instauradas por consumidores devido a causas como perda de bagagem, atrasos de voos e cancelamentos. De fato, o nível de litígio é muito maior no Brasil do que em outras jurisdições: de acordo com a Associação Internacional de Transportes Aéreos (IATA), há uma ação judicial para cada 7.883 voos nos Estados Unidos, mas, no Brasil, esse número é de uma ação judicial a cada 1,35 voos. O Instituto Brasileiro de Direito Aeronáutico (IBAER) afirma que 98,5% do total de reclamações de consumidores globais contra companhias aéreas estão concentradas no Brasil.*

As Convenções de Varsóvia e Montreal, que estabelecem normas relativas ao transporte aéreo internacional, são aplicáveis a respeito de danos materiais decorrentes de voos internacionais após uma decisão de 2017 do Supremo Tribunal Federal do Brasil. A respeito de voos nacionais, o Código de Defesa do Consumidor é geralmente aplicável a danos materiais e morais, mesmo quando o código entra em conflito com as disposições do Código Brasileiro de Aeronáutica e das Convenções de Varsóvia e Montreal. Em vez de conceder danos morais *in re ipsa*, uma mudança recente no CBA pela Lei nº 14.034/2020 esclarece que danos morais só serão indenizados se o passageiro provar a ocorrência real de dano.

O alto nível de litígio e a insegurança jurídica sobre a interpretação das disposições relativas à responsabilidade aumentam os custos das companhias aéreas e podem desencorajar novos operadores. É provável que isso reduza a concorrência no mercado e leve a preços mais altos para os consumidores.

Nos últimos anos, o governo brasileiro implementou medidas para reduzir os litígios no setor da aviação civil. Uma delas tem a finalidade de incentivar a resolução consensual de conflitos, por meio da plataforma oficial Consumidor.gov.br, administrada pela Secretaria Nacional do Consumidor (SENACON), a autoridade brasileira de proteção ao consumidor. Desde 2019, o Consumidor.gov.br é a plataforma oficial adotada pela ANAC para o registro de reclamações de consumidores em face de companhias aéreas que operam no Brasil.

A plataforma é um mecanismo online para conectar consumidores e empresas que visa resolver controvérsias de consumo rapidamente e sem a interferência de terceiros. As companhias aéreas que operam no Brasil devem aderir ao sistema e se comprometer a cumprir determinadas obrigações, como responder às reclamações dos consumidores por meio da plataforma em até 10 dias. Os dados pessoais dos consumidores são confidenciais, mas o conteúdo da reclamação e a resposta são públicos. As empresas também são classificadas pelos consumidores e listadas na classificação geral do nível de satisfação, o que também adiciona incentivos para a cooperação na busca de uma solução. O site Consumidor.gov.br está tendo êxito e reduziu o número de processos perante os tribunais brasileiros. Em 2021, cerca de 76% das reclamações em face de companhias aéreas registradas no Consumidor.gov.br foram resolvidas.

Observação: * Alguns estudos (como (Ávila, 2020[14]) ; (Pompeu, 2021[15]); (Starling and Villa, 2022[16])) tentaram explicar os principais motivos disso.
Fonte: (Associação Internacional de Transportes Aéreos, 2021[17]); (ABEAR, 2021[18]); (ANAC, 2021[19]); (Ministério da Justiça e Segurança Pública, 2022[20]); (Militão et al., 2020[21]).

2.2. Administração de aeroportos

2.2.1. Contextualização: Propriedade de aeroportos e modelos operacionais

A perspectiva internacional

A propriedade de aeroportos e modelos operacionais (Figura 2.14) variam substancialmente entre as jurisdições, com diferentes níveis de participação pública e privada (Associação Internacional de Transportes Aéreos e Deloitte, 2018[22]).

- Em 2016, 67% dos aeroportos de todo o mundo seguiram o modelo de propriedade pública (Steer Davies Gleave, 2016, p. 25[23]). A grande maioria dos aeroportos públicos é operada por empresas estatais dedicadas, incluindo o Aeroporto Internacional de Narita, em Tóquio, o Aeroporto de Berlim Brandemburgo e o Aeroporto de Changi, em Singapura. Outros aeroportos públicos são operados diretamente por um ministério ou agência governamental, como o Aeroporto John F. Kennedy, em Nova York, e o Aeroporto Internacional de Dubai.
- Em 2016, 18% dos aeroportos em todo o mundo utilizavam um modelo de parceria público-privada (Steer Davies Gleave, 2016, p. 25[23]) no qual o operador aeroportuário é de propriedade de uma combinação de investidores privados e autoridades públicas. De modo geral, o operador aeroportuário não é proprietário do local, mas tem direitos exclusivos para operar o aeroporto nos termos de uma concessão a termo, com duração média de contrato de aproximadamente 35 anos (Conselho Internacional de Aeroportos, 2018[24]). Exemplos de aeroportos de parceria público-privada incluem o Aeroporto de Bruxelas e o Aeroporto de Copenhague (majoritariamente privados), Paris Charles de Gaulle e o Aeroporto Internacional de Atenas (majoritariamente públicos) e o Aeroporto de Düsseldorf (participação pública e privada igualitária). Em casos raros, a operação de um aeroporto público pode ser concedida a um operador privado por meio de um contrato de gestão, como é o caso do Aeroporto Internacional de Albany, Nova York.
- Em 2016, 15% dos aeroportos de todo o mundo foram totalmente privatizados (Steer Davies Gleave, 2016, p. 25[23]). Na maioria desses aeroportos, o operador totalmente privado não é proprietário do local, mas opera nos termos de um contrato de concessão de longo prazo; é o caso dos principais aeroportos da Austrália (50 anos com opção de prorrogação de 49 anos) e Portugal (50 anos). Em circunstâncias mais raras ainda, o aeroporto e os seus locais podem ser permanentemente alienados para uma empresa privada, como nos principais aeroportos do Reino Unido, incluindo os três principais aeroportos de Londres: Heathrow, Gatwick e Stansted.

Figura 2.14. Propriedade de aeroportos e modelos operacionais

Fonte: Adaptado de (Associação Internacional de Transportes Aéreos e Deloitte, 2018, p. 12[22]).

Apesar da atual prevalência de aeroportos totalmente públicos, há uma tendência crescente para o setor privado deter participação e operar grandes aeroportos, particularmente na Europa, Ásia-Pacífico e América Latina-Caribe (Conselho Internacional de Aeroportos, 2018, p. 6[24]). Na verdade, em 2017, 51% dos 100 aeroportos mais movimentados de tráfego de passageiros em todo o mundo tinham participação do setor privado e 39% dos 500 principais aeroportos foram privatizados no todo ou em parte (Conselho

Internacional de Aeroportos, 2018, p. 5[24]). No mesmo ano, os aeroportos privatizados no todo ou em parte representavam 43% do tráfego total de passageiros de todo o mundo e 75% na Europa, 66% na América Latina e 47% na Ásia-Pacífico (Figura 2.15). À medida que os governos reconhecem a capacidade do setor privado de financiar investimentos em capacidade e melhorar a eficiência da gestão, a participação privada na participação em aeroportos (ou pelo menos nas operações) provavelmente continuará a crescer no futuro.

A adjudicação de concessões e privatizações aeroportuárias diminuiu desde 2020, devido ao quase colapso do mercado de aviação civil durante os estágios iniciais da pandemia de COVID-19, e pode levar anos para retornar aos níveis anteriores (Graham, 2020, pp. 7-8[25]).

Figura 2.15. Distribuição do tráfego de passageiros por estrutura de participação e região, 2017

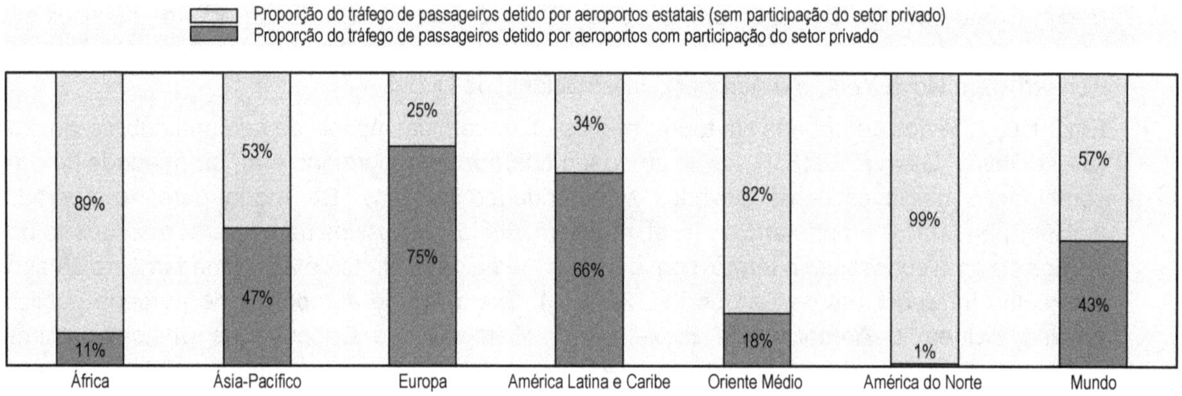

Fonte: (Conselho Internacional de Aeroportos, 2018, p. 6[24]).

O modelo operacional e de propriedade em aeroportos brasileiros

No Brasil, a Constituição Federal prevê que o Poder Executivo Federal deve operar aeroportos, diretamente ou por meio de concessões.[21] Seguindo as tendências internacionais de uso de um modelo de participação de empresa estatal, os aeroportos brasileiros foram historicamente administrados pela Empresa Brasileira de Infraestrutura Aeroportuária (Infraero), uma estatal constituída em 1973[22] com o objetivo de desenvolver, gerenciar e operar aeroportos civis sob a supervisão do Ministério da Infraestrutura. Em 2011, a Infraero gerenciava 66 aeroportos brasileiros, respondendo por mais de 95% do tráfego brasileiro de passageiros.[23]

Desde 2011, a infraestrutura aeroportuária brasileira vem passando por um processo para introduzir a participação do setor privado na prestação de serviços aeroportuários. Esse movimento foi principalmente motivado pela necessidade de grandes investimentos nos aeroportos brasileiros para lidar com um aumento substancial no tráfego de passageiros e recursos limitados do governo brasileiro. De fato, em 2010, muitos aeroportos brasileiros já enfrentavam congestionamentos operacionais devido à capacidade limitada de pistas, pátios e terminais de passageiros. Esperava-se que essas limitações iriam piorar, já que o Brasil iria sediar a Copa do Mundo da FIFA em 2014 e os Jogos Olímpicos em 2016 (McKinsey & Company, 2010[26]).

O processo de introdução do capital privado na infraestrutura aeroportuária teve como objetivo expandir e modernizar os aeroportos brasileiros e melhorar a qualidade do serviço para atender aos padrões internacionais, ao mesmo tempo em que fomenta a concorrência (ver seção 2.2.2 Restrições de propriedade).

O modelo escolhido pelo governo brasileiro foi uma concessão de construção-operação-transferência (BOT)[24] na qual as empresas privadas passam a ter o direito de operar um aeroporto por um período limitado de tempo (Quadro 2.4) e de receber a receita resultante. A concessionária paga uma outorga ao poder concedente antes e durante a concessão, investe no aeroporto, presta serviços de manutenção e cobra pagamentos dos usuários do aeroporto. O estado mantém a propriedade dos ativos físicos, mas seu uso e operação são transferidos para a concessionária. No final do período do contrato, a gestão dos ativos é retomada pelo governo. Nas concessões de BOT, os riscos de financiar grandes despesas de capital são transferidos principalmente do governo para investidores privados.

As concessões de BOT são o modelo mais comum para o envolvimento do capital privado na gestão aeroportuária. De acordo com o órgão do setor Conselho Internacional de Aeroportos (ACI), a BOT representava 78% das privatizações aeroportuárias até 2017, com base em uma amostra de 172 aeroportos (Figura 2.16).

Figura 2.16. Distribuição dos principais modelos de privatização em todo o mundo, 2017

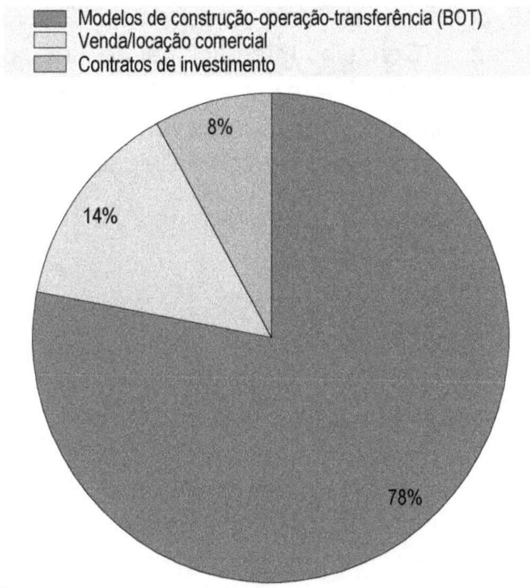

Fonte: (Conselho Internacional de Aeroportos, 2018[24]), com base numa subamostra de 172 aeroportos privatizados em todo o mundo.

Quadro 2.4. Duração dos contratos de concessão

Determinar a duração de uma concessão pode exigir compensações. Longas concessões geram incentivos adequados para que a concessionária faça investimentos de longo prazo, incluindo manutenção, pelo menos no início da concessão. As concessões de curto prazo podem não gerar incentivos suficientes às concessionárias para a realização de investimentos, criando ao mesmo tempo o problema de os operadores em exercício obterem vantagem sobre outros licitantes em sucessivas licitações de concessão. No entanto, concessões de curto prazo permitem licitações mais frequentes, o que pode facilitar a entrada e garantir que quaisquer benefícios do aumento da concorrência sejam refletidos mais rapidamente. Como as concessões de longo prazo no setor de aviação brasileiro não estão sujeitas a renegociação, as concessões de curto prazo permitem melhor que as incertezas causadas, por exemplo, por futuras flutuações de preços sejam arcadas pelas concessionárias de maneira transparente e previsível, pois essas mudanças podem ser precisamente refletidas na licitação se elas forem mais frequentes. Isso, em geral, reduz os subsídios ou aumenta as taxas obtidas pelo governo, uma vez que os players privados podem prever melhor a incerteza sobre a evolução do mercado, o que reduz a necessidade de calcular contingências, permitindo que os licitantes ofereçam preços mais altos.

A duração da concessão é definida para permitir a recuperação de quaisquer investimentos que a concessionária seja contratualmente obrigada a fazer, incluindo uma taxa de retorno suficiente. Portanto, a duração do contrato deve ser determinada e justificada com base em análises financeiras e econômicas quantitativas, sendo que o contrato deve estabelecer explicitamente um nível mínimo de investimento a ser feito pela operadora.

Em 2010, a OCDE analisou dados relativos à duração das concessões envolvendo grandes infraestruturas. Ela descobriu que, em 2008, a duração média era de cerca de 30 anos, embora variasse de 3 anos a mais de 100 anos em casos excepcionais nos setores ferroviário e rodoviário. De fato, o estudo indicou que a duração média das concessões era maior no setor de transportes, com concessões aeroportuárias variando de 27 a 37 anos (Araújo and Sutherland, 2010[27]).

De acordo com o ACI em 2018, com base em uma amostra de 172 aeroportos, a duração média das concessões de BOT era de 35 anos (Conselho Internacional de Aeroportos, 2018[24]). A IATA afirma que os contratos de concessão geralmente duram mais de 30 anos, embora seja possível uma duração mais longa, como na Austrália (50 anos com opção de prorrogação de 49 anos) e em Portugal (50 anos) (Associação Internacional de Transportes Aéreos e Deloitte, 2018[22]).

A duração das concessões aeroportuárias no Brasil varia de 20 a 30 anos.

Tabela 2.4. Duração do contrato de concessão de aeroportos no Brasil

Aeroporto(s)	Duração do contrato (anos)	Início da concessão
Natal São Gonçalo do Amaranto (NAT)	28	2012
Brasília (BSB)	25	2012
São Paulo Guarulhos (GRU)	20	2012
Campinas Viracopos (VCP)	30	2012
Belo Horizonte Confins (CNF)	30	2014
Rio de Janeiro Galeão (GIG)	25	2014
Florianópolis (FLN)	30	2017
Fortaleza (FOR)	30	2017
Salvador (SSA)	30	2017
Porto Alegre (POA)	25	2017
Cluster nordeste (REC, MCZ, JPA, AJU, CPV e JDO)	30	2019
Cluster centro-oeste (CGB, OPS, ROO e AFL)	30	2019
Cluster sudeste (VIX e MEA)	30	2019
Cluster sul (CWB, IGU, NVT, LDB, JOI, BFH, PET, URG e BGX)	30	2021
Cluster central (GYN, SLZ, THE, PMW, PNZ e IMP)	30	2021
Cluster norte (MAO, PVH, RBR, CZS, TBT, TFF e BVB)	30	2021

Fonte: OCDE com base em dados de contratos de concessão, www.gov.br/anac/pt-br/assuntos/concessoes.

A SAC afirma que a duração distinta das concessões se deve ao desenvolvimento do processo de concessão do aeroporto. Ao longo das rodadas de concessão, o governo decidiu aumentar o período de concessão para aumentar a segurança jurídica de que o setor privado recuperaria o seu capital investido. No entanto, pode haver outras considerações, como o nível de investimento necessário em aeroportos específicos, uma vez que foram concedidas durações distintas para os aeroportos durante a mesma rodada de concessão.

Vale ressaltar que os contratos de concessão (mais precisamente em seu Anexo 2) indicam claramente os investimentos mínimos que uma concessionária deve fazer ao longo da execução da concessão, com ações e prazos objetivos.

Fonte: (OCDE, 2006[28]) (Araújo and Sutherland, 2010[27])

Conforme observado acima, o programa de concessão de aeroportos brasileiros é dividido em fases, chamadas rodadas, cada uma com sua própria licitação pública.

Nos dois anos seguintes à primeira rodada de concessões,[25] a segunda e a terceira rodadas de concessão concederam a operação de cinco dos maiores aeroportos brasileiros,[26] então enfrentando o mais grave congestionamento operacional, aos operadores privados. Nessas rodadas, o governo impôs que a Infraero deveria deter uma participação de 49% em todos os consórcios vencedores para garantir a transferência de conhecimento de players privados para a estatal.

Essa governança híbrida acarretou vários inconvenientes para as concessionárias privadas, uma vez que a participação obrigatória da Infraero como acionista pública levou a uma governança mais rígida e complexa. Segundo as concessionárias, isso prejudicou a sua eficiência e aumentou os seus custos. Além disso, permitir que a Infraero detenha participações em vários aeroportos pode gerar um risco de restrição da concorrência, uma vez que a participação minoritária pode levar à coordenação entre concorrentes (Silveira, 2018, p. 552[29]).

Diante dessas questões, a participação obrigatória de 49% da Infraero foi retirada da quarta rodada, realizada em 2017, para as concessões de quatro aeroportos.[27] Em 2019, as participações da Infraero nas concessionárias da segunda e terceira rodadas foram incluídas no Programa de Parcerias de Investimentos (PPI) e no Programa Nacional de Desestatização.[28] Isso significa que essas participações serão vendidas pela Infraero para empresas privadas em um futuro próximo.

Ao contrário das concessões anteriores, a quinta rodada introduziu a inovação de conceder aeroportos em blocos[29] em vez de individualmente. Aplicando uma política de subsídios cruzados, as concessionárias em potencial foram obrigadas a ofertar lances por grupos de aeroportos que incluíam os lucrativos e os não lucrativos. Esse modelo também foi adotado na sexta rodada,[30] em 2021, e o isso acontecerá na sétima rodada, prevista para o segundo semestre de 2022.[31]

Embora o número de licitantes tenha variado a cada rodada, a média foi de quatro licitantes por licitação (Tabela 2.5). Esse nível de participação está de acordo com a experiência internacional.[32]

As licitações para a concessão aeroportuária foram consideradas bem-sucedidas em termos de receitas de capital recebidas pelo governo. De fato, os licitantes vencedores ofereceram, de modo geral, altos valores, além dos preços mínimos estabelecidos nos editais, resultando em um total de cerca de R$ 52 bilhões em valores nominais (Tabela 2.5).

Tabela 2.5. Valores totais gerados pelas licitações de concessão de aeroportos, 2011-2021

Rodada de concessão	Aeroporto(s)	Valor total R$, nominal	Valor total R$, 2021*	Ágio (comparado ao preço mínimo)	Número de licitantes
Primeira rodada (2011)	Natal São Gonçalo do Amaranto (NAT)	170 milhões	306 milhões	229%	4
Segunda rodada (2012)	Brasília (BSB)	4,5 bilhões	7,6 bilhões	674%	8
	São Paulo Guarulhos (GRU)	16,2 bilhões	27,5 bilhões	374%	10
	Campinas/Viracopos (VCP)	3,8 bilhões	6,4 bilhões	160%	4
Terceira rodada (2013)	Belo Horizonte Confins (CNF)	1,8 bilhão	2,9 bilhões	66%	3
	Rio de Janeiro Galeão (GIG)	19 bilhões	30,5 bilhões	294%	5
Quarta rodada (2017)	Florianópolis (FLN)	211 milhões	263 milhões	58%	3
	Fortaleza (FOR)	1,5 bilhão	1,8 bilhão	18%	3
	Salvador (SSA)	1,6 bilhão	1,9 bilhão	113%	3
	Porto Alegre (POA)	382 milhões	476 milhões	852%	3
Quinta rodada (2019)	Cluster nordeste (REC, MCZ, JPA, AJU, CPV e JDO)	1,82 bilhão	2,09 bilhões	1 010%	5
	Cluster centro-oeste (CGB, OPS, ROO e AFL)	40.4 milhões	46.5 milhões	4 739%	2
	Cluster sudeste (VIX e MEA)	441 milhões	507 milhões	830%	4
Sexta rodada (2021)	Cluster sul (CWB, IGU, NVT, LDB, JOI, BFH, PET, URG e BGX)	2,12 bilhões	2,12 bilhões	1 534%	3
	Cluster central (GYN, SLZ, THE, PMW, PNZ e IMP)	754 milhões	754 milhões	9 156%	3
	Cluster norte (MAO, PVH, RBR, CZS, TBT, TFF e BVB)	420 milhões	420 milhões	777%	2

Observação: *R$ em valores de 2021. Convertido para 2021 com base no IPCA. A sexta rodada contou com menos licitantes, o que pode ser explicado pela pandemia de COVID-19.
Fonte: OCDE, com base em dados de licitação de concessão de aeroportos, www.gov.br/anac/pt-br/assuntos/concessoes.

Dados e indícios de partes interessadas sugerem que as concessões também melhoraram a capacidade e a qualidade dos aeroportos. Os contratos de concessão estabelecem índices mínimos de investimento e eficiência exigidos com base em metas de qualidade, como tempo de espera para o check-in e triagem de segurança, fornecimento de instalações e limpeza de banheiros. Desde o início do processo de concessão, os investimentos realizados pelas concessionárias parecem ter reduzido as limitações de capacidade e aumentado o tráfego de passageiros (ver seção 2.1.1).

Uma pesquisa publicada em 2019 avaliou os aeroportos concedidos a players privados na segunda e terceira rodadas para comparar seu desempenho com os aeroportos ainda administrados pela Infraero (Castro et al., 2019, p. 120[30]). Concluiu que, entre 2012 e 2017, os aeroportos sob concessão investiram 4,5 vezes mais por passageiro e tiveram despesas de capital brutas 10,6 vezes mais altas do que os aeroportos administrados exclusivamente pela estatal. Ademais, a pesquisa mostrou que os aeroportos com participação privada aumentaram em 109% seu espaço de terminal, enquanto os ainda administrados pela estatal aumentaram em apenas 31%. A pesquisa também destacou que a satisfação dos passageiros aumentou nos aeroportos em que o capital privado foi introduzido, o que confirma a melhoria na qualidade dos serviços aeroportuários.

As concessões reestruturaram a infraestrutura aeroportuária brasileira, modernizando-a e expandindo-a, ao mesmo tempo em que aumentaram sua capacidade e qualidade, elevando-a aos padrões internacionais. Diferentes players, tanto nacionais como estrangeiros, entraram no mercado, que já foi monopolizado por um operador público. Até o final de 2023, todos os aeroportos antes administrados pela Infraero serão administrados por empresas privadas. Não obstante, o governo sugere que a Infraero continue sendo um player relevante no setor para promover o desenvolvimento de aeroportos regionais pequenos, financeiramente insustentáveis, financiados por fundos do Fundo Nacional de Aviação Civil (FNAC; Quadro 2.5). Além disso, o governo brasileiro anunciou recentemente que usaria o orçamento do FNAC para desenvolver parcerias público-privadas (PPP) patrocinadas[33] para a construção ou modernização, manutenção e operação de pequenos aeroportos regionais pelo setor privado.

Quadro 2.5. O Fundo Nacional de Aviação Civil e o desenvolvimento dos aeroportos regionais

O Fundo Nacional de Aviação Civil (FNAC) foi criado em 2011 pela Lei nº 12.462/2011, antes das primeiras rodadas de licitações de concessão, para receber as outorgas de concessão aeroportuária pagas pelas concessionárias. Seu principal objetivo é promover o setor da aviação civil, especialmente a construção, reforma e expansão dos aeroportos regionais. De fato, embora as concessões tenham modernizado os principais aeroportos do Brasil, o governo acredita que o país ainda precisa que a infraestrutura aeroportuária seja construída em áreas mais remotas do país, a fim de tornar os voos mais acessíveis e promover a integração e o desenvolvimento nacional.

Em 2019, mais de 580 aeroportos foram registrados na ANAC, mas apenas cerca de 120 operavam voos regulares. Embora isso seja causado por um conjunto complexo de fatores, a falta de infraestrutura aeroportuária adequada é um fator. Em 2025, o governo planeja aumentar o número de aeroportos que operam voos regulares para 200, e investimentos para melhorar os aeroportos regionais foram realizados.

Na prática, no entanto, a maior parte do orçamento do FNAC não foi usada para seu objetivo principal, mas sim para atender às despesas gerais do governo, particularmente em reação a severas restrições fiscais. Por exemplo, entre 2012 e 2021, o FNAC arrecadou R$ 43,18 bilhões (em valores nominais), mas apenas R$ 14,14 bilhões (ou 32,7%) foram usados no setor de aviação civil. Ademais, para reduzir o impacto da pandemia de COVID-19, mudanças recentes na legislação (Lei nº 14.034/2020, que altera a Lei nº 12.462/2011) permitiram que o orçamento do FNAC fosse utilizado como empréstimo a concessionárias aeroportuárias, companhias aéreas e prestadores de serviços de assistência em solo até 31 de dezembro de 2020 e para apoiar o setor do turismo. O governo deve considerar o uso de fundos arrecadados pelo FNAC para seu propósito original de melhorar o setor de aviação civil.

Fonte: Ministério da Infraestrutura www.gov.br/infraestrutura/pt-br/assuntos/conteudo/execucao-orcamentaria e www.gov.br/infraestrutura/pt-br/assuntos/transporte-aereo/rede-de-aeroportos, CGU, www.portaltransparencia.gov.br/orgaos/62901?ano=2019, e Dados do Orçamento Geral da União (OGU); Plataforma SIAFI e Siga Brasil.

Conforme observado na visão geral econômica, o surto de COVID-19 teve um impacto substancial no setor de aviação civil, reduzindo consideravelmente os volumes de tráfego esperados.[34] Os contratos de concessão repassam o risco de eventos decorrentes de força maior para o governo brasileiro,[35] o que significa que a ANAC precisará restabelecer o equilíbrio econômico e financeiro original desses contratos. Nesse contexto, a previsibilidade é fundamental para a recuperação econômica, especialmente no caso de contratos de longo prazo.

2.2.2. Licitações para a concessão de aeroportos

O consenso econômico é que as licitações são o meio mais eficaz para a realização de concessões (OCDE, 2006, p. 8[28]). No Brasil, qualquer concessão deve ser feita por meio de um processo de licitação competitivo.[36] A realização das licitações é, portanto, fundamental para uma concessão efetiva.

Além dos requisitos comuns previstos na legislação horizontal[37] (ver Capítulo 4), duas potenciais limitações relevantes da concorrência exigem mais atenção: 1) requisitos de experiência técnica e 2) restrições de propriedade.[38]

Requisitos de experiência técnica

Descrição do obstáculo e objetivo dos formadores de políticas

Os editais de licitação de concessão aeroportuária exigem que os licitantes demonstrem experiência técnica para participar da licitação (Tabela 2.6). Essa exigência visa garantir que o licitante vencedor, quer independentemente ou como parte de um consórcio, tenha experiência anterior na operação de aeroportos e esteja tecnicamente qualificado para cumprir as metas da concessão.

Tabela 2.6. Requisitos de experiência técnica

Rodada de concessão	Aeroporto(s)	Experiência mínima exigida como operador aeroportuário, número de passageiros atendidos	Número de passageiros atendidos pelo(s) aeroporto(s) no ano anterior ao edital da licitação	Participação mínima do operador técnico no consórcio
Segunda rodada	Brasília (BSB)	5 anos de experiência na operação de um aeroporto que atendeu 5 milhões de passageiros por pelo menos 1 ano nos últimos 10 anos	14.4 milhões	10%
	São Paulo Guarulhos (GRU)		25,9 milhões	
	Campinas Viracopos (VCP)		5 milhões	
Terceira rodada	Belo Horizonte Confins (CNF)	5 anos de experiência na operação de um aeroporto que atendeu 12 milhões de passageiros por pelo menos 1 ano nos últimos 5 anos	10,3 milhões	25%
	Rio de Janeiro Galeão (GIG)	5 anos de experiência na operação de um aeroporto que atendeu 22 milhões de passageiros por pelo menos 1 ano nos últimos 5 anos	16,9 milhões	
Quarta rodada	Florianópolis (FLN)	5 anos de experiência na operação de um aeroporto que atendeu 4 milhões de passageiros por pelo menos 1 ano nos últimos 5 anos	3,7 milhões	15%
	Fortaleza (FOR)	5 anos de experiência na operação de um aeroporto que atendeu 7 milhões de passageiros por pelo menos 1 ano nos últimos 5 anos	5,8 milhões	
	Salvador (SSA)	5 anos de experiência na operação de um aeroporto que atendeu 9 milhões de passageiros por pelo menos 1 ano nos últimos 5 anos	7,5 milhões	
	Porto Alegre (POA)		7,7 milhões	
Quinta rodada	Bloco nordeste (REC, MCZ, JPA, AJU, CPV, JDO)	5 anos de experiência na operação de um aeroporto que atendeu 7 milhões de passageiros por pelo menos 1 ano nos últimos 5 anos	13,2 milhões	
	Bloco centro-oeste (CGB, OPS, ROO, AFL)	5 anos de experiência na operação de um aeroporto que atendeu 3 milhões de passageiros por pelo menos 1 ano nos últimos 5 anos	3,3 milhões	
	Bloco sudeste (VIX e MEA)		3,2 milhões	
Sexta rodada	Bloco sul (CWB, IGU, NVT, LDB, JOI, BFH, PET, URG, BGX)	1 ano de experiência na operação de um aeroporto que atendeu 5 milhões de passageiros por pelo menos 1 ano nos últimos 5 anos	12,4 milhões	
	Bloco central (GYN, SLZ, THE, PMW, PNZ, IMP)	1 ano de experiência na operação de um aeroporto que atendeu 1 milhão de passageiros por pelo menos 1 ano nos últimos 5 anos	7,3 milhões	
	Bloco norte (MAO, PVH, RBR, CZS, TBT, TFF, BVB)		4,6 milhões	

Fonte: OCDE, com base nos dados de editais de licitação para concessões aeroportuárias e ANAC, www.gov.br/anac/pt-br/assuntos/dados-e-estatisticas/mercado-de-transporte-aereo/consulta-interativa.

Dano à concorrência

Embora os requisitos de experiência técnica possam limitar a participação de determinados participantes na licitação, eles podem ser justificados em vista da complexidade desses contratos, que exigem conhecimento técnico para mitigar custos potenciais para o governo e usuários.

Vale ressaltar, no entanto, que os editais de licitação são diferentes a cada rodada e os requisitos técnicos nem sempre parecem proporcionais ao contrato que está sendo licitado. Por exemplo, a segunda rodada exigiu que os licitantes comprovassem 5 anos de experiência como operador aeroportuário e tenham atendido pelo menos 5 milhões de passageiros por pelo menos 1 ano nos últimos 10 anos.[39] Essa condição foi necessária para os três aeroportos em questão (Brasília, São Paulo Guarulhos e Campinas Viracopos), apesar de suas grandes diferenças e níveis de tráfego de passageiros (Tabela 2.6).

A partir da terceira rodada, os editais introduziram condições específicas de experiência para participar da licitação, mais proporcionais ao porte do aeroporto (ou grupo de aeroportos) que está sendo licitado. Ao longo dos anos, os requisitos parecem ter sido flexibilizados (Tabela 2.6) e os obstáculos para entrada reduzidos. Por exemplo, a licitação de 2017 do aeroporto de Salvador (SSA), que atendeu cerca de 7,5 milhões de passageiros no ano anterior à publicação do edital de licitação, exigiu experiência prévia na operação de um aeroporto que tenha atendido 9 milhões de passageiros por pelo menos 1 ano nos 5 anos anteriores. Em 2020, quando o bloco Central foi licitado, os licitantes tiveram que demonstrar que já haviam operado um aeroporto que atendia 1 milhão de passageiros. O tráfego em todos os aeroportos desse bloco no ano anterior à publicação do edital de licitação foi de 7,3 milhões de passageiros, semelhante ao tráfego que Salvador registrou quando foi licitado.

Para empresas estrangeiras, os requisitos de experiência técnica tornaram necessário licitar como parte de um consórcio nas rodadas iniciais da licitação. Como a Infraero era monopolista antes do programa de concessão aeroportuária, nenhuma outra empresa brasileira atendia as condições técnicas (Steer Davies Gleave, 2016, p. 43[23]).[40]

As normas exigem que a empresa com experiência comprovada como operador aeroportuário detenha uma participação mínima em qualquer consórcio.[41] O objetivo era reforçar o compromisso da operadora com a gestão de um aeroporto, garantindo que o seu know-how seria efetivamente aplicado na execução da concessão.

A sexta rodada introduziu uma nova forma de demonstrar qualificações técnicas. Em vez de ter experiência prévia, um licitante poderia apresentar um compromisso de contratar um prestador técnico que cumprisse o requisito mínimo de experiência técnica.[42] A fim de evitar a coordenação entre os concorrentes, um prestador técnico era proibido de participar duas vezes da mesma licitação, mesmo como parte de um consórcio diferente, e não podia prestar consultoria a outro licitante. A provisão como um todo reduziu os obstáculos de entrada para potenciais licitantes, permitindo que mais players participassem da licitação, como fundos de investimento e pensão. Esse fato foi especialmente relevante devido ao impacto da pandemia de COVID-19 no setor da aviação civil, que poderia ter impedido os operadores aeroportuários de participarem do procedimento de licitação.

Recomendações

A OCDE tem duas recomendações.

1. As autoridades brasileiras devem implementar uma abordagem estruturada para determinar os requisitos de experiência técnica para leilões de concessão de aeroportos. Esses requisitos devem estar nos níveis mais baixos possíveis e basear-se em critérios objetivos, proporcionais e técnicos, como o tamanho e as características do aeroporto.
2. A possibilidade de formas alternativas de demonstrar os requisitos de experiência técnica - como a apresentação de um compromisso de contratar um prestador técnico que cumpra o requisito mínimo de experiência técnica - deve ser mantida.

Restrições de propriedade

Outro conjunto de restrições previsto nas concessões aeroportuárias diz respeito à propriedade e visa limitar a integração vertical e horizontal.

Restrições à integração vertical

Descrição do obstáculo e objetivo dos formadores de políticas

Os editais de licitação brasileiros para concessões aeroportuárias contêm disposições que visam impedir a integração vertical entre os operadores aeroportuários e as companhias aéreas, seguindo as práticas internacionais, como as que estão em uso na Austrália e no México.[43]

As companhias aéreas e suas empresas relacionadas[44] não foram autorizadas a participar de licitações aeroportuárias, exceto como parte de um consórcio e apenas com uma participação reduzida e sem envolvimento na governança corporativa. As rodadas de concessão estabeleceram diferentes participações máximas para as companhias aéreas em consórcios: 10% (primeira rodada); 2% (segunda rodada); 4% (terceira rodada); e novamente 2% (quarta a sexta rodadas).

Desde a terceira rodada de concessão, as empresas[45] vinculadas a companhias aéreas podem participar de um consórcio com participação superior ao máximo estabelecido pela norma geral, mas somente se também forem uma empresa que atende ao requisito de experiência técnica. Ao contrário dessas empresas vinculadas, uma companhia aérea por si só não pode fazer parte de um consórcio.

Além disso, de acordo com os contratos de concessão da primeira e segunda rodadas, as transações que envolvam um aumento nas participações das companhias aéreas em uma concessionária durante os primeiros cinco anos de uma concessão estão sujeitas a aprovação pela ANAC.[46] Desde a terceira rodada, o contrato de concessão declara expressamente que a aprovação da ANAC a respeito dessas transações é necessária em todos os momentos.

Além disso, os acionistas da concessionária também não podem deter, direta ou indiretamente, capital com direito a voto nas companhias aéreas superior à participação máxima prevista na norma geral (10% na primeira rodada); 2% na segunda, quarta, quinta e sexta rodadas; e 4% na terceira rodada). Desde a quarta rodada, uma nova disposição no edital de licitação afirma que, após os primeiros cinco anos de concessão, a participação dos acionistas da concessionária no capital de uma companhia aérea estará sujeita à aprovação prévia pela ANAC.

Embora a participação das companhias aéreas nas licitações tenha sido restrita, os contratos de concessão permitem a transferência de ações entre concessionárias aeroportuárias (e seus acionistas) e companhias aéreas durante a execução da concessão.

Dano à concorrência

A pesquisa observou que companhias aéreas podem ter incentivos para restringir o acesso das empresas concorrentes a um aeroporto, especialmente nos aeroportos hub. Permitir a integração vertical entre companhias aéreas e operadores aeroportuários poderia criar o chamado "efeito fortaleza", através do qual uma companhia aérea poderia dominar um aeroporto e aumentar os obstáculos para as companhias aéreas concorrentes entrarem no mercado ou aumentarem sua participação de mercado. Isso poderia reduzir a possível expansão de rotas e frequências, bem como aumentar os preços para os consumidores (Pereira Neto et al., 2016, p. 14[31]) ; (Kuchinke and Sickmann, 2007[32]).

A Administração Federal de Aviação dos Estados Unidos (FAA) destacou que fornecer acesso para novos operadores e para companhias aéreas que expandem seus serviços é fundamental para manter a concorrência entre companhias aéreas. A FAA também afirmou que as tarifas nos mercados locais em hubs de conexão dominados por uma grande companhia aérea são consideravelmente mais elevadas do que nos mercados comparáveis em que não existe uma companhia aérea dominante em um aeroporto hub (Administração de Aviação Federal/Gabinete da Força-Tarefa do Secretário de Transporte, 1999, p. 30[33]).

Por outro lado, é importante mencionar que, em alguns casos, a integração vertical entre aeroportos e companhias aéreas pode levar a efeitos positivos na eficiência, tais como a eliminação da dupla marginalização, a coordenação de produtividade ótima e do estoque nas cadeias de fornecimento (Oum and Fu, 2008[34]).

No Brasil, a transferência de ações entre concessionárias aeroportuárias e companhias aéreas está sujeita à aprovação prévia pela ANAC, o que parece plausível para evitar qualquer integração vertical que possa prejudicar a concorrência no aeroporto.

Recomendação

A OCDE recomenda que as autoridades brasileiras assegurem que os operadores aeroportuários e as companhias aéreas não estejam verticalmente integrados, seja em contratos de concessão já em vigor ou em concessões futuras, a menos que justificado com base em eficiências econômicas significativas comprovadas.

Restrições à integração horizontal

Descrição do obstáculo e objetivo dos formadores de políticas

A criação de concorrência entre aeroportos tem sido um dos principais motivos destacados pelo governo brasileiro para apoiar as concessões aeroportuárias. Como aeroportos em todo o mundo estão competindo cada vez mais uns com os outros (Quadro 2.6), a experiência internacional demonstrou a razão para garantir que diferentes aeroportos sejam operados por empresas concorrentes, em oposição às empresas integradas horizontalmente (Quadro 2.7).

Quadro 2.6. Concorrência entre aeroportos

Desde a década de 1980, os economistas têm questionado a ideia de que os aeroportos são monopólios naturais não sujeitos a forças da concorrência, mas sim prestadores de serviços amplamente passivos que pouco poderiam fazer para aumentar a demanda por seus serviços ou desviar a demanda de outros aeroportos (Tretheway and Kincaid, 2005, p. 1[35]). Essa mudança na forma como os aeroportos são considerados foi motivada em grande parte pela desregulamentação do setor da aviação, o que levou as companhias aéreas a ficarem menos vinculadas a aeroportos específicos e os passageiros a terem mais opções. Ao contrário do que acontecia no passado, os aeroportos agora concorrem entre si por passageiros e companhias aéreas, resultando em aeroportos mais focados comercialmente e um mercado aeroportuário mais dinâmico e competitivo (Copenhagen Economics, 2012, p. 16[36]).

Os aeroportos são negócios de dois lados envolvidos em um relacionamento comercial com companhias aéreas e passageiros. Eles querem atrair ambos os clientes ao definir serviços e tarifas. Além disso, as decisões dos passageiros e das companhias aéreas estão interligadas, uma vez que as companhias aéreas procuram operar em aeroportos que atraem o maior número de passageiros em potencial, enquanto os viajantes escolhem os aeroportos que oferecem voos mais convenientes e mais baratos (Pereira Neto et al., 2016, p. 10[31]).

Em 2012, um estudo baseado em dados empíricos do mercado de aviação europeu mostrou que aeroportos de todos os portes estavam enfrentando mais concorrência e, como resultado, seu poder de mercado individual havia diminuído (Copenhagen Economics, 2012, p. 80[36]). O relatório indicou que 96% de todos os aeroportos europeus contavam com estratégias de marketing de aeroportos perante companhias aéreas. Além disso, muitos aeroportos responderam ao aumento da concorrência aumentando a qualidade e reduzindo os preços. Em 2017, essas tendências foram confirmadas por um estudo do mercado de aviação europeu, que indicou que a concorrência entre aeroportos era generalizada e estava em crescimento (Oxera, 2017, p. 74[37]).

Portanto, parece haver concorrência potencial ou efetiva para diferentes serviços e segmentos de mercado, que variam caso a caso, incluindo:

- zonas de influência entre aeroportos que servem um mercado local compartilhado
- tráfego de carga
- passageiros de conexão entre hubs de aeroportos
- bases operacionais das companhias aéreas
- destinos
- instalações de serviço, como manutenção
- serviços não aeroportuários, como lojas e estacionamento
- meios de transporte, como trens de alta velocidade.

Fonte: (Forsyth, Gillen and Niemeier, 2010[38]) ; (Tretheway and Kincaid, 2005[35]) ; (Copenhagen Economics, 2012[36]) ; (Pereira Neto et al., 2016[31]).

Quadro 2.7. Experiências internacionais na restrição da concentração horizontal de aeroportos

Reino Unido

Em meados da década de 1980, o Reino Unido iniciou um processo de alienação total de sete aeroportos estatais, incluindo o London Heathrow, que eram administrados pela British Airports Authority (BAA). O governo do Reino Unido privatizou a BAA como uma entidade única detentora de todos os seus aeroportos existentes em 1986 com o objetivo de fornecer capacidade aeroportuária adequada para atender a demanda esperada e apoiar a concorrência entre companhias aéreas. Em 2005, os sete aeroportos operados pela BAA representavam mais de 60% de todo o número de passageiros britânicos, incluindo 90% dos passageiros no sudeste da Inglaterra e 84% dos passageiros escoceses. Em 2009, a Comissão da Concorrência do Reino Unido (atualmente Autoridade de Concorrência e Mercados, CMA) concluiu uma investigação de mercado sobre a BAA e descobriu que a propriedade comum de aeroportos no sudeste da Inglaterra e nas terras baixas da Escócia produziu efeitos anticoncorrenciais ao impedir a concorrência entre aeroportos potencialmente concorrentes. Esse fato reduziu os incentivos de investimento em capacidade de infraestrutura, melhores serviços e preços mais baixos. A autoridade impôs um pacote de remédios, incluindo a alienação dos aeroportos London Gatwick e London Stansted (a diferentes compradores), bem como de um dos aeroportos de Edimburgo ou Glasgow (Comissão da Concorrência, 2009[39]). Em 2016, a CMA avaliou o impacto inicial das intervenções da Comissão da Concorrência e fortes evidências que indicam mudanças positivas nos aeroportos alienados foram encontradas, parcialmente como resultado da propriedade separada de aeroportos. Por exemplo, esses aeroportos aumentaram o tráfego de passageiros além de outros aeroportos do Reino Unido, o que melhorou a conectividade e as opções para os passageiros. Os aeroportos alienados também aumentaram a eficiência de seu investimento de capital em instalações e serviços, melhorando sua eficiência operacional ao longo do tempo. Ademais, a qualidade do serviço aos passageiros e companhias aéreas melhorou, inclusive no London Heathrow, que implementou novas estratégias comerciais após a alienação do aeroporto. Além disso, os aeroportos alienados estão agora competindo individualmente para atrair companhias aéreas e passageiros, em vez de atuar como parte do grupo BAA. A introdução da concorrência também levou a uma utilização mais eficiente da capacidade existente, especialmente porque as tarifas aeroportuárias foram reestruturadas para atrair voos adicionais fora dos horários de pico (Autoridade de Concorrência e Mercados, 2016[40]).

Austrália

Na Austrália, entre 1997 e 2003, a operação de 22 aeroportos federais administrados pela Federal Airports Corporation (FAC) - incluindo os maiores aeroportos do país, Sydney, Melbourne, Brisbane e Perth - foi privatizada por meio de arrendamentos de longo prazo concedidos após processos de licitação (Austrália, 2009[41]). A Lei de Aeroportos de 1996 limita a participação cruzada nos principais aeroportos (Sydney e Melbourne; Sydney e Brisbane; Sydney e Perth) a 15%, o que permitiu uma concorrência efetiva entre esses aeroportos (Comissão de Produtividade Australiana, 2011[42]). Desde 2002, esses aeroportos estão sujeitos a uma regulamentação menos interventiva e são obrigados a fornecer à Comissão Australiana da Concorrência e do Consumidor (ACCC) demonstrações financeiras anuais em relação à prestação de serviços aeronáuticos e serviços não aeronáuticos, incluindo estacionamento. Anualmente, a ACCC monitora o mercado para avaliar se os aeroportos estão fixando preços, investindo e operando de forma eficiente, a fim de evitar comportamentos abusivos (Comissão da Concorrência, 2009[39]). Em 2020, a Comissão Australiana da Concorrência e do Consumidor (ACCC) informou que os aeroportos monitorados fizeram investimentos significativos entre 2018 e 2019 e que mantiveram a classificação de "bom" por sua qualidade geral dos serviços no período (Comissão Australiana da Concorrência e do Consumidor, 2020[43]).

México

O México iniciou um processo de privatização de aeroportos em 1998. Os 35 principais aeroportos mexicanos, então administrados por uma estatal, Aeropuertos y Servicios Auxiliares (ASA), foram divididos em quatro blocos. Uma empresa foi constituída para operar cada bloco e concessões de 50 anos foram concedidas. Primeiramente, entre 1998 e 2000, uma participação de 15% em cada empresa em operação foi vendida a parceiros privados estratégicos, por meio de uma licitação. Posteriormente, nos anos 2000, os 85% restantes foram vendidos no mercado de ações. Nesta segunda etapa, o governo mexicano impôs restrições à participação cruzada e os parceiros estratégicos foram proibidos de deter participação em qualquer outro operador aeroportuário (Comision Federal de Competencia, 2007[44]). O Aeroporto Internacional da Cidade do México não foi totalmente privatizado e continua sendo administrado por uma estatal (El Economista, 2020[45]).

Em 2007, a então autoridade mexicana da concorrência Comisión Federal de Competencia (CFC) realizou um estudo de mercado sobre o setor aeroportuário mexicano. Propôs várias recomendações para aumentar a concorrência sempre que possível e tornar a regulamentação mais capaz de mitigar o exercício do poder de mercado. Entre outras medidas, a CFC recomendou que o governo vendesse progressivamente sua participação em outros operadores aeroportuários da Cidade do México. Sugeriu que esses aeroportos deveriam ser administrados por diferentes players, que poderiam competir pelo mercado regional e, assim, aumentar a eficiência econômica, melhorar a qualidade e oferecer preços mais baixos para os usuários (Comision Federal de Competencia, 2007[44]).

Em 2011, a CFC proibiu a operadora do aeroporto de Cancún de participar da licitação pública referente ao aeroporto da Riviera Maya, um projeto greenfield na mesma região. A CFC visava evitar a concentração do mercado e promover a concorrência entre os aeroportos, aumentando a qualidade do serviço e reduzindo os preços (Expansión, 2011[46]).

A maior parte dos ganhos de eficiência na privatização aeroportuária não decorre da licitação em si, mas sim da exposição permanente de potenciais concessionárias à concorrência. Além de casos específicos, como monopólios naturais, introduzir concorrência no mercado na operação do serviço é mais importante do que garantir a concorrência pelo mercado (Bronchi, 2003[47]) (OCDE, 2019[48]).

O Brasil impôs certas restrições à participação cruzada em aeroportos. A segunda rodada de concessão estabeleceu que um único player (e suas empresas relacionadas, individualmente ou em consórcio[47]) poderia ofertar lances aos três aeroportos, mas só poderia receber um deles. A terceira rodada de concessão também restringiu uma empresa a um aeroporto e afirmou que os acionistas dos aeroportos concedidos na segunda rodada e que suas empresas relacionadas[48] não podiam participar da licitação (exceto por meio de um consórcio, com participação máxima de 15% e sem envolvimento na governança corporativa). Por fim, a quarta rodada previu que uma mesma empresa ou consórcio poderia ofertar lances para todos os aeroportos em licitação, mas só poderia receber um aeroporto em cada região.

Essas restrições foram desenvolvidas em vista de indícios qualitativos e quantitativos que dão base para a existência de concorrência potencial ou real entre os aeroportos em licitação, especialmente em relação a passageiros de conexão em hubs e, em alguns casos, tráfego de carga. Além disso, o governo pretendia incentivar a entrada de um maior número de players no mercado brasileiro com o objetivo de implementar a concorrência por comparação em linha com as melhores práticas para a gestão aeroportuária.[49] Na quarta rodada, o edital de licitação não estabeleceu qualquer restrição para que a concessionária do aeroporto de Natal São Gonçalo do Amaranto e suas empresas relacionadas ofertassem lances para os aeroportos da região Nordeste (Salvador e Fortaleza), embora parecesse haver concorrência potencial entre esses aeroportos (Secretaria de Aviação Civil/Presidência da República, 2015[49]). Na prática, no entanto, os aeroportos foram concedidos a diferentes empresas.

Na segunda rodada, o contrato de concessão impediu qualquer transferência de ações envolvendo acionistas de outras concessionárias[50] e suas empresas relacionadas[51] nos primeiros cinco anos de concessão. Após esse período, todas as transações estiveram sujeitas a aprovação prévia pela ANAC. A terceira e quarta rodadas afrouxaram a proibição de participação cruzada. Nos primeiros cinco anos de concessão, qualquer transferência de ações inferior a 15% relacionada a acionistas de outras concessionárias[52] e suas empresas relacionadas[53] era permitida, desde que aprovada pela ANAC. Após o quinto ano, a ANAC só precisava autorizar transações envolvendo transferências de ações superiores a 15%.

Dano à concorrência

Embora os contratos de concessão da segunda, terceira e quarta rodadas permitissem a transferência de ações entre as concessionárias - que receberam o aeroporto nessas rodadas - e os acionistas e suas empresas relacionadas - que ganharam a concessão de outros aeroportos - durante a execução da concessão, algumas dessas transações estavam sujeitas a aprovação prévia pela ANAC.[54] Essa ação é plausível para garantir que as restrições de propriedade impostas para a licitação não sejam contornadas e, assim, garantir a concorrência entre os operadores aeroportuários.

Além disso, a quinta e sexta rodadas de concessão não incluíram quaisquer restrições de participação cruzada, quer entre os blocos de cada rodada ou entre um bloco e os aeroportos concedidos nas rodadas anteriores. Em teoria, pode-se argumentar que poderia haver concorrência potencial ou real entre alguns dos aeroportos. Por exemplo, alguns aeroportos do bloco Nordeste (sexta rodada) poderiam concorrer com Natal São Gonçalo do Amaranto (primeira rodada), Fortaleza ou Salvador (quarta rodada), e alguns aeroportos do bloco Sul (sexta rodada) poderiam concorrer com Florianópolis ou Porto Alegre (quarta rodada). Não obstante, de acordo com a ANAC, essas rodadas tinham uma lógica diferente: a atribuição de um grupo de aeroportos em conjunto para favorecer a subvenção cruzada entre os rentáveis e os não rentáveis. No bloco Central, os aeroportos estavam espalhados em mais de uma região. Ademais, o mercado aeroportuário já era bem diversificado, com diferentes players em operação no país. Embora a proibição da participação cruzada pudesse ter sido defendida do ponto de vista da concorrência, a política visava assegurar a implementação efetiva do programa de concessão, partindo do princípio de que já existia um mercado competitivo.

Também há um debate recente sobre sistemas multiaeroportos ou cidades atendidas por mais de um aeroporto, a respeito das quais o potencial de concorrência entre aeroportos poderia ser ainda mais claro. Por exemplo, embora a cidade de Belo Horizonte seja atendida por dois aeroportos, Belo Horizonte Confins (CNF) e Belo Horizonte Pampulha (BHZ), este está atualmente restrito à aviação geral e serviços aéreos regulares regionais.[55] Pampulha foi concedido ao Estado de Minas Gerais, que realizou uma licitação em 2021 para adjudicar uma concessão a uma operadora privada. Não houve restrição quanto à participação da concessionária de Belo Horizonte Confins e um acionista dessa operadora venceu a licitação. Não está claro se a limitação das operações de Belo Horizonte Pampulha será mantida no futuro. De qualquer forma, esse resultado parece ser contrário às licitações brasileiras anteriores, bem como às publicações econômicas e às melhores práticas internacionais a respeito da concorrência entre aeroportos. Pode-se argumentar, no entanto, que, em determinadas circunstâncias, especialmente em casos de baixa demanda, a introdução da concorrência entre aeroportos pode comprometer a eficiência de um sistema multiaeroportos que pode justificar uma gestão coordenada.

A sétima rodada de concessão irá licitar Congonhas (CGH) em São Paulo, cidade também atendida por dois aeroportos operados por empresas privadas, Guarulhos (GRU) e Viracopos (VCP). Embora na próxima licitação pública Congonhas faça parte de um bloco com outros dez aeroportos em todo o país, o governo não restringiu a participação de concessionárias de aeroportos de São Paulo (e suas empresas relacionadas). Isso garantiria que todos os aeroportos de São Paulo fossem gerenciados por diferentes players, aumentando a concorrência em vários segmentos do mercado.[56]

Uma discussão sobre o sistema multiaeroportos da cidade do Rio de Janeiro, uma cidade atualmente atendida por dois aeroportos, surgiu durante o projeto da sétima rodada de concessões. O Galeão (GIG) já é administrado por uma empresa privada, enquanto o outro, o Santos Dumont (SDU), é administrado pela Infraero e foi projetado para ser adjudicado a um operador privado por meio de um contrato de concessão na sétima rodada. Determinadas partes interessadas argumentaram que a introdução da concorrência entre ambos os aeroportos seria economicamente ineficiente, uma vez que não haveria demanda suficiente para ambos. No mesmo período, dificuldades financeiras levaram a concessionária do Galeão a devolver o aeroporto antes do final da vigência do contrato. Por fim, no início de 2022, o governo decidiu retirar o Santos Dumont da sétima rodada e ambos os aeroportos agora devem ser licitados juntos em 2023.

Esse resultado novamente parece ir contra a política do governo brasileiro em concessões passadas, de promover a concorrência entre aeroportos. Apesar de outras questões além da concorrência eventualmente decorrentes da concepção de políticas públicas, tais como a disponibilidade de um sistema multiaeroportos, bem como questões de desenvolvimento socioeconômico e planejamento urbano, os benefícios potenciais de um ambiente concorrencial para os aeroportos não devem ser negligenciados. Na falta de restrições de participação nas próximas licitações, os aeroportos concorrentes podem acabar sendo gerenciados pelo mesmo player, o que pode a concorrência.

Ademais, como dito acima, as participações da Infraero nas concessionárias da segunda e terceira rodadas de concessão serão vendidas a empresas privadas em um futuro próximo. Se não houver restrições de participação cruzada ao projetar a venda, a política pública de concorrência entre aeroportos defendida pelo governo no passado pode ser comprometida. Existe o risco de uma única empresa adquirir as ações da Infraero em todas as concessionárias ou de um arranjo de participação cruzada entre as concessionárias da segunda e terceira rodadas.

Recomendação

A OCDE recomenda que as autoridades brasileiras assegurem que uma entidade ou entidades relacionadas não tenham permissão para controlar aeroportos concorrentes, seja em concessões já outorgadas ou futuras. As participações minoritárias só devem ser aceitas em casos excepcionais e impedidas de participar na governança corporativa.

2.2.3. Contratos de concessão de aeroportos

Descrição do obstáculo e objetivo dos formuladores de políticas

Conforme observado acima, as licitações de concessão evoluíram desde a sua criação. Muitas dessas mudanças foram positivas, resultado da incorporação das lições aprendidas nas rodadas anteriores. Não obstante, contratos de concessão sucessivos com diferentes cláusulas podem afetar o ambiente concorrencial do setor.

Por exemplo, as normas para definir como a concessionária deve pagar as outorgas devidas mudaram nas últimas rodadas (Quadro 2.8). As primeiras rodadas de concessão foram projetadas quando a economia brasileira deveria crescer de forma constante, juntamente com o aumento da demanda por transporte aéreo, o que levou a licitações com valores extremamente altos nas rodadas iniciais[57] (Tabela 2.5). Desde 2014, no entanto, a economia brasileira entrou em profunda recessão, agravada pela pandemia de COVID-19. Isso impactou muito os operadores aeroportuários, com certas concessionárias enfrentando sérias dificuldades para pagar as outorgas de concessão.

Como os acordos originais previam que as concessionárias eram responsáveis em casos de choque de demanda - a menos em casos de força maior, como a pandemia de COVID-19 - o modelo de concessão desempenhou um papel na situação atual. Na verdade, três operadores aeroportuários recentemente solicitaram que um contrato de concessão fosse objeto de relicitação, com base na Lei nº 13.448/2017. Na prática, trata-se de uma concessionária devolver o aeroporto antes da vigência do contrato e uma licitação pública adjudicada a um novo player privado com um contrato de concessão revisado de acordo com as rodadas de concessão mais recentes.

O governo parece reconhecer essas deficiências e algumas mudanças relevantes no modelo de concessão foram implementadas em rodadas posteriores para evitar as dificuldades iniciais.

Quadro 2.8. Outorgas de concessão de aeroporto

As outorgas de concessão pelo direito de operar um aeroporto ou um grupo de aeroportos são pagas pela concessionária ao Fundo Nacional de Aviação Civil (FNAC), atuando em nome do Governo Federal.

As licitações para concessão aeroportuária adjudicam um contrato ao licitante que oferece o valor mais alto acima do preço mínimo definido nos editais de licitação. No entanto, a forma como o vencedor paga esse valor variou em diferentes rodadas.

Nas três primeiras rodadas, as outorgas fixas - preço mínimo mais ágio - foram divididas pelo número de anos da concessão, sendo a concessionária responsável anualmente pela fração correspondente, corrigida monetariamente com base na inflação. Este modelo provou ser um risco para o investimento e operação dos aeroportos devido ao impacto substancial das outorgas fixas no orçamento das concessionárias. Isso foi agravado pelo colapso da economia brasileira em meados da década de 2010, que viu as previsões de crescimento do tráfego e a receita prevista não se concretizarem. Em 2017, em vista da situação financeira precária das concessionárias e com o objetivo de garantir a continuidade dos contratos e a prestação de seus serviços pertinentes, a Lei nº 13.499/2017 foi aprovada para permitir a reprogramação de pagamentos pelas concessionárias das três primeiras rodadas com base na manutenção do valor líquido das outorgas fixas no momento das licitações.

Na quarta rodada, o licitante vencedor foi obrigado a pagar 25% do preço mínimo mais 100% do ágio no momento da assinatura do contrato de concessão. Os 75% restantes do ágio devem ser pagos anualmente, mas apenas a partir do sexto ano da concessão, de forma escalonada e crescente, até o décimo ano, quando as parcelas se igualam até o final do contrato. O período de carência concedido às concessionárias visava aliviar a carga financeira dos maiores investimentos necessários nos primeiros anos de uma concessão.

Por fim, a partir da quinta rodada, as outorgas fixas foram abolidas e o licitante vencedor foi obrigado a pagar 100% do preço mínimo e do ágio no momento da assinatura do contrato de concessão. Como resultado, a concessionária não precisou pagar um valor substancial ao mesmo tempo que incorreu despesas de capital.

Além das outorgas relacionadas à licitação, as concessionárias (exceto o vencedor da primeira rodada) devem pagar uma outorga anual variável, referente a uma porcentagem de sua receita. Isso também evoluiu à medida que as rodadas avançavam para estabelecer o modelo mais adequado com os melhores incentivos. Na segunda, terceira e quarta rodadas, a outorga variável era devida a partir do primeiro ano de concessão. A porcentagem era a mesma para todo o período de concessão, embora cada aeroporto tivesse uma porcentagem diferente: 10% para São Paulo Guarulhos; 5% para Campinas Viracopos; 2% para Brasília (segunda rodada); 5% para Rio de Janeiro Galeão e Belo

Horizonte Confins (terceira rodada); e 5% para Florianópolis, Fortaleza, Salvador e Porto Alegre (quarta rodada).

A partir da quinta rodada, um período de carência de cinco anos foi estabelecido e a porcentagem de receitas foi escalonada, aumentando até o décimo ano de concessão, quando se torna fixa. A porcentagem também varia em relação a cada bloco de aeroportos (de 0,04% a 8,16%), em vista da viabilidade econômica.

Fonte: OCDE, com base em contratos de concessão de aeroportos e (Machado et al., 2019[50]).

A regulamentação das tarifas aeroportuárias também variou substancialmente entre as rodadas de concessão, desde a regulação do limite de preço nas primeiras rodadas de licitação até os regulamentos de limite de receita e regulamentos leves nas mais recentes (ver seção 2.3). Já que as tarifas aeroportuárias são uma fonte relevante de receita das concessionárias, a abordagem regulatória tem um impacto na forma como as empresas podem administrar seus negócios. Alguns regimes são mais flexíveis do que outros, permitindo uma gestão mais eficiente.

As concessionárias da segunda e terceira rodadas também foram obrigadas a ter a Infraero como acionista, o que levou a uma governança mais complexa e possivelmente à redução da eficiência de acordo com as partes interessadas. Além disso, esses contratos previam certas obras obrigatórias de engenharia da Infraero, que não haviam sido concluídas pela estatal. As concessionárias continuam em discussões com a ANAC sobre a questão.

O nível de investimento necessário é outro ponto. As primeiras rodadas de concessão - ao contrário das rodadas posteriores - não previram ações objetivas e prazos para a realização de investimentos obrigatórios, resultando em uma relação desequilibrada entre investimento e demanda. Como garantir a qualidade do serviço é uma das razões para os investimentos e os investimentos em infraestrutura estão sujeitos a depreciação e aumento dos custos fixos, os resultados de quaisquer investimentos, como infraestrutura e novas máquinas, devem idealmente estar ligados à sua utilização efetiva subsequente para evitar a capacidade ociosa e custos desnecessários. De fato, de acordo com a IATA, planos de investimento de capital predeterminados, fixos e excessivamente rígidos não atendem à demanda pela infraestrutura certa no ritmo e preço adequados. Ela recomenda que os investimentos estejam ligados aos volumes de tráfego, e não aos exercícios financeiros (Associação Internacional de Transportes Aéreos, 2020[51]).

Isso é particularmente relevante para as primeiras licitações de concessão, uma vez que as previsões pré-licitação do crescimento do tráfego não se concretizaram devido à crise econômica de 2014 no Brasil, que foi agravada pela pandemia de COVID-19. Apesar de esses contratos terem sido alterados pela ANAC nos últimos anos, estabelecendo gatilhos relacionados ao aumento da demanda, permanecem alguns investimentos que devem ser feitos antes do término da concessão, sem qualquer vínculo com a demanda. Ademais, sempre que essas alterações forem introduzidas, é necessário assegurar o restabelecimento do equilíbrio econômico e financeiro inicial do contrato de concessão a favor do poder concedente (Machado et al., 2019, p. 33[50]).

Os contratos de concessão mais recentes preveem que investimentos obrigatórios devem ser associados a ações de demanda. A lógica é permitir que as concessionárias determinem os investimentos necessários para manter padrões mínimos de qualidade relacionados à capacidade das instalações, como movimentações de aeronaves na pista e no pátio e serviços no terminal de passageiros, como check-in, segurança, imigração, restituição de bagagem e o número de portões.

A ANAC está trabalhando para harmonizar os contratos de concessão, seja por meio de alterações contratuais ou por meio de regulamentação mais ampla. No entanto, essas alterações se concentram mais nas atividades de monitoramento da ANAC, em vez de em obrigações substanciais da concessionária.

Dano à concorrência

As diferenças entre contratos de concessão das rodadas, embora justificáveis, podem sujeitar as concessionárias a regimes regulatórios distintos, mesmo para aeroportos semelhantes, o que pode comprometer as condições equitativas. Na prática, isso pode refletir diferentes incentivos e desincentivos de cada modelo específico de concessão utilizado no Brasil, por exemplo, outorgas de concessão, regulação tarifária e investimentos obrigatórios, que podem influenciar os custos totais e as fontes de receita enfrentados por cada concessionária. Isso pode afetar o ambiente competitivo dos aeroportos, contrariando a meta do governo brasileiro de criar um mercado aeroportuário competitivo.

Idealmente, todos os players que operam no mercado devem estar sujeitos às mesmas normas para manter condições equitativas. Fornecer a algumas partes interessadas ferramentas vantajosas para gerenciar sua concessão pode aumentar os custos e a desvantagem para outros. Por exemplo, estabelecer uma regulamentação tarifária distinta para certas concessionárias permite que elas usem uma abordagem mais flexível, aumentando a eficiência potencial de suas operações. Isso coloca aqueles cujos termos de concessão impedem a fixação flexível de tarifas em desvantagem competitiva, pois não serão capazes de definir tarifas de forma mais eficiente, como a implementação de tarifas de horário de pico.

O impacto anticoncorrencial pode ser mais severo em sistemas multiaeroportos, como o da cidade de São Paulo, onde o potencial de concorrência entre aeroportos é mais claro, pois atendem a um mercado local compartilhado e podem competir na mesma área de influência, além de outros segmentos de mercado (como a conexão de passageiros e carga). Atualmente, essa cidade possui dois aeroportos[58] sujeitos a diferentes normas, por exemplo de regulação tarifária, pois um é administrado por um operador privado e o outro pela Infraero. Em um futuro próximo, o aeroporto administrado pela estatal será concedido a um player privado com potencial de aumentar ainda mais a concorrência entre os dois aeroportos. Isso pode deixar a concessionária anterior em uma posição desfavorecida em comparação com a recente.

Recomendação

A OCDE recomenda que as autoridades brasileiras considerem a harmonização de todos os modelos de concessão aeroportuária de modo a garantir que todos os players estejam sujeitos ao mesmo ambiente regulatório, especialmente o regime de regulação tarifária. Idealmente, as melhorias implementadas nas rodadas de concessão mais recentes devem ser aplicadas retroativamente a contratos de concessão anteriores. Algumas dessas alterações podem ser difíceis na prática, uma vez que podem exigir aditamentos e reequilíbrio do contrato para considerar o impacto econômico e financeiro de quaisquer modificações.

2.3. Receita dos aeroportos

Em geral, a estrutura de receitas dos aeroportos é composta por duas fontes: 1) encargos por serviços aeronáuticos, conhecidos como tarifas aeroportuárias; e 2) receitas provenientes de fontes não aeronáuticas. Os serviços aeronáuticos incluem o acesso a pistas para decolagem e aterrissagem e a estacionamentos de aeronaves e pistas de taxiamento, serviços de segurança e assistência em solo, incluindo check-in de passageiros, chegadas e partidas, e serviços de rampa, como manuseio de passageiros e bagagem, abastecimento, manutenção de aeronaves, transporte de água e limpeza da cabine. Os serviços não aeronáuticos incluem concessões e outros serviços comerciais, como o fornecimento de alimentos, bebidas e lojas em terminais, estacionamentos, serviços de transporte para o aeroporto, aluguel de espaços e outras atividades nos aeroportos.[59]

A regulamentação das tarifas aeroportuárias varia substancialmente entre as jurisdições e depende em grande parte da propriedade e do modelo operacional de um aeroporto. Em países onde os aeroportos pertencem e são administrados pelo governo, as tarifas geralmente não são regulamentadas ou definidas diretamente pelo governo. Há exceções a esta regra, incluindo na Irlanda e Países Baixos, onde os aeroportos estatais são regulamentados por autoridades independentes. Em países onde os aeroportos são de propriedade privada ou administrados por uma empresa privada, as taxas aeroportuárias são quase sempre reguladas por uma autoridade independente, uma vez que se presume que os aeroportos possuem poder de mercado em serviços aeronáuticos (Czerny, 2009[52]). No Brasil, as tarifas aeroportuárias são reguladas em aeroportos administrados de forma privada (a grande maioria) e pública pela ANAC, uma autoridade independente.

Existem dois principais métodos para regular as tarifas aeroportuárias que diferem quanto aos incentivos que proporcionam aos agentes regulamentados para minimizar os seus custos (Marques and Brochado, 2008[53]):

- O primeiro é a regulação da taxa de retorno, em que a tarifa regulada é variável e condicionada aos custos e à demanda observados, permitindo que o operador aeroportuário obtenha uma taxa fixa de retorno sobre o seu investimento.
- O segundo corresponde à regulação por incentivos, como teto tarifário e receita tato. Nesse caso, a tarifa ou receita máxima é fixada por todo um período regulatório (geralmente de três a oito anos), levando em consideração os custos esperados e os ganhos de produtividade durante esse período.

A grande maioria das formas de regulação aeroportuária é uma variação desses dois métodos, com exceção de certas jurisdições que aplicam uma abordagem regulatória "menos interventiva".

Os métodos regulatórios também podem ser classificados como single till ou dual till, dependendo de se os serviços aeronáuticos e as atividades comerciais são tratados como um negócio único ou separado (Reynolds et al., 2018[54]) (Varsamos, 2016[55]). A regulação single till consiste em estabelecer uma tarifa ou taxa de retorno para serviços aeronáuticos que cobre todos os custos aeroportuários aglomerados, deduzidos da receita de atividades comerciais. De acordo com essa abordagem, as tarifas aeronáuticas são geralmente mais baixas, uma vez que são subsidiadas por atividades comerciais. A regulação dual till prevê que as tarifas aeronáuticas cobrem integralmente os custos de infraestrutura do aeroporto, sem levar em conta os serviços comerciais. De acordo com essa abordagem, as autoridades podem optar por regular apenas os serviços aeronáuticos ou ambos separadamente. Certas jurisdições adotaram uma abordagem híbrida em que uma parte da receita não aeronáutica cobre os custos aeronáuticos.

Quadro 2.9. Abordagens internacionais de regulação das tarifas aeroportuárias

Atualmente, o método regulatório mais comum parece ser a regulação por teto tarifário. Embora muitos aeroportos apliquem um teto tarifário single till, incluindo o London Heathrow, uma abordagem dual till é cada vez mais comum em grandes aeroportos onde os serviços comerciais desempenham um papel importante, incluindo nos aeroportos de Paris, Bruxelas, Copenhague, Viena, Roma e do México. A Índia, Singapura e Portugal aplicam uma abordagem híbrida, em que partes das receitas comerciais são alocadas para o caixa regulatório. A regulação por taxa de retorno está se tornando menos comum, pois não tende a fornecer incentivos adequados para a eficiência do custo, embora ainda esteja em uso em países como a Suíça, Países Baixos e Grécia. A regulação menos interventiva se aplica principalmente em várias cidades alemãs, bem como na Nova Zelândia. Na Austrália, os maiores aeroportos estão sujeitos a monitoramento de preços, enquanto outros estão livres de qualquer controle. Por fim, não há regulação econômica em vários países onde os aeroportos pertencem e são administrados pelo governo, incluindo na Suécia e Finlândia. Nos Estados Unidos, embora a FAA possa regular os preços dos aeroportos, esse poder raramente foi exercido, uma vez que muitos aeroportos pertencem e são administrados por governos municipais por meio de entidades sem fins lucrativos e são considerados carentes de incentivos para definir preços injustos.

Fonte: (Reynolds et al., 2018[54]) (Varsamos, 2016[55]) (Oum and Fu, 2008[34]).

Em geral, o Brasil adotou um modelo regulatório dual till, com a ANAC regulando as tarifas aeroportuárias, tanto nos aeroportos sob concessão quanto nos operados pela Infraero (ver seção 2.3.1).[60] A adoção de uma abordagem dual till é plausível, uma vez que a principal razão para as concessões aeroportuárias foi a necessidade de grandes investimentos em tempos de restrições fiscais aos investimentos públicos (Resende and Caldeira, 2020[56]) e a separação tende a criar melhores incentivos para um operador investir em uma infraestrutura aeroportuária (Oum and Fu, 2008[34]).

No Brasil, as tarifas não aeronáuticas não estão sujeitas a nenhuma forma de regulação econômica, uma vez que os preços são negociados diretamente entre operadores aeroportuários e empresas privadas que prestam serviços comerciais dentro e ao redor do aeroporto.

2.3.1. Receita aeronáutica

Contextualização

As tarifas aeroportuárias cobrem serviços e infraestruturas relacionados a áreas de movimentação de aeronaves e áreas de atendimento a passageiros. Embora as tarifas aeroportuárias possam variar de um aeroporto para outro, em geral elas podem ser classificadas em quatro grandes categorias: 1) tarifas de pouso; 2) tarifas de atendimento a passageiros; 3) taxas de estacionamento; e 4) outras tarifas (Varsamos, 2016[55]).

Atualmente, existem seis tarifas aeroportuárias diferentes no Brasil, relativas a diferentes serviços aeronáuticos prestados pelos operadores aeroportuários[61] aos passageiros (tarifas de embarque e conexão), às companhias aéreas (tarifas de pouso e permanência) e a outras empresas (tarifas de armazenagem e capatazia), as últimas relacionadas ao transporte de carga. Os operadores aeroportuários são impedidos de criar as suas próprias tarifas aeroportuárias.[62]

Atualmente, existem quatro regimes diferentes para a regulação econômica das tarifas aeroportuárias no Brasil: 1) regulação por teto tarifário (usada nas três primeiras rodadas de concessão de aeroportos); 2) regulação por teto tarifário com possibilidade de gerenciamento tarifário (quarta rodada de concessão); 3) regulação por receita teto (quinta e sexta rodadas de concessão e pela Infraero para aeroportos de grande e médio porte e serviços aéreos regulares e não regulares, exceto táxis aéreos); e 4) regulação menos interventiva (quinta e sexta rodadas de concessão e pela Infraero para pequenos aeroportos, táxis aéreos e aviação geral). Cada uma dessas abordagens oferece flexibilidade maior ou menor ao operador aeroportuário (ver Tabela 2.7).

Tabela 2.7. Regimes de regulação tarifária aeroportuária no Brasil

Rodada de concessão de aeroporto	Regime de regulação	Flexibilidade	Parâmetros para definir tarifas	Consulta aos usuários	Intervenção da ANAC
Primeira rodada	Teto tarifário	Tarifas abaixo do teto tarifário	Critérios objetivos, previamente divulgados (se as tarifas estiverem abaixo do teto tarifário)	N/A	N/A
Segunda rodada					
Terceira rodada					
Quarta rodada		Gerenciamento tarifário: reduzir ou aumentar as tarifas em até 100% do teto tarifário	Critérios objetivos e não discriminatórios	No caso de aumentar as tarifas além do teto tarifário	A ANAC pode recusar a revisão das tarifas se considerar que a justificativa do operador aeroportuário para o aumento não irá gerar utilização mais eficiente da infraestrutura aeroportuária, não é objetiva e não discriminatória, ou se uma parte interessada relevante não tiver sido consultada pela concessionária.
Quinta rodada	Receita teto para aeroportos de grande e médio porte, serviços aéreos regulares e não regulares, exceto táxis aéreos ou regulação menos interventiva para pequenos aeroportos, táxis aéreos e aviação geral	Proposta apoiada: o operador aeroportuário e as companhias aéreas podem estabelecer diferentes receitas teto e tarifas alternativas, bem como outros elementos de concessão relevantes, se aprovados pela ANAC	Melhores práticas para precificar serviços aeroportuários: exemplos da OACI, IATA e ACI e critérios objetivos e não discriminatórios	Em caso de aumento nas tarifas: os usuários devem ser informados das alterações pelo menos 30 dias antes de sua implementação	A ANAC pode suspender as alterações tarifárias se considerar que a justificativa para a alteração não atende aos requisitos (melhores práticas internacionais e base objetiva e não discriminatória) e que elas podem prejudicar potencialmente os usuários finais
Sexta rodada					

Observação: Os aeroportos ainda não sujeitos a concessões e ainda administrados pela Infraero seguem o regime estabelecido na quinta e sexta rodadas (Resolução da ANAC nº 508/2019)".
Fonte: OCDE, com dados de contratos de concessão de aeroportos, https://www.gov.br/anac/pt-br/assuntos/concessoes.

Descrição do obstáculo e objetivo dos formuladores de políticas

A crescente flexibilidade para a definição de tarifas introduzidas pela ANAC ao longo das rodadas de concessão (incluindo gerenciamento tarifário, regulação por receita teto, regulação menos interventiva e proposta apoiada) visava permitir que os operadores melhorassem a eficiência e o custo-benefício na provisão e na operação dos serviços aeroportuários.

Incluir partes interessadas nesse processo por meio de consultas visa reduzir o risco potencial de abuso do poder de mercado e produzir uma solução mutuamente acordada, conforme recomendado pela OACI.[63] Afinal, os operadores aeroportuários e outros players do mercado (como as companhias aéreas e as empresas de serviços auxiliares ao transporte aéreo) estão mais bem informados do que o regulador sobre os custos dos serviços e outras questões relevantes para a gestão dos aeroportos. De qualquer forma, a ANAC deve monitorar a implementação desses mecanismos e pode intervir se algum requisito não for atendido pelo operador aeroportuário.

Desde a quarta rodada de concessão, é necessária uma consulta aos usuários para que os operadores aeroportuários aumentem as tarifas, sendo que a ANAC tem o direito de intervir em caso de potenciais comportamentos abusivos. No entanto, a regulação atual não garante que todas as partes interessadas poderão desempenhar um papel adequado no processo de consulta. Na verdade, ela não fornece diretrizes para consultas aos usuários, como padrões para definir quais partes interessadas devem ser consultadas.

De acordo com a OACI, os operadores aeroportuários devem estabelecer um processo de consulta regular e claramente definido (Organização da Aviação Civil Internacional, 2012[57]). Ela também recomenda que os usuários sejam notificados da alteração das tarifas com pelo menos quatro meses de antecedência e que eles recebam informações financeiras, operacionais e outras informações relevantes transparentes e adequadas para lhes permitir fazer comentários informados. Além disso, os operadores aeroportuários devem levar as opiniões dos usuários em conta para a tomada de decisão, que deve indicar a sua fundamentação, especialmente quando as observações dos usuários não forem acatadas (Organização da Aviação Civil Internacional, 2020[58]). Na verdade, as consultas não devem ser consideradas apenas uma etapa processual, mas sim uma oportunidade para as partes procurarem efetivamente alcançar um entendimento mútuo.

Dano à concorrência

Conforme atualmente conduzido, o processo de consulta aos usuários gera o risco de favorecer os pontos de vista das companhias aéreas que operam no aeroporto no momento e que podem tentar aumentar os custos de entrada para os concorrentes (reais ou potenciais). Esses procedimentos não oferecem uma oportunidade para que os interesses dos usuários finais - passageiros - sejam levados em consideração, embora a ANAC deva considerar se seus interesses são prejudicados ao avaliar a implementação da consulta. Em alguns casos, aeroportos e companhias aéreas chegaram a acordos para obter e compartilhar rendas, não necessariamente em benefício dos consumidores (Oxera, 2007[59]).

Ademais, os regulamentos vigentes não fornecem detalhes sobre como os operadores aeroportuários devem realizar uma consulta aos usuários, como procedimentos a serem seguidos e padrões para definir quais partes interessadas devem ser consultadas. Isso pode aumentar a insegurança jurídica.

Ainda, embora seja crucial que a ANAC avalie cuidadosamente qualquer proposta decorrente de consulta aos usuário ou proposta apoiada, as disposições que estabelecem quando o regulador pode intervir são vagas e ambíguas. Por exemplo, a ANAC pode intervir se considerar que a justificativa apresentada pelo operador aeroportuário para o aumento das tarifas não leva a um uso mais eficiente da infraestrutura aeroportuária ou não é objetiva e não discriminatória; se uma parte interessada relevante não tiver sido consultada pela concessionária; ou se os usuários finais puderem ser potencialmente prejudicados. Não obstante, não há um guia sobre *como* a ANAC deve avaliar essas questões, o que, na prática, pode levá-la a agir de forma discricionária. Por exemplo, não está claro o que uma utilização mais eficiente da infraestrutura aeroportuária poderia realmente implicar, nem como determinar quando uma proposta pode prejudicar os usuários finais. As rodadas de concessão mais recentes incluíram requisitos de que as concessionárias e a ANAC devem seguir práticas internacionais, como as emitidas pela OACI, IATA e ACI, ao avaliar as consultas. Embora isso tenha de fato reduzido a discricionariedade das concessionárias e da ANAC, ainda há um certo grau de imprecisão.

Recomendações

A OCDE tem duas recomendações.

1. A ANAC deve esclarecer a regulação em relação à consulta aos usuários, incluindo os procedimentos a serem seguidos, a fim de garantir que ela seja implementada corretamente. Potenciais novos entrantes e consumidores também devem participar da consulta.
2. A ANAC deve estabelecer padrões mínimos para recusar uma proposta. Eles devem ser transparentes, objetivos e não discriminatórios.

2.3.2. Receitas não aeronáuticas

Contextualização

Os serviços comerciais são um componente cada vez mais importante das operações aeroportuárias, compreendendo o fornecimento de alimentos, bebidas, lojas, casas de câmbio, transferências, aluguel de carros, estacionamentos e outras receitas provenientes da operação aeroportuária e desenvolvimento dos aeroportos. Conforme observado, existem também várias atividades relacionadas aos serviços aeronáuticos que não são diretamente prestadas pelos operadores aeroportuários, especialmente os serviços auxiliares ao transporte aéreo; esses serviços são geralmente considerados como não aeronáuticos.

Tecnicamente, as regulamentações brasileiras referem-se a receitas tarifárias e não tarifárias, estas incluindo quaisquer valores que não sejam tarifas aeroportuárias. Elas incluem serviços comerciais, mas também outros serviços operacionais aeroportuários não cobrados por meio de tarifas, como diferentes serviços auxiliares ao transporte aéreo, incluindo check-in de passageiros, serviços de rampa, abastecimento e manutenção de aeronaves, bem como aluguel de hangares e outras áreas operacionais do aeroporto (Seção 2.3.2. Receitas de serviços operacionais).

Historicamente, a receita aeronáutica é a principal fonte de receita para os aeroportos. No entanto, os aeroportos têm procurado cada vez mais outras fontes de receita (Air Transport Research Society, 2019[60]). Visto que as tarifas aeronáuticas são frequentemente regulamentadas, os serviços não aeronáuticos, que geralmente não são regulamentados, permitem que os aeroportos aumentem suas receitas totais (Oum and Fu, 2008[34]). Isso também pode permitir que os aeroportos reduzam as tarifas aeronáuticas para atrair mais passageiros e companhias aéreas, o que, por sua vez, pode aumentar a demanda de serviços comerciais e as receitas não aeronáuticas (conforme anteriormente observado, os aeroportos são negócios de dois lados).

Em 2019, nos aeroportos brasileiros sob concessão, as receitas não aeronáuticas representaram, em média, 33% da receita bruta total dos aeroportos [64] (Figura 2.17), abaixo da média global de 2019 de 40,2%.[65] Três aeroportos brasileiros sob concessão tiveram participação na receita não aeronáutica acima da média global: Natal (NAT) com 45%; Brasília (BSB) com 44%; e Rio de Janeiro Galeão (GIG) com 42%.

Figura 2.17. Participação na receita não aeronáutica de aeroportos brasileiros, 2019

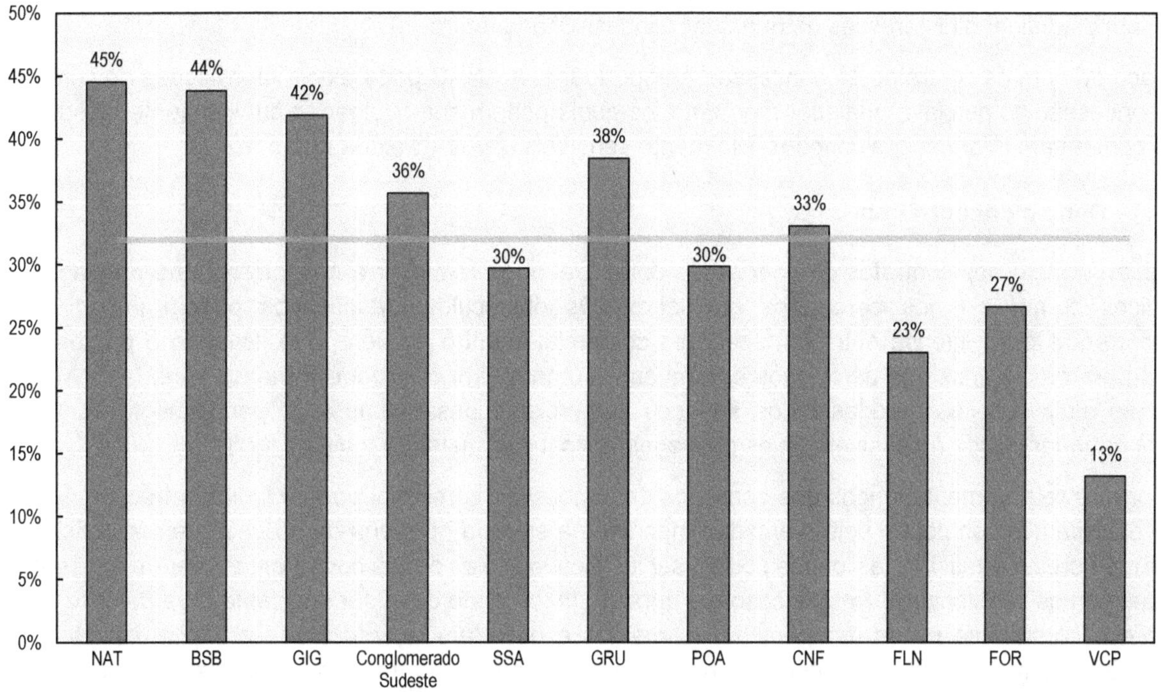

Observação: A linha horizontal representa a participação média na receita não aeronáutica do bloco Sudeste e 10 aeroportos brasileiros sob concessão: Natal (NAT); Brasília (BSB); Galeão (GIG); Salvador (SSA); Guarulhos (GRU); Porto Alegre (POA); Confins (CNF); Florianópolis (FLN); Fortaleza (FOR); Viracopos (VCP).
Fonte: OCDE, com base na ANAC, www.gov.br/anac/pt-br/assuntos/concessoes/aeroportos-concedidos.

Receitas provenientes de serviços comerciais

Descrição do obstáculo e objetivo dos formadores de políticas

Para a maioria dos serviços comerciais, o operador aeroportuário concede a fornecedores privados direitos exclusivos para operar em uma área designada, geralmente por meio de um contrato de concessão,[66] embora o operador aeroportuário também possa prestar alguns desses serviços - como estacionamento - diretamente para os usuários do aeroporto.

No Brasil, os serviços comerciais são regidos pelo direito privado, portanto, são negociados livremente por operadores aeroportuários e empresas privadas, desde que atendam aos padrões obrigatórios de segurança e qualidade. Práticas discriminatórias e abusivas são expressamente proibidas.[67]

Para os aeroportos administrados pela Infraero, o prazo desses contratos deve ser de até 120 meses (contratos sem investimento) ou 240 meses (contratos com investimento).[68] Em ambos os casos, os custos que uma empresa deve incorrer para executar o contrato são levados em consideração ao definir sua duração.[69]

Quanto aos aeroportos sob concessão, a duração dos contratos comerciais pode ser a mesma da concessão, mas não existem critérios para determinar a vigência ideal desses contratos (por exemplo, dependendo do nível de investimento incorrido pelo operador). Não obstante, esses contratos podem, em circunstâncias excepcionais, ser mais longos do que a duração da concessão se a SAC emitir uma autorização.[70] Nesses casos, é necessário provar que um prazo mais longo é de extrema importância para a viabilidade econômica de um contrato e a recuperação de investimentos. Para esse fim, documentos devem ser apresentados à SAC, como as perspectivas econômicas do projeto, e existem vários requisitos e limitações para o contrato, incluindo remuneração periódica, em parcelas iguais ou crescentes.[71] Esses requisitos e limitações podem impedir as concessionárias de assinar contratos que possam prejudicar os interesses de qualquer concessionária futura.

De acordo com os contratos de concessão aeroportuária, a ANAC pode exigir informações de contratos de concessão comercial a qualquer momento, os quais podem ser divulgados publicamente, desde que não contenham informações concorrencialmente sensíveis. A ANAC ainda não o fez.

Dano à concorrência

O atual formato dos contratos de concessão comercial pode restringir a concorrência na prestação de serviços comerciais nos aeroportos brasileiros. Os obstáculos identificados podem impedir uma concorrência mais intensa entre fornecedores comerciais dentro do aeroporto, levando a preços mais altos para os usuários dos aeroportos e, também, a uma menor qualidade e menos variedade. Mesmo que as altas receitas geradas pelos serviços comerciais possam subsidiar parcialmente as tarifas aeroportuárias, ainda é possível que os passageiros acabem gastando mais no total.

Os prazos relativamente longos dos contratos de concessão comercial podem limitar a frequência com que os licitantes competem pelo mercado, impedindo a entrada oportuna de operadores mais eficientes com melhores ofertas. Prazos longos podem ser justificados se as partes contratantes tiverem que realizar investimentos substanciais. Nestes casos, a duração do contrato deve ser suficiente para garantir que a empresa contratante possa recuperar investimentos e obter um retorno sobre o capital investido em condições normais de funcionamento. Em contrapartida, se os contratos de concessão comercial não impõem quaisquer requisitos de investimento mínimo, esses contratos devem ter prazos curtos.

Além disso, os operadores aeroportuários podem determinar o tenant mix ideal no aeroporto, incluindo locatários potencialmente fortes, como lojas populares, para satisfazer as necessidades dos passageiros e aumentar o consumo geral no aeroporto e, portanto, sua receita. No entanto, isso pode restringir a entrada no mercado e aumentar os preços no caso de contratos de exclusividade que impeçam empresas concorrentes de operar no aeroporto (Quadro 2.10). Salvo em circunstâncias especiais e devidamente justificadas com base em razões econômicas, os operadores aeroportuários devem promover mercados concorrenciais nos aeroportos para baixar os preços e melhorar os produtos e serviços para os consumidores.

Quadro 2.10. Contratos exclusivos em lojas duty-free na Coreia

Um estudo de mercado de 2012 da KFTC, a Autoridade de Defesa da Concorrência da Coreia, sobre lojas duty-free no Aeroporto Internacional de Incheon (ICN) mostrou um aumento acentuado nos preços de bebidas alcoólicas e tabaco logo após a ICN Corporation, a estatal que concedia espaço no aeroporto, consolidar a contratação e conceder a uma empresa um contrato exclusivo para vendas de bebidas alcoólicas e tabaco isentas de impostos no aeroporto de 2008 a 2013. Comparando os preços antes e depois da mudança para o contrato de monopólio, o preço de 30 tipos de bebidas alcoólicas e tabaco aumentou em média 9,8% em um ano (2008-2009). A KFTC recomendou que a ICN Corporation alterasse a regulação de compras para permitir que mais empresas operem lojas de bebidas alcóolicas e tabaco isentas de impostos no aeroporto, assim como de cosméticos ou eletrônicos. A ICN Corporation celebrou devidamente contrato com duas empresas de loja de bebidas alcóolicas e tabaco isentas de impostos após março de 2013.

Fonte: (OCDE, 2019[61])

Entre os indicadores de qualidade monitorados pela ANAC em contratos de concessão aeroportuária (por meio de pesquisas de satisfação dos passageiros) estão vários relacionados a serviços comerciais, incluindo a qualidade, a variedade e a relação de custo-benefício de restaurantes, lojas e estacionamentos.[72] A relação de custo-benefício desses serviços não é considerada um fator de qualidade (fator Q),[73] que é utilizado para aumentar ou reduzir o teto tarifário ou a receita teto e, por conseguinte, incentivar os operadores aeroportuários a alcançarem melhores resultados.

Recomendações

A OCDE tem três recomendações.

1. A ANAC deve monitorar mais efetivamente os preços e a qualidade dos serviços comerciais nos aeroportos. Para tanto, a ANAC poderia se basear nas atuais pesquisas de satisfação dos passageiros previstas em contratos de concessão aeroportuária e considerar a inclusão de indicadores relacionados à relação de custo-benefício dos serviços comerciais como um fator de qualidade em contratos de concessão aeroportuária futuros. Qualquer comportamento suspeito de práticas anticoncorrenciais deve ser devidamente notificado ao CADE.
2. As autoridades brasileiras devem adotar cláusulas de não exclusividade para contratos comerciais em aeroportos, exceto em situações justificadas mediante aprovação prévia da ANAC.
3. As autoridades brasileiras também devem exigir que os operadores aeroportuários, ao definirem os prazos dos contratos de concessão comercial, levem em consideração o nível mínimo de investimento que será feito pela parte contratante. Se nenhum investimento for necessário, o contrato deve ter prazos curtos.

Receitas provenientes de serviços operacionais

Descrição do obstáculo e objetivo dos formadores de políticas

Certos serviços que incluem atividades aeronáuticas raramente são prestados diretamente pelo operador aeroportuário, particularmente serviços auxiliares ao transporte aéreo, como despacho de aeronaves, passageiros e bagagens, carga e descarga de aeronaves, manuseio de combustível e óleo e manutenção de aeronaves, geralmente prestados por terceiros ou companhias aéreas e, por conseguinte, considerados como serviços não aeronáuticos (ver seção 2.4). Para prestar esses serviços, as empresas precisam ter acesso às instalações aeroportuárias, o que pode exigir a locação de um espaço aeroportuário, como hangares e outras áreas operacionais.

Assim como acontece com o regime de serviços comerciais, o custo para o uso de áreas operacionais não é definido pela regulação. Em vez disso, as partes podem negociar preços e outras condições, sua relação contratual sendo regida pelo direito privado. No entanto, existem diferenças regulatórias entre a utilização de espaços aeroportuários para serviços comerciais e para atividades operacionais, uma vez que estes estão diretamente relacionados aos serviços aeronáuticos.

Não é necessária uma licitação para a atribuição de espaço aeroportuário a companhias aéreas e empresas de serviços auxiliares ao transporte aéreo, ainda que o aeroporto seja administrado pela Infraero.[74] A justificativa para essa abordagem é garantir que qualquer pessoa disposta a entrar no mercado para a prestação de serviços de transporte aéreo ou de serviços auxiliares ao transporte aéreo possa fazê-lo, aumentando a concorrência no aeroporto. O operador aeroportuário é responsável por determinar a localização e a área do aeroporto exigida pelas empresas para prestar seus serviços.[75]

Não obstante, no caso de escassez de espaços físicos para atribuição a todas as empresas que operam transporte aéreo regular, a regulação prevê critérios específicos não exaustivos para ajudar os operadores aeroportuários na tarefa de distribuir espaço. Em primeiro lugar, pelo menos 10% das áreas existentes para atividades de despacho de aeronaves, passageiros e bagagens devem ser alocadas para uso compartilhado por todas as companhias aéreas que operam ou pretendem operar no aeroporto.[76] O objetivo é garantir que todas as companhias aéreas possam operar no aeroporto, garantindo a disponibilidade permanente da infraestrutura aeroportuária para potenciais novos operadores e, também, evitando a manutenção de espaços ociosos.

O operador aeroportuário deve então limitar a atribuição de zonas de uso exclusivo para atividades de despacho de aeronaves, passageiros e bagagens, utilizando um índice entre o número de passageiros transportados pela companhia aérea no aeroporto e o número total de passageiros atendidos pelo aeroporto nos seis meses anteriores à solicitação.[77] As áreas de utilização exclusiva para a carga e a descarga de aeronaves, manutenção de aeronaves e serviços conexos devem ser atribuídas de acordo com o índice do número de descolagens e pousos da companhia aérea no aeroporto e o número total de descolagens e pousos no aeroporto nos 12 meses anteriores à solicitação.[78]

Essas normas baseiam-se em critérios objetivos para a atribuição de espaço aeroportuário e visam garantir uma utilização mais eficiente da infraestrutura aeroportuária, com espaços atribuídos a cada companhia aérea proporcionalmente ao número de serviços que presta. A alocação de espaços para cada companhia aérea é regularmente analisada de acordo com sua participação de mercado no aeroporto. Além disso, novos entrantes sempre poderão ingressar no mercado, pois há uma porcentagem mínima de espaço disponível para uso compartilhado.

O operador aeroportuário pode limitar o acesso dos prestadores de serviços auxiliares ao transporte aéreose não houver espaço disponível ou capacidade para atribuição a todas as empresas. Nesses casos, o operador aeroportuário deve apresentar uma justificativa para tal restrição à ANAC, bem como possíveis medidas para reduzir as restrições. Os contratos de concessão também preveem que, em caso de escassez de espaço para empresas de serviços auxiliares ao transporte aéreo, a concessionária deve exigir a autorização da ANAC para restringir o número de players, sendo que a ANAC pode estabelecer um número mínimo de prestadores. Isto pretende evitar comportamentos abusivos e discriminatórios, bem como garantir condições de concorrência equitativas no aeroporto. No entanto, deve-se notar que, quando a entrada de empresas de serviços auxiliares ao transporte aéreonão for possível, as companhias aéreas podem ainda contratar os serviços dessas empresas, que podem operar nos espaços atribuídos a elas.[79]

Conforme observado, os operadores e fornecedores aeroportuários podem negociar as taxas pelo uso do espaço aeroportuário. Desde a quarta rodada de concessão, os contratos passaram a prever que essas taxas devem seguir critérios objetivos e não discriminatórios, como nível de serviço, instalações disponíveis e previsões de investimento. A definição e alteração dos preços devem estar sujeitas à consulta aos usuários. O que é especialmente relevante na locação de espaço aeroportuário a empresas de serviços auxiliares ao transporte aéreo, uma vez que os operadores aeroportuários também podem exercer essas atividades e podem, por conseguinte, ter incentivos para discriminar os concorrentes no mercado downstream (ver seção 2.4). Para essa finalidade, os contratos de concessão exigem que as concessionárias mantenham contas separadas para as suas atividades de gestão aeroportuária e para a prestação de serviços auxiliares ao transporte aéreo, a fim de manter uma concorrência justa.

Ao contrário dos contratos de locação de espaço aeroportuário para serviços comerciais, a ANAC pode mediar potenciais conflitos entre as partes dos contratos de locação.[80] Ela atua após o recebimento de reclamações e, em seguida, tenta identificar se o operador aeroportuário estava envolvido em qualquer prática abusiva. A ANAC pode avaliar preços e compará-los com as taxas do mercado, incluindo preços de espaços similares em aeroportos no Brasil e no exterior, bem como realizar análises de custos. Como último recurso, em casos de comportamento abusivo e discriminatório, a ANAC pode introduzir regulação econômica para a locação de espaços operacionais, seja por meio de um preços-teto, receita máxima ou outro mecanismo regulatório.[81]

Por fim, os contratos de concessão aeroportuária estabelecem que uma concessionária pode celebrar contratos com companhias aéreas para a construção, manutenção ou utilização de terminais aeroportuários ou partes deles com exclusividade ou prioridade. Desde a terceira rodada de concessão, no entanto, a ANAC deve autorizar esses acordos, a fim de evitar práticas anticoncorrenciais.

Dano à concorrência

Parece razoável não exigir que os operadores aeroportuários utilizem licitações para escolher empresas para a locação de espaço aeroportuário para a prestação de serviços operacionais, o que parece estar de acordo com as práticas internacionais (Quadro 2.11). No entanto, sem normas que determinem o processo de atribuição de espaços aeroportuários entre todos os players, incluindo companhias aéreas e empresas de serviços auxiliares ao transporte aéreo, os operadores aeroportuários passam a ter um poder discricionário que pode levar a comportamentos discriminatórios, especialmente em relação às empresas de serviços auxiliares ao transporte aéreo. Como os operadores aeroportuários também podem prestar esses serviços, embora isso não seja comum no Brasil, eles podem ter incentivos para alocar espaços menos atraentes para seus concorrentes.

Quadro 2.11. Concessões diretas para a locação de espaços em aeroportos

Concessões diretas para a locação de espaços em aeroportos são comuns em outras jurisdições. Por exemplo, na União Europeia, um edital de licitação só é exigido quando o número de prestadores de serviços de assistência em escala é limitado em um aeroporto (Artigo 11 (1) "b" da Diretiva 96/67/CE do Conselho, de 15 de outubro de 1996). Na verdade, a UE permite que os Estados-Membros limitem o número de fornecedores autorizados a prestar certas categorias de serviços de assistência em escala para fins de restrições de segurança, proteção, capacidade e espaço disponível. Esse número não pode ser inferior a dois para cada categoria de serviço, sendo que um dos fornecedores deve ser independente e não estar relacionado à entidade gestora do aeroporto ou uma companhia aérea operadora (Artigo 6 da Diretiva 96/67/CE do Conselho). Em conformidade com a legislação da UE, as locações para a maioria dos serviços de assistência em solo em Portugal podem ser adjudicadas diretamente por um operador aeroportuário (Artigo 11, parágrafo 3, do Decreto-Lei nº 254/2012).

Nos Estados Unidos, um operador aeroportuário pode alugar espaço aeroportuário sem seguir um procedimento competitivo quando for do melhor interesse do aeroporto ou da comunidade e descrito ou oferecido como parte de um documento de visão, como um plano diretor de um aeroporto.

Fonte: (Programa de Pesquisa Cooperativa Aeroportuária, 2011, p. 70[62]).

Na prática, a manutenção de um espaço aeroportuário constitui um obstáculo à entrada das empresas de serviços auxiliares ao transporte aéreo, uma vez que exige a assinatura de um contrato com o operador aeroportuário, o que, por sua vez, está sujeito a restrições de negociação de preços, espaço e tempo. Embora essas empresas ainda possam oferecer serviços às companhias aéreas se não tiverem um contrato de locação, nestes casos só poderão acessar o aeroporto se apresentarem um contrato com uma companhia aérea e serão cobradas sempre que entrarem nas instalações aeroportuárias. Segundo as partes interessadas, isso é muito mais caro do que um contrato de locação, o que, na prática, inviabiliza tais operações do ponto de vista econômico. Garantir um procedimento transparente e imparcial para a escolha de empresas de serviços auxiliares ao transporte aéreo é crucial quando o número dessas empresas é limitado, conforme reconhecido pela regulação da União Europeia (ver Quadro 2.12).

Quadro 2.12. Escolha de prestadores de serviços de assistência em escala para espaços limitados nos aeroportos da UE

Na União Europeia, nos aeroportos em que o número de prestadores de serviços de assistência em escala é limitado, um operador aeroportuário deve abrir um edital de licitação e os usuários do aeroporto devem ser consultados sobre a escolha dos prestadores devido ao seu interesse na qualidade e no preço dos serviços. No entanto, quando o operador aeroportuário também presta serviços semelhantes ou exerce controle direto ou indireto sobre qualquer empresa que preste esses serviços, a escolha deve ser realizada por um órgão independente. Quando o número de prestadores de serviços de assistência em escala é limitado, pode também ser necessário estabelecer a duração máxima do contrato para garantir a concorrência. Na UE, esses contratos não devem exceder a duração de sete anos.

Fonte: Artigo 11 (1) "b", "c" e "d" da Diretiva nº 96/67/CE do Conselho, de 15 de outubro de 1996.

Ademais, embora as concessionárias aeroportuárias possam celebrar contratos com exclusividade ou prioridade com companhias aéreas, tais acordos podem restringir a concorrência, mesmo que o operador aeroportuário tenha sempre que garantir que qualquer companhia aérea possa entrar no mercado. Na verdade, as companhias aéreas dominantes poderiam utilizar o seu poder de monopsônio para influenciar os operadores aeroportuários a discriminar as companhias aéreas concorrentes ou a criar obstáculos para a entrada de novas empresas ou para a expansão das companhias aéreas que já operam no aeroporto (Pereira Neto et al., 2016, p. 14[31]).

Quadro 2.13. Contratos de uso exclusivo ou de uso preferencial entre operadores aeroportuários e companhias aéreas nos Estados Unidos e na União Europeia

Nos Estados Unidos, um aeroporto está proibido de conceder um direito exclusivo para a realização de uma determinada atividade aeronáutica (U.S.C. 40103(e) e 47107(a)(4)). Essa proibição é motivada pela preocupação de que um direito exclusivo pode limitar a utilidade do aeroporto e privar o público dos benefícios da concorrência. No entanto, o atual entendimento da regulação dos EUA é que as locações de uso exclusivo e de longo prazo não violam a proibição de concessão de um direito exclusivo quando não há intenção de excluir outras companhias aéreas razoavelmente qualificadas. Essas locações, no entanto, devem ser limitadas apenas ao espaço que a companhia aérea comprovadamente precisa, à qual um contrato de uso exclusivo é concedido. De qualquer forma, os administradores aeroportuários têm a obrigação legal de acomodar todas as companhias aéreas qualificadas que desejam atender em seu aeroporto (Administração de Aviação Federal/Gabinete da Força-Tarefa do Secretário de Transporte, 1999, pp. 22-22[33]).

A este respeito, a FAA dos EUA indica que certos acordos contratuais entre aeroportos e companhias aéreas, especialmente contratos de locação de portão de uso exclusivo de longo prazo, podem criar um obstáculo à entrada ou à expansão, especialmente em aeroportos hub concentrados. Certas partes interessadas defendem tais acordos como um meio necessário de financiar a construção de novas e melhores instalações. De acordo com a FAA, no entanto, esses acordos geralmente dão às companhias aéreas operadoras o direito de usar as instalações, independentemente do uso do portão, também permitindo que elas decidam sobre os termos e condições da sublocação, bem como a respeito dos próprios sublocatários.

Como uma forma de promover maior concorrência nos aeroportos, em 1999, a FAA já sugeriu exigir que os operadores aeroportuários que assinassem acordos de uso exclusivo apresentassem um plano demonstrando a forma como proporcionarão o acesso a novos operadores e a expansão por companhias aéreas com presença limitada no aeroporto. A FAA também concluiu que um administrador aeroportuário geralmente tem autoridade para exigir que uma companhia aérea locatária de uso exclusivo compartilhe ou subalugue espaço não utilizado no portão quando solicitado por outra companhia aérea. De fato, isso é necessário para evitar a utilização ineficiente das infraestruturas aeroportuárias. A FAA também destacou que a popularidade das locações de uso exclusivo tinha diminuído ao longo dos anos a favor das locações de uso preferencial. Ao contrário dos acordos tradicionais de locação de uso exclusivo, os contratos de uso preferencial permitem que o aeroporto tenha autoridade contratual explícita para usar os portões de uma locatária para novos operadores ou companhias aéreas que desejam expandir as operações (Administração de Aviação Federal/Gabinete da Força-Tarefa do Secretário de Transporte, 1999[33]).

Na União Europeia, os acordos de uso exclusivo entre operadores aeroportuários e companhias aéreas são considerados legais quando não impedem a entrada de outras companhias aéreas no mercado. Por exemplo, em maio de 2011, o Tribunal de Justiça da União Europeia não se pronunciou sobre a denúncia de uma companhia aérea contra a Comissão Europeia, por não ter agido em relação a um suposto abuso de posição dominante por parte do operador do aeroporto de Munique, que havia celebrado um acordo com uma companhia aérea para o uso exclusivo de um terminal. Embora o Tribunal de Justiça não tenha proferido uma decisão substancial, concluiu que a autora não demonstrou ter sido impedida de entrar no aeroporto, uma vez que lhe tinha sido oferecida a utilização de um terminal utilizado por outras companhias aéreas (Acórdão do Tribunal de Justiça (Quinta Turma) de 19 de maio de 2011. Processo T-423/07).

Além disso, a Comissão Europeia indicou que um administrador aeroportuário não concede necessariamente uma vantagem econômica a uma companhia aérea ao fornecer-lhe o uso exclusivo de todos os balcões de check-in e espaços administrativos de um terminal. Ela observou que este só poderia ser o caso se um operador aeroportuário concedesse uso exclusivo de espaço que exceda o que uma companhia aérea precisa, o que poderia impedir outras companhias aéreas de utilizarem a capacidade fisicamente disponível, ou quando a companhia aérea for cobrada um valor anormalmente baixo. A CE também declarou que se esperava que as companhias aéreas de baixo custo (LCCs) exigissem a atribuição exclusiva de portões, balcões de vendas e check-in, o que de fato aconteceu (Decisão da Comissão (UE) 2015/506, de 20 de fevereiro de 2014. Processo C 27/07).

No Brasil, conforme observado, acordos de uso exclusivo entre operadores aeroportuários e companhias aéreas são possíveis, mas a ANAC deve autorizá-los, a fim de evitar práticas anticoncorrenciais ou discriminatórias. No entanto, não há diretrizes claras para avaliar esses contratos, nem a necessidade de consultar o CADE sobre seus potenciais efeitos contra a concorrência. Isso pode levar a insegurança jurídica e tratamento discricionário por parte da ANAC, mas também a acordos que podem dificultar a concorrência no aeroporto.

Recomendações

A OCDE tem quatro recomendações.

1. A ANAC deve considerar exigir que os operadores aeroportuários sigam critérios transparentes, objetivos e não discriminatórios para a atribuição de áreas aeroportuárias para a prestação de serviços operacionais.
2. A ANAC deve exigir que os operadores aeroportuários sigam um procedimento transparente, objetivo e não discriminatório para selecionar as empresas de servicos auxiliares ao transporte aéreo quando o seu número for limitado por uma autorização ANAC. Os usuários do aeroporto devem ser consultados nesses procedimentos. A ANAC também deve considerar o estabelecimento de uma duração máxima para esses contratos, a fim de garantir a concorrência.
3. A ANAC deve considerar a emissão de diretrizes para a análise de contratos de utilização de espaços aeroportuários com exclusividade ou prioridade entre operadores aeroportuários e companhias aéreas. Assim, a ANAC deve estabelecer requisitos mínimos para esses acordos, como exigir que o operador aeroportuário demonstre que a entrada e expansão das operações de outras companhias aéreas são garantidas. Os contratos de uso exclusivo devem incluir operações mínimas ou requisitos de uso do portão, bem como a possibilidade de disponibilizar instalações subutilizadas para outras companhias aéreas. Além disso, os contratos de uso com prioridade devem prever critérios transparentes, objetivos e não discriminatórios para acomodar outras companhias aéreas. O CADE também deve ser consultado para apresentar seu parecer técnico sobre a existência de potenciais efeitos anticoncorrenciais de tais acordos;
4. Os aeroportos devem se reportar periodicamente para informar a ANAC sobre sua conformidade com esse guia e princípios de concorrência.

2.4. Serviços auxiliares ao transporte aéreo

De acordo com o Anexo 6 da Convenção sobre Aviação Civil Internacional, os serviços auxiliares ao transporte aéreo compreendem todos os serviços necessários para a chegada e partida de uma aeronave em um aeroporto, com exceção dos serviços de tráfego aéreo. Isso inclui administração e supervisão em solo; atendimento aos passageiros; manuseio de bagagem; frete e remessas; manuseio de rampa; serviços de aeronaves; manuseio de combustível e óleo; manutenção de aeronaves; operações de voo e administração da tripulação; transporte na superfície; e serviços de catering (Organização da Aviação Civil Internacional, 2019, pp. 79-81[63]). No Brasil, os servicos auxiliares ao transporte aéreo também incluem atividades relacionadas à segurança da aviação - como verificação de passageiros, tripulação e bagagem; verificação e inspeção de aeronaves; proteção de aeronaves; controle de acesso a áreas restritas de segurança; e controles de segurança de carga - bem como agenciamento de carga aérea.[82]

Os serviços auxiliares ao transporte aéreo são geralmente prestados por um (ou uma combinação) dos seguintes métodos: 1) diretamente pelo operador aeroportuário; 2) pelas próprias companhias aéreas; ou 3) por empresas terceirizadas independentes. Embora os modelos de prestação de serviços de assistência em solo variem ao redor do mundo,[83] há uma tendência de empresas de servicos auxiliares ao transporte aéreo terceirizadas. De fato, de acordo com a OACI, cerca de 75% de todas as operações de servicos auxiliares ao transporte aéreo ao redor do mundo são terceirizadas para prestadores externos (Organização da Aviação Civil Internacional, 2019, p. 16[63]).

No Brasil, apesar do fato da legislação prever as três alternativas acima mencionadas para a prestação de servicos auxiliares ao transporte aéreo ,[84] a maioria das companhias aéreas utiliza terceiros, com exceção de uma grande companhia aérea, que realiza cerca de 90% das suas próprias operações (Steer Davies Gleave, 2016, p. 48[23]). De fato, em 2015, cerca de 70% do total de voos comerciais no Brasil envolveu uma empresa de servicos auxiliares ao transporte aéreo terceirizada em algum momento (ABESATA, 2016, p. 41[64]).

O mercado de servicos auxiliares ao transporte aéreo foi flexibilizado no Brasil em 2009 e,[85] desde então, não é mais necessária uma autorização para a prestação desses serviços (exceto para o abastecimento de combustível para aviação, conforme discutido na seção 2.4.3). De fato, não há restrições regulatórias relevantes para entrar no mercado. Conforme observado na seção 2.3, para acessar um aeroporto, uma empresa de servicos auxiliares ao transporte aéreo não precisa deter um espaço aeroportuário,[86] apenas um contrato com uma companhia aérea. Além disso, o prestador deve demonstrar conformidade com os regulamentos aeroportuários e o manual de operações do aeroporto, especialmente no que se refere aos requisitos de segurança e proteção da aviação. Ademais, a empresa é obrigada a fornecer seguro para cobrir quaisquer danos a pessoas e bens decorrentes de suas operações. O pessoal do fornecedor também deve possuir a qualificação adequada para as tarefas a serem desempenhadas e deve possuir um cartão de identificação do aeroporto.

Os serviços auxiliares ao transporte aéreo geralmente não são regulamentados diretamente na maioria das jurisdições e, portanto, não há disposições regulatórias globalmente aplicáveis a essas atividades. Isso levou à criação de padrões desenvolvidos e implementados pelo setor para a gestão e operação de serviços auxiliares ao transporte aéreo e procedimentos operacionais padronizados (Organização da Aviação Civil Internacional, 2019, p. 16[63]).[87]

2.4.1. Prestação de servicos auxiliares ao transporte aéreo pelas companhias aéreas

Descrição do obstáculo e objetivo dos formuladores de políticas

No Brasil, as companhias aéreas não estão autorizadas a prestar serviços auxiliares ao transporte aéreo a outras companhias aéreas, a menos que operem voos em codeshare.[88] Na época em que a provisão foi promulgada, o objetivo era estimular o desenvolvimento de empresas especializadas que prestam serviços auxiliares ao transporte aéreo no Brasil. O CADE declarou que permitir que as companhias aéreas prestem serviços auxiliares ao transporte aéreo aos seus concorrentes também poderia reduzir a concorrência entre elas, inclusive facilitando a coordenação. No entanto, considerando a atual situação do mercado, a OCDE não conseguiu encontrar o objetivo da provisão. Segundo a ANAC, essa é uma proibição histórica, mas sem razões técnicas ou econômicas para a restrição.

Dano à concorrência

Restringir as companhias aéreas a realizar apenas seus próprios serviços auxiliares ao transporte aéreo limita a sua capacidade de expandir as suas operações e obter vantagem das economias de escala e escopo. Isso pode reduzir o número de fornecedores em um determinado aeroporto, o que pode levar a preços mais altos.

É improvável que a prestação de serviços auxiliares ao transporte aéreo pelas companhias aéreas a outras companhias aéreas reduza a concorrência na sua atividade principal - fornecimento de transporte aéreo - uma vez que os serviços auxiliares ao transporte aéreo representam apenas uma pequena fração dos custos operacionais totais das companhias aéreas (ABESATA, 2016[64]) ; (ABEAR, 2021[2]). Em outras jurisdições, também é comum que as companhias aéreas prestem serviços auxiliares ao transporte aéreo a outras companhias aéreas, o que pode levar a mais players prestando esses serviços, resultando possivelmente em preços mais baixos e maior qualidade.

Quadro 2.14. Experiência internacional da prestação de serviços auxiliares ao transporte aéreo por companhias aéreas

Na União Europeia, uma companhia aérea pode estar envolvida no processo de assistência em escala como cliente, como prestadora ou como prestadora terceirizada, esta quando busca otimizar as oportunidades de economias de escala e escopo, oferecendo servicos auxiliares ao transporte aéreo em nome de outras companhias aéreas. Esse processo pode ser ainda reforçado por uma cooperação mais estreita no contexto de alianças estratégicas (das quais o codeshare é um acordo possível), embora as companhias aéreas não precisem ter tido qualquer tipo de relacionamento anterior (Meersman et al., 2011, pp. 128-129[65]).

Nos Estados Unidos, a prestação de serviços auxiliares ao transporte aéreo é dominada pelas próprias operações das principais companhias aéreas, quer diretamente ou por meio de subsidiárias, que normalmente operam em aeroportos regionais. Embora essas operações existam principalmente para fornecer serviços às suas controladoras, elas também oferecem serviços a outras companhias aéreas e são consideradas concorrentes pelas empresas de servicos auxiliares ao transporte aéreo internacionais (Steer Davies Gleave, 2016, p. 157[23]).

Na Índia, as principais companhias aéreas também prestam serviços auxiliares ao transporte aéreo a outras companhias aéreas. Da mesma forma, no Japão, é comum que as companhias aéreas estrangeiras solicitem às companhias aéreas locais a prestação de serviços auxiliares ao transporte aéreo (Steer Davies Gleave, 2016, pp. 67, 79[23]).

Recomendação

A OCDE recomenda que as autoridades brasileiras permitam que as companhias aéreas prestem serviços auxiliares ao transporte aéreo a outras companhias aéreas, independentemente de haver ou não qualquer acordo de codeshare entre elas.

2.4.2. Prestação de serviços auxiliares ao transporte aéreo por terceiros

Descrição do obstáculo e objetivo dos formuladores de políticas

A regulação brasileira estabelece que o objeto social das empresas terceirizadas de serviços auxiliares ao transporte aéreo deve se limitar à prestação de serviços auxiliares ao transporte aéreo e que essas empresas só podem prestar serviços relacionados às atividades reguladas pela ANAC, exceto pelo abastecimento de combustível de aviação (que também é regulado pela ANP, como discutido na seção 2.4.3).[89] Essas empresas podem deter ações em quaisquer outras empresas.

Assim como na restrição anterior, de acordo com a ANAC, não há razões técnicas ou econômicas para a limitação. Sua justificativa histórica era a de estimular o desenvolvimento de empresas especializadas que prestam serviços auxiliares ao transporte aéreo no Brasil.

Dano à concorrência

Exigir que os prestadores independentes de serviços auxiliares ao transporte aéreo prestem apenas serviços regulados pela ANAC pode representar um obstáculo à entrada, uma vez que algumas empresas que já prestam serviços semelhantes serão impedidas de entrar no mercado de serviços auxiliares ao transporte aéreo ou enfrentarão custos mais elevados para poderem oferecer esses serviços. Além disso, a restrição também pode impedir que os prestadores de serviços auxiliares ao transporte aéreo diversifiquem as suas atividades em outros mercados relacionados, o que pode reduzir o número de participantes no mercado ao longo do tempo, o que provavelmente levaria a preços mais elevados e a menor inovação.

A realização de atividades não abrangidas pela regulação da ANAC não isentaria as empresas de cumprir os requisitos para a prestação de serviços auxiliares ao transporte aéreo, incluindo o seguro obrigatório e pessoal qualificado, o que garante a segurança e proteção da aviação.

De qualquer forma, de acordo com algumas partes interessadas, a provisão não está sendo aplicada e muitas empresas que realizam atividades que não sejam serviços auxiliares ao transporte aéreo (e, portanto, não reguladas pela ANAC) estão operando no mercado. O que é particularmente comum na prestação de transporte de superfície, serviços de catering e atividades de segurança (ABESATA, 2016, pp. 34-35[64]).

Não obstante, a legislação obsoleta ou inativa pode dar origem a insegurança jurídica e a comportamentos discriminatórios por parte das autoridades competentes. Ademais, essas disposições aumentam potencialmente os custos regulatórios e de conformidade para fornecedores e players do mercado, notavelmente aumentando os custos legais. Isso pode levar a um custo extra para os operadores dispostos a entrar no mercado e pode desencorajar novos entrantes.

Recomendação

A OCDE recomenda que autoridades brasileiras permitam que empresas terceirizadas de serviços auxiliares ao transporte aéreo prestem serviços não regulados pela ANAC.

2.4.3. Abastecimento de combustível de aviação

Contextualização

Existem dois tipos principais de combustível de aviação: querosene de aviação e gasolina de aviação (AVGAS). Os dois tipos de querosene de aviação mais comumente usados na aviação comercial são Jet A e Jet A-1, enquanto a gasolina de aviação é usada em aeronaves menores. Mais recentemente, o setor vem desenvolvendo biocombustível de aviação (também conhecido como "combustível de aviação sustentável") como uma alternativa aos combustíveis convencionais de aviação de origem fóssil (Davidson et al., 2014, p. 3[66]).

No Brasil, o principal combustível de aviação usado é o Jet A-1, enquanto a gasolina de aviação responde por apenas uma pequena porcentagem do combustível usado no país (Figura 2.17). Desde outubro de 2021, a venda de Jet A é permitida no Brasil (Quadro 2.15).

Tabela 2.8. Vendas de combustíveis de aviação no Brasil, metros cúbicos

Tipo de combustível de aviação	2017	2018	2019	2020
Jet A-1	6 694 000	7 164 000	6 980 000	3 546 000
Gasolina de aviação	51 000	48 000	43 000	39 000

Fonte: (ANP, 2021, p. 140[67]).

Quadro 2.15. Flexibilização das vendas de Jet A

O Jet A é usado principalmente nos Estados Unidos e o Jet A-1 é usado na maior parte do resto do mundo. Os operadores de aeronaves podem utilizar ambos os combustíveis de forma intercambiável, a principal diferença sendo o ponto de congelamento: O Jet A-1 a -47ºC e o Jet A a -40ºC. O Jet A também é mais fácil de produzir do que o Jet A-1 e, portanto, geralmente mais barato. De acordo com a Agência Nacional do Petróleo, Gás Natural e Biocombustíveis (ANP), reguladora independente do setor petrolífero, o Jet A poderia reduzir os custos de combustível em até 0,6%.

Em outubro de 2021, a ANP liberou as vendas de Jet A no Brasil, permitindo que ele fosse produzido no país ou importado para o Brasil. O objetivo da alteração regulatória era aumentar a oferta de combustíveis de aviação no mercado, o que poderia reduzir os custos para as companhias aéreas e, por fim, para os passageiros.

Fonte: Resolução da ANP nº 856/2021 e (Ministério da Infraestrutura, 2021[68]).

A cadeia de fornecimento de combustível de aviação é um processo complexo, da planta de extração à aeronave, em um processo que inclui a produção (ou importação), armazenamento e transporte de combustível de aviação. Embora o setor petrolífero brasileiro tenha sido oficialmente flexibilizado desde o início dos anos 2000, na prática, uma estatal, a Petrobras, detém um quase monopólio na produção e importação de combustíveis, incluindo o combustível de aviação. A Petrobras também controla a maioria dos dutos para transporte de combustível dos locais de produção para instalações de armazenamento de combustível nos aeroportos, que existem em poucos aeroportos, ou, mais frequentemente, instalações de armazenamento intermediário (Subcomitê de Abastecimento de Combustíveis de Aviação, 2021[69]). Um recente contrato de desinvestimento assinado entre a Petrobras e o CADE pode aumentar a concorrência nessas etapas do processo da cadeia de fornecimento (Quadro 2.16).

Quadro 2.16. Desinvestimentos de refinarias da Petrobras

Em 2019, o CADE e a Petrobras assinaram um termo de compromisso de cessação, em meio a investigações em andamento pela autoridade de concorrência brasileira sobre o suposto abuso de posição dominante por parte da Petrobras no mercado de refino.

Conforme o acordo, a Petrobras se comprometeu a vender oito refinarias, incluindo os ativos relacionados ao transporte de combustível, que representavam cerca de 50% da capacidade nacional de refino de combustível da Petrobras na época. Deve-se notar que algumas dessas refinarias produzem combustível de aviação.

O acordo visou impulsionar a concorrência no mercado de refinaria, permitindo que novas empresas entrem no mercado. O acordo também impediu a venda de refinarias localizadas na mesma região geográfica para o mesmo player, a fim de garantir um ambiente mais competitivo.

O desinvestimento das refinarias deveria ter sido concluído até 30 de dezembro de 2021, mas o CADE autorizou a prorrogação do prazo em vista das circunstâncias internas e externas que impactaram o setor, bem como negociações em andamento com potenciais compradores.

Fonte: (CADE, 2020, p. 24[70]) ; (CADE, 2022[71]) e Processo Administrativo nº 08700.002715/2019-30.

Ademais, apenas três empresas controlam mais de 99% do mercado de distribuição de combustível de aviação no Brasil. Em geral, elas transportam combustíveis de aviação das instalações de armazenamento intermediário para o aeroporto, principalmente por caminhões-tanque, mas, em alguns casos, os dutos transportam combustível de aviação diretamente para o aeroporto. No aeroporto, cada distribuidor pode ter seu próprio tanque de armazenamento ou operar um tanque de armazenamento compartilhado nos termos de um acordo de joint venture (Subcomitê de Abastecimento de Combustíveis de Aviação, 2021[69]).

Depois que o combustível chega ao tanque de armazenamento de um aeroporto, ele é fornecido a uma aeronave de duas maneiras: um sistema de hidrantes ou caminhão-tanque abastecedor. O primeiro método é operado em aeroportos com redes de tubos subterrâneos que conectam os tanques de armazenamento a cada portão e um servidor de hidrante usado para conectar entradas de tanques de aeronaves com o sistema subterrâneo. O segundo método usa um caminhão projetado para transportar combustível e transferi-lo diretamente para a aeronave. O tipo de sistema usado em um determinado aeroporto geralmente depende da taxa de movimentação de aeronaves (Programa de Pesquisa Cooperativa Aeroportuária, 2010, p. 120[72]). O sistema de hidrantes é usado para abastecer aeronaves na maioria dos grandes aeroportos comerciais em todo o mundo (Programa de Pesquisa Cooperativa Aeroportuária, 2015, p. 25[73]) ; (Chevron, 2007, p. 76[74]). No Brasil, no entanto, poucos aeroportos têm essas instalações; os que têm são, entre outros, São Paulo Guarulhos, Rio de Janeiro Galeão, Brasília, Recife, Fortaleza e Salvador. A maioria dos aeroportos usa caminhões-tanque abastecedor.

De acordo com as regulamentações brasileiras, distribuidores e revendedores[90] (que compram o combustível de um distribuidor ou outro revendedor) podem vender combustíveis de aviação para operadores de aeronaves e, portanto, podem concorrer. No entanto, na prática, a maioria das companhias aéreas obtém combustível de aviação de um dos três principais distribuidores, enquanto outros distribuidores e revendedores concorrem pelo fornecimento de combustível de aviação no segmento de aviação geral (CADE, 2020, p. 42[75]). Embora não haja restrição regulatória para as companhias aéreas comprarem e fornecerem o combustível para suas próprias aeronaves, as que operam no Brasil parecem não ter interesse em utilizar esse modelo (ANP/ANAC, 2019, p. 15[76]).

Deve-se notar que os preços de combustível de aviação no Brasil são superiores à média internacional. Por exemplo, o combustível de aviação no Brasil é cerca de 30% a 40% mais caro do que nos Estados Unidos, com base em dados até dezembro de 2020 (ABEAR, 2021, p. 55[2]). Por esse motivo, o combustível de aviação responde por cerca de 30% das despesas operacionais totais das companhias aéreas brasileiras, o que também é superior à média internacional (ver Tabela 2.9).

Tabela 2.9. Participação do combustível de aviação no custo das principais companhias aéreas brasileiras e média internacional

Companhia Aérea	2017	2018	2019	2020	2021
América Latina	26,88%	33,64%	31,79%	19,47%	*
Gol	31,53%	36,96%	34,50%	27,66%	23,36%
Azul	26,69%	31,50%	32,79%	20,80%	32,83%
Média internacional	19,8%	23,5%	23,5%	16,2%	19%

Observação: *Dados não disponíveis no momento da elaboração do documento.
Fonte: OCDE, com base nas demonstrações financeiras das companhias aéreas, www.latamairlinesgroup.net/pt-pt/tam-sa-financial-statements; https://ri.voegol.com.br/conteudo_pt.asp?idioma=0&conta=28&tipo=53858; https://ri.voeazul.com.br/informacoes-e-relatorios/resultados-trimestrais/; e Statista www.statista.com/statistics/591285/aviation-industry-fuel-cost/#statisticContainer.
Além do fato de o mercado ser altamente concentrado (em todas as etapas da cadeia de fornecimento), o regime fiscal do combustível de aviação também desempenha um papel relevante nos altos custos do produto no Brasil.

O abastecimento de combustível de aviação é regulado pela ANP e pela ANAC; a primeira regula a produção, distribuição, armazenamento e venda de combustíveis de aviação, a segunda sendo responsável por regular as atividades dentro dos aeroportos. Em vista da abrangência deste projeto, a OCDE concentrou-se na etapa final da cadeia de abastecimento, ou seja, como o combustível de aviação é recebido para armazenamento de aeroporto e fornecido a uma aeronave, conhecido como abastecimento into-plane ou abastecimento de varejo.

Para se tornar um distribuidor ou revendedor de combustível de aviação, uma empresa deve obter autorização da ANP, que avalia, entre outras coisas, se ela possui instalações adequadas para garantir o cumprimento dos requisitos técnicos e de controle de qualidade.[91] Os distribuidores e revendedores só podem vender combustível de aviação aos usuários finais se tiverem um tanque de armazenamento no aeroporto, que pode ser operado em conjunto com outras empresas. No entanto, um novo operador pode enfrentar graves dificuldades para acessar a infraestrutura de um aeroporto para armazenamento e entrega de combustível de aviação.

Acesso à infraestrutura de abastecimento de combustível de aviação no aeroporto

Descrição do obstáculo e objetivo dos formadores de políticas

De acordo com as regulamentações brasileiras, os operadores aeroportuários são obrigados a permitir o acesso às suas áreas operacionais a todas as empresas qualificadas, incluindo prestadores de serviços auxiliares ao transporte aéreo, como fornecedores de combustível de aviação, dispostos a entrar no mercado, exceto se houver escassez de espaço físico de infraestrutura. Práticas abusivas ou discriminatórias são proibidas.[92] Em caso de limitações de infraestrutura, o operador aeroportuário deve apresentar uma justificativa à ANAC, indicando as medidas que implementará para reduzir tais restrições.[93]

Os contratos de concessão aeroportuária preveem disposições semelhantes, mas vão além e estabelecem que as concessionárias precisam solicitar autorização da ANAC para restringir o número de empresas de serviços auxiliares ao transporte aereo no aeroporto, sendo que o regulador pode definir um número mínimo de prestadores.

Ademais, desde a quinta rodada de concessão aeroportuária, os contratos também indicam que a ANAC tem o poder de determinar que uma concessionária deve limitar ou proibir as empresas que operam dutos e hidrantes de combustível de aviação a fornecer também combustível de aviação no aeroporto, a fim de promover maior concorrência. Além disso, a concessionária deve enviar todos os contratos que envolvam a construção e operação de dutos e hidrantes de combustível de aviação à ANAC antes de sua assinatura para análise e adoção de medidas adequadas, se houver.

Apesar da legislação atualmente em vigor que visa melhorar a entrada no aeroporto, em geral, e na infraestrutura de abastecimento de combustível de aviação, em particular, muitas partes interessadas afirmaram que as disposições não são claras sobre a existência de um direito de livre acesso a novos entrantes.

Dano à concorrência

Na maioria dos aeroportos brasileiros, os incumbentes controlam os tanques de armazenamento e, em aeroportos que possuem o sistema, hidrantes, o que dificulta a entrada de novas empresas no mercado. Esta é uma importante razão para a concentração do mercado, uma vez que as empresas incumbentes geralmente não permitem que novos entrantes tenham acesso à infraestrutura de distribuição e abastecimento (Subcomitê de Abastecimento de Combustíveis de Aviação, 2021[69]).

As regulamentações brasileiras não são claras sobre a abrangência de direitos de livre acesso ao espaço aeroportuário. Por exemplo, existe ambiguidade sobre se um operador aeroportuário é obrigado a atribuir um espaço adequado para os novos entrantes operarem no aeroporto ou se um operador aeroportuário deve garantir que as novas empresas obtenham acesso a infraestruturas pré-existentes de abastecimento de combustível de aviação, por exemplo, por meio da sua adesão a uma joint venture responsável pela gestão da infraestrutura ou com base em taxa por serviço. Mesmo que se presuma que direitos de livre acesso aberto abrangem todas as infraestruturas aeroportuárias relevantes, os novos operadores poderão enfrentar obstáculos significativos ao tentar utilizar a infraestrutura, uma vez que a legislação não estabelece quem avalia qualquer pedido de entrada nem os requisitos para essa solicitação. Na prática, empresas incumbentes na administração das instalações precisam concordar com os termos de acesso de uma nova empresa. Isso gera preocupações sobre potenciais conflitos de interesse, visto que os incumbentes têm incentivos claros para negar a entrada no mercado de potenciais concorrentes. Na melhor das hipóteses, os operadores em exercício têm uma margem de critério relevante na fixação de preços e termos de acesso de novos entrantes.

Isso é especialmente relevante em aeroportos com um sistema de hidrantes, que geralmente é administrado em conjunto por distribuidores incumbentes e pode representar uma clara vantagem competitiva, especialmente no abastecimento de aeronaves que operam voos internacionais, em relação aos caminhões-tanque abastecedor. De fato, o sistema de hidrantes é o método de abastecimento ideal, pois fornece um reabastecimento rápido e confiável e tem um impacto geral positivo na segurança e eficiência das operações diárias do aeroporto (Hromádka and Cíger, 2015, p. 62[77]).

Algumas partes interessadas argumentam que a construção de instalações de hidrantes é cara e pode ser operacionalmente impossível de implementar devido às limitações de espaço em um aeroporto ou pelo menos financeiramente insustentável (ACIL Allen Consulting, 2018, p. 7[78]). Se o acesso a essas instalações é necessário para uma concorrência efetiva deve ser avaliado caso a caso, à luz das características e dos requisitos operacionais de um aeroporto. O Quadro 2.17 fornece uma visão geral da experiência internacional de acesso a essas instalações e as questões de concorrência que podem surgir.

Quadro 2.17. Experiência internacional de acesso à infraestrutura de abastecimento de combustível de aviação

Na UE, nos termos do Artigo 8 da Diretiva nº 96/67/CE do Conselho, de 15 de outubro de 1996, os Estados-Membros podem reservar ao operador aeroportuário ou a outro órgão a gestão da infraestrutura centralizada utilizada para a prestação de serviços de assistência em escala cuja complexidade, custo ou impacto ambiental não permita divisão ou duplicação. Isso inclui sistemas de distribuição de combustível. Os prestadores de serviços de assistência em esca;a podem ser obrigados a utilizar essa infraestrutura, sendo necessário garantir que a gestão da infraestrutura centralizada seja transparente, objetiva e não discriminatória e que não impeça o acesso dos prestadores de serviços de assistência em escala.

Não obstante, a Comissão Europeia já reconheceu como inadequado o marco legal para a gestão da infraestrutura centralizada nos termos deste regulamento (Comissão Europeia, 2011, p. 15[79]). Ela considera que a Diretiva nº 96/67/CE do Conselho não é clara sobre o que a infraestrutura centralizada necessária para a execução dos serviços de assistência em solo realmente cobre e como é ela é administrada. A ausência de normas jurídicas claras pode levar a distorções de concorrência no mercado; por exemplo, como a gestão de infraestruturas centralizadas é muitas vezes reservada aos fornecedores incumbentes, no caso da distribuição de combustível, empresas petrolíferas, que também prestam serviços de assistência em escala terceirizados, as taxas cobradas pela sua utilização podem dissuadir concorrentes.

A Comissão de Produtividade Australiana também destacou a existência de potenciais preocupações concorrenciais no mercado de fornecimento de combustível de aviação, que é geralmente caracterizada por um pequeno número de fornecedores verticalmente integrados, com grandes obstáculos para o acesso à infraestrutura em vários pontos da cadeia de fornecimento (Comissão de Produtividade Australiana, 2019, p. 33[80]). Isso dificultou que novos fornecedores de combustível de aviação estabelecessem uma cadeia de fornecimento em alguns aeroportos e provavelmente levaria a preços mais altos dos combustíveis. Por essa razão, os aeroportos australianos têm introduzido acordos de locação de infraestrutura especializada conhecida como instalação de hidrantes de usuário conjunto (JUHI), que incorpora o livre acesso a fornecedores de combustível terceirizados e poderia permitir que eles obtivessem acesso à cadeia de fornecimento e aumentassem a concorrência.

No aeroporto de Melbourne, por exemplo, todos os usuários da JUHI, sejam detentores de capital próprio ou não, são cobrados as mesmas tarifas de referência, que cobrem os custos operacionais de armazenamento e distribuição nos aeroportos, um retorno sobre os investimentos de capital em infraestruturas aeroportuárias e taxas de entrega no aeroporto, se aplicável. Os potenciais usuários da JUHI também são cobrados uma taxa de inscrição, mas, se o acesso for concedido, a taxa é compensada com as tarifas de referência nos primeiros 12 meses de uso (ACIL Allen Consulting, 2018, p. 11[78]).

A Comissão também reconheceu que os detentores de infraestruturas precisam de garantias, incluindo locações a longo prazo com operadores aeroportuários, para fazer investimentos em infraestruturas de combustível de aviação. Além disso, o investimento de longo prazo deve se basear em um bom planejamento e consulta de todas as partes interessadas, incluindo fornecedores de combustível, operadores aeroportuários e companhias aéreas (Comissão de Produtividade Australiana, 2019, p. 33[80]).

Na Nova Zelândia, a infraestrutura de fornecimento de combustível de aviação também é operada por joint venture, com participantes responsáveis pela importação, armazenamento, transferência e venda de combustível de aviação em cada etapa da cadeia de fornecimento. De acordo com um levantamento do governo de 2019, isso pode dar origem a um conflito de interesses, uma vez que os participantes da joint venture operadora têm um incentivo para negar ou inibir o acesso de novos operadores que concorrerão como fornecedores de combustível de aviação (Governo da Nova Zelândia, 2019, pp. 111-114[81]). O levantamento também destacou a falta de transparência em torno dos processos de tomada de decisão para acesso à infraestrutura de combustível no aeroporto, o que pode dificultar a entrada de novas empresas no mercado. Concluiu que o acesso aberto à infraestrutura na cadeia de fornecimento provavelmente reduzirá os obstáculos para a entrada.

O fornecimento de combustível de livre acesso foi implementado com sucesso no Aeroporto Internacional de Hong Kong em 1998. Qualquer fornecedor de combustível ou companhia aérea com seu próprio fornecimento e que atenda a certos requisitos de qualificação agora tem o direito de levar combustível para o aeroporto, assim como armazená-lo e transportá-lo até as aeronaves de seus clientes em troca de uma taxa transparente, justa e razoável, independentemente de sua participação - ou falta de participação - nas instalações. A introdução desse sistema aumentou a concorrência no fornecimento de combustível no aeroporto, à medida que o mercado cresceu de 7 fornecedores de combustível para 13, 6 dos quais não detêm participação nas instalações de combustível (Conselho de Representantes de Companhias Aéreas da Austrália, 2018, pp. 25-26[82]).

No México, em março de 2022, a autoridade de concorrência COFECE apresentou as conclusões preliminares de uma investigação de 2019 sobre o setor de combustível de aviação, incluindo vendas no varejo para operadores de aeronaves. A COFECE constatou a existência de obstáculos que impedem a entrada e o crescimento dos players do mercado. Além de uma concentração nas vendas a granel e armazenamento de combustível fora dos aeroportos, a COFECE identificou um monopólio no armazenamento de combustível no aeroporto e nas vendas no varejo, detido pela empresa estatal mexicana de manutenção de aeronaves Aeropuertos y Servicios Auxiliares (ASA). A COFECE recomendou que a Secretaria de Infraestrutura, Comunicações e Transportes (SICT) modifique as licenças aeroportuárias para excluir as cláusulas de exclusividade que concederam à ASA o fornecimento de armazenamento de combustível aeroportuário e vendas no varejo para as companhias aéreas. O objetivo era permitir que outros fornecedores de combustível vendessem para companhias aéreas e outros operadores de aeronaves, com a ideia de gerar melhores preços para os consumidores (Comisión Federal de Competencia Económica, 2022[83]).

Observação: A infraestrutura de JUHI consiste em uma extensa lista de ativos especializados, incluindo tanques de armazenamento e infraestrutura de hidrantes (Conselho Internacional de Aeroportos, 2018, p. 6[24]).

O governo brasileiro tentou aprimorar as questões do marco regulatório nos contratos de concessão mais recentes. Para tanto, as concessionárias são exigidas a enviar todos os contratos que envolvam a construção e/ou operação de dutos e hidrantes de combustível de aviação à ANAC antes da sua assinatura, para análise e possíveis medidas corretivas. Embora isso possa ser útil para evitar potenciais arranjos anticoncorrenciais, não foram estabelecidos critérios para essa avaliação, o que pode levar a um tratamento discricionário e a insegurança jurídica.

Ademais, a ANAC pode, para fins de concorrência, restringir a integração vertical entre empresas que operam no mercado de fornecimento de combustível de aviação, determinando que uma concessionária deve limitar ou proibir as empresas que operam dutos e hidrantes de também fornecer combustível de aviação no aeroporto. De acordo com a ANAC, essa intervenção no mercado pode reduzir os obstáculos para a entrada e aumentar a concorrência, mas apenas em casos específicos. Apesar dessa restrição poder ser uma medida regulatória para promover a concorrência no mercado de fornecimento de combustível de aviação, pode levar a tratamento discricionário e insegurança jurídica, uma vez que não há critérios estabelecidos que indiquem quando e como a ANAC deve utilizá-la. Na verdade, a própria ANAC reconheceu que não estabeleceu uma limitação específica porque isso exigiria mais estudos.

Recomendações

A OCDE tem cinco recomendações.

1. As autoridades brasileiras devem tornar a legislação mais clara e garantir a efetiva aplicação de um regime de livre acesso a infraestruturas de abastecimento de combustível de aviação, especialmente em grandes aeroportos internacionais que processam mais voos com aeronaves maiores e que consomem mais combustível, onde o acesso a sistemas de hidrantes pode proporcionar às empresas que os utilizam uma vantagem competitiva em relação a outras que utilizam caminhões-tanque abastecedor. O livre acesso deve se basear em critérios transparentes, objetivos e não discriminatórios, garantidos outros objetivos de políticas públicas, tais como segurança, proteção ambiental e recuperação dos investimentos. Qualquer controvérsia decorrente do exercício do direito ao livre acesso deve ser decidida por um terceiro independente.
2. As autoridades devem emitir diretrizes sobre uma metodologia de avaliação para contratos que envolvam a construção e/ou operação de dutos e hidrantes de combustível de aviação.
3. As autoridades devem elaborar relatórios técnicos para monitorar o regime de livre acesso e identificar medidas potenciais para melhorias contínuas.
4. As autoridades devem esclarecer as medidas potenciais e as condições correspondentes que podem ser adotadas na avaliação de contratos que envolvam a construção e/ou operação de dutos e hidrantes de combustível de aviação.
5. As autoridades devem esclarecer a regulação que atualmente permite a restrição da integração vertical entre as empresas que operam dutos e hidrantes de combustível de aviação e as que fornecem abastecimento de combustível de aviação no aeroporto.

2.5. Alocação de slots

A capacidade do aeroporto determina o número de decolagens e pousos permitidos em um determinado período. Uma vez que depende da configuração das pistas, do tamanho do pátio de estacionamento e da infraestrutura do terminal, um aeroporto pode não ser capaz de acomodar todos os pedidos de decolagem e pouso (Pellegrini, Castelli and Pesenti, 2012, p. 1009[84]).

As restrições de capacidade podem ser atenuadas ao aumentar a capacidade. Isso pode ser feito por meio da construção de novas instalações, que envolvem projetos caros e de longo prazo, podendo não ser possíveis devido a restrições geográficas, ambientais ou socioeconômicas. A alternativa é estabelecer estratégias de gestão de demanda, que são quaisquer políticas e regulamentos administrativos ou econômicos que restrinjam o acesso dos usuários ao aeroporto. Essas estratégias, que podem ser categorizadas como controles administrativos e mecanismos baseados no mercado, podem ser usadas para restaurar a capacidade de demanda com pouco investimento e dentro de um horizonte de curto prazo (Vaze and Barnhart, 2012[85]).

A solução adotada pela maioria das jurisdições a esse respeito tem sido um mecanismo administrativo conhecido como alocação de slots. A Associação Internacional de Transportes Aéreos (IATA) desenvolveu as Diretrizes Globais sobre Slots em Aeroportos (WASG), que são seguidas pelo Brasil e muitos outros países. As WASG não são um instrumento juridicamente vinculante e as jurisdições podem seguir suas próprias normas locais para alocação de slots ou complementar as WASG com normas adicionais específicas (Egeland and Smale, 2017, p. 26[86]).

Desde 2020, as WASG têm sido publicadas em conjunto pela IATA, pelo Conselho Internacional de Aeroportos (ACI) e coordenadores de slots, o Grupo Mundial de Coordenadores de Aeroportos (WWACG), que agora trabalham juntos para fornecer e aprimorar os padrões globais na alocação de slots em aeroportos (Conselho Internacional de Aeroportos, Associação Internacional de Transportes Aéreos e Grupo Mundial de Coordenadores de Aeroportos, 2020[87]).

A aplicação de um mecanismo baseado nas WASG pode reduzir o congestionamento e, se projetado adequadamente, alcançar benefícios significativos para os usuários da aviação. De fato, as WASG fornecem um mecanismo para equilibrar os benefícios da concorrência e da concentração de slots, o que reflete amplamente o atual consenso do setor (Egeland and Smale, 2017, p. 26[86]).

Um slot de aeroporto é definido como "uma permissão dada por um coordenador para uma operação planejada para usar toda a gama de infraestrutura aeroportuária necessária para chegar ou partir de um aeroporto de Nível 3 em uma data e hora específicas" (Conselho Internacional de Aeroportos, Associação Internacional de Transportes Aéreos e Grupo Mundial de Coordenadores de Aeroportos, 2020, p. 10[87]). Os aeroportos de nível 3 ou coordenados são aqueles em que a demanda de infraestrutura aeroportuária - como pistas, pátios e terminais - excede significativamente a capacidade do aeroporto, o que não pode ser resolvido por meio de expansão no curto prazo ou de alterações voluntárias nos horários.[94]

De acordo com a IATA, existem mais de 200 aeroportos coordenados por slots em todo o mundo, representando 43% do tráfego global, e espera-se que esse número aumente (Associação Internacional de Transportes Aéreos, 2022[88]).[95] Para pousar ou decolar em um aeroporto coordenado por slots, as companhias aéreas e outros operadores de aeronaves devem ter um slot atribuído pelo coordenador do aeroporto local.

Em um aeroporto de Nível 3, o processo de alocação de slots tem três principais fatores: 1) o operador aeroportuário, que define os inputs da oferta, ou seja, a capacidade aeroportuária no período determinado ou nos slots disponíveis por hora; 2) as companhias aéreas, que definem o lado da demanda, buscando obter slots para operar no aeroporto; e 3) o coordenador de slots, uma autoridade independente responsável pela atribuição dos slots de acordo com as normas das WASG (Jiang and Zografos, 2021, p. 2[89]).

Em geral, os slots são alocados para uma "temporada" de seis meses e as solicitações geralmente consistem em um conjunto de demandas pelo mesmo horário, normalmente no mesmo dia da semana e por um período de pelo menos cinco semanas. Após definir os parâmetros de coordenação, que incluem a capacidade máxima disponível para atribuição num determinado aeroporto, o coordenador propõe uma atribuição inicial de slots às companhias aéreas com base nas suas solicitações. As companhias aéreas e os coordenadores se reúnem, então, na conferência semestral de slots da IATA, na qual as companhias aéreas têm a oportunidade de discutir ajustes de horário com os coordenadores e podem negociar slots por meio de abordagens bilaterais. Após a conferência de slots, a alocação de slots pode continuar até o início da temporada, seja para novas solicitações, modificação ou exclusão de solicitações existentes (Fairbrother, Zografos and Glazebrooka, 2020, p. 116[90]).

No que diz respeito aos critérios para atribuição de slots, as WASG estabelecem um princípio de prioridade histórica (também conhecido como grandfather clause), segundo o qual "uma companhia aérea tem o direito de manter uma série de slots para a próxima temporada equivalente se eles foram operadas pelo menos 80% do tempo durante o período para o qual foram alocados" (Conselho Internacional de Aeroportos, Associação Internacional de Transportes Aéreos e Grupo Mundial de Coordenadores de Aeroportos, 2020, p. 33[87])

Portanto, os slots são primeiramente alocados às companhias aéreas que possuíam a série correspondente de slots na temporada anterior, desde que tenham cumprido o uso mínimo de slots de pelo menos 80%, a norma conhecida como "use ou perca". As companhias aéreas operadoras também têm o direito de solicitar uma alteração no horário de um slot. Somente após atender às solicitações de alocação de slots das companhias aéreas incumbentes que os slots remanescentes serão alocadas para novos operadores. Uma companhia aérea é considerada uma nova operadora quando não tem presença significativa no aeroporto (Fairbrother, Zografos and Glazebrooka, 2020, p. 116[90]).

Os slots restantes após a alocação inicial dos slots históricos constituem o banco de slots. De acordo com as diretrizes, 50% dos slots desse banco de slots devem ser alocados a novos operadores e os outros 50% devem ser alocados a solicitações de não novos operadores, a menos que as solicitações correspondentes sejam inferiores a 50%.

As WASG também afirmam que, quando os slots não puderem ser alocados por meio dos critérios descritos acima, os coordenadores devem considerar um conjunto de fatores para determinar como alocar os slots remanescentes. Esses fatores incluem o período efetivo de operação, fatores operacionais, tipo de serviço e mercado ao consumidor, conectividade, concorrência e meio ambiente (Conselho Internacional de Aeroportos, Associação Internacional de Transportes Aéreos e Grupo Mundial de Coordenadores de Aeroportos, 2020, pp. 35-36[87]).

A "mobilidade de slots" por meio da troca ou transferência de slots entre companhias aéreas em um processo secundário, seja mediante contraprestação ou gratuitamente, não é proibida pelas WASG. No entanto, deve-se prestar atenção especial aos slots recentemente alocados, especificamente no caso de transferências, a fim de evitar que as companhias aéreas obtenham vantagem de uma prioridade reforçada para obter slots simplesmente para transferi-los para outra companhia aérea (Conselho Internacional de Aeroportos, Associação Internacional de Transportes Aéreos e Grupo Mundial de Coordenadores de Aeroportos, 2020, pp. 35-36[87]).

2.5.1. Alocação de slots no Brasil

Descrição do obstáculo e objetivo dos formuladores de políticas

O Brasil utiliza um mecanismo administrativo que segue as WASG para gerenciar aeroportos congestionados com alocação de slots atualmente regulamentada pela Resolução nº 338/2014, emitida pela Agência Nacional de Aviação Civil (ANAC), coordenadora de slots no Brasil. O principal objetivo do mecanismo é alocar capacidade escassa da maneira mais eficiente possível, com slots alocados às companhias aéreas que podem usá-los para o maior benefício dos usuários da aviação (Egeland and Smale, 2017, p. 25[86]).

O processo de alocação de slots é baseado principalmente na precedência: os slots alocados a uma companhia aérea na temporada equivalente anterior lhe dão o direito de reivindicar slots na temporada do próximo ano.[96] Para manter slots históricos, as companhias aéreas devem cumprir a norma conhecida como "use ou perca": uma operação regular mínima não inferior a 80% e um atraso máximo tolerado na chegada ou partida não superior a 15 minutos.[97]

O uso de slots alocados é monitorado pela ANAC[98] e, se o requisito de uso mínimo não for atendido, os respectivos slots serão devolvidos ao banco de slots para a próxima temporada equivalente.[99] O monitoramento de slots também pretende evitar o "acúmulo de slots" ou a utilização indevida de slots pelas companhias aéreas operadoras, o que pode incluir a utilização da infraestrutura aeroportuária num aeroporto coordenado para operar um voo sem um slot atribuído, a operação de um voo de uma forma significativamente diferente do slot atribuído (como um tipo de aeronave, capacidade ou horário diferentes) e slots mantidos que a companhia aérea não pretende operar.[100] De acordo com a Resolução da ANAC nº 338/2014, em caso de uso indevido de slots, uma companhia aérea perde sua prioridade.[101]

Após a alocação de slots aos operadores em exercício, quaisquer slots remanescentes no banco - geralmente em torno de 50% - são distribuídos entre os operadores em exercício e novos operadores.[102] Quando a ANAC designa um aeroporto como coordenado ou Nível 3, ela estabelece a percentagem de slots do banco que precisam ser alocados aos novos operadores. A porcentagem mínima é de 50% (de acordo com as WASG), mas a ANAC pode determinar um número maior.[103] A ANAC também deve determinar o critério para a definição de novos operadores. A Resolução da ANAC nº 338/2014 prevê que as companhias aéreas com no máximo cinco slots em um dia específico em um aeroporto coordenado são consideradas como novos operadores. Não obstante, a ANAC pode estabelecer que as companhias aéreas com mais de cinco slots também são consideradas como novos operadores.[104]

Os slots remanescentes do banco (geralmente 50%) são alocados para novos operadores e operadores em exercício. As solicitações de continuação dos slots da temporada anterior são priorizados em relação às novas operações.[105] Se houver solicitações semelhantes com base nos mesmos motivos - seja de continuação ou de novas operações - os slots são alocados igualmente entre todas as companhias aéreas que apresentaram uma solicitação.[106]

A Resolução da ANAC nº 338/2014 proíbe a venda ou cessão de slots, mesmo de forma gratuita, mas mudanças regulatórias foram recentemente feitas.[107]

No entanto, slots alocados podem ser trocados entre companhias aéreas, mas apenas em número equivalente, sendo que cada transação está sujeita à aprovação pela ANAC. As trocas de slots podem ser anuladas pela ANAC se uma das companhias aéreas não usar efetivamente o slot correspondente. A Resolução da ANAC nº 338/2014 proíbe a troca de slots alocados a um novo operador, a menos que 1) a série de slots tenha sido operada por duas temporadas equivalentes; 2) ambas as companhias aéreas sejam novos entrantes; ou 3) a troca beneficie a infraestrutura aeroportuária, a critério da ANAC.[108]

No momento da elaboração deste relatório, a ANAC estava em processo de aprovação da Resolução da ANAC nº 682/2022 para substituir a Resolução da ANAC nº 338/2014, o que ocorreu em junho de 2022.[109] A nova resolução mantém as principais características do antigo regulamento, mas traz duas mudanças importantes.

Em primeiro lugar, a cessão de slots se torna legal, com a aprovação da ANAC. Apenas slots operados por três temporadas equivalentes podem ser negociados. Se uma companhia aérea transferir seus slots, ela não terá o direito de obter novos slots do banco por três temporadas equivalentes, a menos que nenhuma outra companhia aérea esteja interessada nesses slots. Essas limitações visam evitar especulações e distorções por meio de um mecanismo baseado no mercado.

Em segundo lugar, ao designar um determinado aeroporto como coordenado, a ANAC pode estabelecer um limite de slots para cada companhia aérea, a menos que nenhuma outra companhia aérea esteja interessada em obter os slots. Se esse for o caso, o limite também se aplica a slots adquiridos por meio de cessões e fusões. O objetivo é limitar a concentração e promover a concorrência.

Dano à concorrência

Literatura econômica e experiência internacional

Embora as estratégias de gestão da demanda administrativa, particularmente o esquema das WASG, visem reduzir os atrasos e aumentar a utilização eficiente da infraestrutura aeroportuária, várias questões de concorrência podem decorrer do atual sistema.

A principal questão diz respeito ao grandfather clause, que concede às companhias aéreas incumbentes um tratamento mais favorável, possivelmente impedindo (ou pelo menos restringindo) novos operadores. Na verdade, a necessidade de slots é o obstáculo mais crítico que impede a entrada em aeroportos congestionados, especialmente em certas rotas, uma vez que, nesses casos, a maioria dos slots já foi atribuída às companhias aéreas incumbentes (OCDE, 1999, p. 11[91]) ; (OCDE, 2014, p. 15[92]) ; (Egeland and Smale, 2017, p. 26[86]).

De fato, as companhias aéreas incumbentes são as empresas líderes nos maiores aeroportos coordenados da Europa e dos Estados Unidos, controlando a maioria dos slots nesses aeroportos (Tabela 2.10).

Tabela 2.10. Participação de mercado da companhia aérea líder nos principais aeroportos de Nível 3 da Europa e dos Estados Unidos, 2017

Aeroporto	Companhia aérea dominante	Porcentagem do total de voos
Amsterdam Schiphol (AMS)	KLM	48,61%
Barcelona El Prat (BCN)	Vueling Airlines	39,87%
Frankfurt (FRA)	Lufthansa	64%
Istanbul Atatürk (IST)*	Turkish Airlines	78,86%
London Heathrow (LHR)	British Airways	47,76%
London Gatwick (LGW)	easyJet	43%
Madrid Barajas (MAD)	Iberia	31,48%
Moscow Sheremetyevo (SVO)	Aeroflot	79,60%
Munich (MUC)	Lufthansa	58,07%
Paris Charles de Gaulle (CDG)	Air France	49,21%
Rome Fiumicino (FCO)	Alitalia	39,64%
New York John F. Kennedy (JFK)	Delta Air Lines	26,09%
New York LaGuardia (LGA)	Delta Air Lines	40,03%
Washington Ronald Reagan (DCA)	American Airlines	52,20%
Média total		**49,88%**

Observação: Em abril de 2019, todos os voos comerciais regulares de passageiros foram transferidos do aeroporto Atatürk de Istambul para o novo aeroporto de Istambul. O código aeroportuário da IATA (IST) também foi transferido para o novo aeroporto.
Fonte: (Air Transport Research Society, 2019[93]).

Um estudo de 2013 indicou que a indisponibilidade de slots nos principais aeroportos foi considerada como o obstáculo mais complexo para a entrada nos mercados de aviação por gestores de companhias aéreas da União Europeia e estados da Associação Europeia de Comércio Livre (Kappes and Merkert, 2013, p. 62[94]).

Devido ao grandfather clause, a mobilidade de slots é baixa em muitos aeroportos congestionados. Um estudo de 2011 da Comissão Europeia indicou que, nos aeroportos mais congestionados da União Europeia, apenas um - o London Gatwick, então parte da UE - havia sofrido uma mudança relevante nas detenções de slots nos últimos cinco anos (Steer Davies Gleave, 2011, p. 123[95]).

Ademais, o atual sistema contribui para a baixa concorrência no mercado, uma vez que a norma para novos entrantes resulta na fragmentação dos horários, atribuindo um pequeno número de slots pósoperação a um grande número de companhias aéreas, que podem não ter presença suficiente no aeroporto para gerar uma concorrência efetiva (Steer Davies Gleave, 2011, p. 196[96]). Na verdade, os operadores em exercício de médio porte, que já detêm um conjunto de slots, são uma ameaça competitiva maior para as companhias aéreas dominantes do que os novos entrantes de menor porte, com poucos ou sem nenhum slot (Haylen and Butcher, 2017, p. 13[97]).[110]

Do ponto de vista concorrencial, o presente modelo também pode levar a fusões e aquisições não ideais ou indesejáveis, o que pode contribuir para a concentração de mercado. Uma fusão ou aquisição consolida todos os slots anteriormente detidos pelas companhias aéreas envolvidas na transação. Embora as concentrações possam criar sinergias, elas também podem ser usadas pelo comprador apenas como um meio para adquirir slots, sem qualquer outra eficiência decorrente da fusão. Ainda que as autoridades de concorrência possam exigir a alienação de determinados slots adquiridos, os demais permanecem disponíveis para utilização pela companhia aérea adquirente para desenvolver a sua própria carteira de rotas (Gillen and Starkie, 2015, p. 8[98]).

Além da falta de concorrência, o sistema de alocação de slots é considerado ineficiente do ponto de vista econômico. De fato, o mecanismo pode desencorajar as companhias aéreas no que se refere a uma utilização otimizada da infraestrutura aeroportuária disponível, uma vez que os regulamentos podem permitir que as companhias aéreas incumbentes cancelem voos não lucrativos sistematicamente, mantendo a capacidade de impedir a entrada de potenciais concorrentes em aeroportos congestionados (Miranda and Oliveira, 2018, p. 201[99]). A norma "use ou perca" pode não ser suficiente para garantir o uso eficiente da infraestrutura, uma vez que as companhias aéreas podem não ter incentivos para ceder slots por medo da entrada de concorrentes (Avenali et al., 2015, p. 27[100]).

Na verdade, a literatura levanta vários casos do chamado comportamento de "acúmulo de slots" (também conhecido como "slot babysitting"), quando as companhias aéreas usam slots abaixo do volume ideal, operando fatores de baixa carga ou aeronaves pequenas em aeroportos altamente congestionados, a fim de preservar seus slots. Isso limita o número total de passageiros transportados e pode levar a tarifas mais altas (Haylen and Butcher, 2017, p. 12[97]).

Além disso, o atual mecanismo de alocação de slots é separado das forças do mercado (Ball, Berardino and Hansen, 2018, p. 190[101]). Os aeroportos não estão autorizados a cobrar por slots, o que significa que as companhias aéreas mais dispostas a pagar não têm a oportunidade de fazê-lo e os incumbentes podem pagar menos do que um possível preço de mercado, ganhando assim vantagens econômicas (Haylen and Butcher, 2017, p. 12[97]). Isso evita resultados eficientes, como a possibilidade de uso criativo e novos modelos de negócios (Ball, Berardino and Hansen, 2018, p. 193[101]).

A alocação de slots também pode levar a preços mais altos para os consumidores (Ball, Berardino and Hansen, 2018, p. 190[101]) (Oliveira, 2016, p. 44[102]). Por exemplo, um estudo de 2014 descobriu que as rotas que envolvem aeroportos controlados por slots têm tarifas aéreas 7,0% mais altas em rotas sem escalas e 4,3% mais altas em rotas com uma escala, o que sugere o valor da escassez de slots em aeroportos (Zou and Hansen, 2014, p. 63[103]).[111]

Em 2017, o Fórum Internacional de Transportes (ITF) realizou uma mesa redonda para discutir como melhorar a eficiência do uso da infraestrutura aeroportuária e promover um ambiente mais competitivo em aeroportos congestionados (Quadro 2.18).

Quadro 2.18. Mesa redonda do ITF sobre capacitação por meio do uso eficiente da infraestrutura aeroportuária existente

Em março de 2017, o ITF realizou uma mesa redonda sobre capacitação por meio do uso mais eficiente da infraestrutura aeroportuária existente, durante a qual diferentes medidas foram examinadas para melhorar a eficiência da capacidade aeroportuária.

Os especialistas concordam que as WASG funcionaram, embora não perfeitamente, nos casos em que a capacidade do aeroporto é gerenciada com a alocação administrativa de slots. Duas fraquezas específicas das WASG foram destacadas: falha na realocação de parte da capacidade existente a novos operadores e falha no fornecimento prático de novas capacidades a novos operadores.

O alinhamento das WASG aos mecanismos baseados no mercado, como comercialização secundária de slots e leilão de slots, foi visto como uma forma de aumentar a eficiência econômica, mesmo que possa levar a uma interrupção extrema nos negócios das companhias aéreas e à realocação de espaços inesperados. O preço de pico também foi considerado como uma opção política, mas seu uso na prática não produziu os resultados desejados.

A introdução de regras de distribuição de tráfego (TDRs) também foi discutida. Proibir tipos específicos de aviação - digamos, geral ou militar - nos aeroportos de aviação civil pode ter impactos positivos na conectividade aérea. Por exemplo, o aeroporto de Heathrow em Londres proibiu completamente os voos da aviação geral e os voos somente de frete nos horários de pico. O Paris Le Bourget agora atende a aviação geral e jatos executivos, liberando capacidade nos outros dois aeroportos de Paris, o Charles de Gaulle e Orly, para serviços regulares adicionais de passageiros.* Por outro lado, segregar o tráfego geralmente leva a baixa eficiência e conectividade aérea. Se as TDRs forem introduzidas, elas devem ser fáceis de entender e não devem ser discriminatórias, com intervenções direcionadas e proporcionais, implementadas de forma transparente com supervisores independentes e imparciais.

Além disso, o desenvolvimento de inovações técnicas para melhorar a utilização da capacidade aeroportuária disponível pode promover uma utilização mais eficiente das infraestruturas aeroportuárias existentes, reduzindo especialmente a necessidade de restrições políticas que restrinjam a capacidade, a fim de reduzir os impactos adversos da atividade da aviação, particularmente em termos da poluição sonora e do ar. Consequentemente, pode haver espaço para flexibilizar as restrições políticas sobre a capacidade aeroportuária tendo em vista os avanços tecnológicos que permitem a produção de aeronaves mais silenciosas e ecológicas.

Ademais, os avanços tecnológicos para melhorar a eficiência aeroportuária também devem ser considerados. Isso inclui a tomada de decisão colaborativa; a gestão coordenada de chegada-partida; a implementação de separação baseada nos horários em vez de separação baseada na distância para chegadas de aeronaves; e melhor coordenação no ar e no solo por meio de modelagem de simulação.

Adicionalmente, se o incentivo à utilização de aeronaves maiores pelas companhias aéreas puder reduzir a pressão sobre a capacidade em aeroportos mais congestionados, então qualquer aeroporto que cobra tarifas mais elevadas por aeronaves maiores deve rever as suas políticas.

Por fim, foi realizada uma discussão sobre como os governos poderiam aumentar a eficiência dos sistemas multiaeroportos, redistribuindo o tráfego entre diferentes aeroportos nas mesmas conurbações da cidade, ou seja, removendo as barreiras de acesso aos aeroportos, particularmente em relação ao acesso à superfície.

Observação: *Uma ideia semelhante foi sugerida pela SEAE para os aeroportos brasileiros em 2021 (Secretaria de Advocacia da Concorrência e Competitividade, 2021[104]).
Fonte: (Egeland and Smale, 2017[86]).

O mercado brasileiro

Hoje, o Brasil tem 5 aeroportos de Nível 3 ou coordenados: Belo Horizonte Pampulha (PLU), São Paulo Congonhas (CGH), São Paulo Guarulhos (GRU), Recife (REC) e Rio de Janeiro Santos Dumont (SDU).[112]

As questões levantadas nas publicações acadêmicas e na experiência internacional de alocação de slots também se aplicam ao Brasil. De fato, o atual sistema pode, na verdade, estar aumentando a concentração, aumentando o poder de mercado dos incumbentes, impedindo a entrada de novas companhias aéreas no mercado e promovendo a utilização ineficiente das infraestruturas aeroportuárias.

O aeroporto de São Paulo Congonhas (CGH) é o mais congestionado do Brasil. Ele está localizado no centro da maior cidade e capital econômica do país, o que impede qualquer aumento de sua capacidade. Congonhas foi o segundo aeroporto mais movimentado do Brasil em 2019, o terceiro mais movimentado em 2020 e o quarto mais movimentado em 2021 (ANAC, 2022[105]). Isso torna as discussões sobre a alocação de slots particularmente importantes em Congonhas.

Tradicionalmente, duas grandes companhias aéreas fornecem a maioria dos voos em Congonhas: Varig e Tam no início dos anos 2000 e Tam (posteriormente Latam) e Gol a partir de meados dos anos 2000. Em 2007, a Varig foi adquirida pela Gol, permitindo que esta acessasse os slots da antiga concorrente em Congonhas (Quadro 2.20). De 2008 a 2013, a Tam/Latam e a Gol juntas representaram cerca de 90% de todos os voos no aeroporto, uma concentração que permaneceu dessa forma até 2018 (Miranda and Oliveira, 2018, p. 206[99]) ; (DEE/CADE, 2019, p. 9[106]). Em 2019, a Avianca, na época a quarta maior companhia aérea do Brasil com a terceira maior participação de mercado em Congonhas, faliu. Isso permitiu que a ANAC tomasse decisões inovadoras para aumentar a concorrência nesse aeroporto, mesmo que as duas companhias aéreas dominantes mantivessem a sua participação de mercado (Quadro 2.19).

A Figura 2.18 demonstra como os slots foram alocados em quatro aeroportos coordenados brasileiros de 2015 a 2022 e mostra que as principais companhias aéreas brasileiras detentoras de grande participação de mercado nesses aeroportos mudaram pouco nesse período.

Figura 2.18. Slots alocados em aeroportos brasileiros coordenados, 2015-22

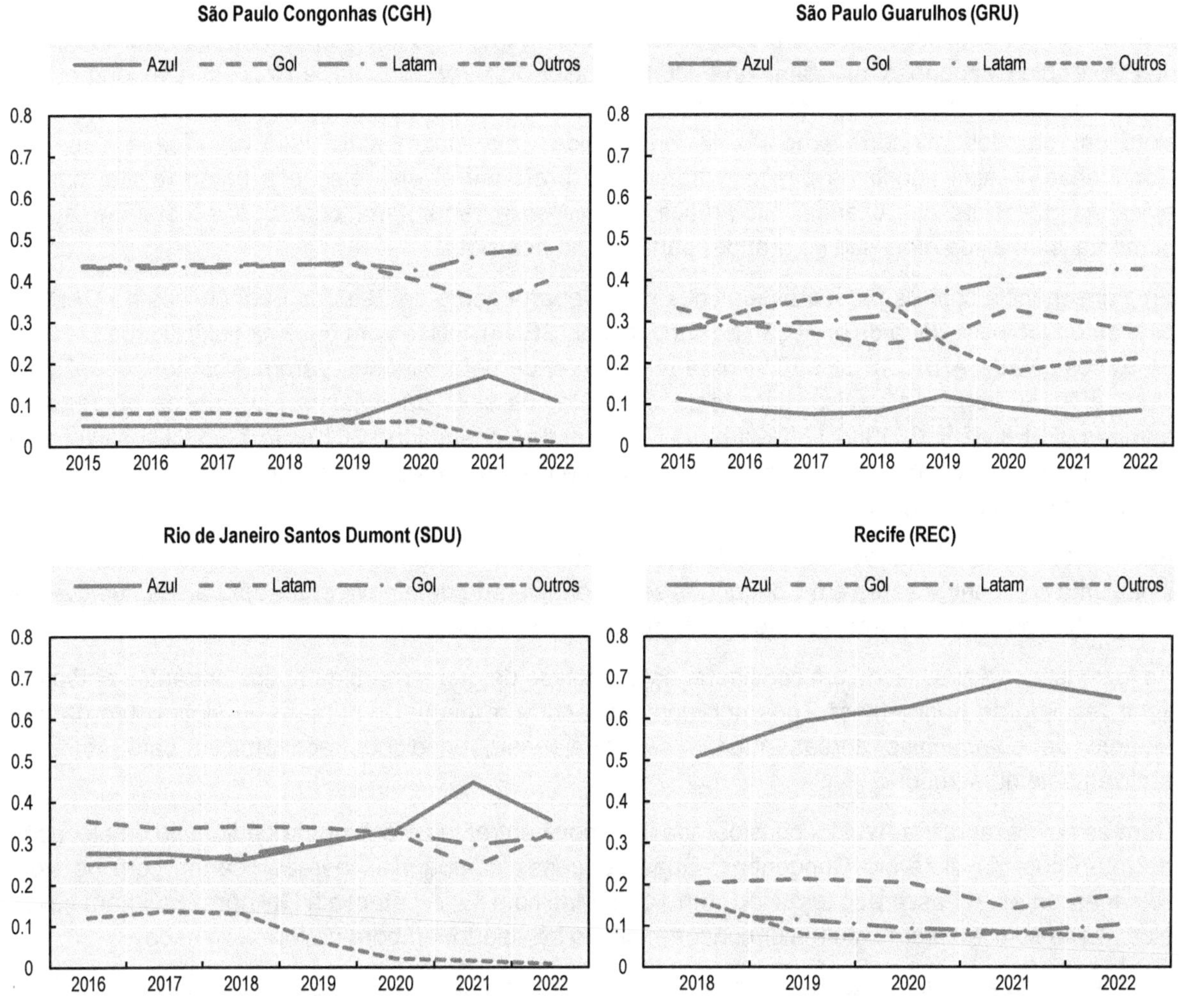

Fonte: ANAC, https://sistemas.anac.gov.br/dadosabertos/Voos%20e%20opera%C3%A7%C3%B5es%20a%C3%A9reas/Slots%20Alocados/2021/.

Quadro 2.19. Realocação dos slots da Avianca no aeroporto de São Paulo Congonhas, 2019

Em 2019, uma discussão sobre a alocação de slots surgiu após a falência da Avianca. No aeroporto de São Paulo Congonhas, a Latam tinha 236 slots; Gol, 234; Avianca, 41; e Azul, 26. De acordo com a regra geral prevista na Resolução da ANAC nº 338/2014, uma companhia aérea com mais de cinco slots em um determinado aeroporto é considerada uma incumbente. Isso significava que, em Congonhas, a Azul não tinha direito a tratamento preferencial em relação à Latam e Gol para a alocação dos slots da Avianca. Na prática, seguir essa regra faria com que a Latam e a Gol aumentassem ainda mais sua (já grande) participação nos slots.

Em consonância com os pareceres emitidos pelo Departamento de Estudos Econômicos do CADE e pela autoridade brasileira de proteção ao consumidor, SENACON, e com base na flexibilidade prevista na Resolução da ANAC nº 338/2014 para a definição de determinados parâmetros de alocação de slots, a ANAC tomou a decisão inovadora de alocar os slots da Avianca para novos operadores primeiro (DEE/CADE, 2019[106]) ; (Secretaria Nacional do Consumidor, 2019[107]). Isso foi possível pela Resolução da ANAC nº 338/2014, que permitia à agência estabelecer o percentual de slots do banco a ser distribuído às novas empresas no aeroporto (não inferior a 50%).

Além disso, a ANAC alterou o critério de definição de novos entrantes. Em vez de um máximo de 5 slots, uma companhia aérea em Congonhas seria considerada uma nova operadora ainda que tivesse até 54 slots por dia (ou o equivalente a 10% do total de slots do aeroporto).

Ao fazer isso, a ANAC levou em consideração a hipótese de que a regra de novos entrantes então em vigor resultou na fragmentação dos horários, alocando um pequeno número de slots a um grande número de companhias aéreas, muitas das quais sem condições econômicas para competir efetivamente no aeroporto.

Com as novas regras, a Azul foi considerada uma nova entrantes e o novo procedimento de alocação deixou-a com 41 slots em Congonhas. Duas pequenas companhias aéreas ficaram com os slots remanescentes: A Passaredo terminou com 14 e a Map com 12. A Latam e a Gol não adquiriram novos slots. Essa solução promoveu maior concorrência no aeroporto, embora de forma limitada.

A ANAC havia anteriormente determinado o uso mínimo de slot ("use ou perca") no CGH de 90%, o que foi mantido.

A decisão também indicou que a ANAC estava disposta a rever a Resolução da ANAC nº 338/2014, a fim de avaliar novos mecanismos que visassem reduzir as barreiras de entrada e promover a concorrência em aeroportos congestionados. A questão fazia parte da agenda regulatória da ANAC de 2021/2022 e resultou, em junho de 2022, na Resolução da ANAC nº 682/2022. A ANAC também restabeleceu os parâmetros para a alocação de slots em Congonhas, incluindo: 1) a redução do uso mínimo de slot para 80%; 2) a definição do padrão em que uma companhia aérea é considerada uma nova entrantes em até 18 slots por dia; 3) o estabelecimento de que 100% dos slots do banco são primeiro alocados para novos entrantes; e 4) o estabelecimento de que uma companhia aérea não deve deter mais de 45% do total de slots do aeroporto.

Fonte: (ANAC, 2021[108]) e Processo nº 00058.047435/2020-12.

A questão dos slots em aeroportos coordenados foi destacada pelo CADE como um obstáculo relevante à entrada no mercado aéreo. Por exemplo, o Brasil passou por fusões cujos principais objetivos pareciam ser a aquisição de slots aeroportuários, como a aquisição da Varig pela Gol em 2007. Em particular, uma fusão pode ser uma solução prática para contornar a proibição de negociar slots. Quadro 2.20 ilustra como o CADE avaliou os slots nos aeroportos em alguns casos de controle de concentrações envolvendo companhias aéreas.

Quadro 2.20. Análise pelo CADE de slots em aeroportos em atos de concentração

Nas últimas duas décadas, após a flexibilização e desregulamentação do setor da aviação civil, o mercado brasileiro mudou, com as companhias aéreas celebrando fusões e formando alianças. Ao avaliar as transações entre companhias aéreas, os slots alocados foram analisados pelo CADE e, em certos casos, justificaram a designação de remédios.

Caso Varig/Gol, Processo nº 08012.003267/2007-14

Em 2007, o CADE autorizou a aquisição da Varig pela Gol, impondo apenas a exclusão de uma cláusula de não concorrência que abrangia o transporte de carga, que não fazia parte do mercado em questão. No passado a maior companhia aérea brasileira, a Varig, no momento da transação, enfrentava sérios problemas financeiros há muitos anos. Seus ativos lucrativos remanescentes foram comprados pela Gol, então uma companhia aérea brasileira emergente de baixo custo. O CADE analisou com cuidado a situação em São Paulo Congonhas, onde a Gol iria adquirir um grande número de slots. Apesar da concentração de slots no aeroporto, o Tribunal do CADE decidiu que as tarifas aéreas cobradas pelas companhias aéreas que operavam no aeroporto indicavam a existência de um mercado competitivo. Ademais, as companhias aéreas concorrentes tinham capacidade ociosa e seriam capazes de concorrer com a Gol.

Caso TAM/LAN, Processo nº 08012.009497/2010-84

Em 2010, a companhia aérea chilena LAN e a brasileira TAM se fundiram para formar a LATAM, o maior grupo de companhia aérea da América do Sul. O caso levantou questões concorrenciais no que se refere à disponibilidade de slots nos aeroportos para companhias aéreas concorrentes no aeroporto de São Paulo Guarulhos. O CADE e o tribunal de concorrência chileno autorizaram a transação sujeita a remédios, incluindo a troca de quatro pares de slots diários com outra companhia aérea, permitindo novos voos entre São Paulo e Santiago, no Chile.

Caso Gol/Webjet, Processo nº 08012.008378/2011-95

Em 2011, a Gol adquiriu a Webjet, outra companhia aérea de baixo custo brasileira. No momento da transação, a Gol tinha 37,5% de participação no mercado doméstico e a Webjet 5,5%. O CADE avaliou as operações em aeroportos congestionados e preocupações concorrenciais foram detectadas no aeroporto Santos Dumont, no Rio de Janeiro. A transação foi finalmente aprovada, sujeita a um remédio comportamental envolvendo compromissos de operar os slots alocados de forma eficiente no Rio de Janeiro Santos Dumont. Entre os compromissos, a Gol tinha que usar os slots alocados no Santos Dumont pelo menos 85% do tempo a cada três meses ou os slots seriam devolvidos à ANAC.

Caso Azul/Trip, Processo nº 08700.004155/2012-81

Em 2012, a Azul e a Trip se fundiram. Na época, a Azul tinha 10% de participação no mercado doméstico e a Trip 4,5%. A maioria das rotas em que ambas as companhias aéreas concorriam diretamente antes da fusão eram em aeroportos regionais, sem restrições de capacidade, a única exceção sendo o Rio de Janeiro Santos Dumont. O CADE aprovou a transação sujeita a um remédio comportamental semelhante à imposta no caso Gol-Webjet para garantir a operação eficiente dos slots alocados no Santos Dumont, sob a pena de devolver os slots não utilizados ou subutilizados à ANAC.

Caso TAM/Iberia/British Airways, Processo nº 08700.004211/2016-10

Em 2017, a LATAM, por meio da TAM, a International Consolidated Airlines Group (IAG), por meio da Iberia, e a British Airways assinaram um acordo comercial conjunto que compreendia o transporte aéreo de passageiros e carga entre a Europa e a América do Sul. Na prática, o caso representou uma joint venture *metal-neutrality*, um acordo abrangente de compartilhamento econômico no qual custos e receitas são divididos entre cada companhia aérea parceira, independentemente de qual realmente transporta o passageiro. A transação gerou preocupações concorrenciais relacionadas à rota entre São Paulo e Londres, uma vez que teria sido monopolizada pelas partes da fusão e havia severas restrições de slots em Londres, especialmente em Heathrow. Entre os remédios impostos pelo CADE, as companhias aéreas da fusão foram obrigadas a arrendar gratuitamente por dez anos um par de slots nos aeroportos London Heathrow ou London Gatwick para outra companhia aérea, permitindo um novo voo na rota São Paulo-Londres.

Fonte: (CADE, 2017[109]).

Não há capacidade mínima da aeronave - número de assentos em cada voo - para operar em aeroportos congestionados no Brasil. Na verdade, companhias aéreas menores podem obter slots para operar aeronaves de menor capacidade, o que significa que menos pessoas podem ser transportadas no aeroporto congestionado, potencialmente diminuindo o bem-estar geral do consumidor. Além disso, não está claro se permitir que pequenas companhias aéreas entrem no mercado para operar esses voos realmente representa uma ameaça competitiva e aumenta substancialmente a concorrência. Ao realocar slots em Congonhas em 2019, limitar a alocação de slots a uma capacidade mínima da aeronave foi expressamente proibido pela ANAC, que declarou a necessidade de garantir novos entrantes no mercado, independentemente do número total de passageiros transportados.

Em vista do modelo de alocação de slots implementado pela ANAC, um estudo avaliou Congonhas de 2002 a 2013 por meio de um modelo econométrico (Miranda and Oliveira, 2018[99]). Esse estudo encontrou indícios de que a concentração do mercado em uma determinada rota provavelmente reduzirá as interrupções de voos, como atrasos e cancelamentos, já que uma concorrência mais intensa tende a forçar as companhias aéreas a melhorar sua qualidade de serviço aos passageiros. Além disso, as companhias aéreas gerenciam estrategicamente as interrupções dos voos e empregam o preenchimento de horários, adicionando tempo extra ao horário de chegada programado de um voo para reduzir o risco de que o voo seja considerado atrasado pelas autoridades. Também foi apontado que os custos de interrupção de voos pareciam ser repassados para os consumidores.

O estudo também observou que os slots aeroportuários podem ter um papel no reforço da internalização dos custos de congestionamento pelas companhias aéreas dominantes. Embora a concentração de slots possa induzir o comportamento de "acúmulo de slots" pelas companhias aéreas, o período avaliado mostrou que essas práticas não foram eficazes. Na verdade, ao longo da duração do estudo, o número de atrasos de voos em Congonhas caiu 50% e os cancelamentos de voos 69%. Não obstante, o estudo encontrou indícios de que o tamanho médio das aeronaves diminuiu ao longo do período, o que pode indicar um uso potencialmente ineficiente da infraestrutura aeroportuária.

Concluindo, o documento afirmou que um modelo tradicional de alocação de slots (grandfather clauses em conjunto com a norma "use ou perca") seria suficiente para levar à internalização de fatores externos de congestionamento (alguns dos quais são atualmente arcados pelos consumidores, como cancelamentos ou atrasos de voos) por companhias aéreas dominantes (Miranda and Oliveira, 2018[99]).

Um estudo mais recente de uma empresa de consultoria contratada pelo Ministério da Economia do Brasil, com apoio do Programa das Nações Unidas para o Desenvolvimento (PNUD), para propor soluções regulatórias para a otimização da alocação de slots nos aeroportos no Brasil, parece estar de acordo com a publicação anterior (LL Advogados e PEZCO, 2021[110]). O estudo desenvolveu um modelo econométrico para avaliar se a Resolução da ANAC nº 338/2014 impactou os consumidores. Os resultados demonstraram que a concentração de slots em Congonhas (como já mencionado, o aeroporto mais restrito do Brasil) tem efeitos relevantes, mas específicos, nas tarifas na região de São Paulo. Isso sugere que nem todos os casos de concentração de slots são prejudiciais aos preços competitivos. Embora em alguns casos a concentração de slots produza poder de mercado, em outros pode gerar efeitos a favor da concorrência. Na verdade, o atual marco regulatório permitiu que o mercado crescesse consistentemente, inclusive com preços mais baixos para os consumidores. No entanto, o estudo destacou que a participação de mercado das companhias aéreas incumbentes estabilizou agora, o que indica a necessidade de se focar na contestabilidade do mercado.

Outros estudos foram realizados pelo governo brasileiro com o objetivo de avaliar se e como a Resolução da ANAC nº 338/2014 deve ser alterada ou substituída. Por exemplo, a SEAE e o Banco Mundial realizaram um estudo sobre a regulamentação de alocação de slots no Brasil, concluindo que a atual regulamentação não reduziu a concentração do mercado em aeroportos congestionados (Secretaria de Advocacia da Concorrência e Competitividade, 2021[104]).

Outra questão que pode limitar a concorrência no Brasil é a restrição da transferência de slots. Até recentemente, apenas transferências gratuitas entre companhias aéreas pertencentes à mesma unidade econômica ou trocas gratuitas um pelo outro que não envolviam novos entrantes eram permitidas. Os slots podem ter valores econômicos diferentes e a restrição de trocar um slot por mais de um pode impedir transações que seriam mutuamente benéficas para as partes e que poderiam melhorar a eficiência.

As WASG não proíbem transferências de slots entre companhias aéreas, quer ou não mediante contraprestação, embora destaquem que a legislação nacional pode proibir tais transações (Conselho Internacional de Aeroportos, Associação Internacional de Transportes Aéreos e Grupo Mundial de Coordenadores de Aeroportos, 2020, p. 40[87]). Pelo menos em teoria, a inclusão de um mecanismo de mercado poderia aumentar a concorrência e a eficiência, embora pareça razoável manter algum tipo de controle regulatório, especialmente para evitar comportamentos abusivos das companhias aéreas dominantes (ver Anexo 2.A). Conforme observado anteriormente, na Resolução da ANAC nº 682/2022, recentemente aprovada, a ANAC permitiu que as companhias aéreas comercializassem slots, sob determinadas circunstâncias.

Em resumo, as preocupações concorrenciais relacionadas à alocação de slots aeroportuários no Brasil parecem estar alinhadas com as preocupações já identificadas nas publicações econômicas e verificadas em outras jurisdições. É o caso do aumento da concentração e do poder de mercado, bem como do uso ineficiente da infraestrutura aeroportuária. Isso não é surpreendente, pois o Brasil segue as WASG, que também são usadas pela maioria das jurisdições.

Recomendação

A OCDE recomenda que as autoridades brasileiras analisem a atual regulação sobre alocação de slots, a fim de aumentar a concorrência em aeroportos congestionados. Para esse fim, eles devem considerar as seguintes alterações:

- melhorias no atual mecanismo administrativo, como, por exemplo, flexibilização do grandfather clause; estabelecer um percentual superior a 50% de slots do banco que precisam ser alocados a novos operadores;[113] adotar um número máximo de slots que uma companhia aérea pode manter em um determinado aeroporto; determinar as datas de expiração do grandfather clause, após as quais os slots são devolvidos ao banco e depois realocados para outras companhias aéreas; revisão da regra para novos entrantes;[114] e melhorar a determinação da declaração de capacidade dos aeroportos[115]
- Adoção de mecanismos de mercado, como preço de congestionamento,[116] leilões de slots e comercialização de slots, para substituir o modelo WASG ou como um recurso adicional para o sistema atual.

2.6. Pessoal da aviação civil

O pessoal que atua na aviação civil inclui empregados de todo o setor de transporte aéreo, com companhias aéreas, prestadores de serviços de navegação aérea, aeroportos e setor civil-aeroespacial (Air Transport Action Group, 2020, p. 19[111]). Isso inclui pilotos, tripulantes de cabine, despachantes de voo, controladores de tráfego aéreo e pessoal de serviços auxiliares de transportes aéreos e manutenção de aeronaves, trabalhos que em muitos casos exigem qualificações especializadas, como licença e uma quantidade significativa de treinamento.[117]

Uma licença, de acordo com a Organização da Aviação Civil Internacional (OACI), é uma forma de um Estado autorizar seu titular a realizar atividades específicas que, se não forem executadas corretamente, podem comprometer a segurança da aviação. Portanto, a licença fornece evidências de que o estado emissor está convencido de que o titular demonstrou um grau de competência internacionalmente aceitável (Organização da Aviação Civil Internacional, 2012, p. 22[112]). No Anexo 1 para a Convenção sobre Aviação Civil Internacional, a OACI também fornece padrões internacionais e práticas recomendadas para licenciamento de tripulações de voo[118] e outro pessoal.[119]

Assim, as profissões de aviação licenciadas estão sujeitas a regulamentos que visam promover a segurança da aviação.[120] Esses requisitos variam de acordo com a profissão específica, mas geralmente incluem treinamento, experiência prática, exames e características como idade, cidadania e competência linguística.

2.6.1. Pessoal licenciado em aviação civil no Brasil

Contextualização

No Brasil, as seguintes profissões da aviação civil são regulamentadas pela ANAC:[121]

1. pilotos[122]
2. mecânicos de voo[123]
3. comissários de bordo[124]
4. despachantes operacional de voo[125]
5. mecânicos de manutenção aeronáutica.[126]

As três primeiras profissões compõem a tripulação de aeronave, que presta serviços em uma aeronave durante um voo, com pilotos e mecânicos de voo compondo a tripulação de voo e comissários de bordo a tripulação de cabine.[127] O número de membros de uma tripulação de voo e cabine varia de acordo com o tipo de aeronave.

Em terra, os despachantes operacionais de voo são responsáveis pelo controle e supervisão das operações de voo e os mecânicos de manutenção aeronáutica garantem a aeronavegabilidade contínua de uma aeronave (Organização da Aviação Civil Internacional, 2007[113]).

De acordo com o Anexo 1 da Convenção sobre Aviação Civil Internacional, existem diferentes tipos de licenças de piloto: 1) privado; 2) comercial; 3) tripulação múltipla; 4) linha aérea; 5) planador; e 6) balão livre. O número total de licenças de aviação civil emitidas pela ANAC entre 2010 e 2022 é apresentado na Tabela 2.11.

Tabela 2.11. Licenças de aviação civil emitidas no Brasil, 2010-2022

Tipo de licença	2010	2011	2012	2013	2014	2015	2016	2017	2018	2019	2020	2021	2022
Piloto de linha aérea (avião)	651	837	531	197	257	444	404	440	352	382	249	208	58
Piloto de linha aérea (helicóptero)	185	180	201	167	153	79	41	25	52	33	12	36	22
Piloto comercial (avião)	1 292	1 640	2 043	1 712	1 534	1 273	991	895	864	959	806	939	305
Piloto comercial (helicóptero)	401	433	628	753	615	318	180	165	146	110	80	103	31
Piloto privado (avião)	2 310	2 680	3 754	2 885	2 439	2 308	1 753	1 442	1 369	1 615	1 448	1 517	422
Piloto privado (helicóptero)	680	639	1009	911	727	558	293	186	177	185	130	178	60
Outros pilotos*	416	625	639	406	413	352	324	242	354	775	362	369	88
Comissário de bordo	2 896	2 360	1 354	384	435	686	211	766	801	839	237	85	235
Mecânico de voo	3	12	5	0	0	4	0	1	1	0	0	0	0
Mecânico de manutenção aeronáutica	NA	NA	NA	NA	NA	NA	NA	NA	NA	661	329	481	NA
Despachante operacional de voo	NA	NA	NA	NA	NA	NA	NA	NA	NA	13	4	2	NA
Outros**	27	60	165	17	15	21	6	8	11	0	2	3	0
Total	**8 861**	**9 466**	**10 329**	**7 432**	**6 588**	**6 043**	**4 203**	**4 170**	**4 127**	**5 572**	**3 659**	**3 921**	**1 221**

Notas: * Pilotos de planador, pilotos de balão livre e pilotos aerodesportivos. ** Outros incluem operadores especializados e examinadores designados, por exemplo.
Fonte: Cálculos da OCDE, baseados na (ANAC, 2022[114]) e outros dados fornecidos pela ANAC até 1 de maio de 2022.

Cada tipo de licença tem requisitos diferentes (Tabela 2.12).

Tabela 2.12. Requisitos para o licenciamento de pessoal da aviação civil

Licença/requisito	Piloto*	Mecânico de voo	Comissário de bordo	Despachante operacional de voo	Mecânico de manutenção aeronáutica
Idade mínima	18 e 21 para piloto de linha aérea	21	18	21	18
Formação acadêmica	Ensino médio	Ensino médio	Ensino médio	Ensino médio	Ensino médio
Proficiência em idioma	Português + inglês para operar uma aeronave brasileira fora do espaço aéreo brasileiro	Português	Português	Português	Português
Aptidão médica	Atestado médico classe 1 para piloto comercial, piloto de tripulação múltipla e piloto de linha aérea ou atestado médico classe 2 para piloto privado	Atestado médico classe 2	Atestado médico classe 2	N/A	N/A
Conhecimento teórico	Curso para piloto comercial + exame teórico	Curso + exame teórico	Curso + exame teórico	Experiência ou curso + exame teórico	Curso ou certificado específico + exame teórico
Experiência	Curso de treinamento, incluindo horas mínimas de voo: - piloto privado: 40 horas - piloto comercial: 200 horas - piloto de tripulação múltipla: 240 horas - piloto de linha aérea: 1.500 horas	Curso de treinamento, incluindo pelo menos 100 horas de voo	Curso de treinamento, incluindo pelo menos 14 horas de voo	Experiência mínima	Experiência mínima
Habilidades práticas	Teste	Teste	Teste	Teste	Teste

Observação: * Pilotos de planador e balão livre não incluídos.
Fonte: RBAC nº 61, RBHA nº 63, RBAC nº 65 e RBAC nº 67.

Embora muitos dos requisitos para obtenção de licenças de aviação civil no Brasil estejam de acordo com o Anexo 1 da Convenção sobre Aviação Civil Internacional, há espaço para reformas regulatórias que seriam efetivas para promover a entrada no mercado e a concorrência.

Centros de instrução de aviação civil

Descrição do obstáculo e objetivo dos formadores de políticas

Os candidatos a uma licença de aviação civil devem passar por treinamento prático em um centro de instrução de aviação civil (CIAC). Adicionalmente, podem também ser obrigados a receber instrução teórica num CIAC, dependendo da licença solicitada. Um CIAC deve ser certificado pela ANAC para fornecer cursos de licenças para pilotos, mecânicos de voo, comissários de bordo, despachantes operacionais de voo e mecânicos de manutenção aeronáutica. Para tanto, deve demonstrar o cumprimento dos requisitos relativos aos programas de treinamento, instalações, equipamentos, pessoal e material de treinamento, de acordo com os cursos que pretende oferecer.[128] Isso visa garantir que os cursos de treinamento atendam aos critérios de qualidade e segurança do ensino e estejam de acordo com os padrões estabelecidos no Anexo 1 da Convenção sobre Aviação Civil Internacional.

Além disso, se o CIAC também dá instrução de voo a bordo de uma aeronave, exige-se uma autorização da ANAC para operar, uma vez que o treinamento de voo da tripulação é um serviço aéreo especializado.[129] Esta norma visa garantir que a empresa seguirá todos os requisitos técnicos ao prestar esse serviço, a fim de proteger a segurança da aviação.

Desde 2017, a Lei nº 13.475/2017 estabelece que um instrutor de voo a bordo de uma aeronave deve ser contratado pela organização de treinamento com contrato de trabalho.[130] Isso visa aumentar a proteção do emprego.

Além disso, para poder realizar exames de proficiência, um CIAC deve ser autorizado pela ANAC e um ou mais de seus instrutores certificados como examinador. Para isso, um instrutor deve atender a diferentes requisitos, incluindo: 1) Experiência mínima (para examinadores de avião, pelo menos 500 horas de instrução de voo de avião); 2) uma licença válida e certificados para o tipo de licença a ser examinada; 3) ter concluído curso de formação de examinadores ministrado pela ANAC ou órgão por ela autorizado; e 5) ter passado em um exame prático de examinador credenciado.[131] Essas regras visam garantir que os examinadores tenham qualificações e experiência adequadas para avaliar se um candidato pode ser titular de uma licença, com base em critérios objetivos, transparentes e não discriminatórios.

Atualmente, 333 organizações de treinamento são certificadas como CIAC no Brasil, embora 13 delas tenham sua certificação suspensa (ANAC, 2022[115]).

As organizações de formação são livres para oferecer os seus serviços no mercado e para estabelecer os seus próprios preços.

Dano à concorrência

Exigir que uma organização de treinamento seja certificada pela ANAC parece razoável para garantir um nível mínimo dos programas de treinamento e, portanto, a segurança da aviação. De fato, muitas jurisdições também exigem essa aprovação pela autoridade de aviação civil, de acordo com o Anexo 1 da Convenção sobre Aviação Civil Internacional. No entanto, isso pode ser oneroso e aumentar os custos de entrada, especialmente para as PME.

A União Europeia introduziu um sistema alternativo de formação do pessoal da aviação geral mais adequado e proporcional às necessidades destas atividades. Os requisitos aplicáveis às organizações de treinamento aprovadas (ATOs) foram considerados muito exigentes para pequenos provedores de treinamento de aviação geral, principalmente administrados por aeroclubes privados ou particulares

(Agência Europeia para a Segurança da Aviação, 2016[116]). Desde 2018, as chamadas organizações de treinamento declaradas (DTOs) podem fornecer formação para licenças de piloto não comercial (incluindo licenças de piloto privado) com base numa declaração apresentada pelo representante da organização, confirmando que implementou uma política de segurança e cumprirá os requisitos aplicáveis.[132]

Acredita-se que esta solução reduza os custos para obter uma licença de piloto não comercial (Agência Europeia para a Segurança da Aviação, 2016[116]). A longo prazo, este resultado também deverá reduzir os custos de obtenção de uma licença de piloto comercial, uma vez que a obtenção de uma licença de piloto privado é obrigatória para se tornar um piloto comercial.

Quanto à necessidade de autorização da ANAC para instrução de voo a bordo de aeronave - além da certificação exigida - vale destacar que a recente regulamentação emitida pela ANAC[133] não exige mais uma autorização para uma empresa brasileira prestar serviços de transporte aéreo, incluindo serviços aéreos especializados, como treinamento a bordo. Em vez disso, uma companhia aérea nacional só deve ser certificada pela ANAC e operar uma aeronave em condições de aeronavegabilidade e compatível com o serviço pretendido. Assim, as disposições que exigem uma autorização para fornecer treinamento de voo são obsoletas. Isso pode aumentar os custos regulatórios e de conformidade enfrentados pelos players do mercado. Além disso, pode originar custos adicionais para os operadores que pretendam entrar no mercado e pode desencorajar novos entrantes.

Além disso, obrigar um CIAC a apenas contratar instrutores de voo para fornecer treinamento de voo a bordo de uma aeronave por meio de um contrato de trabalho aumenta seus custos e, portanto, o custo de obter uma licença de piloto. Isso também impede que pilotos comerciais com certificado de instrutor de voo façam trabalhos freelance, o que poderia aumentar a sua experiência de voo com mais flexibilidade. Isso pode ser crucial para se tornar um piloto mais competitivo no mercado de trabalho, pois um número maior de horas de voo costuma ser decisivo para conseguir um emprego, além de ajudar esses pilotos comerciais a atingir as horas necessárias para obter uma licença de piloto de linha aérea. Segundo a ANAC, essa não é uma exigência técnica e não aumenta a segurança da aviação. De fato, antes da Lei nº 13.475/2017 ser sancionada em 2017, o trabalho freelance era uma prática comum.

Recomendações

A OCDE tem três recomendações.

1. As autoridades brasileiras devem implementar um sistema mais flexível e menos oneroso para os centros de instrução da aviação civil que oferecem treinamento para licenças de pilotos não comerciais, como permitir que eles se autodeclarem como organizações de treinamento.
2. As autoridades brasileiras devem atualizar a legislação que exige autorização da ANAC para que um CIAC forneça instrução de voo a bordo de uma aeronave. As organizações de treinamento devem apenas obter uma certificação da ANAC e operar uma aeronave em condições de aeronavegabilidade e compatível com o treinamento pretendido.
3. As autoridades brasileiras devem revisar a exigência de uma organização de treinamento contratar instrutores de voo apenas por meio de contrato de trabalho.

Cursos teóricos

Descrição do obstáculo e objetivo dos formadores de políticas

Para obter certas licenças, o candidato deve fazer um curso teórico em um CIAC antes de fazer o exame teórico. É o caso das licenças para pilotos comerciais, mecânicos de voo, comissários de bordo, despachantes operacionais de voo e mecânicos de manutenção aeronáutica. Para uma licença de despachante de voo, o curso teórico pode ser substituído por dois anos de serviço como piloto de linha aérea ou mecânico de voo. Os titulares de Bacharelado em engenharia aeronáutica, elétrica, eletrônica, mecânica ou mecânica aeronáutica podem ser dispensados do curso teórico para obtenção de licença de mecânico de manutenção aeronáutica. Os candidatos a licenças de piloto (exceto licenças de piloto comercial) só devem passar no exame teórico.

Dano à concorrência

A necessidade de fazer um curso teórico em um CIAC antes de fazer o exame teórico aumenta os custos de obtenção de uma licença e pode reduzir o número de profissionais licenciados no Brasil. O exame visa garantir que os candidatos tenham o conhecimento necessário dos privilégios concedidos ao titular da licença solicitada. No entanto, exigir um curso teórico pode impedir os candidatos de usar métodos de autoestudo, que podem ser mais acessíveis e satisfatórios. Por exemplo, certas licenças (como de piloto privado e licenças de piloto de linha aérea) não exigem um curso teórico.

O Anexo 1 da Convenção sobre Aviação Civil Internacional apenas estabelece que o candidato deve demonstrar um nível de conhecimento adequado às prerrogativas concedidas ao titular da licença. Isso dá a cada estado signatário o direito de decidir como o nível de conhecimento exigido é avaliado.

Na Austrália, por exemplo, candidatos a licenças de piloto privado, comercial e de linha aérea, bem como as licenças de engenheiro aeronáutico, exigem apenas um exame teórico, sendo que o candidato pode se preparar sozinho para o exame.[134] Da mesma forma, a Nova Zelândia exige apenas um exame para licenças de piloto privado, comercial e de linha aérea e licenças de engenheiro de manutenção de aeronaves.[135]

Recomendação

A OCDE recomenda que a ANAC considere atestar os conhecimentos teóricos de um candidato à licença apenas por meio de um exame teórico, abolindo a exigência de fazer um curso teórico em um CIAC e permitindo formas alternativas de treinamento, incluindo métodos de autoestudo.

2.6.2. Exigência de nacionalidade

Descrição do obstáculo e objetivo dos formuladores de políticas

De acordo com a legislação brasileira, a tripulação de aeronave de voos domésticos deve ser composta apenas por cidadãos brasileiros, natos ou naturalizados.[136] Para voos internacionais operados por companhias aéreas brasileiras, até um terço dos comissários de bordo podem ser estrangeiros.[137] Nesse caso, a tripulação de voo - incluindo pilotos e mecânicos de voo - ainda deve ser brasileira. Não há exigência de nacionalidade para despachantes operacionais de voo e mecânicos de manutenção aeronáutica.

Embora não haja um considerando oficial sobre o objetivo desse requisito, pode-se supor que ele visa apoiar o mercado de trabalho nacional e garantir que os trabalhadores brasileiros adquiram as competências necessárias para atuar como tripulantes. Além disso, também busca estabelecer uma força de trabalho brasileira para evitar a dependência de tripulações estrangeiras. Segundo a ANAC, não há motivos técnicos para a exigência de nacionalidade.

Em caso de escassez de trabalhadores brasileiros, instrutores estrangeiros podem ser admitidos provisoriamente, mas é necessária uma autorização da ANAC e válida apenas pelo tempo necessário para qualificar novos membros da tripulação brasileira e por no máximo seis meses. A justificativa é garantir que as companhias aéreas brasileiras possam operar, mesmo sem pessoal doméstico suficiente, mas apenas até que haja tripulantes qualificados suficientes.

Estrangeiros também podem ser admitidos pelas companhias aéreas brasileiras como membros da tripulação em caso de acordo bilateral entre o Brasil e o país de nacionalidade dos trabalhadores, com base na reciprocidade.[138] No entanto, apenas alguns exemplos específicos de tais acordos, com determinadas companhias aéreas e com impacto limitado, estão atualmente em vigor.

Dano à concorrência

A exigência de nacionalidade brasileira é discriminatória. A exclusão de nacionais de outros países reduz o número de pessoas aptas a oferecer serviços no mercado. Além disso, a exigência pode dificultar a entrada de potenciais empresas no mercado como consequência da dificuldade e do custo de encontrar tripulação adequada.

Para voos internacionais, mesmo que um terço dos tripulantes de cabine possam ser estrangeiros, todos os pilotos e mecânicos de voo devem ser cidadãos brasileiros. A exigência de nacionalidade aplica-se apenas às companhias aéreas brasileiras e, portanto, as companhias aéreas estrangeiras que oferecem voos internacionais de e para o Brasil e concorrem com empresas brasileiras nas mesmas rotas podem contratar trabalhadores estrangeiros. Em caso de escassez de mão de obra brasileira, as empresas estrangeiras não serão afetadas, e as empresas brasileiras ficarão em desvantagem competitiva nas rotas em que enfrentam concorrência estrangeira. Além disso, tripulantes multinacionais podem ser comercialmente atraentes e constituir uma vantagem competitiva, especialmente para voos internacionais.

Além disso, a legislação brasileira permite a contratação de estrangeiros como último recurso (em caso de escassez de pessoal brasileiro), mas isso requer autorização da ANAC para a qual não há critérios estabelecidos para avaliação de tais solicitações, especialmente como determinar quando há escassez de trabalhadores. Isso pode levar a decisões discricionárias e insegurança jurídica. Além disso, como a autorização para contratação de trabalhadores estrangeiros é limitada ao período necessário para instruir novos membros da tripulação brasileira (até seis meses), se nenhum cidadão nacional interessado for qualificado, a escassez de pessoal permanecerá em vigor.

Parece não haver escassez atual de tripulantes no Brasil e a flexibilidade na exigência de nacionalidade não parece ter sido aplicada na prática. Por outro lado, as companhias aéreas brasileiras podem não ter acesso a um suprimento suficiente de pessoal de aviação no futuro. Estimativas da OACI preveem que o Brasil precisará de 9.807 novos pilotos e 15.922 comissários de bordo até 2037 (Organização da Aviação Civil Internacional, 2018[117]). De acordo com um estudo de 2021, apesar das incertezas sobre a recuperação do setor de aviação civil da crise do COVID-19, uma escassez global de pilotos surgirá em algumas regiões nos próximos anos. Embora a América Latina provavelmente permaneça mais próxima do equilíbrio da oferta e demanda de pilotos, tripulantes brasileiros podem ser recrutados para suprir a demanda em regiões que enfrentam um déficit de pilotos (Murray, 2021[118]).

Na maioria das jurisdições, a nacionalidade não é um requisito para trabalhar como membro da tripulação, mas os estrangeiros dispostos a trabalhar em um país terceiro devem ter o direito de trabalhar nesse país (além de possuir as licenças ou certificações apropriadas). Por exemplo, é o caso dos Estados Unidos, Canadá, União Europeia, Chile, China, Emirados Árabes Unidos e Catar. Na Argentina, os estrangeiros também podem trabalhar como piloto ou comissário de bordo, mas apenas estrangeiros com residência permanente podem trabalhar como mecânico de voo.

Recomendação

A OCDE recomenda que as autoridades brasileiras considerem flexibilizar a exigência de nacionalidade, especialmente para voos internacionais. Isso deve incluir a publicação de diretrizes pela ANAC sobre a avaliação transparente, objetiva e não discriminatória de solicitações de admissão temporária de tripulantes estrangeiros quando a mão de obra nacional estiver escassa. Deve-se considerar também a possibilidade de prorrogar o período de flexibilidade por mais de seis meses se não forem encontrados trabalhadores brasileiros qualificados suficientes nesse período.

2.6.3. Terceirização de tripulação aérea

Descrição do obstáculo e objetivo dos formuladores de políticas

A tripulação de aeronave não pode ser terceirizada no Brasil: os membros da tripulação de cabine e de voo devem ser contratados diretamente pelo operador da aeronave, por meio de um contrato de trabalho.[139] Essa restrição visa proteger os trabalhadores, especialmente considerando que essas atividades dizem respeito ao principal negócio das companhias aéreas. Onde é permitido, a terceirização resultou em condições de trabalho menos vantajosas, marcadas por menor penetração sindical, salários mais baixos e benefícios reduzidos (Fórum Internacional de Transportes, 2015, p. 20[119]).

Dano à concorrência

A terceirização da tripulação de aeronave pode ser uma vantagem competitiva para as companhias aéreas e pode reduzir seus custos. De fato, para aumentar a eficiência de custos, a flexibilidade e o acesso a recursos, as companhias aéreas têm terceirizado cada vez mais funções para organizações terceirizadas (Steer Davies Gleave, 2015, p. 181[120]). A terceirização de pessoal de aviação não é ilegal em várias outras jurisdições, como os Estados Unidos e a União Europeia.

Embora nos últimos anos poucas companhias aéreas terceirizassem o emprego de tripulantes de voo e de cabine, isso vem mudando nos últimos anos, por exemplo, nos Estados Unidos e na União Europeia (Rutner and Brown, 1999[121]) ; (Callaci, 2020[122]) ; (Parlamento Europeu, 2016[123]). Por exemplo, na Europa, certas companhias aéreas de baixo custo e até mesmo uma companhia aérea de rede terceirizaram a tripulação de voo e de cabine em 2015 (Steer Davies Gleave, 2015, p. 188[120]).

A terceirização pode ser especialmente relevante para pequenas companhias aéreas regionais e novos entrantes, pois permite maior flexibilidade (já que os serviços só são pagos quando solicitados) e reduz custos de contratação e treinamento de pessoal especializado. Isso pode aumentar o número de players no mercado e, em última análise, reduzir as tarifas aéreas para os consumidores.

Mudanças recentes na legislação trabalhista brasileira permitiram a terceirização até mesmo para as atividades principais das empresas.

Recomendação

A OCDE recomenda que as autoridades brasileiras considerem autorizar as companhias aéreas a terceirizar tripulantes, de acordo com a legislação trabalhista nacional e as práticas internacionais. Salvaguardas podem ser introduzidas para garantir o respeito às condições de trabalho, incluindo o salário-mínimo ou a negociação coletiva.

2.6.4. Limitações de voo e de jornada de trabalho

Descrição do obstáculo e objetivo dos formuladores de políticas

A Parte I do Anexo 6 da Convenção sobre Aviação Civil Internacional estabelece que os estados-membros devem estabelecer regulamentos com o objetivo de gerenciar a fadiga,[140] visando garantir que o voo e os tripulantes de cabine possam desempenhar suas funções com segurança em um nível adequado de estado de alerta.

De fato, as publicações acadêmicas destacam que a ausência de regulamentações rígidas pode comprometer os padrões de segurança. O número de incidentes de segurança relacionados à fadiga aumentou e a fadiga da tripulação e a perda de sono são frequentemente as causas de erros operacionais (Efthymiou et al., 2021[124]).

O gerenciamento da fadiga pode ser implementado por: 1) regulamentos prescritivos para o tempo de voo, limitações da jornada de trabalho de voo e requisitos do período de repouso;[141] e 2) autorizar os operadores a usar um sistema de gerenciamento de risco de fadiga (SGRF).[142]

O "Guia para o Desenvolvimento de Regulamentos Prescritivos de Gerenciamento de Fadiga" da OACI indica que as limitações para tempos de voo e jornadas de trabalho devem ser divididas por períodos (Organização da Aviação Civil Internacional, 2011, p. 3[125]). Por exemplo, muitos países prescrevem limitações de tempo de voo diárias, mensais e anuais, bem como limitações de jornadas de trabalho cumulativas por períodos específicos. No entanto, os períodos estabelecidos pelos países variam substancialmente, de acordo com as percepções sobre o que é aceitável. A OACI recomenda que os estados-membros considerem os resultados de princípios e conhecimentos científicos relevantes, experiências passadas, questões culturais e a natureza das operações, bem como examinem as práticas de outros Estados.

O Brasil adotou um sistema prescritivo de gerenciamento da fadiga, estabelecendo limitações do tempo de voo e da jornada de trabalho, bem como requisitos de período de repouso.[143] As companhias aéreas podem mitigar essas limitações introduzindo um SGRF, que compreende avaliação e monitoramento contínuos de riscos, e podem desenvolver SGRF que estabeleçam outros valores máximos para tempos de voo e jornadas de trabalho, com base em dados, princípios científicos e experiência operacional para garantir que as tripulações operem em um nível adequado de alerta. A ser implementado, um SGRF deve ser aprovado pela ANAC.[144] Se um SGRF prevê uma jornada de trabalho superior a 12 horas ou um período de repouso inferior a 12 horas para operações com a tripulação mínima necessária, deve ser negociado entre companhias aéreas e sindicatos por meio de um acordo coletivo de trabalho.[145]

Dano à concorrência

Embora o estabelecimento de limitações de tempo de voo e jornadas de trabalho seja necessário para evitar que a fadiga afete o desempenho da tripulação e, portanto, a segurança da aviação, a regulamentação brasileira parece ser mais restritiva do que outras jurisdições, incluindo países vizinhos (Tabela 2.13).

Tabela 2.13. Limitações de tempo de voo, jornada de trabalho de voo e sjornada de trabalho

Jurisdição	Limitações de tempo de voo	Limitações de jornada de trabalho de voo	Limitações de jornada de trabalho
Brasil	Na mesma jornada de trabalho: - 8 a 10 horas, dependendo da hora do dia e número de pousos (com uma tripulação de voo de 2 pilotos) - 10,5 a 14,5 horas, dependendo da hora do dia e das instalações de repouso (com uma tripulação de voo de 3 pilotos) - 11,5 a 16,5 horas, dependendo da hora do dia e das instalações de repouso (com uma tripulação de voo de 4 pilotos) - 90 horas em 28 dias consecutivos (aviões a jato) - 900 horas em 365 dias consecutivos (aviões a jato)	N/A	- 9 a 13 horas, dependendo da hora do dia e número de pousos (com uma tripulação de voo de 2 pilotos) - 12 a 16 horas, dependendo da hora do dia e instalações de repouso (com uma tripulação de voo de 3 pilotos) - 13 a 18 horas, dependendo da hora do dia e instalações de repouso (com uma tripulação de voo de 4 pilotos) - 60 horas em 7 dias consecutivos - 100 horas em 14 dias consecutivos - 176 horas por mês - 176 horas em 28 dias consecutivos
União Europeia	- 100 horas em 28 dias consecutivos - 900 horas por ano civil - 1.000 horas ao longo de 12 meses consecutivos	- 9 a 13 horas, dependendo da hora do dia e número de setores para operações com a tripulação mínima exigida, prorrogável até 3 horas em caso de tripulação aumentada	- 60 horas de serviço em 7 dias consecutivos - 110 horas de serviço em 14 dias consecutivos - 190 horas de serviço em 28 dias consecutivos
Estados Unidos	- 8 a 9 horas, dependendo da hora do dia (com a tripulação mínima exigida) - 13 horas (com uma tripulação de voo de 3 pilotos) - 17 horas (com uma tripulação de voo de 4 pilotos) - 100 horas em 672 horas consecutivas - 1.000 horas em 365 dias consecutivos	- 9 a 14 horas, dependendo da hora do dia e número de setores (operações com a tripulação mínima exigida) - 13 a 17 horas, dependendo da hora do dia e instalações de repouso (com uma tripulação de voo de 3 pilotos) - 13,5 a 19 horas, dependendo da hora do dia e das instalações de repouso (com uma tripulação de voo de 4 pilotos)	N/A
Canadá	- 8 horas em 24 horas consecutivas (operações com um único piloto) - 112 horas em 28 dias consecutivos - 1.000 horas em 365 dias consecutivos	- 8 a 13 horas, dependendo da duração do voo, hora do dia e número de setores (com uma tripulação de voo de 2 pilotos) - 14 a 15 horas, dependendo das instalações de repouso (com uma tripulação de voo de 3 pilotos) - 15,25 a 18 horas, dependendo das instalações de repouso (com uma tripulação de voo de 4 pilotos)	- 60 ou 70 horas em 7 dias consecutivos, dependendo do tempo de folga - 192 horas em 28 dias consecutivos - 2.200 horas em 365 dias consecutivos
Argentina	- 8 horas em 24 horas consecutivas (com uma tripulação de voo de 2 pilotos) - 13 horas em 24 horas consecutivas (com uma tripulação de voo de 3 pilotos) - 17 horas em 24 horas consecutivas (com uma tripulação de voo de 4 pilotos) - 90 horas por mês e 860 horas por ano (com uma tripulação de voo de 2 pilotos) - 100 horas por mês e 1.000 horas por ano (com uma tripulação de voo de 3 pilotos) - 100 horas por mês e 1.000 horas por ano (com uma tripulação de voo de 4 pilotos)	- 13 horas (operações com uma tripulação de voo de 2 pilotos) - 17 horas (operações com uma tripulação de voo de 3 pilotos) - 22 horas (operações com uma tripulação de voo de 4 pilotos)	N/A
Chile	- 8 horas em 24 horas consecutivas (com tripulação mínima exigida) - 34 horas em 7 dias consecutivos - 100 horas por mês - 1.000 horas por ano	- 12 horas (com uma tripulação de voo de 2 pilotos) - 18 horas (com uma tripulação de voo de 3 pilotos) - 20 horas (com uma tripulação de voo de 4 pilotos)	N/A

Observação: Períodos mais longos previstos na legislação brasileira (ou seja, Apêndice B do RBAC nº 117).
O segmento de um período de serviço de voo entre uma aeronave se movendo pela primeira vez com a finalidade de decolar até parar após o pouso e taxiar para a posição de estacionamento designada.
Fontes: Brasil (RBAC nº 117); UE (Regulamento da Comissão (UE) nº 83/2014 de 29 de janeiro de 2014); EUA (14 CFR Parte 117); Canadá (SOR/96-433, Parte VII, Divisão III); Argentina (Decreto Nacional nº 877/2021); Chile (Resolução 889 EXENTA).

Por exemplo, enquanto o tempo máximo de voo para tripulantes no Brasil é de 16,5 horas (com tripulação de 4 pilotos), na Argentina e nos Estados Unidos é de 17. O regulamento Chileno prevê que a jornada de trabalho de voo máxima pode ser de até 20 horas com uma tripulação de 4 pilotos, período superior às 18 horas da legislação brasileira. Além disso, a limitação anual de tempo de voo estabelecida na legislação brasileira é menor do que jurisdições comparáveis, como Canadá, Chile e Estados Unidos.

Essas limitações aumentam os custos para as companhias aéreas brasileiras em voos de longo curso em comparação com concorrentes estrangeiros. Essas limitações se aplicam apenas às companhias aéreas brasileiras, o que significa que as companhias aéreas estrangeiras que oferecem voos internacionais de e para o Brasil não estão sujeitas às limitações brasileiras de tempo de voo. Isso reduz a concorrência brasileira em relação aos países vizinhos e pode desencorajar investidores estrangeiros de entrar no mercado brasileiro.

Segundo as partes interessadas, essas restrições já impediram as companhias aéreas brasileiras de oferecer voos em algumas rotas, pois o voo não podia ser operado, mesmo com tripulações de quatro pilotos. Embora a ANAC tenha recentemente mitigado esses resultados por meio do RBAC nº 117 (que prevê limitações de tempo de voo e jornada de trabalho mais longas no âmbito de um gerenciamento de risco de fadiga), esses limites ainda estão abaixo de outros países. Além disso, apesar do fato de que desde 2020 as companhias aéreas brasileiras podem estabelecer um SGRF com o objetivo de derrogar as limitações de tempo de voo, as partes interessadas sugerem que a implementação de tal sistema pode ser onerosa. De qualquer forma, muitos países também preveem um SGRF, o que não atenua o impacto das limitações de tempo de voo e jornada de trabalho mais rígidas estabelecidas pela legislação brasileira.

Recomendação

A OCDE recomenda que as autoridades brasileiras considerem a revisão das limitações de tempo de voo e jornada de trabalho, levando em consideração os regulamentos estabelecidos em outras jurisdições, mas também os princípios e conhecimentos científicos relevantes, experiência anterior, questões culturais e a natureza das operações, de acordo com as recomendações da OACI (Organização da Aviação Civil Internacional, 2011, p. 3[125]).

Anexo 2.A. Leilões de slots e comercialização de slots

Este anexo analisará em mais detalhes os leilões de slots e a comercialização de slots, que são duas das soluções mais discutidas para aumentar a concorrência no processo de alocação de slots. Ambas as opções têm vantagens e desvantagens.

Leilão de slots aeroportuários

Vantagens

O leilão de slots pode permitir a alocação da escassa capacidade aeroportuária às companhias aéreas que mais valorizam (ou estão mais dispostas a pagar) e, portanto, fornecerão serviços mais inovadores e competitivos (Egeland and Smale, 2017, p. 27[86]) ; (Bichler et al., 2021[126]).

Se o leilão for adequadamente projetada e gerenciada, ela poderá alocar slots de forma a aumentar a eficiência e incentivar a concorrência entre as companhias aéreas (Egeland and Smale, 2017, p. 27[86]). De fato, os leilões de slots podem reduzir as barreiras à entrada, aumentar o rigor regulatório e evitar a possibilidade de lucros inesperados (Pertuiset and Santos, 2014, p. 67[127]).

O leilão de slots melhoraria o desempenho geral do sistema, no que diz respeito às opções disponíveis entre os mercados de pares de cidades, os atrasos diários dos voos, bem como as considerações financeiras para passageiros e companhias aéreas (Ball, Berardino and Hansen, 2018, p. 187[101]). Além disso, o leilão de slots poderia angariar fundos para o desenvolvimento de novas infraestruturas para ajudar a aliviar o problema da escassa capacidade aeroportuária, onde a expansão é viável (Egeland and Smale, 2017, p. 27[86]).

Os leilões de slots podem substituir total ou parcialmente o mecanismo atual de alocação de slots. Os leilões podem envolver todos os slots (eliminando o grandfather clause) ou apenas slots selecionados (como slots do banco, slots retirados de operadores em exercício ou slots recém-criados).

Projetar leilões de slots inteligentes é, no entanto, um grande desafio. Elas devem ser eficientes quanto à alocação para maximizar o valor da alocação e incentivos compatíveis, dando às companhias aéreas e aeroportos os incentivos necessários para participar e aos participantes do leilão o interesse em relatar sua avaliação honestamente. Elas também precisam ser flexíveis, permitindo que as companhias aéreas desenvolvam uma estratégia para agendar decolagens e pousos, bem como compreensíveis, facilmente implementáveis e transparentes (Pertuiset and Santos, 2014, p. 67[127]).

As publicações acadêmicas sugerem diferentes abordagens para projetar leilões de slots. Um artigo, por exemplo, propõe um mecanismo de leilão Vickrey-Clarke-Groves, que resultaria em uma divisão do conjunto de slots licitados entre vários licitantes, maximizando a renda do vendedor (Pertuiset and Santos, 2014[127]).

Outro artigo observa que os mercados de leilão têm sido usados em todo o mundo em ambientes igualmente desafiadores com resultados bem-sucedidos (Bichler et al., 2021[126]). Além disso, os autores enfatizam os recentes avanços na modelagem econômica, computação e algoritmos, que devem melhorar o projeto da licitação e, consequentemente, a eficiência alocativa.

No entanto, sem uma realocação periódica de slots, os mesmos resultados produzidos pelo presente modelo de alocação de slots seriam reproduzidos. Em outras palavras, um leilão alocando a propriedade irrestrita de slots resultaria em um novo status quo, semelhante ao atual. A realocação periódica de slots por meio de leilões proporcionaria, portanto, um ambiente vibrante e de concorrência, permitindo que uma companhia aérea nova ou em crescimento obtivesse slots em aeroportos congestionados (Bichler et al., 2021[126]) ; (Ball, Berardino and Hansen, 2018, p. 192[101]).

Um outro estudo usou um modelo econômico para investigar a eficácia do leilão de slots aeroportuários e mostrou que um mecanismo de leilão de slots é mais eficaz do que alocações alternativas por um regulador quando há incerteza substancial na demanda (Sheng et al., 2015[128]). Além disso, embora o leilão de alguns slots possa melhorar o bem-estar social, o efeito marginal pode diminuir rapidamente. Em conclusão, o trabalho indicou que os reguladores devem escolher cuidadosamente o número de slots a serem leiloados, pois a aquisição de slots de usuários atuais pode causar ruptura operacional e gerar custos de transação.

Desvantagens

Apesar das vantagens, estudos têm destacado várias limitações dos leilões de slots (Avenali et al., 2015, pp. 32-33[100]) ; (Sheng et al., 2015, p. 82[128]). A principal crítica é que os lances em um leilão de slots não refletiriam o valor social dos slots, mas sim questões de poder de mercado. Normalmente, um leilão é impulsionado pelos lucros dos participantes, que não levam em consideração o bem-estar do consumidor (e o excedente esperado do consumidor dificilmente seria medido de antemão). Além disso, as avaliações dos participantes do leilão dependem da estrutura do mercado (como o grau de concorrência em um determinado mercado) e como o leilão foi projetado, incluindo fatores como o número de slots disponíveis, como os lances podem ser feitos e incentivos de colusão.

A forte complementaridade entre slots de origem e destino também é relevante, e as companhias aéreas podem manipular o leilão. De fato, a literatura descreveu como, quando múltiplos objetos complementares são vendidos que serão posteriormente usados pelos vencedores para competir uns contra os outros em mercados downstream (como direitos de transmissão de eletricidade e gás, licenças móveis e slots de aeroportos), os leilões podem se comportar de maneira problemática, pois podem ser manipulados por licitantes para construir poder de mercado (Jehiel et al., 2003[129]). Nesses casos, as avaliações feitas pelos participantes para os vários objetos do leilão são interdependentes e as alocações para um participante criam externalidades negativas para os outros. Conflitos graves podem ser produzidos entre diferentes objetivos do leilão, especialmente entre maximização de receita e alocação eficiente. Por conseguinte, o leilão de slots poderia acarretar rendas para as companhias aéreas dominantes em detrimento dos interesses dos passageiros (Sheng et al., 2015, p. 82[128]).

A implementação de um sistema de leilão de slots também pode ser difícil do ponto de vista político. Os incumbentes titulares de slots têm fortes interesses contra mudanças e pode ser necessário considerar a compensação por grandfather clauses (Ball, Berardino and Hansen, 2018, p. 201[101]). Além disso, a retirada de slots de incumbentes traz o risco de uma ruptura extrema no mercado de companhias aéreas, especialmente para programação de rotas de companhias aéreas e para aeroportos que dependem de companhias aéreas parceiras de longo prazo para seus negócios. Isso também pode afetar significativamente os valores de negócios das companhias aéreas (Egeland and Smale, 2017, p. 28[86]).

Experiência internacional

Em 2008, a Administração Federal de Aviação dos Estados Unidos (FAA) se esforçou para leiloar 10% dos slots nos três principais aeroportos de Nova York: JFK, LaGuardia e Newark.[146] A proposta foi alvo de fortes críticas, principalmente da IATA, das companhias aéreas incumbentes e das operadoras de aeroportos, que argumentaram que o leilão produziria um efeito adverso na operação aeroportuária, nos serviços das companhias aéreas e na qualidade dos serviços ao consumidor. A proposta foi contestada perante o Tribunal de Justiça dos EUA para o Circuito do Distrito de Columbia e depois completamente abandonada (Avenali et al., 2015, p. 28[100]) ; (Sheng et al., 2015, p. 81[128]).

Em 2015, a China anunciou que usaria, pela primeira vez, uma abordagem de mercado para alocar 50% dos slots recém-criados para voos domésticos nos aeroportos Guangzhou Baiyun e Shanghai Pudong.[147] Em Guangzhou Baiyun, nove pares de slots foram leiloados por um período de três anos. Os vencedores foram as quatro maiores companhias aéreas estatais chinesas e suas subsidiárias, embora algumas companhias aéreas privadas tenham participado do processo. Uma loteria (modelo "sorteio mais cobrança") foi usada no aeroporto de Shanghai Pudong para a alocação dos slots disponíveis, e seis companhias aéreas chinesas obtiveram slots, incluindo algumas pequenas companhias aéreas. Em ambos os casos, os vencedores foram autorizados a transferir, arrendar e vender os slots durante todo o período de alocação (Wen, 2015[130]) ; (Ballantyne, 2016[131]) ; (Administração de Aviação Civil da China, 2016[132]) ; (Administração de Aviação Civil da China, 2016[133]). Essa experiência mostrou que o leilão de slots não leva necessariamente a mais concorrência no mercado, embora isso possa ser um resultado possível.

Comercialização de slots aeroportuários

Vantagens

A comercialização de slots secundários pode ser uma alternativa para melhorar a alocação de slots em aeroportos congestionados sem alterar a alocação primária (o esquema administrativo tradicional). A negociação de slots monetizados poderia exercer pressão do mercado para aliviar a utilização ineficiente de slots e aumentar a eficiência econômica, uma vez que as companhias aéreas que mais valorizam slots seriam capazes de comprá-los, independentemente da alocação inicial (Haylen and Butcher, 2017, p. 18[97]) ; (Egeland and Smale, 2017, p. 28[86]). O aumento da eficiência desse regime incentivaria os serviços de longa distância em relação aos de curta distância e os maiores em relação às aeronaves menores, e aumentaria o número médio de passageiros por slot.[148] De fato, as publicações indicam que há maior eficiência no uso de slots para aeronaves maiores em distâncias maiores com maior carga útil de passageiros (de Wit and Burghouwt, 2008, p. 154[134]) ; (Mott MacDonald e Comissão Europeia, 2006, pp. 1-11[135]).

A comercialização de slots permitiria às companhias aéreas reconhecer o custo de oportunidade dos slots, incluindo o custo de manter os slots em usos de baixo valor. Isso estabeleceria um mercado de slots e seria mais fácil para novas companhias aéreas entrarem no mercado e para companhias aéreas menores expandirem seus serviços, promovendo mais mobilidade de slots (Guiomard, 2018, p. 132[136]).

Permitir a comercialização de slots também pode impedir fusões com o objetivo de incorporar slots de uma terceira empresa, sem maior eficiência, o que é comum em jurisdições onde a comercialização de slots é ilegal.

Além disso, a capacidade de participar de um mercado de slots secundários pode levar a um aumento nos valores patrimoniais das companhias aéreas, pois elas poderiam incluir avaliações de slots como ativos em seus balanços. Além disso, as companhias aéreas podem obter maior acesso aos mercados de dívida se os slots puderem ser dados em garantia, o que pode ser particularmente relevante para as companhias aéreas que enfrentam dificuldades financeiras (Mott MacDonald e Comissão Europeia, 2006[135]). No entanto, isso pode acabar favorecendo as companhias aéreas incumbentes que controlam a maioria dos slots e, assim, simplesmente aumentam ainda mais seu poder de mercado.

Desvantagens

Existem várias preocupações sobre a capacidade da comercialização de slots de obter uma distribuição de slots mais eficiente e competitiva. Uma é que um conjunto de fatores pode restringir a concorrência no mercado secundário de slots, por exemplo, as companhias aéreas podem acumular slots e não ceder slots proeminentes para concorrentes. Além disso, as companhias aéreas dominantes podem se envolver em licitações predatórias de slots para manter os operadores fora do mercado e reforçar seu domínio em aeroportos congestionados (Haylen and Butcher, 2017[97]) ; (Starkie, 2003, p. 59[137]) ; (Egeland and Smale, 2017, p. 28[86]). No entanto, de acordo com o *Office of Fair Trading* (OFT) do Reino Unido - agora a Autoridade de Concorrência e Mercados (CMA) - é improvável que este resultado seja produzido nos casos em que a companhia aérea ainda não tenha uma posição forte antes da negociação secundária e não seria o resultado da própria negociação secundária (Departamento de Comércio Justo do Reino Unido, 2005[138]).

Uma possível solução para essa preocupação seria o estabelecimento de um limite de slots para cada companhia aérea em um determinado aeroporto congestionado. Essa restrição impediria as empresas de comprar slots se já tiverem uma participação de mercado relevante no aeroporto (Secretaria Nacional de Aviação Civil, 2020[139]). No entanto, deve-se ter cuidado com essa medida, pois ela pode prejudicar uma distribuição mais eficiente de slots, que é o principal objetivo da comercialização de slots. Outras condições possíveis na comercialização de slots para promover a concorrência e a eficiência são licitações, preços de congestionamento ou pico de carga e negociação por meio de uma câmara de compensação (OCDE, 2014, p. 17[92]). A introdução de condições para permitir que um novo operador venda seus slots para companhias aéreas incumbentes também pode contribuir para a igualdade de condições de concorrência.

Outras obstáculos potenciais da comercialização de slots são indicadas nas publicações econômicas. Por exemplo, devido à assimetria de informações e à falta de transparência, os compradores e vendedores em potencial podem não conseguir se encontrar. Além disso, uma vez que os slots conferem às companhias aéreas flexibilidade relativamente ao desenvolvimento futuro da rede, as companhias aéreas podem ser induzidas a manter os seus slots, mesmo que não sejam necessárias no momento. Além disso, as companhias aéreas não podem vender slots devido à incerteza sobre a estabilidade do regime de gerenciamento de slots (Avenali et al., 2015, p. 33[100]).

Experiência internacional

Na União Europeia, o Regulamento do Conselho (CEE) nº 95/93, alterado pelo Regulamento (CE) nº 793/2004, não proíbe expressamente a negociação de slots secundários. Embora as compensações financeiras para a negociação de slots fossem consideradas ilegais, no caso Guernsey, ouvido em 1999, os tribunais do Reino Unido consideraram a prática legal e de acordo com o Regulamento nº 95/93 (Guiomard, 2018, p. 130[136]). Desde então, desenvolveu-se um mercado cinza de comércio secundário e câmbio monetário, especialmente no Heathrow, de Londres. Em 2008, a Comissão Europeia emitiu uma clarificação do Regulamento nº 95/93, em linha com o modelo do Reino Unido (Pertuiset and Santos, 2014, p. 67[127]).

Um relatório de 2011 indicou que não estava claro se o comércio secundário estava ocorrendo em outros aeroportos da UE, e que o comércio de slots parecia estar limitado principalmente aos aeroportos de Londres Heathrow e Gatwick (então na UE), embora essa conclusão possa ser parcialmente devida à falta de transparência (Steer Davies Gleave, 2011, pp. 84-85[95]).

A Autoridade de Aviação Civil do Reino Unido (CAA) afirma que o mercado secundário ajuda as companhias aéreas a aumentar sua presença em aeroportos congestionados, como Heathrow, de Londres, uma vez que esses aeroportos estão operando em plena capacidade e apenas um número muito pequeno de slots do banco está disponível para alocação (Autoridade de Aviação Civil, 2014, pp. 84-85[140]).

Por exemplo, no Heathrow, de Londres, em 2016, apenas 22 slots foram disponibilizados pelo banco, mas 224 slots foram negociados no mercado secundário (Haylen and Butcher, 2017, p. 6[97]). A Figura do Anexo 2.A.1 indica o número de slots negociados, bem como slots disponíveis no banco, de 2000 a 2016. Isso mostra que a negociação de slots aumentou nos últimos anos, enquanto os slots do banco caíram significativamente.

Figura do Anexo 2.A.1. Transferências anuais de slots no Heathrow, de Londres, 2000-16

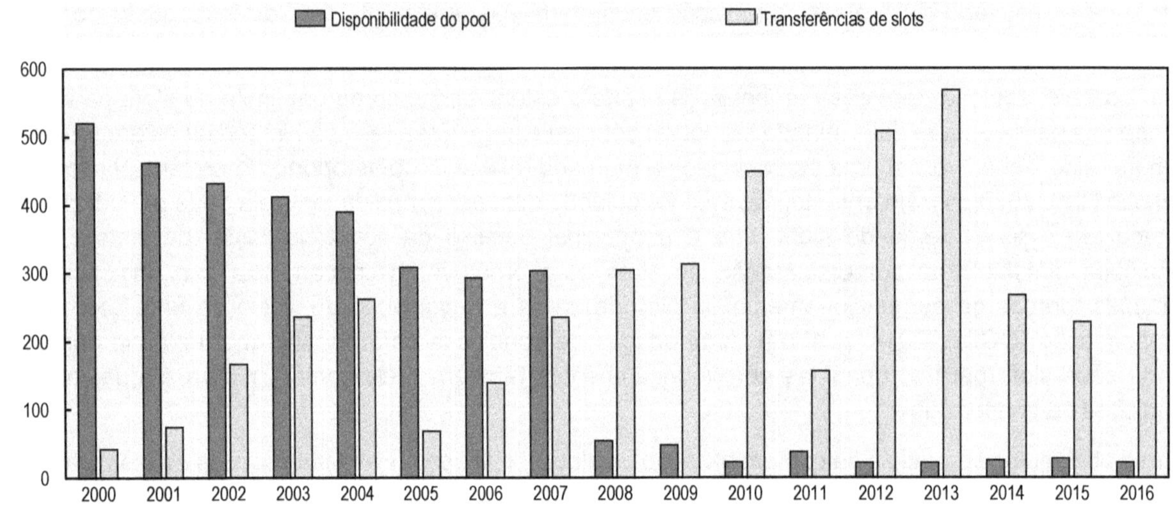

Fonte: (Haylen and Butcher, 2017, p. 7[97]) e Coordenação Aeroportuária Limitada (ACL, https://docplayer.net/45802381-Acl-slot-coordination.html.

Os preços pagos pelas companhias aéreas no mercado secundário variam consideravelmente de acordo com a hora e o dia. Um estudo de 2017 descobriu que os preços de slots no aeroporto Heathrow, de Londres, estavam em torno de GBP 15 milhões para um par de slots de manhã cedo; GBP 10 milhões ao meio-dia; e GBP 5 milhões à noite. Em casos anteriores, as companhias aéreas já pagaram até US$ 75 milhões por um par de slots, embora muitas transações não sejam divulgadas publicamente (Haylen and Butcher, 2017, p. 7[97]).

Evidências empíricas do aeroporto Heathrow, de Londres, mostram que um mercado secundário ajudou as companhias aéreas dominantes, como a British Airways, a aumentar a participação de mercado no aeroporto, mas também ajudou as companhias aéreas fortes de segunda linha, incluindo a Virgin Atlantic, a emergir e competir efetivamente com elas. A comercialização de slots também permitiu um uso mais eficiente da capacidade aeroportuária, uma vez que os slots negociados foram utilizados para voos com maior capacidade média de assentos e maiores durações médias de cada etapa (Avenali et al., 2015, p. 33[100]); (de Wit and Burghouwt, 2007, pp. 51-52[141]).

Resultados mistos de negociação de slots também foram observados em aeroportos congestionados dos EUA, onde foram encontrados mercados secundários de slots. Por um lado, a capacidade congestionada do aeroporto foi utilizada de forma mais eficiente e a mobilidade dos slots cresceu, resultando em um mercado relativamente fluido e dinâmico. Os slots tornaram-se um ativo valioso, que pode ser particularmente relevante durante as crises econômicas. Por outro lado, a comercialização de slots foi associada à consolidação e concentração de mercado, especialmente em Chicago O'Hare, hub da American Airlines e United Airlines. Nesse aeroporto, alguns sugerem que os slots não têm sido utilizados de forma eficiente, uma vez que foram empregados para a operação de jatos regionais nos sistemas de ponto de conexão das duas companhias aéreas, em vez de se limitarem a voos de longo curso com aeronaves maiores (de Wit and Burghouwt, 2007, pp. 52-53[141]).

Este resultado nos aeroportos dos EUA em geral não é evidente. Por exemplo, um artigo de 2007 destacou que as características de um aeroporto também podem desempenhar um papel (de Wit and Burghouwt, 2007, pp. 48, 53[141]). Por exemplo, em Chicago O'Hare, os slots continuaram a acomodar pequenos jatos regionais após a introdução do comércio secundário. Isso estaria alinhado com a orientação econômica do aeroporto, que é ser um hub nacional para duas grandes companhias aéreas dos EUA, permitindo que elas aproveitem as economias da rede e resultando em um uso mais eficiente do aeroporto. No LaGuardia de Nova York, observou-se um aumento no tamanho das aeronaves após a implementação da negociação de slots, o que se justifica por ser um aeroporto doméstico, servido por muitas companhias aéreas americanas. Os autores também duvidaram que a comercialização de slots secundários tivesse uma relação causal com a concentração em aeroportos restritos nos EUA. Na opinião deles, outros fatores estão em jogo, como a consolidação no setor aéreo dos EUA.

Ao longo dos anos, a Comissão Europeia realizou vários estudos sobre os efeitos da comercialização de slots no mecanismo de alocação de slots da UE para informar uma possível reforma regulatória sobre o assunto. Em geral, esta pesquisa indicou ganhos substanciais com a implementação de esquemas de mercado para alocação de slots. Por exemplo, um estudo de 2006, baseado em uma avaliação de oito aeroportos da UE altamente congestionados, estimou que o comércio de slots secundários melhoraria o bem-estar dos consumidores em até 31 bilhões de euros por ano e o bem-estar dos produtores em até 1 bilhão de euros por ano, às taxas de 2006 (Mott MacDonald e Comissão Europeia, 2006[135]).[149] Também estimou uma melhora nas finanças dos principais aeroportos em cerca de 7% e fortes benefícios para as economias em torno desses aeroportos. No entanto, as conclusões do impacto na concorrência das companhias aéreas são variadas. Espera-se que as companhias aéreas dominantes existentes aumentem a participação de slots de uma média de 47% para cerca de 49%. Consequentemente, a concorrência entre os principais hubs europeus provavelmente aumentará. Os voos de longo curso tendem a ser mais concorrentes do que os voos intra-UE. Prevê-se também um ligeiro aumento da diversidade de usuários nos aeroportos nos diferentes tipos de rotas. Além disso, prevê-se que o impacto nas rotas para pontos periféricos seja negativo, a menos que sejam protegidos, pois podem ser forçados a sair de aeroportos congestionados para aeroportos secundários.

Para mitigar alguns efeitos anticompetitivos, o estudo propõe medidas como a proibição de cláusulas restritivas nos contratos de troca de slots que proíbem o uso de slots em concorrência com o vendedor; policiamento ativo por parte das autoridades da concorrência no mercado de slots; e operar a negociação de slots "às cegas", evitando que os participantes saibam de quem estão comprando slots disponíveis (Mott MacDonald e Comissão Europeia, 2006, pp. 10-18[135]).

Anexo 2.B. Quantificação do impacto nas passagens aéreas de facilitar a entrada nos mercados de distribuição de combustível de aviação

A OCDE recomenda mudanças na regulamentação de distribuição de combustível de aviação no Brasil, a fim de reverter as restrições à entrada. Uma recomendação é que os operadores aeroportuários devem garantir o livre acesso para novos fornecedores de combustível. Espera-se que esta política de acesso enderece segurança, proteção e proteção ambiental. A política garantiria que os incumbentes forneceriam acesso aos concorrentes ao mesmo tempo em que os investimentos fossem recuperáveis. Espera-se que essas mudanças regulatórias, se implementadas, afetem os mercados de combustível de aviação, promovendo a entrada e reduzindo os preços por meio de mais concorrência.

Menores custos de combustível de aviação levariam a prováveis reduções nos preços das passagens aéreas, o objetivo final das mudanças regulatórias. Seu impacto estimado nos benefícios ou excedentes de passagens aéreas dos passageiros pode ser calculados por:

$$CB = (\rho + \frac{1}{2}|\epsilon|\rho^2)R_i$$

Equation 1

CB é a medida de benefício ou excedente do consumidor (passageiro) em reais (R$); ρ a variação percentual nos preços das passagens aéreas relacionadas à entrada no mercado de distribuição de combustível; *R* a receita da passagem aérea no local *i*; e $|\epsilon|$ o valor absoluto da elasticidade-preço da demanda por viagens aéreas (OCDE, 2019[61]) ; (OCDE, 2019[142]).

A simulação pressupõe que haverá um repasse da redução do custo do combustível para as passagens aéreas. O repasse de custos para preços tem sido estudado em detalhes nas publicações para companhias aéreas e combustível de aviação. Uma recente e melhor estimativa sugere uma elasticidade de repasse de 0,66 (Gayle and Lin, 2021[143]).[150]

Os benefícios dos passageiros de uma mudança nos regulamentos foram calculados para aeroportos internacionais selecionados: Guarulhos (GRU) no Estado de São Paulo; Galeão (GIG) no Estado do Rio de Janeiro; e Brasília (BSB) no Distrito Federal. Esses aeroportos foram selecionados porque são ou em breve serão conectados diretamente a dutos de combustível de aviação[151] e juntos são responsáveis por cerca de um terço das viagens regulares com um aeroporto brasileiro como origem (28% das decolagens nacionais e 34% do volume de passageiros em 2019), segundo banco de dados da Agência Nacional de Aviação Civil (ANAC).[152]

A Tabela Anexa 2.B.1 mostra os resultados da agregação de dados da ANAC para receitas de passagens aéreas. Os dados apresentam o valor das receitas agregadas para 2019 para rotas em que o respectivo aeroporto foi a origem para destinos domésticos e internacionais. Os dados de assentos e tarifas divulgados pela ANAC usados para calcular a receita anual de passagens são mensais para cada empresa, aeroporto de origem e destino.[153] Os dados de 2019 foram usados como base para as simulações, já que o setor de viagens aéreas tem sido particularmente afetado pela pandemia de COVID-19 desde 2020.

Tabela Anexa 2.B.1. Receita de passagens aéreas, em milhões de R$, por aeroporto de origem, 2019

Aeroporto	2019
São Paulo Guarulhos (GRU)	2423
Brasília (BSB)	1069
Rio de Janeiro Galeão (GIG)	902

Fonte: OCDE, com base em dados da ANAC.

As estimativas de mercado da mudança de preço após a entrada em um mercado aeroportuário para distribuição de combustível de aviação foram obtidas a partir de um teste de mercado realizado pelo Sistema Brasileiro de Defesa da Concorrência (SBDC) em um ato de concentração (Tabela Anexa 2.B.2).[154] As informações obtidas refletem a percepção do player de mercado após a entrada em mercados relevantes geográficos selecionados, Galeão (GIG) no Rio de Janeiro e Brasília (BSB). A Tabela Anexa 2.B.2 mostra que, após a entrada, os players obtiveram uma participação de mercado razoável e foram capazes de afetar as condições do mercado. A OCDE estima que a queda do preço do combustível de aviação nesses mercados seja de 2 a 3% em termos reais.

Tabela Anexa 2.B.2. As estimativas da Air BP de mudanças no preço do combustível de aviação ocorreram após a entrada

Aeroporto	Data de entrada	Distribuidor de combustível	Participação obtida	Alteração no preço do combustível de aviação
Galeão (GIG)	Maio 2008	Air BP	5-10%	**~ -2%**
Brasília (BSB)	Outubro 2005	Esso/Cosan	10-15%	**~ -3%**
Brasília (BSB)	Outubro 2006	Air BP	5-10%	**~ -3%**

Fonte: AIR BP - Doc nº 10,840/2009/GOGCE/SEAE/MF - AC 08012.004341/2009-73. Divulgado pelo Conselheiro César Mattos em seu voto. AC 08012.004341/2009-73, vol. 3, doc nº 0047153, p. 671.

Essas estimativas de redução de preços são relevantes uma vez que, por exemplo, o percentual médio de margem bruta do preço final na distribuição de combustível de aviação foi de 10% entre janeiro de 2017 e 2018, variando em cerca de 8% a 12% (ANP/ANAC, 2019, p. 13[76]).

O valor de ρ para tarifas aéreas é calculado tomando o produto entre a redução de 2 a 3% no preço do combustível de aviação e a taxa de repasse de 0,66 do combustível de aviação para os preços das passagens aéreas. Portanto, após a implementação bem-sucedida das mudanças regulatórias, as reduções estimadas nos preços das passagens aéreas estariam na faixa de 1,3% a 2,0%. Ambas as estimativas são mostradas na Tabela Anexa 2.B.3.

O valor absoluto da elasticidade de preço da demanda de passagens aéreas utilizado na análise varia de 1,15 a 0,99, que segue estimativas das publicações para o setor brasileiro que estão alinhadas com as estimativas internacionais, conforme visto na Tabela Anexa 2.B.3. Ambos os valores alternativos também estão incluídos em nossas estimativas de benefícios ao consumidor na Tabela Anexa 2.B.4.

Tabela Anexa 2.B.3. Estimativas da elasticidade de preço da demanda por viagens aéreas, revisão de literatura

Artigo	Elasticidade da demanda
Pompermeyer et al. (2019), "Elasticidade-Preço e Elasticidade-Renda de Passageiros por Modo de Transporte para Projeção de Matrizes Origem-Destino Nacional", *RADAR*, nº 61, 29-31 dezembro, http://repositorio.ipea.gov.br/bitstream/11058/10128/1/Radar_61_elasticidade-pre%C3%A7o.pdf.	-1,151
Frazão, J. e A. Oliveira (2020), "Distribuição de renda e demanda por transporte aéreo: uma especificação de modelo econométrico para o mercado doméstico brasileiro", *Transportes* 28:3, p. 1-13.	-0,99
Comissão Europeia, Direção-Geral da Mobilidade e dos Transportes (2019), *Taxas no campo da aviação e seu impacto: relatório final*, Serviço de Publicações, p. 55.	-1,12 a -0,80

Tabela Anexa 2.B.4. Quantificação do benefício ao consumidor (passageiros), por aeroporto, considerando dados de 2019

Aeroporto	Alteração no preço do combustível de aviação	Alteração no preço da passagem aérea	Receita (em milhões, R$)	Elasticidade da demanda de passagens aéreas (valor absoluto)	Benefício ao consumidor (em milhões, R$)
São Paulo Guarulhos	3%	2,0%	2 423,62	1,15	**48,53**
	2%	1,3%	2 423,62	1,15	**32,23**
	2%	1,3%	2 423,62	0,99	**32,20**
	3%	2,0%	2 423,62	0,99	**48,46**
Rio de Janeiro Galeão	3%	2,0%	902,33	1,15	**18,07**
	2%	1,3%	902,33	1,15	**12,00**
	2%	1,3%	902,33	0,99	**11,99**
	3%	2,0%	902,33	0,99	**18,07**
Brasília	3%	2,0%	1 069,82	1,15	**21,42**
	2%	1,3%	1 069,82	1,15	**14,23**
	2%	1,3%	1 069,82	0,99	**14,21**
	3%	2,0%	1 069,82	0,99	**21,39**

Fonte: Estimativas da OCDE com base em dados da ANAC e parâmetros das publicações.

Tabela Anexa 2.B.5. Benefício total ao consumidor, considerando os dados de 2019

Alteração no preço do combustível de aviação	Alteração no preço da passagem aérea	Elasticidade da demanda de passagens aéreas	Benefício total ao consumidor (em milhões, R$)
3%	2,0%	1,15	**88,03**
2%	1,3%	1,15	**58,46**
2%	1,3%	0,99	**58,40**
3%	2,0%	0,99	**87,89**

Fonte: Estimativas da Tabela 2.B.4

O benefício anual para os passageiros de uma possível entrada no mercado de distribuição de combustível de aviação decorrente do aumento da concorrência nos três aeroportos mais relevantes do Brasil é estimado entre R$ 58,40 milhões e R$ 88,03 milhões por ano.

Esse benefício pode aumentar ao longo dos anos com o crescimento econômico e o aumento da demanda de passageiros por viagens aéreas. O Ministério dos Transportes do Brasil tem estimativas sobre o crescimento das viagens de passageiros por aeroporto, variando de 3,9% a 5,4% dependendo do ano e do aeroporto (Ministério dos Transportes, 2018[144]). A OCDE usou essas taxas de crescimento anual dos aeroportos para calcular os benefícios até 2032 (Tabela Anexa 2.B.6).

Tabela Anexa 2.B.6. Benefícios para o consumidor, 2022-2032

3% de redução no preço do combustível e flutuação do preço de 1,15				2% de redução no preço do combustível e flutuação do preço de -0,99			
Ano	**BSB**	**GIG**	**GRU**	**Ano**	**BSB**	**GIG**	**GRU**
2022	24,44	19,93	53,26	2022	16,22	13,22	35,33
2023	25,45	20,83	55,62	2023	16,88	13,82	36,90
2024	26,47	21,75	58,03	2024	17,56	14,43	38,50
2025	27,52	22,69	60,51	2025	18,26	15,06	40,14
2026	28,59	23,66	63,05	2026	18,97	15,70	41,83
2027	29,69	24,65	65,65	2027	19,70	16,36	43,56
2028	31,06	25,88	68,86	2028	20,60	17,17	45,69
2029	32,63	27,27	72,53	2029	21,65	18,09	48,12
2030	34,29	28,75	76,42	2030	22,75	19,07	50,70
2031	36,05	30,31	80,52	2031	23,92	20,11	53,42
2032	37,89	31,96	84,85	2032	25,14	21,20	56,29
Total 2022-2031	334,07	277,68	739,28	Total 2022-2031	221,64	184,24	490,49
Total: R$ 1 351 milhões				**Total: R$ 896 milhões**			

Fonte: Estimativas da OCDE com base em dados da ANAC e parâmetros das publicações.

O benefício total estimado para o consumidor nos próximos 10 anos (de 2022 a 2032) varia de R$ 896 milhões a R$ 1.351 milhões.

References

ABEAR (2021), *"Voos Programados para 2021"*, http://www.jota.info/wp-content/uploads/2021/02/abear-brochura-bsb2021-digital-a-partir-da-pagina-10-1.pdf. [18]

ABEAR (2021), *Panorama 2020: o setor aéreo em dados e análises*, http://www.abear.com.br/wp-content/uploads/2021/08/Panorama2020-vf.pdf. [2]

ABESATA (2022), *"Certificação de Regularidade em Serviços Auxiliares ao Transporte Aéreo – CRES"*, https://cres.abesata.org/sobre. [147]

ABESATA (2016), *Panorama dos serviços auxiliares do transporte aéreo no Brasil*, http://www.abesata.org/br/panorama-2016. [64]

ACIL Allen Consulting (2018), *Competition in the Jet Fuel Supply Market: Submission to the Productivity Commission Inquiry into Airport Competition*, https://acilallen.com.au/uploads/projects/181/ACILAllen_JetFuel_2018-1593412678.pdf. [78]

Administração de Aviação Civil da China (2016), *"Pilot Auctioning of Time Slots of Guangzhou Baiyun International Airport"*, http://www.caac.gov.cn/en/XWZX/201601/t20160115_26630.html. [132]

Administração de Aviação Civil da China (2016), *Results of Pilot Lottery for Market-based Allocation of Time Slots at Pudong Airport Come Out*, http://www.caac.gov.cn/en/XWZX/201602/t20160218_28439.html. [133]

Administração de Aviação Federal/Gabinete da Força-Tarefa do Secretário de Transporte (1999), *Airport Business Practices and Their Impact on Airline Competition*, FAA, http://www.faa.gov/airports/aip/media/airport-business-practices-and-their-impact-on-airline-competition.pdf. [33]

Agência Europeia para a Segurança da Aviação (2016), *"Training outside approved training organisations, Opinion No 11/2016*, http://www.easa.europa.eu/downloads/21334/en. [116]

Air Transport Action Group (2020), *Aviation - Benefits beyond borders*, ATAG, https://aviationbenefits.org/. [111]

Air Transport Research Society (2019), *Airport Benchmarking Report 2019: Global Standards for Airport Excellence*, Embry-Riddle Aeronautical University, http://www.atrsworld.org/airport-benchmarking. [60]

Air Transport Research Society (2019), *Airport Benchmarking Report 2019: Global Standards for Airport Excellence*, Embry-Riddle Aeronautical University. [93]

ANAC (2022), *"Escolas de Aviação Civil"*, https://sistemas.anac.gov.br/educator/Index2.aspx. [115]

ANAC (2022), *"Licenças Emitidas"*, https://www.anac.gov.br/acesso-a-informacao/dados-abertos/areas-de-atuacao/pessoal-da-aviacao-civil/licencas-emitidas. [114]

ANAC (2022), *Consulta Interativa – Indicadores do Mercado de Transporte Aéreo*, https://www.gov.br/anac/pt-br/assuntos/dados-e-estatisticas/mercado-de-transporte-aereo/consulta-interativa. [105]

ANAC (2021), *"Brazilian Civil Aviation Sector"*, http://www.anac.gov.br/en/about-anac/brazilian-civil-aviation-sector. [9]

ANAC (2021), *Agenda Regulatória 2021-2022*, https://www.gov.br/anac/pt-br/acesso-a-informacao/participacao-social/agenda-regulatoria/agenda-regulatoria-2021-2022. [108]

ANAC (2021), *Características do mercado de transporte aéreo público: uma visão do mercado no Brasil e comparação dos níveis de concentração com outros países. Texto para Discussão, 01*, http://www.gov.br/anac/pt-br/centrais-de-conteudo/publicacoes/textos-para-discussao/textos/td-01-caracteristicas-do-mercado-de-transporte-aereo-publico-v201911.pdf. [7]

ANAC (2021), *Cartilha de orientações para empresas aéreas*, http://www.gov.br/anac/pt-br/centrais-de-conteudo/publicacoes/publicacoes-arquivos/cartilha-orientacao-para-empresas-aereas_v3.pdf/view. [19]

ANAC (2018), *"Metodologia de Acompanhamento das Tarifas Aéreas Domésticas"*, http://www.gov.br/anac/pt-br/assuntos/regulados/empresas-aereas/envio-de-informacoes/tarifas-aereas-domesticas-1/metodologia-de-acompanhamento-das-tarifas-aereas-domesticas. [146]

ANP (2021), *Anuário estatístico brasileiro do petróleo, gás natural e biocombustíveis: 2021*, http://www.gov.br/anp/pt-br/centrais-de-conteudo/publicacoes/anuario-estatistico/arquivos-anuario-estatistico-2021/anuario-2021.pdf. [67]

ANP/ANAC (2019), *Nota Técnica Conjunta nº 001/2019/ANP-ANAC*, http://www.gov.br/mme/pt-br/assuntos/secretarias/petroleo-gas-natural-e-biocombustiveis/abastece-brasil/subcomites/Nota_Tecnica_Conjunta_001_2019_ANP_ANACcompactado.pdf. [76]

Araújo, S. and D. Sutherland (2010), "Public-Private Partnerships and Investment in Infrastructure", *OECD Economics Department Working Papers*, No. 803, OECD Publishing, Paris, https://doi.org/10.1787/5km7jf6q8f0t-en. [27]

Associação Internacional de Transportes Aéreos (2022), *"Worldwide Airport Slots"*, http://www.iata.org/en/policy/slots/#tab-8. [88]

Associação Internacional de Transportes Aéreos (2021), *"Valor da Aviação – Judicialização"*, https://valordaaviacao.org.br/judicializacao/. [17]

Associação Internacional de Transportes Aéreos (2020), *"Demand Triggers for Airport Investments – Best Practice"*, IATA, http://www.gov.br/anac/pt-br/assuntos/concessoes/sexta-rodada/consulta-publica-no-03-2020/05-anexos-das-contribuicoes/11915-iata.pdf. [51]

Associação Internacional de Transportes Aéreos (2020), *Annual Review 2020*, IATA, http://www.iata.org/contentassets/c81222d96c9a4e0bb4ff6ced0126f0bb/iata-annual-review-2020.pdf. [4]

Associação Internacional de Transportes Aéreos e Deloitte (2018), *Airport Ownership and Regulation, IATA Guidance Booklet*, IATA, http://www.iata.org/contentassets/4eae6e82b7b948b58370eb6413bd8d88/airport-ownership-regulation-booklet.pdf. [22]

Austrália (2009), *National Aviation Policy White Paper: Flight Path to the Future*, Department of Infrastructure, Transport, Regional Development and Local Government, http://www.infrastructure.gov.au/sites/default/files/migrated/aviation/publications/files/Aviation_White_Paper_final.pdf. [41]

Autoridade de Aviação Civil (2014), *Discussion paper on the regulatory treatment of issues associated with airport capacity expansion, CAP 1195*, https://publicapps.caa.co.uk/docs/33/CAP%201195%20regulatory%20paper.pdf. [140]

Autoridade de Concorrência e Mercados (2016), *BAA airports: Evaluation of the Competition Commission's 2009 market investigation remedies*, CMA, https://assets.publishing.service.gov.uk/media/57399d43ed915d152d00000b/evaluation_of_baa__market_investigation_remedies.pdf. [40]

Avenali, A. et al. (2015), "An incentive pricing mechanism for efficient airport slot allocation in Europe", *Journal of Air Transport Management*, Vol. 42, pp. 27-36, https://doi.org/10.1016/j.jairtraman.2014.07.009. [100]

Ávila, H. (2020), *Análise econômica do Direito e ativismo judicial: impacto da judicialização no transporte aéreo*, http://www.jota.info/opiniao-e-analise/colunas/coluna-da-abde/analise-economica-do-direito-e-ativismo-judicial-impacto-da-judicializacao-no-transporte-aereo-21032020. [14]

Ballantyne, T. (2016), *"China ignores IATA's reservations about its new slot auctions"*, http://www.orientaviation.com/articles/1703/china-ignores-iata%E2%80%99s-reservations-about-its-new-slot-auctions. [131]

Ball, M., F. Berardino and M. Hansen (2018), "The use of auctions for allocating airport access rights", *Transportation Research*, Vol. 114/A, pp. 186-202, https://doi.org/10.1016/j.tra.2017.09.026. [101]

Bichler, M. et al. (2021), *It is time to auction slots at congested airports, VoxEU, 10 January 2021*, https://voxeu.org/article/it-time-auction-slots-congested-airports. [126]

Bronchi, C. (2003), "The Effectiveness of Public Expenditure in Portugal", *OECD Economics Department Working Papers*, No. 349, OECD Publishing, Paris, https://doi.org/10.1787/636037755640. [47]

CADE (2022), *"Cade prorroga cronograma para venda de refinarias pela Petrobras"*, http://www.gov.br/cade/pt-br/assuntos/noticias/cade-prorroga-cronograma-para-venda-de-refinarias-pela-petrobras. [71]

CADE (2020), *"Nota Técnica Nº 31/2020/CGAA4/SGA1/SG/CADE"*, https://sei.cade.gov.br/sei/modulos/pesquisa/md_pesq_documento_consulta_externa.php?DZ2uWeaYicbuRZEFhBt-n3BfPLlu9u7akQAh8mpB9yN578muWdmGhityNwioM5b0A4zG-hF51XDIDOqKjY2UcCI6UalbowZU4F_Ixv1-P_LA6cWlpILhBo1271GGDlw5. [75]

CADE (2020), *CADE Yearbook 2019*, https://cdn.cade.gov.br/portal-ingles/topics/publications/cade-yearbook/CADE%20Yearbook%202019_final.pdf. [70]

CADE (2017), *Cadernos do Cade: Mercado de Transporte Aéreo de Passageiros e Cargas*, https://cdn.cade.gov.br/Portal/centrais-de-conteudo/publicacoes/estudos-economicos/cadernos-do-cade/mercado-de-transporte-aereo-de-passageiros-e-cargas-2017.pdf. [6]

CADE (2017), *Mercado de Transporte Aéreo de Passageiros e Cargas*, https://cdn.cade.gov.br/Portal/centrais-de-conteudo/publicacoes/estudos-economicos/cadernos-do-cade/mercado-de-transporte-aereo-de-passageiros-e-cargas-2017.pdf. [109]

CADE (2016), *Guide for Horizontal Merger Review*, https://cdn.cade.gov.br/Portal/centrais-de-conteudo/publicacoes/guias-do-cade/GUIDE%20FOR%20HORIZONTAL%20MERGER%20REVIEW.pdf. [145]

Callaci, B. (2020), *Fissuring in Flight: Consolidation and Outsourcing in the US Domestic Airline Industry, 1997-2018*, Communications Workers of America, https://cwa-union.org/sites/default/files/20200108-fissuring-in-flight.pdf. [122]

Castro, M. et al. (2019), *"A Efetividade das Concessões de Aeroportos no Brasil"*, Universidade de Brasília, https://conferencias.unb.br/index.php/ICTS/1ICTS/paper/viewFile/15990/2509. [30]

Chevron (2007), *Aviation Fuels: Technical Review*, Chevron, http://www.chevron.com/-/media/chevron/operations/documents/aviation-tech-review.pdf. [74]

Civil Aviation Safety Authority (2022), *"Licences and Certificates"*, http://www.casa.gov.au/licences-and-certificates. [154]

Comision Federal de Competencia (2007), *"Oficio PRES-10-096-2007-182"*, https://www.cofece.mx/cfcresoluciones/Docs/Mercados%20Regulados/V2/7/1382537.pdf. [44]

Comisión Federal de Competencia Económica (2022), *"Dictamen Preliminar de la Cofece identifica barreras a la competencia a lo largo de la cadena de valor de la turbosina en México"*, http://www.cofece.mx/dictamen-preliminar-identifica-barreras-en-cadena-de-valor-de-la-turbosina/. [83]

Comissão Australiana da Concorrência e do Consumidor (2020), *Airport monitoring report 2018-19, ACCC*, ACCC, http://www.accc.gov.au/system/files/1655_Airport%20monitoring%20report_D09.pdf. [43]

Comissão da Concorrência (2009), *BAA airports market investigation: A report on the supply of airport services by BAA in the UK*, Competition Commission, https://webarchive.nationalarchives.gov.uk/ukgwa/20140402170726mp_/http://www.competition-commission.org.uk/assets/competitioncommission/docs/pdf/non-inquiry/rep_pub/reports/2009/fulltext/545.pdf. [39]

Comissão de Produtividade Australiana (2019), *Economic Regulation of Airports: Inquiry Report: Overview & Recommendations, No. 92. 21 June 2019*, Productivity Commission, http://www.pc.gov.au/inquiries/completed/airports-2019/report/airports-2019-overview.pdf. [80]

Comissão de Produtividade Australiana (2011), *Economic Regulation of Airport Services: Inquiry Report*, Productivity Commission, http://www.pc.gov.au/inquiries/completed/airport-regulation/report/airport-regulation.pdf. [42]

Comissão Europeia (2011), *Commission Staff Working Paper: Impact Assessment Accompanying the document Proposal for a Regulation of the European Parliament and of the Council on groundhandling services at Union airports and repealing Council Directive 96/67/EC, SEC(2011) 1439 final*, https://eur-lex.europa.eu/resource.html?uri=cellar:6c4173b0-0728-4df9-a463-c84f975df568.0001.02/DOC_1&format=PDF. [79]

Conselho de Representantes de Companhias Aéreas da Austrália (2018), *Submission to the Productivity Commission – the competitive supply of jet fuel*, http://www.pc.gov.au/__data/assets/pdf_file/0011/231320/sub037-airports.pdf. [82]

Conselho Internacional de Aeroportos (2018), *Policy Brief: Creating fertile grounds for private investment in airports*, ACI, https://store.aci.aero/product/policy-brief-creating-fertile-grounds-for-private-investment-in-airports. [24]

Conselho Internacional de Aeroportos, Associação Internacional de Transportes Aéreos e Grupo Mundial de Coordenadores de Aeroportos (2020), *Worldwide Airport Slot Guidelines (WASG)*, http://www.iata.org/en/policy/slots/slot-guidelines. [87]

Copenhagen Economics (2012), *Airport Competition in Europe*, Copenhagen Economics, http://www.copenhageneconomics.com/dyn/resources/Publication/publicationPDF/5/195/0/Copenhagen%20Economics%20Study%20-%20Airport%20Competition%20in%20Europe.pdf. [36]

Czerny, A. (2009), *"Airport Pricing and Concession Revenues"*, WHU – Working Paper Series in Economics, https://opus4.kobv.de/opus4-whu/frontdoor/index/index/docId/522. [52]

Davidson, C. et al. (2014), *An Overview of Aviation Fuel Markets for Biofuels Stakeholders*, National Renewable Energy Laboratory, http://www.nrel.gov/docs/fy14osti/60254.pdf. [66]

de Wit, J. and G. Burghouwt (2008), "Slot allocation and use at hub airports, perspectives for secondary trading", *European Journal of Transport and Infrastructure Research*, Vol. 8/2, pp. 147-164, https://dare.uva.nl/search?identifier=68121533-2ad5-42d5-bfd8-166f23c3a255. [134]

de Wit, J. and G. Burghouwt (2007), "The impact of secondary slot trading at Amsterdam Airport Schiphol", *SEO Economic Research. Report 957*, http://www.researchgate.net/publication/254896479_The_impact_of_secondary_slot_trading_at_Amsterdam_Airport_Schiphol. [141]

DEE/CADE (2019), *"Nota Técnica No. 23/2019/DEE/CADE"*, https://sei.cade.gov.br/sei/modulos/pesquisa/md_pesq_documento_consulta_externa.php?mYbVb954ULaAV-MRKzMwwbd5g_PuAKStTINgP-jtcH5MdmPeznqYAOxKmGO9r4mCfJlTXxQMN01pTgFwPLudAzHj83et0PiynnWapON2j-0ZojIj0dtdY35Ck-FCK3Xd. [106]

DEE/CADE (2019), *"Nota Técnica No. 11/2019/DEE/CADE"*, https://cdn.cade.gov.br/Portal/centrais-de-conteudo/publicacoes/estudos-economicos/notas-tecnicas/2019/nota-tecnica-n11-advocacy-08700002226201988.pdf. [10]

Departamento de Assuntos Econômicos e Sociais das Nações Unidas (2008), *International Standard Industrial Classification of All Economic Activities, Revision 4*, United Nations Publications, https://unstats.un.org/unsd/publication/seriesm/seriesm_4rev4e.pdf. [1]

Departamento de Comércio Justo do Reino Unido (2005), *Competition issues associated with the trading of airport slots*, https://docplayer.net/1440660-Competition-issues-associated-with-the-trading-of-airport-slots.html. [138]

ECMT (2006), *Transport Services: The Limits of (De)regulation*, ECMT Round Tables, No. 129, OECD Publishing, Paris, https://doi.org/10.1787/9789282123461-en. [156]

Efthymiou, M. et al. (2021), "Flight crew evaluation of the flight time limitations regulation", *Case Studies on Transport Policy*, Vol. 9/1, pp. 280-290, https://doi.org/10.1016/j.cstp.2021.01.002. [124]

Egeland, J. and P. Smale (2017), "Capacity Building through Efficient Use of Existing Airport Infrastructure: Roundtable Summary and Conclusions", *International Transport Forum Discussion Papers*, No. 2017/27, OECD Publishing, Paris, https://doi.org/10.1787/98237320-en. [86]

El Economista (2020), *"El GACM tomará el control de nuevo sistema aeroportuario"*, http://www.eleconomista.com.mx/empresas/El-GACM-tomara-el-control-de-nuevo-sistema-aeroportuario-20201026-0012.html. [45]

Eurocontrol and DECEA (2021), *Comparison of Operational ANS Performance in Brazil and Europe*, https://ansperformance.eu/global/brazil/bra-eur. [149]

European Commission (2011), *"Proposal for a Regulation of the European Parliament and of the Council on common rules for the allocation of slots at European Union airports (Recast)"*, https://ec.europa.eu/transparency/documents-register/detail?ref=COM(2011)827&lang=en. [151]

Expansión (2011), *"La CFC frena a Asur para la Riviera Maya"*, https://expansion.mx/negocios/2011/01/30/la-cfc-frena-a-asur-para-la-riviera-maya. [46]

Fairbrother, J., K. Zografos and K. Glazebrooka (2020), "A Slot-Scheduling Mechanism at Congested Airports that Incorporates Efficiency, Fairness, and Airline Preferences", *Transportation Science*, Vol. 54/1, pp. 115-138, https://doi.org/10.1287/trsc.2019.0926. [90]

Forsyth, P., D. Gillen and H. Niemeier (2010), *Airport Competition: The European Experience*, Ashgate Publishing. [38]

Fórum Internacional de Transportes (2015), *"Liberalisation of Air Transport Summary: Policy Insights and Recommendations"*, OECD Publishing, http://www.itf-oecd.org/sites/default/files/docs/liberalisation-air-transport-summary-policy-insights-recommendations.pdf. [119]

Gayle, P. and Y. Lin (2021), *Cost pass-through in commercial aviation: theory and evidence*, pp. 803-828, https://doi.org/10.1111/ecin.12949. [143]

Gillen, D. and D. Starkie (2015), "Congested Hubs, the EU Slot Regulation and Incentives to Invest", https://papers.ssrn.com/sol3/papers.cfm?abstract_id=2592449. [98]

Gomes, S. and P. Fonseca (2014), ""Análise econômico-operacional do setor de transporte aéreo: indicadores básicos"", *BNDES Setorial*, Vol. 40, pp. 131-162, https://web.bndes.gov.br/bib/jspui/handle/1408/2861. [5]

Governo da Nova Zelândia (2019), *Government Inquiry into the Auckland Fuel Supply Disruption: Final Report*, http://www.dia.govt.nz/diawebsite.nsf/Files/Inquiry-into-the-Auckland-Fuel-Supply-Disruption/$file/AFSD-Inquiry-Report-August-2019.pdf. [81]

Graham, A. (2020), ""Airport privatisation: A successful journey?"", *Journal of Air Transport Management*, Vol. 89/C, https://doi.org/10.1016/j.jairtraman.2020.101930. [25]

Guiomard, C. (2018), "Airport slots: Can regulation be coordinated with competition? Evidence from Dublin airport", *Transportation Research*, Vol. 114/Part A: Policy and Practice, pp. 127-138, https://doi.org/10.1016/j.tra.2017.09.028. [136]

Haylen, A. and L. Butcher (2017), *"Airport slots", House of Commons Library Briefing Paper No. CBP 488*, https://researchbriefings.files.parliament.uk/documents/SN00488/SN00488.pdf. [97]

Hromádka, M. and A. Cíger (2015), "Hydrant refueling system as an optimisation of aircraft refuelling", *Transport Problems*, Vol. 10/3, pp. 61-71, https://doi.org/10.21307/tp-2015-035. [77]

ICAO (2012), *Manual of Procedures for Establishment and Management of a State's Personnel Licensing System*, ICAO, https://store.icao.int/en/manual-of-procedures-for-establishment-and-management-of-a-state-s-personnel-licensing-system-doc-9379. [153]

ITF (2019), *Liberalisation of Air Transport*, ITF Research Reports, OECD Publishing, Paris, https://doi.org/10.1787/1170876b-en. [12]

Jehiel, P. et al. (2003), "An economic perspective on auctions", *Economic Policy*, Vol. 18/36, pp. 269-308, http://www.jstor.org/stable/1344658. [129]

Jiang, Y. and K. Zografos (2021), "A decision making framework for incorporating fairness in allocating slots at capacity-constrained airports", *Transportation Research*, Vol. 126/Part C: Emerging Technologies, pp. 1-19, https://doi.org/10.1016/j.trc.2021.103039. [89]

Kappes, J. and R. Merkert (2013), "Barriers to entry into European aviation markets revisited: A review and analysis of managerial perceptions", *Transportation Research*, Vol. 57/Part E: Logistics and Transportation Review, pp. 58-69, https://doi.org/10.1016/j.tre.2013.01.006. [94]

Kociubiński, J. (2013), "Regulatory Challenges of Airport Slot Allocation in the European Union", *Wroclaw Review of Law, Administration & Economics*, Vol. 3/1, pp. 28-47, https://doi.org/10.2478/wrlae-2013-0003. [157]

Kuchinke, B. and J. Sickmann (2007), *Vertical Integration of Airlines and Airports: Impacts on Competition*, pp. 283-301, https://doi.org/10.1177/178359170700800302. [32]

LL Advogados e PEZCO (2021), *Estudos sobre exploração de slots aeroportuários, PNUD - PROJETO BRA/19/015 | RFP NO. JOF-1933/2020.* [110]

Machado, B. et al. (2019), ""A evolução recente do modelo de concessão aeroportuária sob a ótica da financiabilidade"", *BNDES Setorial*, Vol. 25/50, pp. 7-65, https://web.bndes.gov.br/bib/jspui/handle/1408/19101. [50]

Marques, R. and A. Brochado (2008), "Airport regulation in Europe: Is there need for a European Observatory?", *Transport Policy*, Vol. 15/3, pp. 163-172, https://doi.org/10.1016/j.tranpol.2008.01.001. [53]

McKinsey & Company (2010), *Estudo do Setor de Transporte Aéreo do Brasil: Relatório Consolidado*, McKinsey & Company, https://web.bndes.gov.br/bib/jspui/handle/1408/7666. [26]

Meersman, H. et al. (2011), "Ground handling in a changing market. The case of Brussels Airport", *Research in Transportation Business & Management*, Vol. 1/1, pp. 128-135, https://doi.org/10.1016/j.rtbm.2011.06.003. [65]

Militão, L. et al. (2020), ""Consumer Claims, on-line Dispute Resolution and Innovation in the Public Administration: A Case Study of the Consumidor.gov Platform in Brazil During 2014-2019"", *Teoria e Prática em Administração*, Vol. 10/2, pp. 81-91, https://doi.org/10.21714/2238-104X2020v10i2-51147. [21]

Ministério da Infraestrutura (2021), *"Brasil avança para reduzir custos do combustível de aviação"*, http://www.gov.br/infraestrutura/pt-br/assuntos/noticias/2021/1/brasil-avanca-para-reduzir-custos-do-combustivel-de-aviacao. [68]

Ministério da Justiça e Segurança Pública (2022), *"Consumidor em Números 2021: 3,3 milhões de reclamações foram registradas em todo o país"*, https://www.gov.br/mj/pt-br/centrais-de-conteudo/audios/consumidor-em-numeros-2021.mp3/view. [20]

Ministério dos Transportes (2018), *Plano Aeroviário Nacional*, http://www.gov.br/infraestrutura/pt-br/assuntos/transporte-aereo/plano-aeroviario-nacional. [144]

Miranda, V. and A. Oliveira (2018), "Airport slots and the internalization of congestion by airlines: An empirical model of integrated flight disruption management in Brazil", *Transportation Research*, Vol. 116/Part A: Policy and Practices, pp. 201-219, https://doi.org/10.1016/j.tra.2018.06.008. [99]

Mott MacDonald e Comissão Europeia (2006), *Study on the Impact of the Introduction of Secondary Trading at Community Airports: Volume I*, http://www.euaca.org/up/files/DocsEUROPE/EU_REGULATION_95_93_AS_AMENDED_Slot_Regulation/2006_slots_final_report.pdf_211108_054651.pdf. [135]

Murray, G. (2021), *"After Covid-19, aviation faces a pilot shortage"*, http://www.oliverwyman.com/our-expertise/insights/2021/mar/after-covid-19-aviation-faces-a-pilot-shortage.html. [118]

National Economic Research Associates (2004), *Study to Assess the Effects of Different Slot Allocation Schemes*, http://www.nera.com/content/dam/nera/publications/archive1/PUB_SlotAllocationSchemes_NPL.pdf. [152]

OCDE (2020), *OECD Economic Surveys: Brazil 2020*, OECD Publishing, Paris, https://doi.org/10.1787/250240ad-en. [3]

OCDE (2020), *The OECD Services Trade Restrictiveness Index: Policy Trends up to 2020*, OECD Publishing, http://www.oecd.org/trade/topics/services-trade/documents/oecd-stri-policy-trends-up-to-2020.pdf. [11]

OCDE (2019), *Competition Assessment Toolkit: Volume 3. Operational Manual*, OECD Paris, https://www.oecd.org/daf/competition/assessment-toolkit.htm. [61]

OCDE (2019), *Competition for-the-market, OECD Competition Policy Roundtable Background Note*, OECD Publishing, https://one.oecd.org/document/DAF/COMP/GF(2019)7/en/pdf. [48]

OCDE (2019), *OECD Competition Assessment Reviews: Tunisia*, OECD Paris, http://www.oecd.org/daf/competition/oecd-competition-assessment-reviews-tunisia.htm. [142]

OCDE (2014), *Airline Competition, OECD Competition Policy Roundtable Background Note*, OECD Paris, https://one.oecd.org/document/DAF/COMP(2014)14/en/pdf. [92]

OCDE (2006), *Global Formum on Competition: Concessions, DAF/COMP/GE(2006)6*, OECD Paris, http://www.oecd.org/daf/competition/39531515.pdf. [28]

OCDE (1999), *Roundtable on Airline Mergers and Alliances, Roundtables on Competition Policy*, OECD Paris, http://www.oecd.org/daf/competition/mergers/2379233.pdf. [91]

OECD (2021), *Methodologies to Measure Market Competition, OECD Competition Policy Roundtable Background Note*, OECD Paris, http://www.oecd.org/daf/competition/methodologies-to-measure-market-competition-2021.pdf. [155]

Oliveira, A. (2016), "Avaliação empírica dos impactos competitivos de regras regulatórias de redistribuição de slots em aeroportos", *Journal of Transport Literature*, Vol. 10/4, pp. 40-44, https://doi.org/10.1590/2238-1031.jtl.v10n4a8. [102]

Organização da Aviação Civil Internacional (2022), *"About ICAO"*, http://www.icao.int/about-icao/Pages/default.aspx. [8]

Organização da Aviação Civil Internacional (2020), *Airport Economics Manual, fourth edition, Doc 9562,*, ICAO, http://www.icao.int/publications/Documents/9562_cons_en.pdf. [58]

Organização da Aviação Civil Internacional (2019), *Manual on Ground Handling, Doc 10121*, ICAO, https://store.icao.int/en/manual-on-ground-handling-doc-10121. [63]

Organização da Aviação Civil Internacional (2018), *"Aviation Personnel Forecasts"*, http://www.icao.int/Meetings/ngap2018/Presentations/2.1%20Ananthanarayan%20Sai%20.pdf. [117]

Organização da Aviação Civil Internacional (2016), *"Agenda Item 39: Economic Regulation of International Air Transport – Policy. Opening of Cabotage in Chile", A39-WP/440*, http://www.icao.int/Meetings/a39/Documents/WP/wp_440_rev1_en.pdf. [13]

Organização da Aviação Civil Internacional (2012), *ICAO's Policies on Charges for Airports and Air Navigation Services, Doc 9082*, ICAO, http://www.icao.int/publications/Documents/9082_9ed_en.pdf. [57]

Organização da Aviação Civil Internacional (2012), *Manual of Procedures for Establishment and Management of a State's Personnel Licensing System, second edition, Doc 9379*, ICAO, https://store.icao.int/en/manual-of-procedures-for-establishment-and-management-of-a-state-s-personnel-licensing-system-doc-9379. [112]

Organização da Aviação Civil Internacional (2011), *"Attachment A. Guidance Material for Development of Prescriptive Fatigue Management Regulations"*, ICAO, https://www.icao.int/safety/fatiguemanagement/FRMS%20Tools/Amendment%2037%20for%20FRMS%20SARPS%20-AttA%20(en).pdf. [125]

Organização da Aviação Civil Internacional (2007), *International Civil Aviation Vocabulary*, ICAO, https://www.spilve.lv/library/various/Doc%209713.pdf. [113]

Oum, T. and X. Fu (2008), "Impacts of Airports on Airline Competition: Focus on Airport Performance and Airport-Airline Vertical Relations", *OECD/ITF Joint Transport Research Centre Discussion Papers*, No. 2008/17, OECD Publishing, Paris, https://doi.org/10.1787/235140743836. [34]

Oxera (2017), *The continuing development of airport competition in Europe*, Oxera, http://www.oxera.com/wp-content/uploads/2018/07/The-continuing-development-of-airport-competition-in-Europe-report-for-ACI-Europe-1.pdf-1.pdf. [37]

Oxera (2007), *"Airport Regulation: keeping up with an industry at full throttle?"*, Oxera, http://www.oxera.com/wp-content/uploads/2018/03/Airport-regulation-1.pdf. [59]

Parlamento Europeu (2016), *Briefing: Employment and working conditions in EU civil aviation*, European Parliamentary Research Service, http://www.europarl.europa.eu/RegData/etudes/BRIE/2016/580915/EPRS_BRI(2016)580915_EN.pdf. [123]

Pellegrini, P., L. Castelli and R. Pesenti (2012), "Secondary trading of airport slots as a combinatorial exchange", *Transportation Research*, Vol. Vol. 48/Part E: Logistics and Transportation Review, pp. 1009-1022, https://doi.org/10.1016/j.tre.2012.03.004. [84]

Pereira Neto, C. et al. (2016), "Pro-competition rules in airport privatization: International experience and the Brazilian case", *Journal of Air Transport Management*, Vol. 54, pp. 9-16, https://doi.org/10.1016/j.jairtraman.2016.03.011. [31]

Pertuiset, T. and G. Santos (2014), "Primary auction of slots at European airports", *Research in Transportation Economics*, Vol. 45, pp. 66-71, https://doi.org/10.1016/j.retrec.2014.07.009. [127]

Pompeu, A. (2021), *Judicialização exacerbada da aviação obriga a repensar cultura da litigância, dizem especialistas*, http://www.jota.info/casa-jota/judicializacao-aviacao-obriga-pensar-acesso-justica-25022021. [15]

Programa de Pesquisa Cooperativa Aeroportuária (2015), *ACRP Synthesis 63: Overview of Airport Fueling System Operations – A Synthesis of Airport Practice*, National Academies Press, https://doi.org/10.17226/22141. [73]

Programa de Pesquisa Cooperativa Aeroportuária (2011), *ACRP Report 47: Guidebook for Developing and Leasing Airport Property*, National Academies Press, https://doi.org/10.17226/14468. [62]

Programa de Pesquisa Cooperativa Aeroportuária (2010), *ACRP Report 25: Airport Passenger Terminal Planning and Design, Volume 1 – Guidebook*, National Academies Press, https://doi.org/10.17226/22964. [72]

Resende, C. and T. Caldeira (2020), "Privatization of Brazilian airports: a synthetic control approach", *Economics Bulletin*, Vol. 40/1, pp. 743-757, https://ideas.repec.org/a/ebl/ecbull/eb-19-00443.html. [56]

Reynolds, P. et al. (2018), *Effective regulation of airport market power: A report for Airlines for Europe and IATA*, http://www.iata.org/contentassets/4eae6e82b7b948b58370eb6413bd8d88/ceg-airport-charges-report.pdf. [54]

Rutner, S. and J. Brown (1999), "Outsourcing as an Airline Strategy", *Journal of Air Transportation World Wide*, Vol. 4/2, pp. 22-31, https://ntrs.nasa.gov/api/citations/19990111542/downloads/19990111542.pdf. [121]

Secretaria de Advocacia da Concorrência e Competitividade (2021), *"Parecer SEI No. 20496/2021/ME"*, http://www.gov.br/economia/pt-br/acesso-a-informacao/reg/advocacia-da-concorrencia/2020-2021/agencia-nacional-de-aviacao-civil-anac/parecer-20496.pdf/view. [104]

Secretaria de Advocacia da Concorrência e Competitividade (2021), *PARECER SEI Nº 16475/2021/ME*, https://www.gov.br/economia/pt-br/acesso-a-informacao/reg/advocacia-da-concorrencia/2020-2021/agencia-nacional-de-aviacao-civil-anac/parecer-16475.pdf/view. [150]

Secretaria de Aviação Civil/Presidência da República (2015), *"Nota Técnica No. 21/DERC/SPR/SAC-PR"*. [49]

Secretaria Nacional de Aviação Civil (2020), *"Nota Técnica No. 8/2020/DPR/SAC"*, https://sei.anac.gov.br/sei/modulos/pesquisa/md_pesq_documento_consulta_externa.php?9LibXMqGnN7gSpLFOOgUQFziRouBJ5VnVL5b7-UrE5SVJYgA6aZWrbYZEdJOsnutq61Q48ADIYo0U00jgrePMl7JSiDfrCN2qP1e8nZnrZaTq5tRogLfSDtVzrypvWcD. [139]

Secretaria Nacional do Consumidor (2019), *"Nota Técnica No. 6/2019/GAB-SENACON/SENACON/MJ"*, https://consumidor.mppr.mp.br/arquivos/File/NotaTecnica_06_2019_Senacon.pdf. [107]

Sheng, D. et al. (2015), "Slot auction in an airport network with demand uncertainty", *Transportation Research*, Vol. 82/Part E: Logistics and Transportation Review, pp. 79-100, https://doi.org/10.1016/j.tre.2015.07.010. [128]

Silveira, P. (2018), ""Hybrid governance structure between public company and private partners: the case of Infraero in the Brazilian airline sector"", *Revista Direito GV*, Vol. 14/2, pp. 537-556, https://doi.org/10.1590/2317-6172201822. [29]

Starkie, D. (2003), *"The economics of secondary markets for airport slots" in A Market in Airport Slots, K. Boyfield (ed.),*, The Institute of Economic Affairs, https://iea.org.uk/wp-content/uploads/2016/07/upldbook256pdf.pdf. [137]

Starling, V. and N. Villa (2022), *A origem da judicialização desproporcional no mercado do transporte aéreo no Brasil*, http://www.jota.info/coberturas-especiais/aviacao-desafios-da-retomada/a-origem-da-judicializacao-desproporcional-no-mercado-do-transporte-aereo-no-brasil-20062022#_ftn1. [16]

Steer Davies Gleave (2016), *Study on airport ownership and management and the ground handling market in selected non EU countries*, Steer Davies Gleave, https://ec.europa.eu/transport/sites/transport/files/modes/air/studies/doc/2016-06-airports-and-gh.pdf. [23]

Steer Davies Gleave (2015), *Study on employment and working conditions in air transport and airports*, Steer Davies Gleave, https://transport.ec.europa.eu/system/files/2016-09/2015-10-employment-and-working-conditions-in-air-transport-and-airports.pdf. [120]

Steer Davies Gleave (2011), *European Commission Impact assessment of revisions to Regulation 95/93, Final report (sections 1-12)*, Steer Davies Gleave, https://transport.ec.europa.eu/system/files/2016-09/2011-03-impact-assessment-revisions-regulation-95-93.pdf. [95]

Steer Davies Gleave (2011), *European Commission: Impact assessment of revisions to Regulation 95/93, Final report (sections 1-12)*, Steer Davies Gleave, https://transport.ec.europa.eu/system/files/2016-09/2011-03-impact-assessment-revisions-regulation-95-93.pdf. [96]

Subcomitê de Abastecimento de Combustíveis de Aviação (2021), *Relatório de Atividades: Abastecimento de Combustíveis de Aviação ao Conselho Nacional de Política Energética*, https://oeco.org.br/wp-content/uploads/2022/01/20210119RelatrioSubcomitdeAviao_final.pdf. [69]

Tretheway, M. and I. Kincaid (2005), *"Competition between airports in the new Millennium: what works, what doesn't work and why"*, https://issuu.com/intervistasconsulting/docs/competition_between_airports/15. [35]

Valdes, V. and D. Gillen (2018), "The consumer welfare effects of slot concentration and reallocation: A study of Mexico City International Airport", *Transportation Research*, Vol. 114/Part A: Policy and Practice, pp. 256-269, https://doi.org/10.1016/j.tra.2018.05.013. [158]

Varsamos, S. (2016), *Airport Competition Regulation in Europe*, Kluwer Law International, Alphen aan den Rijn. [55]

Vaze, V. and C. Barnhart (2012), "Modeling Airline Frequency Competition for Airport Congestion Mitigation", *Transportation Science*, Vol. 46/4, pp. 439-546, https://doi.org/10.1287/trsc.1120.0412. [85]

Vojvodić, K. (2008), ""Airport concessions"", *Ekonomska misao i praksa*, Vol. XVII/1, pp. 95-104, https://hrcak.srce.hr/26362. [148]

Wen, W. (2015), *"Big airlines dominate first airport slot auction", 31 December 2015*, http://www.chinadaily.com.cn/business/2015-12/31/content_22877753.htm. [130]

Zou, B. and M. Hansen (2014), "Flight delay impact on airfare and flight frequency: A comprehensive assessment", *Transportation Research*, Vol. 69/Part E: Logistics and Transportation Review, pp. 54-74, https://doi.org/10.1016/j.tre.2014.05.016. [103]

Notas

[1] O território brasileiro tem uma área de 8.547.403 km².

[2] Contabilização de trabalhos diretos, indiretos, induzidos e catalisados (ABEAR, 2021[2]).

[3] De acordo com a IATA, o Brasil foi o sexto maior mercado doméstico do mundo em 2019, considerando o mercado de viagens aéreas de origem-destino únicos (O-D) (74 milhões de passageiros). O mercado doméstico de passageiros dos EUA continuou a ser o maior do mundo (614 milhões de passageiros), seguido pela China (550 milhões de passageiros), Índia (125 milhões de passageiros), Japão (87 milhões de passageiros) e Indonésia (83 milhões de passageiros) (Associação Internacional de Transportes Aéreos, 2020[4]). 2020).

[4] Considerando apenas passageiros pagantes, ou seja, excluindo passageiros que viajam gratuitamente, como pessoas que viajam com passagens compradas a tarifas ou descontos disponíveis para empregados da companhia aérea ou crianças que não ocupam um assento, por exemplo.

[5] A diminuição no número de passageiros em 2016 e 2017 foi impulsionada pela recessão brasileira que começou no segundo trimestre de 2014 e durou até o quarto trimestre de 2016; ver http://portalibre.fgv.br/codace.

[6] RPK corresponde ao número da receita de passageiros multiplicado pela distância de voo percorrida.

[7] ASK é o número de assentos multiplicado pela distância de voo percorrida.

[8] O efeito da capacidade não utilizada no comportamento de preços das empresas não é simples: "de um lado, em que as empresas têm capacidade disponível, elas terão fortes incentivos unilaterais para reduzir preços para preencher essa capacidade. Por outro lado, a existência de capacidade não utilizada, particularmente quando distribuída sistematicamente, pode promover um comportamento coordenado. Há também uma relação entre capacidade não utilizada e retenção de entrada. A existência de capacidade não utilizada permite que os operadores ameacem aumentar a oferta e reduzir o preço em caso de entrada, o que pode deter potenciais operadores se tiverem conhecimento da existência da capacidade não utilizada." (OECD, 2021, p. 47[155]).

[9] O HHI classifica os mercados abaixo de 1.500 como não concentrados; entre 1.500 e 2.500 como moderadamente concentrados; e acima de 2.500 como altamente concentrados (CADE, 2016[145]). A Comissão Europeia, por exemplo, geralmente não considera questões de concorrência horizontal numa "fusão com um HHI pós-fusão entre 1000 e 2000 e um delta abaixo de 250 ou uma fusão com um HHI pós-fusão acima de 2000 e um delta abaixo de 150, exceto em circunstâncias específicas". Ver https://eur-lex.europa.eu/legal-content/EN/LSU/?uri=celex:52004XC0205(02).

[10] O preço médio das passagens representa o custo médio pago pelos passageiros por um voo só de ida calculado a partir da média ponderada das passagens aéreas domésticas comercializadas e do número correspondente de assentos comercializados. A receita da venda de passagens representa o custo médio pago pelos passageiros por quilômetro percorrido e é calculada dividindo o preço médio das passagens pela distância direta média entre a origem e o destino do passageiro. Por esse motivo, é comumente usada para comparar preços entre voos com distâncias diferentes (ANAC, 2018[146]).

[11] Dados e Estatísticas da ANAC, www.gov.br/anac/pt-br/assuntos/dados-e-estatisticas.

[12] Embora a sexta rodada de concessão aeroportuária tenha ocorrido em 2021, os operadores privados só assumiram o controle dos aeroportos em 2022. Por esse motivo, os dados sobre investimentos não incluem os aeroportos dessa rodada.

[13] Primeira rodada: Natal São Gonçalo do Amaranto (NAT). Segunda rodada: Brasília (BSB), São Paulo Guarulhos (GRU), Campinas Viracopos (VCP). Terceira rodada: Belo Horizonte Confins (CNF), Rio de Janeiro Galeão (GIG). Quarta rodada: Florianópolis (FLN), Fortaleza (FOR), Salvador (SSA), Porto Alegre (POA).

[14] Bloco nordeste: Recife (REC), Maceió (MCZ), João Pessoa (JPA), Aracaju (AJU), Campina Grande (CPV) e Juazeiro do Norte (JDO). Bloco centro-oeste: Cuiabá (CGB), Sinop (OPS), Rondonópolis (ROO), Alta Floresta (AFL). Bloco sudeste: Vitória (VIX), Macaé (MEA).

[15] Bloco sul: Curitiba (CWB), Foz do Iguaçu (IGU), Navegantes (NVT), Londrina (LDB), Joinville (JOI), Bacacheri (BFH), Pelotas (PET), Uruguaiana (URG), Bagé (BGX). Bloco central: Goiânia (GYN), São Luís (SLZ), Teresina (THE), Palmas (PMW), Petrolina (PNZ), Imperatriz (IMP). Bloco norte I: Manaus (MAO), Porto Velho (PVH), Rio Branco (RBR), Cruzeiro do Sul (CZS), Tabatinga (TBT), Tefé (TFF) e Boa Vista (BVB).

[16] Bloco de aviação geral: Rio de Janeiro Jacarepaguá (RRJ) e São Paulo Campo de Marte (RTE). Bloco norte II: Belém (BEL), Macapá (MCP). Bloco SP-MS-PA-MG: São Paulo Congonhas (CGH), Campo Grande (CGR), Corumbá (CMG), Ponta Porã (PMG), Santarém (STM), Marabá (MAB), Carajás Parauapebas (CKS), Altamira (ATM), Uberlândia (UDI); Montes Claros (MOC), Uberaba (UBA).

[17] Rio de Janeiro Santos Dumont (SDU) e Rio de Janeiro Geleão (GIG).

[18] De acordo com o Artigo 3 do Decreto nº 3.564/2000, o CONAC é composto pelo Ministério da Defesa; Ministério das Relações Exteriores; Ministério da Economia; Ministério do Desenvolvimento, Indústria e Comércio Exterior; Ministério do Turismo; Casa Civil; Ministério do Planejamento, Orçamento e Gestão; Ministério da Justiça e Segurança Pública; Ministério da Infraestrutura; e Comandante da Força Aérea Brasileira. O Decreto está parcialmente desatualizado, pois alguns desses ministérios não existem mais.

[19] De acordo com o Artigo 3 do Decreto nº 10.703/2021, a CONAERO é composta pelos seguintes órgãos: Ministério da Infraestrutura (Secretaria Executiva); Gabinete Executivo do Presidente do Brasil; Ministério da Justiça e Segurança Pública; Ministério da Defesa (Departamento de Controle do Espaço Aéreo do Comando da Aeronáutica); Ministério da Economia (Receita Federal); Ministério da Agricultura, Pecuária e Abastecimento; Agência Nacional de Vigilância Sanitária (ANVISA); e Agência Nacional de Aviação Civil (ANAC).

[20] De acordo com a OACI, as operações de aviação geral referem-se a todas as operações civis-aeronáuticas, exceto uma operação comercial de transporte aéreo e operação de trabalho aéreo. Incluem, por exemplo, operações que envolvam táxis aéreos e aeronaves privadas (Organização da Aviação Civil Internacional, 2007[113]).

[21] Além das concessões, pessoas jurídicas também podem operar aeródromos privados - aqueles sem fins comerciais - ou aeródromos públicos que prestam serviços aéreos privados, serviços aéreos especializados e táxis aéreos por meio de um sistema de autorização.

[22] Lei nº 5.862/1972.

[23] O restante era operado por estados e municípios, pela força aérea e por empresas privadas.

[24] De acordo com o ACI, "o modelo construção-operação-transferência (BOT) e suas variações são usados quando um investimento específico no aeroporto é necessário, mas o governo não está disposto ou não pode investir ou construir o ativo de capital necessário, como um novo terminal" (Conselho Internacional de Aeroportos, 2018, p. 8[24]).

[25] O Brasil lançou a primeira licitação de concessão como um projeto piloto em 2011 com o Natal São Gonçalo do Amaranto (NAT), um aeroporto de médio porte no nordeste do Brasil.

[26] Segunda rodada: Brasília (BSB), São Paulo Guarulhos (GRU) e Campinas Viracopos (VCP). Terceira rodada: Belo Horizonte Confins (CNF) e Rio de Janeiro Galeão (GIG).

[27] Florianópolis (FLN), Fortaleza (FOR), Salvador (SSA) e Porto Alegre (POA).

[28] Decreto nº 9.972/2019.

[29] Bloco nordeste: Recife (REC), Maceió (MCZ), João Pessoa (JPA), Aracaju (AJU), Campina Grande (CPV) e Juazeiro do Norte (JDO). Bloco centro-oeste: Cuiabá (CGB), Sinop (OPS), Rondonópolis (ROO) e Alta Floresta (AFL); Bloco sudeste: Vitória (VIX) e Macaé (MEA).

[30] Bloco sul: Curitiba (CWB), Foz do Iguaçu (IGU), Navegantes (NVT), Londrina (LDB), Joinville (JOI), Bacacheri (BFH), Pelotas (PET), Uruguaiana (URG) e Bagé (BGX). Bloco central: Goiânia (GYN), São Luís (SLZ), Teresina (THE), Palmas (PMW), Petrolina (PNZ) e Imperatriz (IMP). Bloco norte I: Manaus (MAO), Porto Velho (PVH), Rio Branco (RBR), Cruzeiro do Sul (CZS), Tabatinga (TBT), Tefé (TFF) e Boa Vista (BVB).

[31] Bloco de aviação geral: Rio de Janeiro Jacarepaguá (RRJ) e São Paulo Campo de Marte (RTE). Bloco norte II: Belém (BEL) e Macapá (MCP). Bloco SP-MS-PA-MG: São Paulo Congonhas (CGH), Campo Grande (CGR), Corumbá (CMG), Ponta Porã (PMG), Santarém (STM), Marabá (MAB), Carajás Parauapebas (CKS), Altamira (ATM), Uberlândia (UDI); Montes Claros (MOC) e Uberaba (UBA). Uma oitava rodada está prevista para 2023, com o objetivo de conceder em conjunto o Rio de Janeiro Santos Dumont (SDU) e o Rio de Janeiro Geleão (GIG), ambos lucrativos.

[32] De acordo com o ACI, de uma amostra de 127 aeroportos em todo o mundo, o número médio de participantes na fase final da licitação de contratos de concessão era de 4 (Conselho Internacional de Aeroportos, 2018[24]).

[33] De acordo com a Lei nº 11.079/2004, trata-se de concessões em que o governo paga uma receita complementar à concessionária, além das fontes de receita ordinárias obtidas com a exploração do serviço (ou seja, tarifas cobradas dos usuários).

[34] As crises econômicas que atingiram o Brasil a partir de 2014 afetaram o setor; sua lenta recuperação foi interrompida pela pandemia de COVID-19.

[35] Em abril de 2020, a Advocacia-Geral da União (AGU) concluiu que a pandemia de COVID-19 foi um evento de força maior ou caso fortuito, permitindo a alteração dos contratos de concessão de infraestrutura de transporte para manter seu equilíbrio econômico e financeiro inicial (Parecer Consultivo da AGU nº 261/2020/CONJUR-MINFRA/CGU/AGU).

[36] Artigo 175 da Constituição Federal e Artigo 14 da Lei nº 8.987/1995.

[37] O que pode incluir garantias de proposta, garantias de desempenho, seguros, capital mínimo e requisitos específicos para licitantes estrangeiros, como traduções juramentadas, um representante no Brasil e autorizações para operar no país.

[38] Outro exemplo é a exigência de que os licitantes apresentem uma declaração emitida por uma instituição financeira sobre a viabilidade econômica de uma oferta, que visa permitir que a ANAC verifique a viabilidade econômica de um projeto oferecido. Isso ainda que o edital da licitação já exija outros documentos para comprovar a qualificação econômica dos licitantes. A necessidade de um documento adicional aumentou desnecessariamente os custos de entrada e foi removida na sexta rodada.

[39] A primeira rodada exigiu que os licitantes comprovassem que empregavam profissionais com diploma universitário e experiência em atividades específicas: 1) pelo menos 1 profissional com pelo menos 5 anos de experiência em gestão administrativa; 2) pelo menos 1 profissional com um ano de experiência em

gestão de risco em operações de transporte; 3) pelo menos 1 profissional com pelo menos 5 anos de experiência em gestão de aeroportos que atendem pelo menos 1 milhão de passageiros por ano; 4) pelo menos 1 profissional com 5 anos de experiência em gestão de aeroportos, aeronaves e/ou manutenção industrial; 5) pelo menos 1 profissional com 5 anos de experiência em gestão de segurança da aviação; e 6) pelo menos 1 profissional com 5 anos de experiência na execução ou inspeção de obras em terminais de passageiros de aeroportos.

[40] Na prática, nas primeiras rodadas de concessão aeroportuária, os requisitos de experiência técnica impediram as empresas brasileiras de participar da licitação de forma independente, já que a Infraero (como a operadora histórica) era a única empresa com os anos de experiência necessários. Apenas em 2019 que um consórcio inteiramente brasileiro conseguiu assumir um bloco, na quinta rodada de concessão.

[41] A obrigação da operadora técnica de deter uma participação mínima no consórcio parece razoável, caso contrário, o requisito de experiência técnica poderia ser contornado por uma participação insignificante no consórcio. No entanto, deve-se notar que a participação mínima exigida da operadora técnica no consórcio variou entre as rodadas de concessão: 10% na segunda rodada; 25% na terceira rodada; e 15% desde a quarta rodada (Tabela 2.6).

[42] Outras empresas do consórcio apoiariam financeiramente o operador experiente e, ao mesmo tempo, ganhariam experiência que lhes permitiria participar de futuras rodadas de concessão.

[43] A Divisão 4 da Parte 3 da Lei Australiana de Aeroportos de 1996 estabelece um limite de 5% na participação pelas companhias aéreas de empresas operadoras aeroportuárias, enquanto o Artigo 29 da Lei Mexicana de Aeroportos limita a integração vertical entre as companhias aéreas e os operadores aeroportuários a uma participação de 5%.

[44] Isso inclui suas controladoras, subsidiárias e coligadas, bem como as subsidiárias e coligadas de suas controladoras e subsidiárias.

[45] Uma controladora, subsidiária ou coligada de uma companhia aérea ou subsidiária ou coligada de suas controladoras e subsidiárias.

[46] Uma autorização prévia do CADE também pode ser necessária se os requisitos de controle de concentrações brasileiro forem cumpridos.

[47] Incluindo controladoras, subsidiárias e coligadas.

[48] Incluindo suas controladoras, subsidiárias e coligadas, bem como as subsidiárias e coligadas de suas controladoras e subsidiárias.

[49] "Não há uma definição precisa do que é chamado de concorrência por comparação, uma vez que a teoria associada levou a várias formas de implementação, conforme descrito no capítulo 3. No entanto, podemos distinguir dois sentidos principais dados ao termo "concorrência por comparação". De um lado, essa expressão se refere a um marco regulatório, baseado em comparações. É uma forma virtual de concorrência entre empresas reguladas semelhantes, como a proposta de Shleifer (ver próxima página). Consiste em estimar quais devem ser os melhores preços e subsídios, comparando os desempenhos de várias empresas reguladas. O regulador, ao definir os preços e subsídios corretos, pode levar as empresas a fazer um esforço que melhore o bem-estar. Por outro lado, a concorrência por comparação refere-se ao uso básico e relativamente informal de comparações por um regulador que quer melhorar sua experiência e reduzir a assimetria informacional que ele [sic] enfrenta. Nesse sentido, a concorrência por comparação é uma ferramenta de especialização adicional usada pelo regulador para melhorar a eficiência de outro marco regulatório (como a franquia, por exemplo)" (ECMT, 2006, p. 75[156]).

[50] Dos aeroportos da segunda rodada.

[51] Incluindo controladoras, subsidiárias e coligadas.

[52] Dos aeroportos da segunda ou terceira rodadas (no caso da segunda rodada) ou de outro aeroporto da mesma região (no caso da quarta rodada).

[53] Incluindo controladoras, subsidiárias e coligadas.

[54] Uma autorização prévia do CADE também pode ser necessária se os requisitos do controle de concentrações brasileiro forem cumpridos.

[55] Resolução CONAC nº 01/2017. Para uma definição de aviação geral, ver nota 20.

[56] O que também foi destacado pela SEAE no seu parecer sobre essa rodada de concessão aeroportuária (Secretaria de Advocacia da Concorrência e Competitividade, 2021[150]).

[57] Algumas partes interessadas sugeriram que isso foi, pelo menos em parte, devido à "maldição do vencedor": quando os licitantes superestimam o valor de um objeto em uma licitação.

[58] São Paulo ainda tem um terceiro aeroporto, Viracopos (VCP), localizado na cidade vizinha de Campinas.

[59] Embora os serviços auxiliares de transporte aéreo estejam relacionados a atividades de aviação num aeroporto, geralmente não são considerados uma atividade principal e, muitas vezes, não são prestados diretamente pelos operadores aeroportuários. Por esse motivo, as receitas dos serviços auxiliares de transporte aéreo podem ser consideradas não aeronáuticas (embora tecnicamente parte das receitas aeronáuticas). Além disso, o aluguel de hangares e outras áreas operacionais é considerado como parte dos serviços aeronáuticos, mas as taxas variam substancialmente entre os aeroportos e tendem a representar uma pequena fração das receitas aeronáuticas de um aeroporto (Air Transport Research Society, 2019[60]). No Brasil, esses serviços não são cobrados por meio de tarifas aeroportuárias e, portanto, seus preços se enquadram na receita não aeronáutica dos aeroportos, conforme discutido em mais detalhes na seção 2.3.2.

[60] A única exceção é Natal São Gonçalo do Amaranto (NAT), o primeiro aeroporto oferecido para concessão, para o qual o contrato estabelece que se a relação entre as receitas não tarifárias e a receita total for superior a 35%, parte da receita não tarifária será utilizada para reduzir as tarifas aeroportuárias.

[61] Resoluções da ANAC nº 350/2014, nº 392/2016, nº 432/2017 e nº 508/2019, bem como Portaria do Comando da Aeronáutica nº 219/CG-5/2021.

[62] Além das tarifas aeroportuárias, existem tarifas que abrangem os serviços de navegação aérea (incluindo controle de tráfego aéreo, serviços meteorológicos e telecomunicações aeronáuticas). No Brasil, os serviços de navegação aérea não são prestados por operadores aeroportuários, mas por dois principais prestadores de serviços. O primeiro é o Departamento de Controle do Espaço Aéreo (DECEA), subordinado ao Comando da Aeronáutica (COMAER), que está ligado ao Ministério da Defesa, responsável por regular essas atividades (incluindo a definição de tarifas de navegação aérea), bem como a prestação de serviços relacionados à defesa e soberania nacional. O segundo prestador dos serviços de navegação aérea remanescentes é uma ESTATAL, a NAV Brasil Serviços de Navegação Aérea.

[63] Esse mecanismo foi incluído nos contratos de concessão desde a quarta rodada, bem como na Resolução da ANAC nº 508/2019, que estabelece o regulamento tarifário aeroportuário para aeroportos administrados pela Infraero.

[64] Considerando apenas concessões cujos dados foram disponibilizados e detalhados. O bloco Centro-Oeste, o bloco Central, o bloco Norte e o bloco Sul não foram incluídos na análise.

[65] De acordo com dados do Conselho Internacional de Aeroportos (ACI) referentes ao exercício financeiro de 2019; ver www.wsp.com/en-GL/insights/fuelling-airport-recovery-via-non-aeronautical-revenue.

[66] "Concessão, no seu contexto original, significa o pagamento que a autoridade aeroportuária cobra do detentor ou gestor de uma operação para a realização de atividades comerciais no aeroporto, enquanto

o aluguel ou a locação refere-se ao direito de ocupar determinadas instalações definidas ou uma área específica do imóvel. No entanto, no geral, as concessões se referem a todas as atividades comerciais de venda de bens e serviços no aeroporto e, por vezes, o significado de concessão, aluguel e locação é usado indiscriminadamente" (Vojvodić, 2008[148]).

[67] Artigo 1 da Resolução da ANAC nº 302/2014.

[68] Artigo 49 do Regulamento Interno de Licitações e Contratos da Infraero.

[69] Artigos 25 a 29 das Normas Internas da Infraero nº 13.13/2020.

[70] Artigo 4 da Portaria da SAC nº 93/2020.

[71] Artigos 5 e 6 da Portaria da SAC nº 93/2020.

[72] Anexo 2 aos contratos de concessão (Plano de Exploração Aeroportuária ou PEA).

[73] De acordo com os contratos de concessão aeroportuária, as tarifas são anualmente corrigidas pela ANAC com base em uma fórmula que leva em consideração um índice de inflação, bem como um fator de produtividade (fator X) e um fator de qualidade (fator Q). O fator de produtividade refere-se à economia de eficiência, que é subtraída do limite final, a fim de compartilhar os ganhos de produtividade com os usuários. O fator de qualidade compreende indicadores de qualidade do serviço, como a forma como os serviços foram prestados, a disponibilidade de equipamentos e instalações, bem como uma pesquisa de satisfação dos passageiros.

[74] Artigo 40 da Lei nº 7.565/1986 (Código Brasileiro de Aeronáutica).

[75] Artigo 2, parágrafo 2, da Resolução da ANAC nº 302/2014.

[76] Artigo 6, item I, da Resolução da ANAC nº 302/2014.

[77] Artigo 6, item II, da Resolução da ANAC nº 302/2014.

[78] Artigo 6, item IV, da Resolução da ANAC nº 302/2014.

[79] Artigo 8 e Artigo 9, parágrafos 1 e 2, da Resolução da ANAC nº 302/2014.

[80] De acordo com as partes interessadas, a ANAC recentemente assim agiu, o que levou a muitas controvérsias resolvidas extrajudicialmente.

[81] Artigo 11 da Resolução da ANAC nº 302/2014.

[82] Anexo à Resolução da ANAC nº 116/2009.

[83] Por exemplo, nos Estados Unidos, o mercado de serviços auxiliares de transporte aéreo é dominado pelas próprias operações das principais companhias aéreas, que prestam os serviços diretamente ou por meio de empresas subsidiárias (Steer Davies Gleave, 2016, p. 157[23]). Na Europa, muitos aeroportos ainda oferecem amplos serviços auxiliares de transporte aéreo (Air Transport Research Society, 2019[60]).

[84] Artigo 2 da Resolução da ANAC nº 116/2009.

[85] Resolução da ANAC nº 116/2009.

[86] Ter espaço num aeroporto parece ser fundamental para a prestação de serviços mais competitivos. De fato, na prática, a maioria dos prestadores de serviços auxiliares de transporte aéreo assina um contrato de locação com o operador aeroportuário.

[87] Por exemplo, a Associação Brasileira das Empresas de Serviços Auxiliares ao Transporte Aéreo (ABESATA) desenvolveu recentemente um programa de certificação com o objetivo de garantir a conformidade dos prestadores de serviços auxiliares de transporte aéreo com a legislação (compreendendo questões regulamentares, financeiras, operacionais, trabalhistas, ambientais, sociais e

de governança corporativa). O certificado é emitido por uma organização independente e pode ser obtido por qualquer empresa que demonstre que atende aos requisitos mínimos (ABESATA, 2022[147]).

[88] Artigo 2, item II, da Resolução da ANAC nº 116/2009.

[89] Artigo 2 da Resolução da ANAC nº 116/2009.

[90] De acordo com a ANP, o Brasil atualmente tem mais de 250 revendedores de combustível de aviação.

[91] Os requisitos para ser qualificado como distribuidor e/ou revendedor de combustível de aviação são estabelecidos, respectivamente, pela Resolução da ANP nº 17/2006 e pela Resolução da ANP nº 18/2006. Além disso, como o fornecimento de combustível de aviação é um tipo de serviço auxiliar de transporte aéreoe como os fornecedores precisam de acesso às áreas operacionais do aeroporto para prestar o serviço, ele também é abrangido pelas Resoluções da ANAC nº 116/2009 e nº 302/2014, bem como pelos contratos de concessão de aeroportos.

[92] Artigo 1, parágrafo 1, da Resolução da ANAC nº 302/2014. Embora o regulamento não indique quaisquer exemplos do que poderia constituir uma prática abusiva ou discriminatória, pode incluir, por exemplo, a recusa de acesso ao aeroporto, a imposição de requisitos não razoáveis e a discriminação de preços entre concorrentes.

[93] Artigo 9, parágrafo 2, da Resolução da ANAC nº 302/2014.

[94] As WASG classificam os aeroportos em três categorias. Além dos aeroportos coordenados ou de Nível 3, são eles: 1) aeroportos não coordenados ou de Nível 1, em que a capacidade de infraestrutura é adequada para atender às demandas dos usuários do aeroporto em todos os momentos; 2) Aeroportos facilitados ou de Nível 2 com potencial de congestionamento durante alguns períodos do dia, semana ou temporada que exijam alterações de horário mutuamente acordadas entre as companhias aéreas e o facilitador (Conselho Internacional de Aeroportos, Associação Internacional de Transportes Aéreos e Grupo Mundial de Coordenadores de Aeroportos, 2020, p. 20[87]).

[95] Apenas três aeroportos nos Estados Unidos seguem as WASG; o New York JFK, o New York LaGuardia e o Washington Ronald Reagan. Em todos os outros aeroportos, as companhias aéreas geralmente podem agendar voos conforme desejarem, em coordenação com os operadores aeroportuários. De um lado, a falta de uma abordagem intervencionista provavelmente levará a atrasos gerados pelas companhias aéreas que assumem excessivamente slots nos aeroportos durante os períodos mais movimentados do dia. Por outro lado, alguns argumentam que os custos marginais dos atrasos nos aeroportos dominados por uma companhia aérea ou por uma aliança são muitas vezes exagerados, uma vez que esses custos seriam internalizados por essa companhia aérea ou aliança. Na prática, porém, é improvável que todos os voos em aeroportos de Nível 2, como o Chicago O'Hare, o Los Angeles, o San Francisco e o Newark Liberty, sejam totalmente programados de forma livre pelas companhias aéreas, pois espera-se que busquem e obtenham aprovação da programação pela Administração Federal de Aviação (FAA). Caso contrário, se o aeroporto passar para o Nível 3, a companhia aérea não terá prioridade em nenhum dos voos não aprovados (Egeland and Smale, 2017, p. 25[86]).

[96] De acordo com as WASG, as temporadas equivalentes são "temporadas consecutivas de verão (dois verões) ou temporadas consecutivas de inverno (dois invernos) em oposição a duas temporadas subsequentes (uma temporada de verão e uma temporada de inverno)" (Conselho Internacional de Aeroportos, Associação Internacional de Transportes Aéreos e Grupo Mundial de Coordenadores de Aeroportos, 2020, p. 62[87]).

[97] Artigo 8, parágrafo 3, da Resolução da ANAC nº 338/2014. O critério de atraso máximo não está previsto nas WASG.

[98] A ANAC desenvolveu um sistema para monitorar slots que alimenta um banco de dados, permitindo que qualquer interessado acompanhe o uso de slots; ver https://sas.anac.gov.br/sas/samu/(S(bwv0mwd0lgb5c5fs222425vd))/view/frmConsultaBases.

[99] Artigo 38 da Resolução da ANAC nº 338/2014.

[100] Artigo 2, item XVI-A, da Resolução da ANAC nº 338/2014.

[101] Artigo 43, item II, da Resolução da ANAC nº 338/2014. Vale ressaltar que o uso indevido de slots constitui uma infração administrativa, desde que a intenção da companhia aérea possa ser comprovada. Isso visa evitar que companhias aéreas percam slots por circunstâncias fora de seu controle, como condições climáticas. Em caso de uso indevido de slots, além da perda de prioridade histórica, a ANAC pode aplicar uma multa de R$ 7.000 a R$ 90.000 por voo, embora essa multa não seja comum. Em teoria, o uso indevido de slots também poderia ser considerado uma prática anticoncorrencial e o CADE poderia investigar e impor sanções com base na Lei nº 12.529/2012 (Lei de Defesa da Concorrência Brasileira). De acordo com a OCDE, no entanto, raramente uma tática de negociação de slots pode equivaler a um acordo restritivo ou a um abuso de dominância (OCDE, 2014, p. 17[92]). No Brasil, nenhum caso desse tipo foi já foi investigado.

[102] Artigo 22 da Resolução da ANAC nº 338/2014.

[103] Artigo 8, parágrafo 2, da Resolução da ANAC nº 338/2014.

[104] Artigo 2, item XIII, e Artigo 8, parágrafo 4, da Resolução da ANAC nº 338/2014.

[105] Artigo 22 da Resolução da ANAC nº 338/2014.

[106] Artigo 22, parágrafo 3, da Resolução da ANAC nº 338/2014.

[107] Artigo 31 da Resolução nº 338/2014. De acordo com a ANAC, isso se baseia na premissa de que os slots são permissões concedidas pelo regulador a uma companhia aérea, gratuitamente, para uma operação planejada, não incluindo direitos de propriedade; ou seja, as companhias aéreas não são proprietárias de slots. Isso torna os slots ativos públicos, dos quais as companhias aéreas não podem obter vantagem financeira. Somente o coordenador pode alocar um slot, de acordo com os critérios estabelecidos. A única exceção é a cessão de slots entre empresas pertencentes ao mesmo grupo econômico, pois já funcionam como uma única entidade econômica (Artigo 31, parágrafo 1, da Resolução da ANAC nº 338/2014).

[108] Artigo 32 da Resolução da ANAC nº 338/2014.

[109] A Resolução da ANAC nº 338/2014 continuará em vigor até a temporada de inverno de 2022.

[110] O fato de que muitos slots alocados a novos operadores são devolvidos ao banco após apenas uma temporada pode exemplificar isso. Além disso, nos aeroportos mais congestionados da União Europeia (no momento do estudo), como o London Gatwick, Düsseldorf e Frankfurt, menos de 50% dos slots foram alocados de acordo com a norma para novos entrantes, em parte porque não havia solicitações que atendessem aos critérios (Steer Davies Gleave, 2011, p. 5[96]).

[111] No entanto, um estudo demonstrou que o principal objetivo da alocação de slots não é reduzir as tarifas médias, mas garantir que a infraestrutura aeroportuária seja usada de forma eficiente e que os mercados de companhias aéreas downstream operem no mais alto nível de eficiência econômica. (Valdes and Gillen, 2018, p. 257[158]). Também sugeriu que a realocação de slots para companhias aéreas menores não leva necessariamente a um maior bem-estar do consumidor. De fato, os resultados dependem da atual distribuição de slots, quais rotas perdem serviços, quais rotas ganham serviços de qual companhia aérea, e como o poder de mercado é exercido em relação a essa rota.

[112] Deve-se notar que o aeroporto de Belo Horizonte Pampulha (PLU) está atualmente restrito à aviação geral e serviços aéreos regulares regionais.

[113] A SEAE, por exemplo, propõe que 100% dos slots do banco sejam alocados primeiramente para novos entrantes em todos os aeroportos brasileiros coordenados (Secretaria de Advocacia da Concorrência e Competitividade, 2021[104]).

[114] Por exemplo, a regra atual de novas entradas pode ser substituída para considerar uma companhia aérea que detenha menos de 10% dos slots no aeroporto, em todo o grupo de participação da companhia aérea e até mesmo em parceiros de joint venture, como um novo entrante. Isso permitiria que alguns grupos de proprietários de companhias aéreas construíssem uma grande participação de slots e fossem mais capazes de competir com grandes companhias aéreas dominantes (Steer Davies Gleave, 2011, p. 11[96]).

[115] No Brasil, a declaração de capacidade é determinada pelo operador aeroportuário, em consonância com o DECEA, responsável pela gestão do espaço aéreo brasileiro. Desde 2019, o DECEA vem analisando a declaração de capacidade da maioria dos aeroportos brasileiros para refinar a metodologia de determinação da capacidade de pista. Isso resultou no aumento da capacidade de muitos aeroportos, incluindo alguns coordenados (Eurocontrol and DECEA, 2021, pp. 19-20[149]).

[116] Por meio de preços de congestionamento, em vez de slots, as taxas seriam definidas nas operações de voo, que variariam ao longo do dia. Ao cobrar preços mais altos durante períodos de congestionamento, as companhias aéreas seriam incentivadas a operar voos em períodos menos congestionados ou a reduzir o número total de voos (Ball, Berardino and Hansen, 2018, p. 186[101]). Esse mecanismo garantiria que as tarifas aéreas reflitam o valor comercial dos slots aos quais estão associadas e, portanto, representem um uso eficiente dos slots. No entanto, o equilíbrio de concorrência de preços só existe quando os slots são substitutos (perfeitos) para todas as companhias aéreas, o que nem sempre é o caso (Kociubiński, 2013, p. 45[157]). Incentivar a distribuição de voos ao longo do dia também pode diminuir a conectividade do hub. Além disso, a implementação de preços de congestionamento pode ser difícil, pois a diferença entre preços de pico e fora de pico precisa ser extremamente grande para que as companhias aéreas aceitem a inconveniência operacional de usar o aeroporto fora dos horários de pico (Egeland and Smale, 2017, p. 29[86]). Ver Anexo 2.A. Leilões de slot e comercialização de slot para uma análise mais detalhada dos leilões de slot e comercialização de slot, incluindo suas vantagens, desvantagens e experiências internacionais correspondentes.

[117] Vale a pena mencionar que, embora não exista um requisito de licenciamento específico para tripulantes de cabine nas disposições da OACI, o Anexo 6 da Convenção sobre Aviação Civil Internacional fornece requisitos de treinamento e competência para a profissão. Em certas jurisdições, os comissários de bordo são obrigados a possuir uma qualificação diferente de uma licença para provar suas qualificações para desempenhar funções relacionadas à segurança dos passageiros e voo durante as operações. Por exemplo, nos Estados Unidos, os comissários de bordo devem possuir um certificado de proficiência demonstrada emitido pela Administração Federal de Aviação (49 USC 44728); na União Europeia, devem ser titulares de um atestado, emitido a pedido, com o qual o candidato demonstrou cumprir os requisitos essenciais (Artigos 22.º e 23.º do Regulamento da UE nº 2018/1139 de 4 de julho de 2018); A Argentina exige um certificado de competência emitido pela autoridade aeronáutica (RAAC 64). Em outras jurisdições, como Chile (DAR 01), Colômbia (RAC 63), México (Reglamento para la expedición de permisos, licencias y certificados de capacidad del personal técnico aeronáutico) e Brasil (Lei nº 13.475/2017), é necessária uma licença emitida pela autoridade de aviação civil para desempenhar as funções de tripulação de cabine.

[118] Piloto, navegador de voo e engenheiro de voo (conhecido no Brasil como mecânico de voo).

[119] Manutenção de aeronaves, incluindo técnicos, engenheiros e mecânicos; controlador de tráfego aéreo; oficial de operações de voo e despachante de voo e operador de estação aeronáutica.

[120] Além de possuir uma licença, a operação de certos tipos de aeronaves também pode exigir a posse de uma qualificação de tipo para garantir que o titular tenha conhecimento e habilidades para operar aquele tipo específico de aeronave.

[121] Além disso, o Departamento de Controle do Espaço Aéreo (DECEA) regulamenta as profissões relacionadas aos serviços de navegação aérea, sendo necessária a licença para ser controlador de tráfego aéreo; profissional em informação aeronáutica; profissional em meteorologia aeronáutica; operador da estação aeronáutica; operador de plataforma marítima; e gerente de controle do espaço aéreo (ICA 63-31, aprovado pela Portaria DECEA nº 137/DGCEA, de 27 de setembro de 2021). No entanto, considerando que os serviços de navegação aérea são prestados diretamente pelo DECEA ou por meio da NAV Brasil, uma ESTATAL, somente os servidores públicos dessas organizações estão autorizados a exercer essas atividades. Este relatório não avaliará os requisitos para essas profissões.

[122] RBAC nº 61.

[123] RBHA nº 63. É provável que essa atividade desapareça em um futuro próximo. Hoje, segundo a ANAC, apenas um tipo de aeronave (para operação de transporte aéreo de carga) necessita de mecânico de voo.

[124] RBHA nº 63.

[125] RBAC nº 65.

[126] RBAC nº 65.

[127] Artigos 2 e 3 da Lei nº 13.475/2017.

[128] RBAC nº 141.

[129] Os Artigos 180 e 201 da Lei nº 7.565/1986 (Código Brasileiro de Aeronáutica), ambos recentemente revogados pela Medida Provisória nº 1.089/2021, convertida na Lei nº 14.368/2022.

[130] Artigo 5º, parágrafo 1º, e Artigo 20 da Lei nº 13.475/2017.

[131] Item 141.91 do RBAC Nº 141.

[132] O Regulamento da Comissão (UE) nº 2018/1119, de 31 de julho de 2018, alterou o Regulamento da Comissão (UE) nº 1178/2011, de 3 de novembro de 2011, que estabelece requisitos técnicos e procedimentos administrativos relacionados com a tripulação da aviação civil nos termos do Regulamento (CE) nº 216/2008 do Parlamento Europeu e do Conselho.

[133] Resolução da ANAC Nº 659/2022.

[134] Parte 61 e Parte 66 dos Regulamentos de Segurança Da Aviação Civil Australiana de 1998, e (Civil Aviation Safety Authority, 2022[154]).

[135] Parte 61 e Parte 66 das Normas Da Aviação Civil da Nova Zelândia.

[136] Artigo 156, parágrafo 1 da Lei nº. 7 565/1986 e Artigo 6 da Lei nº. 13.475/2017.

[137] Artigo 156, parágrafo 3 da Lei nº. 7 565/1986 e Artigo 6, parágrafo 1 da Lei nº. 13.475/2017.

[138] Artigo 157 da Lei nº. 7 565/1986 (Código Brasileiro de Aeronáutica).

[139] Artigo 20 da Lei nº. 13 475/2017.

[140] De acordo com o Anexo 6 da Convenção sobre Aviação Civil Internacional, a fadiga é "um estado fisiológico de redução da capacidade de desempenho mental ou físico resultante de perda de sono, vigília prolongada, fase circadiana e/ou carga de trabalho (atividade mental e/ou física) que pode prejudicar o estado de alerta e a capacidade de uma pessoa para desempenhar tarefas operacionais relacionadas à segurança".

[141] O tempo de voo é o tempo total desde o momento em que um avião se move pela primeira vez com o objetivo de decolar até o momento em que finalmente para no final do voo (Anexo 6 da Convenção sobre Aviação Civil Internacional). A jornada de trabalho de voo é um período que começa quando um membro da tripulação de voo ou de cabina é obrigado a apresentar-se ao serviço que inclui um voo ou uma série de voos e que termina quando a aeronave finalmente para e os motores são desligados no final do último voo em que ele ou ela é membro da tripulação (Anexo 6 da Convenção sobre Aviação Civil Internacional). A jornada de trabalho é um período que começa quando um membro da tripulação de voo ou de cabine é obrigado por um operador a se apresentar ou iniciar um serviço e termina quando essa pessoa está livre de todos os deveres (Anexo 6 da Convenção sobre Aviação Civil Internacional). O período de repouso é um período contínuo e definido, posterior e/ou anterior ao serviço, durante o qual os membros da tripulação de voo ou de cabine estão isentos de quaisquer obrigações (Anexo 6 da Convenção sobre Aviação Civil Internacional).

[142] O Sistema de Gerenciamento de Risco de Fadiga (SGRF) é um meio baseado em dados para monitorar e gerenciar continuamente os riscos de segurança relacionados à fadiga, com base em princípios e conhecimentos científicos, bem como na experiência operacional que visa garantir que o pessoal relevante esteja atuando em níveis adequados de alerta (Anexo 6 da Convenção sobre Aviação Civil Internacional).

[143] A Lei nº 13.475/2017 estabelece as principais limitações de tempo de voo, de jornada de trabalho e de repouso. No entanto, a seção 117.61 e os Apêndices B e C do RBAC nº 117 também estabelecem limites para limitações de tempo de voo, jornada de trabalho e período de repouso, as chamadas normas de gerenciamento de risco de fadiga. Essas regras também são prescritivas, mas são mais detalhadas do que as previstas na Lei nº 13.475/2017, pois levam em conta diversas variáveis, como o horário de início do serviço e as instalações de repouso a bordo fornecidas à tripulação. Isso permite períodos mais longos do que os previstos na Lei nº 13.475/2017.

[144] Seção 117.63 do RBAC nº 117.

[145] Artigo 19, parágrafo 4 da Lei nº 13.475/2017.

[146] De acordo com a Administração Federal de Aviação dos EUA (FAA), Newark Liberty é hoje um aeroporto de Nível 2 e não mais um aeroporto de Nível 3; www.faa.gov/about/office_org/headquarters_offices/ato/service_units/systemops/perf_analysis/slot_administration/slot_administration_schedule_facilitation/level-2-airports. Conforme explicado na nota final 103, isso significa que hoje o aeroporto tem potencial para congestionamento durante alguns períodos do dia, semana ou estação que exige ajustes de agendamento mutuamente acordados entre as companhias aéreas e o facilitador.

[147] Slots recém-criados para voos internacionais continuaram a ser alocados por meio de um esquema administrativo; www.gdjv.cn/article/8626852.

[148] Este resultado foi visto no Aeroporto de Heathrow, em Londres, onde as transferências de slots comercializados parecem ter aumentado o tamanho médio da aeronave em cerca de 80%, de 139 para 250 assentos para cada slot. Além disso, há evidências no mesmo aeroporto que indicam que as companhias aéreas que operam rotas de curta distância tendem a vender slots para a companhia aérea dominante ou para outras companhias aéreas que operam rotas de longa distância (Mott MacDonald e Comissão Europeia, 2006, pp. 3-35-8-4[135]).

[149] Outros estudos sugerem maiores benefícios do mecanismo baseado no mercado em geral. Um desses estudos indicou que o comércio de slots secundários, tarifas de pista mais altas, leilões de slots ou combinações destes garantiriam um uso mais eficiente de slots, levando a um aumento do número de passageiros em aeroportos congestionados de cerca de 7%, equivalente a cerca de 52 milhões de passageiros adicionais por ano nesses aeroportos (National Economic Research Associates, 2004[152]). Na avaliação de impacto que acompanha a proposta de regulamento do Parlamento Europeu e do

Conselho sobre regras comuns para a alocação de slots nos aeroportos da União Europeia (Reformulação), a Comissão Europeia estimou que a adoção de um mecanismo baseado no mercado que permita expressamente a negociação de faixas horárias na UE resultaria num aumento médio anual de 1,6% (ou 23,8 milhões) no número de passageiros transportados, um benefício econômico líquido de 5,3 bilhões de euros e um aumento do emprego de até 62.000 trabalhos de tempo integral (European Commission, 2011[151]). A proposta legislativa de revisão do Regulamento nº 95/93 foi publicada em dezembro de 2011, o Conselho adotou a sua orientação geral em outubro de 2012 e o Parlamento Europeu adotou a sua posição em primeira leitura em dezembro de 2012. Atualmente, a proposta aguarda a posição do Conselho em primeira leitura e permanece bloqueada; www.europarl.europa.eu/legislative-train/theme-transport-and-tourism-tran/file-allocation-of-slots-at-eu-airports-common-rules-recast.

[150] Estimar a elasticidade de repasse é notoriamente difícil, pois 1) as limitações de dados não combinam as datas dos voos com as datas das passagens aéreas; e 2) as companhias aéreas têm uma variedade de ferramentas financeiras para se proteger da incerteza do preço do combustível e do petróleo. O artigo recente de Gayle e Lin leva esses fatores em consideração e é capaz de racionalizar as estimativas inesperadamente mais baixas obtidas anteriormente nas publicações (Gayle and Lin, 2021[143]).

[151] Em breve, o Aeroporto Internacional de Brasília será conectado diretamente por meio de dutos de combustível. A fase de testes já começou e o projeto deve estar operacional em outubro de 2022; https://tnpetroleo.com.br/noticia/petrobras-leva-querosene-de-aviacao-por-duto-para-brasilia.

[152] ANAC, www.anac.gov.br/acesso-a-informacao/dados-abertos/areas-de-atuacao/voos-e-operacoes-aereas/dados-estatisticos-do-transporte-aereo.

[153] ANAC, www.anac.gov.br/acesso-a-informacao/dados-abertos/areas-de-atuacao/voos-e-operacoes-aereas/tarifas-aereas-domesticas. A receita anual de passagens aéreas por aeroporto foi calculada colocando os dados de tarifas nacionais e internacionais da ANAC em uma única base; a receita de passagens aéreas foi calculada multiplicando-se o valor da tarifa cobrada e o número de assentos vendidos pelo respectivo valor para cada empresa, mês e aeroporto de partida, agregado ao ano e nível aeroportuário.

[154] AC 08012.004341/2009-73 – Cosan/Shell.

3 Setor portuário

Este capítulo contém uma visão geral econômica, institucional e jurídica do setor portuário no Brasil. O setor de transporte aquaviário tem papel fundamental no comércio exterior do Brasil e no seu desenvolvimento econômico:ele é responsável pelo fluxo de mais de 98% das exportações brasileiras e mais de 92% das importações em termos de volume. Três principais órgãos são responsáveis pela criação de políticas e diretrizes para o setor portuário, enquanto empresas estatais específicas são responsáveis pelo exercício das funções de autoridades portuárias nos portos públicos, e a Agência Nacional de Transportes Aquaviários, uma agência reguladora independente, é responsável pela implementação das políticas do Ministério para portos e hidrovias.

3.1. Visão geral e definição do setor portuário

3.1.1. Visão geral econômica

Os portos podem ser definidos como locais "com instalações para os navios mercantes atracarem e carregarem ou descarregarem mercadorias ou passageiros de ou para embarcações marítimas" (OCDE, 2002[1]). Sejam eles marítimos ou fluviais, os portos desempenham uma função importante no desenvolvimento econômico de países e regiões, facilitando o comércio nacional e internacional de mercadorias em grande escala. A infraestrutura portuária oferece suporte para clientes como transportadores de carga, operadores de balsas e barcos privados (OCDE, 2011[2]).

Embora possa não representar grande parte do PIB (0,16%),[1] o setor de transporte aquaviário tem papel fundamental no comércio exterior do Brasil e no seu desenvolvimento econômico.[2] Ele é responsável pelo fluxo de mais de 98% das exportações brasileiras e mais de 92% das importações em termos de volume.

Em 2021, as exportações e importações por transporte marítimo totalizaram mais de 851 bilhões de quilogramas líquidos e US$ 409 bilhões *freight on board* (FOB), um aumento de 169% e 438%, respectivamente, em relação aos dados de 2000 (Figura 3.1 e Figura 3.2).

Figura 3.1. Modos de transporte de importação e exportação (em milhões de US$, FOB), 2000-21

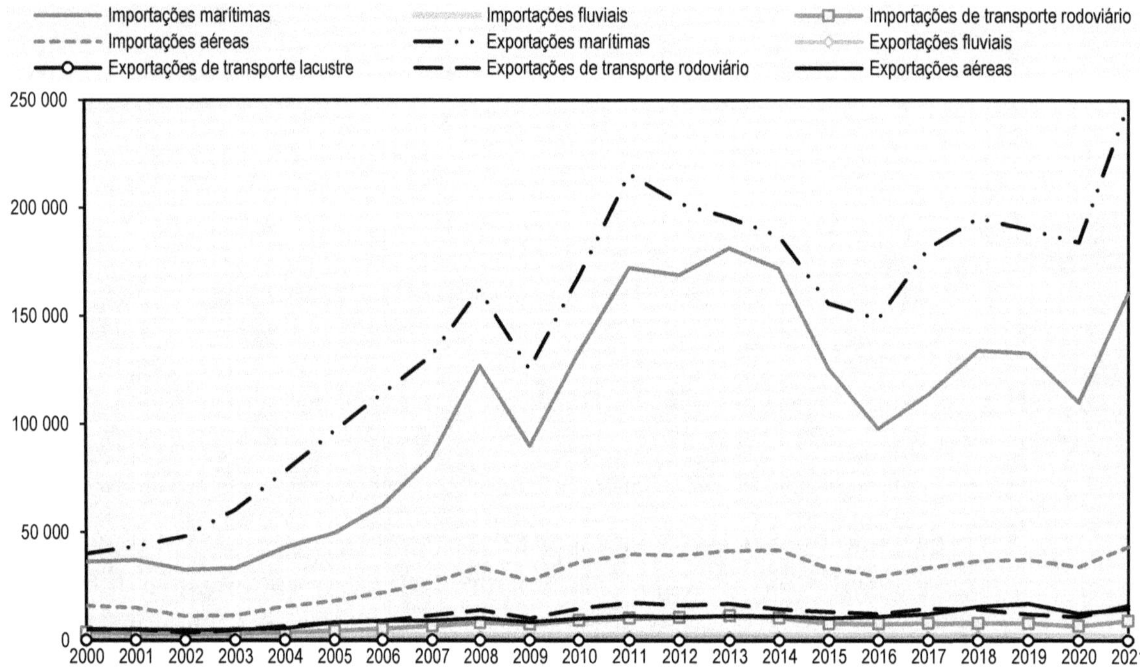

Fonte: (Ministério do Comércio Exterior, 2022[3]).

Figura 3.2. Modos de transporte de importação e exportação (quilogramas líquidos, em milhões), 2000-21

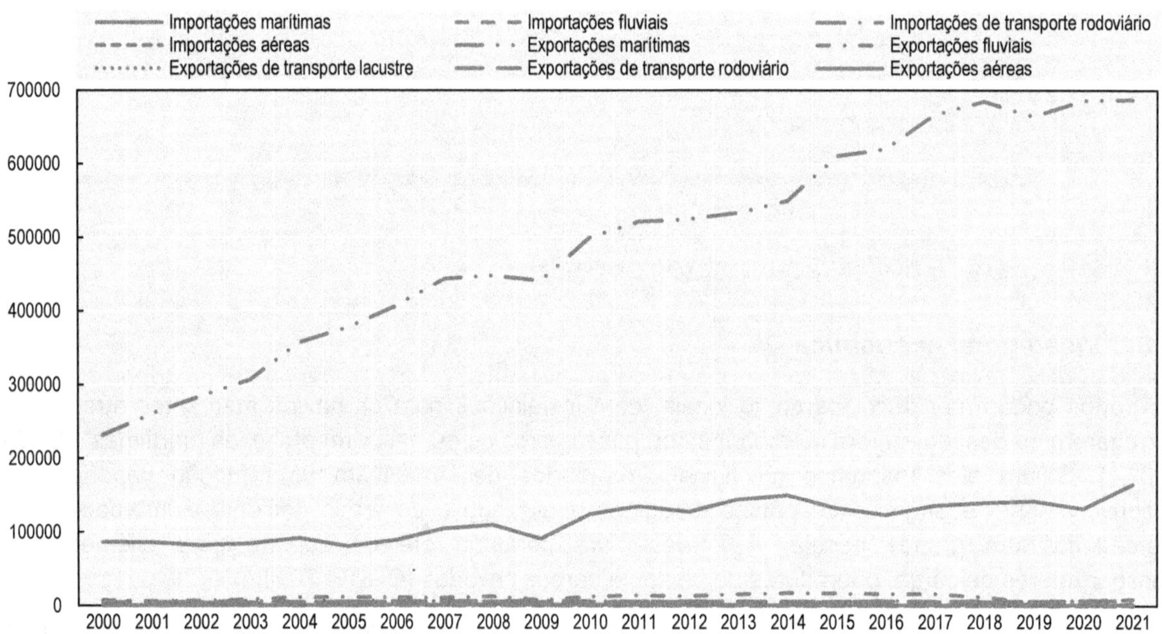

Fonte: (Ministério do Comércio Exterior, 2022[3]).

Em comparação com outras regiões e países, o Brasil desempenha um papel importante no comércio mundial. Em 2020, ele foi responsável por 776 milhões de toneladas ou 7,3% do volume global de mercadorias carregadas no comércio marítimo (Tabela 3.1). Esse volume teve um crescimento de 6,36% entre 2014 e 2020, acima da média dos países em desenvolvimento nas Américas e na África, mas abaixo da Ásia.

Tabela 3.1. Comércio marítimo

	Volume carregado (como % do total global)		Volume descarregado (como % do total global)	
	2014	**2020**	**2014**	**2020**
Total mundial	9.816	10.648	9.719	10.631
América Latina e Caribe	13,3%	12,9%	5,9%	5,6%
América do Sul	11,2%	11,0%	3,7%	3,3%
Brasil	**6,5%**	**7,3%**	**3,4%**	**3,6%**
Regiões em desenvolvimento (M49)	60,2%	59,5%	59,8%	59,4%
Regiões desenvolvidas (M49)	39,8%	40,5%	40,2%	40,6%

Observação: UN M49 é um Código Padrão de País ou Área para Uso Estatístico pelas Nações Unidas. Para definição da UNCTAD de economias em desenvolvimento, ver https://unctadstat.unctad.org/EN/Classifications/DimCountries_DevStatus_Hierarchy.pdf.
Fonte: (UNCTAD, 2022[4]) and (ANTAQ, 2022[5]).

Antes da pandemia da COVID-19 em 2020, os embarques de contêineres nos portos marítimos cresceram continuamente entre 2001 e 2020 em todo o mundo (exceto em 2009, após a crise de 2008), tanto em termos de arqueação bruta quanto em número de unidades equivalentes a vinte pés (TEU). Em 2020, cerca de 750 milhões de TEUs foram carregadas e descarregadas em países para os quais havia dados disponíveis, sendo que os portos brasileiros responderam por cerca de 1,3% do total de TEUs movimentadas ao redor do mundo em 2020.

O comércio conteinerizado está positivamente relacionado ao crescimento do PIB. O número de TEUs transportadas tem um efeito positivo no fluxo de comércio entre os países, que, por sua vez, tem um impacto positivo no crescimento real do PIB (CEPAL, 2020[6]) (Michail and Batzilis, 2021[7]). A Figura 3.3 mostra essa correlação positiva entre os países com maior movimentação portuária de contêineres e aqueles com maior PIB per capita.

Figura 3.3. Movimentação portuária de contêineres (TEU, em milhões) e PIB per capita, por região e renda, 2020

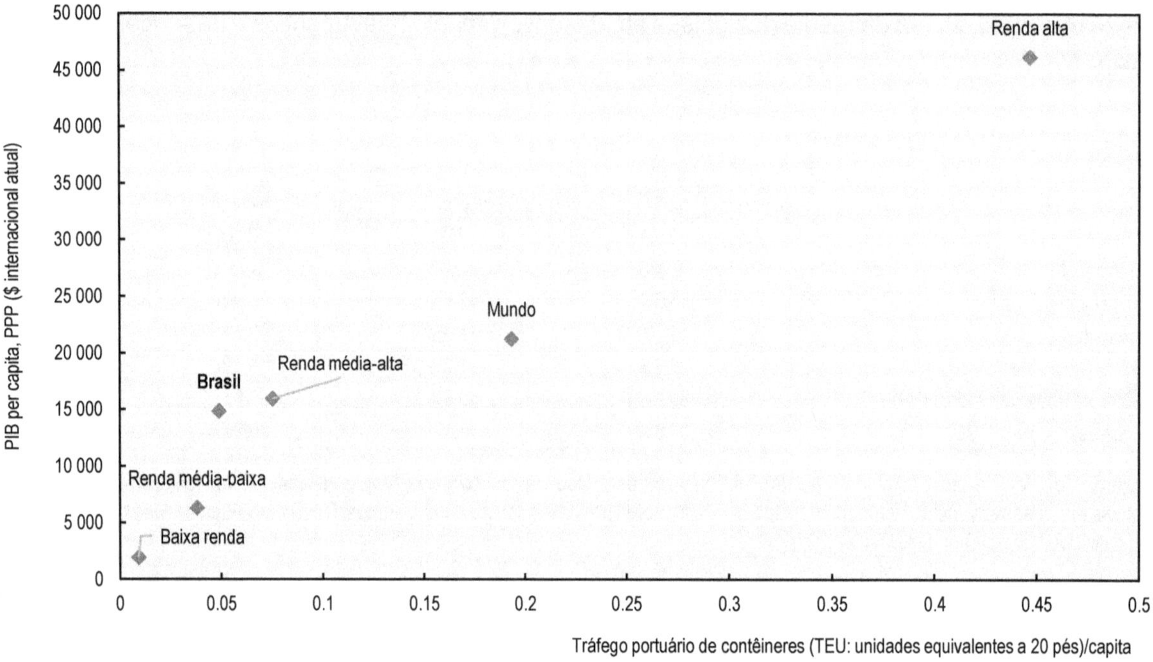

Fonte: (UNCTAD, 2022[4]) e cálculo da OCDE.

Com relação ao ambiente regulatório, o setor de serviços de transporte marítimo no Brasil parece ser menos aberto ao comércio e ao investimento do que a média da OCDE ou outras economias comparáveis, como Chile, Colômbia e Costa Rica. Isso é demonstrado pelo Índice de Restrição ao Comércio de Serviços da OCDE (STRI), que fornece informações sobre as regulamentações que afetam o comércio de serviços em diferentes setores.[3] O STRI pontua o Brasil acima de outros países (Figura 3.4). Nesse sentido, as restrições à entrada de estrangeiros têm um peso importante no resultado composto.[4]

Figura 3.4. STRI nos serviços de transporte marítimo, por área política, 2021

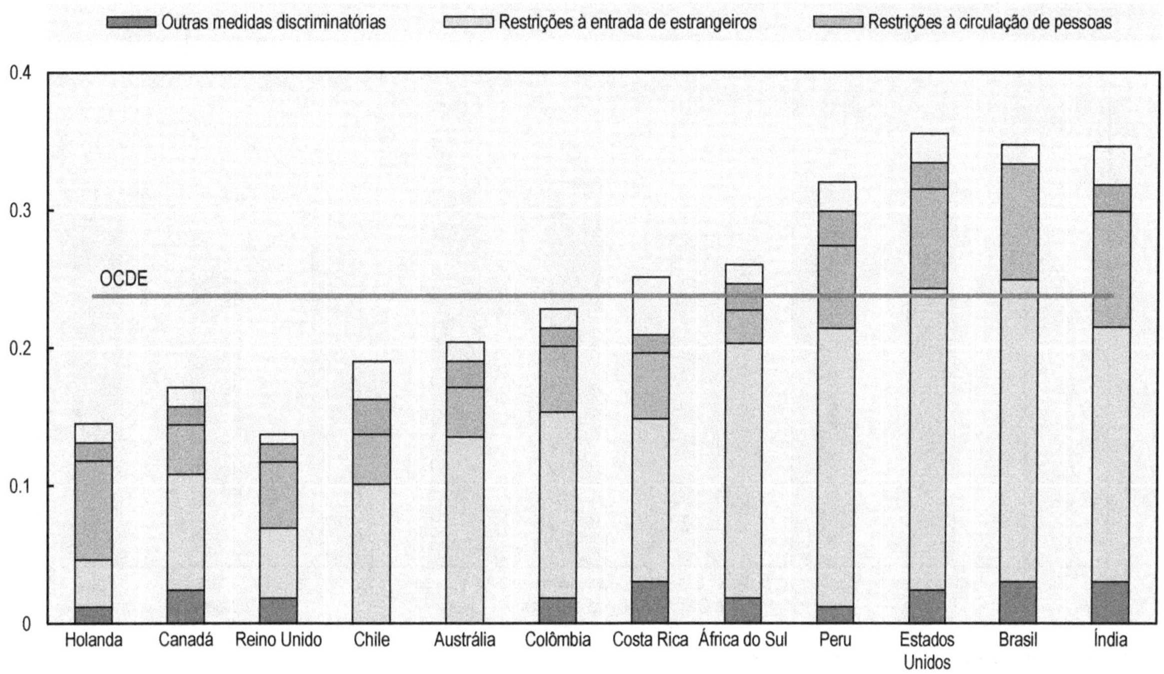

Fonte: (OECD, 2022[8]).

Os indicadores de desempenho do Brasil para o transporte marítimo são baixos. O Índice de Competitividade Global (GCI) do Fórum Econômico Mundial[5] classifica a eficiência dos serviços portuários brasileiros em 104 dos 138 países analisados, com pontuação de 3,2 em uma escala de 1 (pior) a 7 (melhor). Isso está abaixo da média de todas as outras regiões do mundo e abaixo da média mundial de 4,0 (Figura 3.5). Essa ineficiência também pode ser vista no ranking de países do GCI por nível de renda (Figura 3.6). O Brasil pontua abaixo da média de outros países em seu grupo de renda (renda média-alta), que era de 4 em 2019.

Figura 3.5. GCI 4.0: eficiência dos serviços portuários, 2019, por região

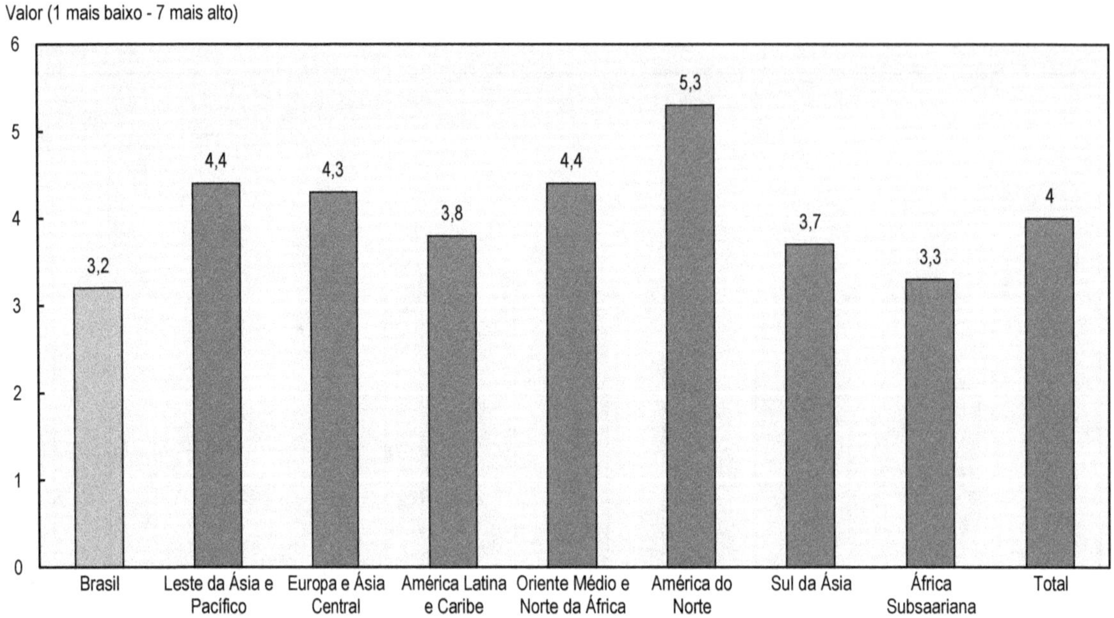

Observação: os dados de 2019 são os mais recentes disponíveis.
Fonte: (Fórum Econômico Mundial, 2020[9]); cálculo da OCDE.

Figura 3.6. GCI 4.0: eficiência dos serviços portuários, 2019, por faixa de renda

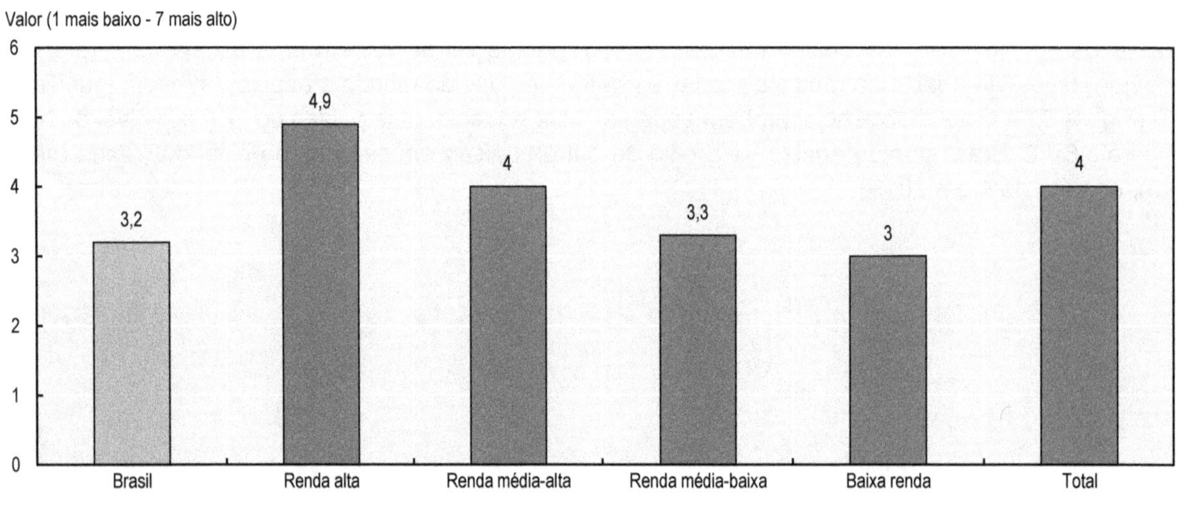

Observação: os dados de 2019 são os mais recentes disponíveis.
Fonte: (Fórum Econômico Mundial, 2020[9]); cálculo da OCDE.

Uma medida alternativa de eficiência é o tempo gasto nos portos; tempos mais curtos sinalizam possível maior eficiência portuária e competitividade comercial (UNCTAD, 2022[4]). Os navios passaram em média 1,76 dia nos portos brasileiros em 2021; isso comparado com uma média global de 1,05 dia; 0,74 dia no Canadá; 1,15 na China; e 1,16 nos portos do Reino Unido (Figura 3.7). Entre os principais países de referência, apenas a África do Sul (1,94 dia) e a Argentina (2,5 dias) tiveram pior desempenho.

Figura 3.7. Tempo médio gasto nos portos (dias)

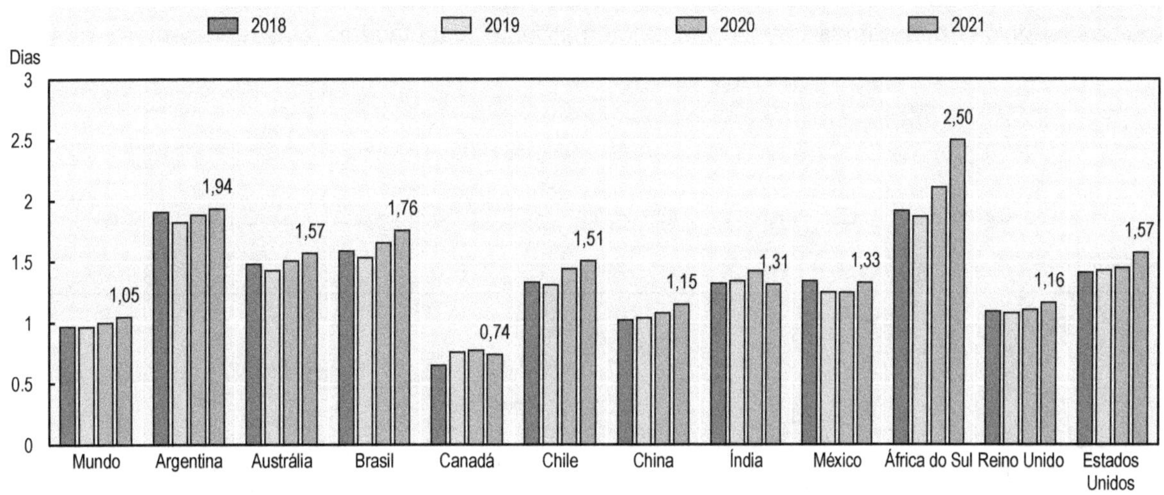

Fonte: (UNCTAD, 2022[4]).

Crescimento do setor

No início da década de 1990, o Brasil empreendeu um processo de reforma do setor portuário, com o objetivo de promover a concorrência por meio do estímulo à entrada e ao investimento. A extinção da Portobrás, empresa estatal que centralizava as atividades administrativas dos portos desde 1975, e a promulgação da Lei nº 8.630/1993 permitiu ao setor privado investir, arrendar e operar os portos marítimos nacionais (Azeredo, 2004[10]) ; (Silva and Filho, 2013[11]) ; (CADE, 2017[12]). Em 2001, a criação da Agência Nacional de Transportes Aquaviários (ANTAQ) aumentou a segurança jurídica e a confiança dos investidores. Dando continuidade a esse processo, em 2013, o Brasil estabeleceu um novo marco regulatório (Lei nº 12.815/2013) para o setor portuário com o objetivo de aumentar ainda mais a competitividade e aumentar a participação do setor privado no fornecimento de infraestrutura portuária.

Esse novo marco regulatório foi uma resposta à falta de investimento e crescimento setorial. Desde essas reformas, o volume de cargas movimentadas nos portos brasileiros aumentou e atingiu mais de 1.200 milhão de toneladas, um aumento de 45% em relação aos níveis de 2010 (Figura 3.8).

Figura 3.8. Carga movimentada nos portos brasileiros (toneladas), por direção, 2010-21

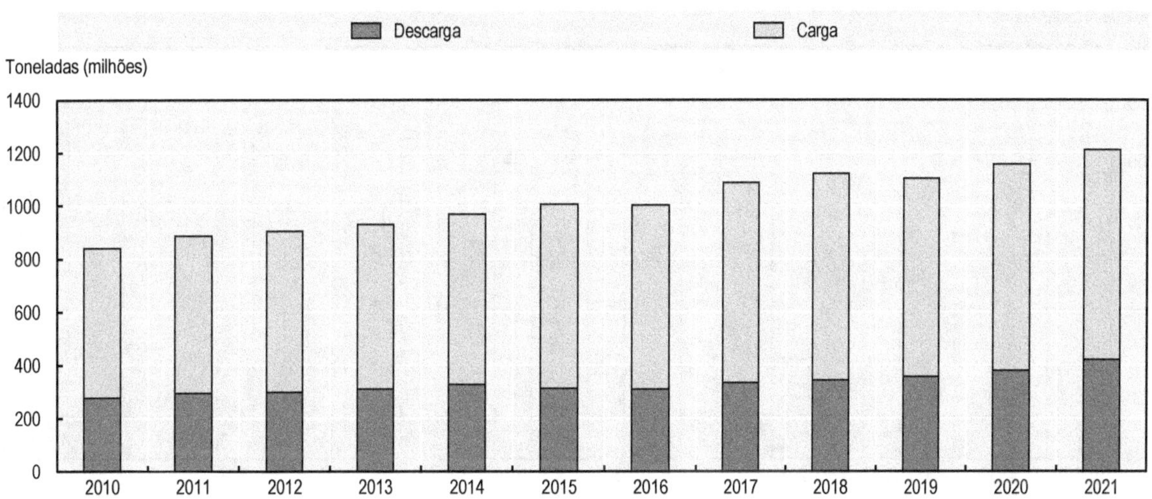

Fonte: (ANTAQ, 2022[5]).

A carga marítima é a principal responsável pelo volume total movimentado nos portos brasileiros. Em 2021, 71% das cargas movimentadas nos portos brasileiros foram transportadas por embarcações marítimas, seguidas das cargas transportadas internamente (cabotagem), que representaram 24% do total (Figura 3.9).

Figura 3.9. Carga movimentada nos portos brasileiros (toneladas), por tipo de navegação, 2010-21

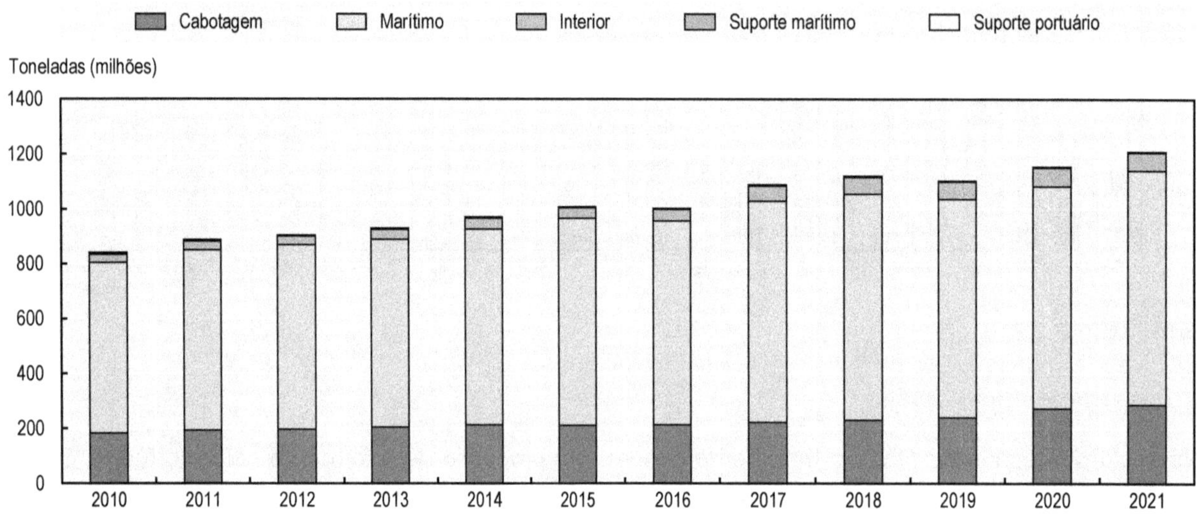

Fonte: (ANTAQ, 2022[5]).

Estrutura do mercado

O marco regulatório promulgado na década de 1990 resultou no aumento do número de autorizações para construção de terminais de uso privado. Em 2021, o Brasil tinha 170 terminais de uso privado (TUPs) em operação no modelo totalmente privatizado e 125 terminais em portos públicos no modelo *landlord* (ANTAQ, 2022[5]).[6] Os portos privados foram responsáveis por 66% das cargas movimentadas nos portos brasileiros em 2021, contra 34% dos portos públicos (Figura 3.10).

Figura 3.10. Cargas movimentadas nos portos brasileiros, por tipo de porto, 2010-21

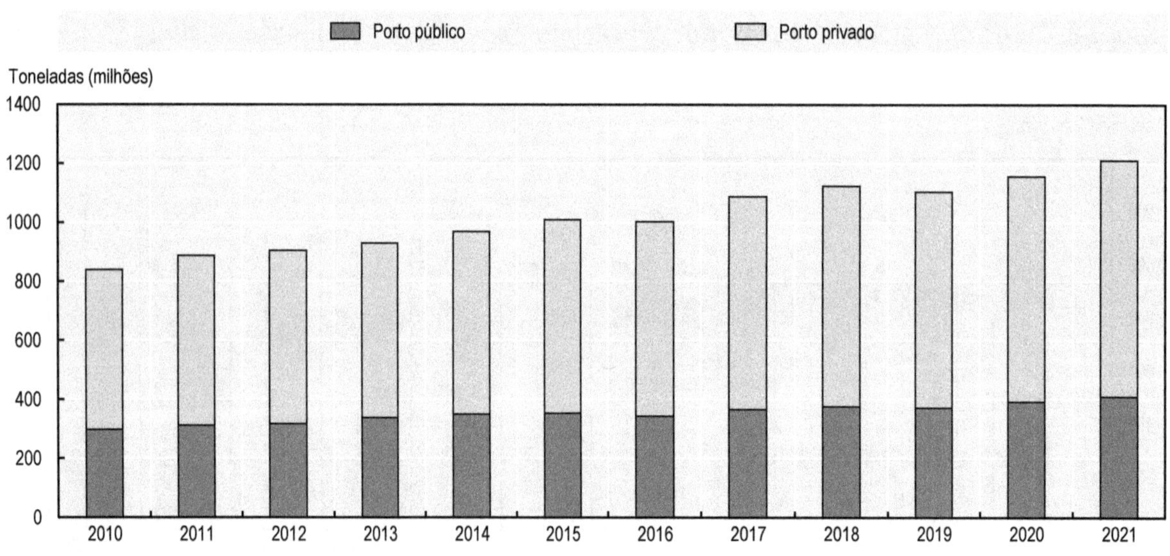

Fonte: (ANTAQ, 2022[5]).

Entre os dez principais portos do Brasil (mensurados em arqueação bruta movimentada), cinco são portos públicos e cinco são terminais privados (Figura 3.11). O principal porto privado é o terminal marítimo de Ponta da Madeira, localizado no nordeste do país, especializado na movimentação de minério e com rápido crescimento desde 2014. O Porto de Santos, sudoeste de São Paulo, tem a maior movimentação de contêineres do país, respondendo por cerca de 30% de todos os contêineres movimentados no Brasil em 2021.

Figura 3.11. Principais portos públicos e privados do Brasil, em peso bruto, 2020

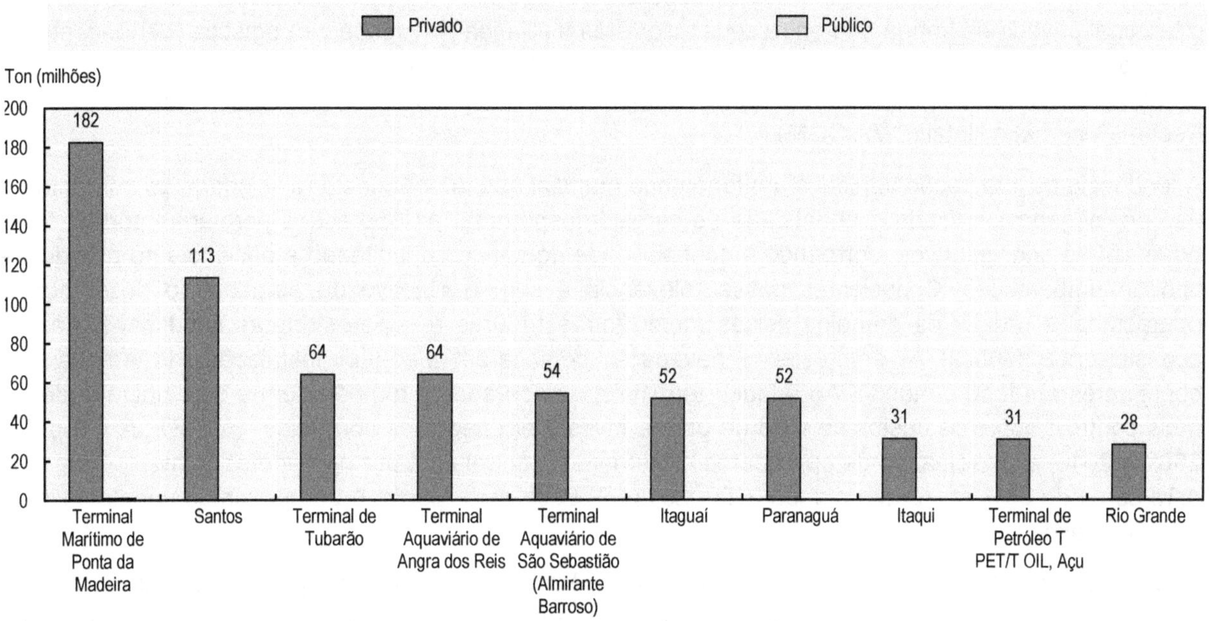

Fonte: (ANTAQ, 2022[5]).

O setor portuário está se tornando cada vez mais verticalmente integrado. De 1996 a 2016, 24 dos 81 casos de concentração relacionados a serviços portuários analisados pelo CADE envolveram integração vertical. Os casos mais comuns de integração vertical no setor portuário são aqueles relacionados à produção e exportação de granéis de origem vegetal (commodities agrícolas) e aos serviços de armazenamento e movimentação desses produtos nos terminais portuários. É comum, nesses mercados, que grandes exportadores de commodities detenham participações societárias, ou mesmo controle total, em terminais portuários para escoamento da produção, o que pode ser para uso cativo de acionistas ou pode ser oferecido em certa medida para armazenar mercadorias de outros exportadores (CADE, 2017[12]).

A integração vertical no Brasil tem raízes diferentes que variam de acordo com o tipo de carga. Antes de 2013, a regulamentação dos terminais privados estabelecia que eles precisavam priorizar a própria carga e não podiam movimentar apenas cargas de terceiros. Essa evolução regulatória é uma das razões pelas quais um número considerável de terminais privados ainda hoje faz parte de empresas integradas verticalmente no Brasil. Por exemplo, a Vale integra e gerencia a maior parte da cadeia logística de exportação de minerais em território brasileiro, incluindo extração, transporte ferroviário, movimentação em terminais portuários no transporte marítimo em navios próprios. No segmento de granéis vegetais, que responde por 264 milhões de toneladas ou 20% da carga movimentada nos portos brasileiros em 2021 (ANTAQ, 2022[5]), a lógica da integração vertical também desempenha um papel importante. Empresas como Bunge, ADM e Cargill detêm terminais próprios em diferentes regiões do país. Além disso, elas investem em outras estruturas da cadeia de fornecimento, como armazenamento e transbordo intermodal (Bunge) e transporte fluvial (ADM) (CADE, 2017[12]). Nos terminais de granéis líquidos, a verticalização também é generalizada, sendo que as empresas produtoras de commodities atuam na operação portuária e em outros segmentos da cadeia produtiva (Coutinho, 2014[13]).

Em conformidade com essa tendência mundial, no mercado brasileiro de cargas conteinerizadas ocorreram integrações verticais entre grandes empresas de transporte de cargas nacionais e estrangeiras. Por exemplo, a TIL (na qual a MSC detém 60% de participação) opera o terminal privado da Portonave, em Navegantes – SC, localizado no Complexo Portuário de Itajaí, região onde o terminal público também é arrendado para a APM Terminais. A Maersk e a MSC são sócias no porto de Santos, mas competem diretamente no mercado de carga conteinerizada em Santa Catarina. Ainda no Estado de Santa Catarina, o terminal privado de Itapoá tem entre seus acionistas a Aliança Navegação e Logística (pertencente ao grupo de navegação Hamburg Sud, que faz parte da Maersk atualmente) (Jucá, 2021[14]). Outros terminais de contêineres operados (parcialmente) por companhias marítimas estão no Rio de Janeiro (TIL), em Pecém (Maersk) e Natal (CMA CGM).

A tendência de integração vertical é um fenômeno mundial que também está relacionado ao aumento do uso de meganavios. Dada a quantidade de carga transportada, as operações portuárias podem ter o potencial de criar gargalos, corroendo a confiabilidade do serviço e limitando a eficiência no uso desse tipo de embarcação. Conscientes dessa relevância e com o objetivo de aumentar o desempenho operacional e reduzir os gargalos físicos (como infraestruturas e superestruturas subdimensionadas, acessibilidade náutica), as empresas de navegação começaram a adquirir instalações de terminais de contêineres em todo o mundo. Ao adquirir terminais, as operadoras também têm a oportunidade de ter mais controle sobre os custos de mão de obra e investir em negócios correlatos (OECD, 2017[15]). De 2002 a 2016, a participação de operadores de terminais controlados por operadoras aumentou de 18% para cerca de 38% em todo o mundo (ITF, 2018[16]). Essa participação é de aproximadamente 14% na América Latina.

Embora, conforme mencionado, a integração vertical dê aos transportadores a possibilidade de coordenar melhor suas atividades de transporte como parte de toda uma cadeia logística, ela pode levar a um tratamento discriminatório – pois o transportador, na qualidade de terminal, reboque ou operador logístico, pode prestar serviços piores aos transportadores concorrentes, principalmente em mercados concentrados. Por exemplo, os transportadores costumam usar seus terminais como alavanca para reduzir as taxas em terminais independentes e jogar os portos uns contra os outros (ITF, 2018[16]).

Ao analisar a prática decisória do CADE, de 1998 a 2018, 8 dos 13 casos de concentração relacionados a terminais de contêineres envolveram alguma forma de integração vertical. A principal preocupação é a possibilidade de fechar mercados a montante ou a jusante e induzir aumentos de custos dos concorrentes. Se o terminal portuário de um grupo passasse a oferecer serviços menos eficientes para navios pertencentes a grupos rivais, isso poderia acarretar atrasos posteriores e aumento de custos para os transportadores. No entanto, a possibilidade dessa conduta foi afastada pelas razões levantadas nos casos, como a existência de terminais de contêineres em portos próximos. A existência de capacidade ociosa nos terminais de contêineres permitiria a absorção de desvios de demanda em caso de fechamento do terminal para empresas rivais; não seria economicamente viável os terminais portuários operarem apenas com cargas da empresa de seu grupo econômico, pois elas não teriam volume suficiente; nos portos onde o controle societário é compartilhado, o fechamento de mercado de alguns armadores não seria do interesse dos demais sócios que não operam o transporte marítimo; nos casos de Contrato de Compartilhamento de Embarcações, a escolha dos portos de passagem é feita em conjunto pelas partes, de modo que não haveria certeza de que todos os participantes do contrato concordariam em utilizar terminais integrados de propriedade de uma das empresas participantes. (CADE, 2018[17])Há investigação em andamento (08700.003945/2020-50) sobre denúncia de práticas de discriminação direta e indireta decorrentes da relação vertical entre armadores e terminais, evidenciada por posição dominante no porto de Santos.

Por via de regra, a integração vertical está sujeita às regras de controle de concentração. Em geral, a aquisição de participações majoritárias em outras partes da cadeia de transporte deve, portanto, ser notificada à autoridade nacional de concorrência competente, que avaliará se existem possíveis preocupações concorrenciais com a operação (OCDE, 2021[18]). No Brasil, a Lei 12.529/2011 estabelece um controle ex ante das concentrações e impõe o dever de notificar ao CADE os atos de concentração econômica.

No que diz respeito à legislação, os países da OCDE têm diferentes estratégias para lidar com os riscos da integração vertical. Alguns países definem hierarquias portuárias explícitas que ajudam a concentrar os investimentos em infraestrutura pública e impedem que as empresas de navegação ou grandes embarcadores coloquem os portos uns contra os outros (OCDE, 2021[18]). No Brasil, não há legislação que restrinja especificamente a integração vertical entre terminais portuários e transportadores. A regulação brasileira parece analisar as preocupações de integração vertical caso a caso, em vez de impor restrições gerais.

A Lei 10.233/2001 (que criou a ANTAQ) permite a transferência da participação da concessão ou permissão outorgada, preservando seu objeto e condições contratuais, caso seja autorizada pela ANTAQ. A ordem jurídica brasileira inclui órgãos reguladores das atividades setoriais (agências reguladoras) e um sistema horizontal de defesa da concorrência responsável pela "prevenção e repressão às infrações à ordem econômica" (Artigo 1º da Lei nº 12.529/11).

A ANTAQ tentou introduzir alguma forma de regulação da integração vertical em 2014, quando encaminhou para consulta pública a Resolução 3.708 (que nunca entrou em vigor). O artigo 18 estabelecia que o edital pode restringir ou impedir a participação de empresas integrantes de grupos econômicos que já atuam na área do porto organizado; na área de influência do porto organizado; ou em outras atividades econômicas que representem formas de integração vertical. Além disso, para evitar os riscos da verticalização, a locação de terminais em portos públicos foi submetida a salvaguardas para evitar a criação de ligações intra e interportuárias, conferindo papel regulatório à ANTAQ, ao Tribunal de Contas da União e à SEAE.

Tendências recentes

Os terminais portuários privados têm sido o principal motor de investimento do setor portuário brasileiro nos últimos anos, principalmente após 2013 e a promulgação da Lei dos Portos (ver Quadro 3.1). Segundo dados da Associação de Terminais Portuários Privados (ATP), fundada em 2013 para representar os interesses do setor portuário privado, a carteira de investimentos dos portos privados desde a promulgação da lei totalizou R$ 45,83 bilhões, dos quais R$ 43,6 bilhões (95,9%) foram os investimentos em terminais de uso privado (TUPs); R$ 1,5 bilhão (3,35%) foram em estações de transbordo de carga (ETC); e R$ 333,8 milhões (0,73%) em instalações portuárias de turismo (IPTur).[7]

Figura 3.12. Carteiras anuais de investimento em terminais privados (em milhões), 2013-22

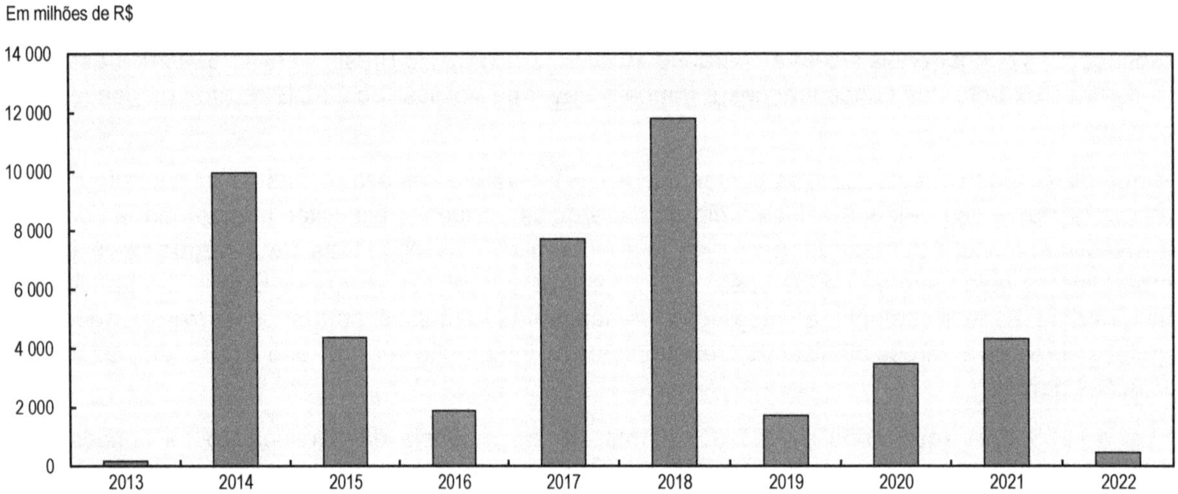

Observação: em valores nominais.
Fonte: (ATP, 2022[19]).

3.1.2. Visão geral institucional

As instituições responsáveis pela elaboração ou aplicação de normas, instruções e diretrizes no setor portuário desempenham um papel significativo no funcionamento do mercado e podem, por fim, afetar a concorrência.

Esta seção fornece uma visão geral das instituições responsáveis por elaborar e implementar regulamentos e fiscalizar o setor portuário no Brasil.

Três principais órgãos são responsáveis pela criação de políticas e diretrizes para o setor portuário.

- Ministério da Infraestrutura, responsável pela elaboração de diretrizes e políticas para o desenvolvimento e promoção do setor portuário e das instalações portuárias marítimas, fluviais e lacustres. Ele também é responsável pela execução e avaliação dos programas, medidas e projetos de apoio à superestrutura[8] e desenvolvimento de infraestruturas de portos e instalações portuárias marítimas, fluviais e lacustres.
- Comissão Nacional de Autoridades nos Portos (CONAPORTOS), responsável por coordenar e avaliar a eficiência das medidas relacionadas às atividades realizadas pelos órgãos e entidades públicas nos portos e nas instalações portuárias. Reestruturada pelo Decreto nº 10.703/2021, é composta por diversos órgãos públicos[9] e presidida pelo Ministério da Infraestrutura.
- Secretaria Nacional de Portos e Transportes Aquaviários (SNPTA), responsável por estabelecer diretrizes para concessão de outorgas e propostas fiscais no setor de transporte aquaviário; propor prioridades no programa de investimentos para auxiliar na elaboração e implementação do planejamento estratégico do Ministério da Infraestrutura para o transporte aquaviário e portuário; e elaborar planos de outorga e propostas para a exploração de infraestrutura e serviços no setor portuário e instalações portuárias marítimas, fluviais e lacustres.

Seis empresas portuárias estatais (Companhia Docas), vinculadas ao Ministério da Infraestrutura, são responsáveis pelo exercício das funções de autoridade portuária nos portos públicos e pela gestão e fiscalização das instalações portuárias e infraestruturas públicas nos portos. As seis Companhia Docas são: Companhia Docas do Pará; Companhia Docas do Ceará; Companhia Docas do Rio Grande do Norte; Companhia das Docas do Estado da Bahia; Companhia Docas do Rio de Janeiro; e Companhia Docas do Estado de São Paulo. A Companhia Docas do Espírito Santo foi privatizada recentemente (ver seção 3.1.3).

Quadro 3.1. Integração entre órgãos

A partir de um estudo da regulação e dos procedimentos de um número significativo de instituições do governo federal, há um esforço desde 2011 para integrar os procedimentos dos órgãos governamentais em um projeto denominado Porto Sem Papel. Ele consiste em um banco de dados digital que centraliza as informações e documentações necessárias para agilizar a passagem de mercadorias pelos portos brasileiros. Esta janela única permite que as empresas enviem informações (como declarações, anuências eletrônicas para estadia das embarcações e certificados de origem e faturas) simultaneamente a todas as entidades relevantes: as autoridades portuárias; a Agência Nacional de Vigilância Sanitária (ANVISA); a Polícia Federal; o Ministério da Agricultura; o sistema de vigilância agropecuária internacional (Vigiagro); a Autoridade Marítima da Marinha do Brasil; e a Receita Federal. Até 2021, o sistema já havia sido implantado em 34 portos brasileiros (Ministério da Infraestrutura, 2021[20]). No Porto de Santos, o sistema resultou na redução do tempo de espera e congestionamento, que antes de sua implantação custava R$ 115 milhões por ano (OCDE, 2016[21]). A expansão do projeto pode levar à integração de outros órgãos governamentais, o que continuará a reduzir a carga administrativa.

A Agência Nacional de Transportes Aquaviários (ANTAQ), agência reguladora independente do governo federal, é responsável por implementar a política de portos e hidrovias do Ministério da Infraestrutura de acordo com os princípios e diretrizes estabelecidos pela legislação (ver Quadro 3.2). Ela também é responsável por fiscalizar, regular e controlar a prestação de serviços de transporte aquaviário e a operação de infraestrutura portuária e hidroviária. Além disso, a ANTAQ analisa as atividades desempenhadas pela administração dos portos públicos (denominados "portos organizados" na legislação brasileira), operadores portuários, arrendatários e instalações portuárias autorizadas. A maioria da regulação setorial é emitida pela ANTAQ.

Quadro 3.2. A independência da ANTAQ como reguladora

As agências reguladoras muitas vezes se veem pressionadas por partes interessadas setoriais e grupos de interesse, que podem sujeitá-las a diferentes formas de controle. A independência é crucial para garantir que o regulador possa exercer de modo eficiente o seu mandato de promover o acesso generalizado a serviços a preços competitivos no seu mercado específico (OCDE, 2016[21]).

Conforme definido pela Lei nº 10.233/2001 e Lei nº 13.848/2019, a ANTAQ possui independência administrativa formal no processo decisório do Ministério da Infraestrutura. Essa independência é alcançada graças a diversos fatores alinhados com as melhores práticas internacionais. Em primeiro lugar, os diretores responsáveis pela agência têm um mandato fixo, o que os impede de serem influenciados por pressões políticas e lhes permite cumprir os objetivos estabelecidos pela legislação que criou a agência reguladora. A designação dos diretores segue um processo centralizado, no qual eles são propostos e indicados pelo presidente após aprovação do Senado.

Em segundo lugar, a ANTAQ tem um órgão decisório composto por mais de um membro. Em geral, os conselhos são considerados mais confiáveis para a tomada de decisões com decisões colegiadas, garantindo um maior nível de independência e integridade do que as decisões tomadas por indivíduos, que estão potencialmente sujeitas a maior pressão do governo e indústrias reguladas (OCDE, 2016[21]). Uma das grandes diferenças da ANTAQ em relação a outras agências reguladoras no Brasil é que sua diretoria colegiada é composta por um diretor geral e dois diretores; todas as outras agências reguladoras são compostas por um diretor geral e quatro diretores. As partes interessadas dizem que a redução, ocorrida antes da criação da agência, durante as discussões legislativas, de cinco para três diretores, ocorrida por restrições orçamentárias, poderia facilitar a "captura regulatória" da ANTAQ pelos setores regulados. A estrutura organizacional inclui ainda um advogado, um ouvidor e um inspetor-geral, cuja função é fiscalizar o funcionamento do órgão e seus processos administrativos e disciplinares. Para solucionar essa questão, em junho de 2022 foi proposta a Medida Provisória 1120/2022 para introduzir a possibilidade de haver mais diretores na diretoria colegiada. A proposta está sendo discutida no Congresso brasileiro.

Em terceiro lugar, de acordo com as melhores práticas internacionais, os líderes da ANTAQ devem passar por um período de "quarentena" antes de aceitar empregos no governo ou no setor regulado após seu mandato. Não ter restrições no pré- ou pós-contratação dos empregados da agência aumenta o risco de "portas giratórias" e conflitos de interesse com o setor (OCDE, 2016[21]).

Ao selecionar a liderança de um regulador, a melhor prática internacional sugere transparência no processo de nomeação e indicação. De acordo com o *OECD Regulatory Policy Outlook 2021*, 47% dos reguladores nos países da OCDE agora são nomeados por um painel independente (OCDE, 2021[22]).

A promoção de uma cultura de independência nas agências reguladoras ao longo das diferentes fases do ciclo regulatório gera concorrência entre as agências reguladoras e, portanto, eficiência econômica. Um marco importante, contido na Lei nº 13.848/2019 (Lei das Agências Reguladoras), foi o estabelecimento legal do modelo de interação entre as agências reguladoras e os órgãos de defesa da concorrência. A lei estabeleceu a ANTAQ como fiscalizadora incumbida das práticas de mercado dos agentes dos setores regulados, a fim de auxiliar os órgãos concorrenciais no cumprimento da legislação pertinente. O CADE é responsável pela aplicação da legislação concorrencial em setores regulados, pela análise de atos de concentração e pela instauração e instrução de processos administrativos para apuração de infrações. A agência reguladora também pode auxiliar com pareceres técnicos.

A Figura 3.13 resume a hierarquia e a relação entre os órgãos reguladores do setor portuário.

Figura 3.13. Órgãos reguladores do setor portuário

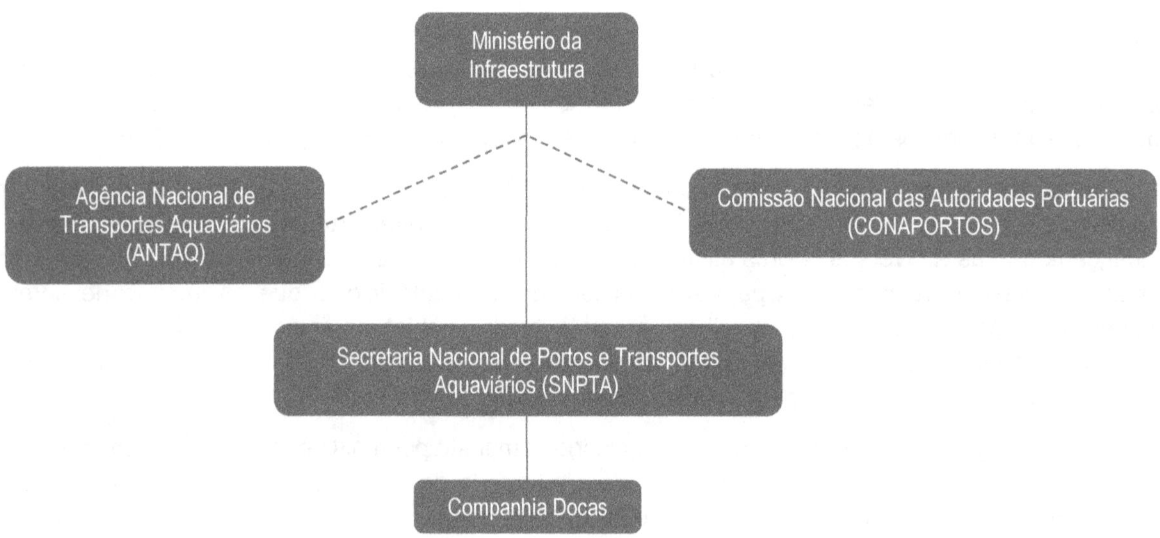

Observação: é utilizada uma linha pontilhada entre ANTAQ e Conaportos, pois não há relação hierárquica entre essas instituições e o Ministério da Infraestrutura.
Fonte: (Ministério da Infraestrutura, 2021[23])

3.1.3. Visão geral da legislação

A OCDE identificou 77 instrumentos normativos relacionados ao setor portuário. Ressalta-se que o setor é altamente regulado e que os serviços prestados em portos públicos são mais regulados do que os serviços em portos privados (TUPs). Uma vez que as disposições que regulam os portos públicos são mais restritivas do que as dos portos privados e à luz do objetivo deste projeto, que visa identificar restrições regulatórias desnecessárias às atividades de mercado e desenvolver medidas alternativas que ainda atinjam os objetivos da política governamental, a OCDE encontrou mais restrições relativas aos portos públicos (53 disposições) do que aos portos privados (16 disposições).

A Lei nº 12.815/2013 (Lei dos Portos) estabelece o marco legal para o setor portuário no Brasil. Ela regulamenta a operação direta ou indireta do poder executivo federal dos portos e instalações portuárias e as atividades dos operadores portuários. Além disso, ela abrange a maioria das questões relevantes para os portos, como a definição de termos, instrumentos de arrendamento e autorização, e questões relacionadas 1) à administração dos portos públicos; 2) à operação portuária; e 3) aos trabalhadores portuários.

A Lei dos Portos estabelece dois regimes distintos: um para portos públicos e outro para portos privados (TUPs). A Lei nº 12.815/2013 disponibilizou pela primeira vez terminais privados para operar fora dos portos públicos[10]. Mais especificamente, os terminais em portos públicos operam sob regime de arrendamento público, enquanto os terminais em portos privados estão sujeitos a um regime regulatório e processo de autorização distinto. Essa assimetria regulatória gera preocupações concorrenciais quando os TUPs operando em regime privado e menos regulado competem com terminais mais regulados localizados em portos públicos (ver Quadro 3.7).

Os portos públicos operam sob um modelo de *landlord* que foi estabelecido pela Lei nº 8.630/1993. Esse modelo, ainda em uso hoje, prevê que o poder executivo federal forneça infraestrutura portuária, acesso rodoviário e hidroviário e conceda direitos de uso. As empresas portuárias federais – ou Companhias Docas – são as autoridades portuárias dentro dos portos públicos. Conforme observado na Seção 3.1.2, essas empresas 100% estatais são responsáveis pela gestão dos portos públicos, incluindo os do Rio de Janeiro, de Santos, Salvador e Belém. Em alguns casos, os portos públicos são administrados por governos federais estaduais ou municipais, que estabelecem as próprias entidades gestoras – como empresas ou divisões governamentais – como é o caso dos portos de Rio Grande, Itaqui, Suape, Paranaguá, entre outros.

O principal objetivo da lei de 2013 foi atrair investimentos privados, viabilizando a operação privada das atividades portuárias. Ela previu que os portos privados fossem submetidos a um modelo totalmente privatizado que inclui todos os investimentos em superestrutura, infraestrutura e equipamentos. A operação e a administração portuárias também são fornecidas pela parte interessada privada.

Tabela 3.2. Modelos de operações da atividade portuária no Brasil

	Concessão portuária pública	Arrendamento de terminais	TUP, porto totalmente privado
Instrumento jurídico	Contrato de concessão	Contrato de arrendamento	Autorização
Tipo	Contrato de serviço público outorgado ao setor privado	Contrato de serviço público outorgado pela administração pública ao setor privado	Atividade econômica privada que requer autorização
Duração	Até 70 anos	Até 35 anos (prorrogável até 70 anos)	25 anos (prorrogável, desde que se mantenha a atividade portuária e o titular da autorização faça os investimentos necessários para a ampliação e modernização das instalações portuárias).
Administração	Funções atribuídas ao setor privado	Operador de terminal portuário público	Proprietária do TUP
Infraestrutura	Gerenciada por investidor privado durante a concessão e devolvida ao governo com o término da concessão		Privada e constituída com autorização da ANTAQ
Berços de atracação e área do interior	Negociado entre a concessionária e o operador portuário privado	Operação direta pelo arrendatário	Mantido pela proprietária do TUP
Mão de obra	O Órgão Gestor de Mão de Obra (OGMO) é responsável pelo cadastramento, alocação, gestão e pagamento dos trabalhadores portuários. Todos os operadores portuários, quando operam dentro de um porto público, são obrigados a contratar trabalhadores portuários por meio do OGMO.		A contratação de mão de obra é independente, conforme legislação trabalhista geral

Fonte: Adaptado do (BNDES, 2021[24]).

Embora a Lei dos Portos tenha permitido concessões de portos públicos em 2013, a primeira delas no Brasil só foi realizada em 2022, com outras concessões programadas (Quadro 3.3).

Quadro 3.3. Privatização de estatais portuárias

Após a publicação da Estratégia Federal de Desenvolvimento em outubro de 2020, o Brasil planeja privatizar as Companhias Docas, as empresas estatais que atuam no setor portuário. Essas empresas de economia mista foram criadas para atuar na gestão portuária e, até 1990, estavam vinculadas à Portobrás. De 1990 a 2007, elas foram controladas pelo Ministério dos Transportes antes de passarem para a Secretaria de Portos da Presidência da República de 2007 a 2016. Atualmente, elas estão vinculadas ao Ministério da Infraestrutura (CADE, 2017[12]).

Em 2020, as Companhias Docas investiram apenas R$ 35,8 milhões, o menor valor da última década. Isso foi, por exemplo, menos de 10% do investimento total em 2014 de mais de R$ 492,8 milhões (Tabela 3.3). Esta diminuição dos investimentos pode ser explicada pela falta de recursos, uma vez que essas empresas têm acumulado perdas significativas nos últimos anos, tendência que se inverteu em 2019 e 2020, com a profissionalização da sua gestão, um passo preparatório para a sua privatização.[11]

Tabela 3.3. Investimentos anuais das Companhias Docas, valores nominais (em milhares de R$)

Companhia docas	2011	2012	2013	2014	2015	2016	2017	2018	2019	2020
Companhia Docas do Ceará (CDC)	18.787	79.812	102.857	69.706	30.766	8.165	4.632	3.589	1.755	23
Companhia Docas do Espírito Santo (Codesa)[1]	17.073	94.401	73.653	47.470	67.076	49.483	40.226	41.626	14.193	4.667
Companhia Docas do Estado da Bahia (Codeba)	6.134	17.276	38.035	24.569	14.677	7.521	4.938	3.158	2.218	6.365
Companhia Docas do Estado de São Paulo (Codesp)	34.345	113.076	184.321	287.104	209.799	112.476	84.322	15.717	4.565	2.010
Companhia Docas do Pará (CDP)	80.127	40.735	6.128	19.627	12.918	3.621	3.044	2.013	5.861	9.354
Companhia Docas do Rio de Janeiro (CDRJ)	5.137	2.750	19.243	9.621	26.045	31.499	26.948	25.709	17.591	4.843
Companhia Docas do Rio Grande do Norte (Codern)	120.954	34.888	36.533	34.773	5.291	18.870	793	2.362	6.366	8.557
Total	**277.038**	**382.938**	**460.771**	**492.871**	**366.572**	**231.635**	**164.902**	**94.174**	**52.549**	**35.821**

Fonte: (Senado Federal, 2022[25]); cálculos da OCDE.

A primeira privatização de uma Companhia Docas ocorreu em março de 2022 com uma concessão de 35 anos da Companhia Docas do Espírito Santo (Codesa), proprietária do complexo portuário de Vitória, no sudeste do Brasil.[12] A segunda concessão será o Porto de Santos, o maior porto da América Latina, com movimentação total superior a 107 milhões de toneladas (BNDES, 2021[26]), que está prevista para o segundo semestre de 2022. A minuta do edital, entre outros documentos, foi discutida em audiência e consulta pública em março de 2022. Uma audiência pública para uma terceira concessão, para o Porto de Itajaí, ocorreu em abril de 2022. O Porto de São Sebastião também será concedido, e a consulta e audiência públicas ocorreram em fevereiro de 2022. As próximas concessões programadas são para os Portos de Salvador, Aratu-Candeias e Ilhéus, incluindo a privatização da Codeba, uma estatal e autoridade portuária no Nordeste do Brasil. O Banco Nacional de Desenvolvimento Econômico e Social (BNDES) está realizando estudos para isso e audiências públicas foram marcadas para o segundo semestre de 2022 (BNDES, 2022[27]).

A Lei dos Portos vem sendo atualizada gradativamente ao longo dos anos, e mudanças relevantes, que visam reforçar a liberdade de preços nas operações portuárias, vem sendo implementadas desde 2020 (Quadro 3.4).

Quadro 3.4. Nova minirreforma na Lei dos Portos Brasileira

Visando atrair mais concorrência e dinamismo para o setor, o Governo Federal fez diversas alterações na Lei dos Portos (Lei nº 12.815/2013) e no decreto (Decreto nº 8.033/2013). As alterações foram previstas na Lei nº 14.047/2020 e no Decreto nº 10.672/2021.

A nova lei trouxe mudanças importantes que visavam trazer maior eficiência e dinamismo à gestão dos portos públicos. As mudanças trazidas pela lei de 2020 reforçaram a lógica da liberdade de precificação nas operações portuárias e buscaram limitar práticas lesivas à concorrência (PPI, 2020[28]).

Para simplificar os contratos de arrendamento das instalações portuárias, algumas cláusulas contratuais (como a de reversão bens públicos) deixaram de ser consideradas essenciais (PPI, 2020[28]).

As novas alterações também proporcionaram à reguladora ANTAQ mais ferramentas para estimular o uso de áreas ociosas nos portos e permitir que as partes interessadas testem a viabilidade de operar nesses locais por um período máximo de 48 meses. Caso haja mais de uma empresa interessada e não seja possível conceder a todas elas o uso temporário dessas áreas, a administração portuária pode promover um processo seletivo simplificado para escolher o projeto que melhor atende aos interesses públicos e portuários. Após o término do contrato, caso a atividade de carga seja considerada viável na área anteriormente ociosa, o governo realizará uma licitação padrão para o arrendamento. A mudança eliminou uma barreira à concorrência, que era um número limitado de fornecedores (PPI, 2020[28]).

Outras alterações incluem a possibilidade de não realização de licitação quando ficar comprovado que apenas uma parte interessada está interessada em explorar uma área após chamada pública emitida pela Autoridade Portuária. Por fim, havia um ponto de insegurança jurídica que a nova lei procurou solucionar ao explicitar que os contratos firmados entre o concessionário do porto público (que exerce a função de administração portuária) e terceiros estão sujeitos à regulamentação dos portos privados (PPI, 2020[28]).

Para reforçar as mudanças, em abril de 2021, o Decreto nº 10.672/2021 incorporou as medidas de simplificação regulatória previstas na Lei nº 14.047/2020 e alterou o Decreto nº 8.033/2013 que regulamenta a Lei dos Portos. As medidas de simplificação buscam facilitar investimentos e negócios nos portos brasileiros (APEX, 2021[29]).

Fonte: (PPI, 2020[28]) e (APEX, 2021[29]).

O Decreto nº 8.033/2013 é importante porque especifica as disposições da Lei dos Portos, detalhando a operação das instalações portuárias na área do porto público – como a forma de elaboração do edital, contratos de arrendamento e concessão e contratos de uso temporário – e dispõe sobre autorizações e trabalhadores portuários.

Os principais instrumentos de planejamento do setor são o Planos de Desenvolvimento e Zoneamento (PDZ) de cada complexo portuário, o Plano Nacional de Logística Portuária (PNLP), o Plano Geral de Outorgas (PGO) e os planos diretores de cada complexo portuário.

Outra legislação relevante inclui a Lei nº 10.233/2001, que criou a Agência Nacional de Transportes Aquaviários (ANTAQ), a agência reguladora independente responsável por fiscalizar, regular e controlar a prestação de serviços de transporte aquaviário e a operação de infraestrutura portuária e hidroviária. Além disso, a ANTAQ analisa as atividades desempenhadas pela administração dos portos públicos, operadores portuários, arrendatários e instalações portuárias autorizadas. Ela também elabora a maioria das resoluções que regulam o setor.

Uma nova legislação, a Lei nº 14.301/2022, introduzida em janeiro de 2022, visa levantar as restrições regulatórias à cabotagem. Entre seus objetivos estão o incentivo à concorrência e à competitividade na prestação de serviços de transporte de cabotagem (SNPTA, 2021[30]) (ver Quadro 3.5).

Quadro 3.5. Novo marco brasileiro sobre cabotagem

A cabotagem marítima é a navegação marítima que opera exclusivamente entre portos do mesmo país. Historicamente, as embarcações estrangeiras tinham acesso restrito às rotas de cabotagem, o que muitas vezes era justificado por razões de segurança; mais recentemente, as restrições têm estado mais relacionadas com a manutenção de frotas nacionais e por motivos de emprego. As preocupações com o relaxamento desses regimes geralmente estão relacionadas ao modo como a abertura da cabotagem para operadores estrangeiros pode reduzir os custos operacionais, mudar as práticas de emprego e enfraquecer as normas trabalhistas e de segurança para os tripulantes (UNCTAD, 2017[31]).

Em 2022, a introdução da Lei nº 14.301/2022 reformulou o marco regulatório do setor de cabotagem. Ela apresentou novas disposições ao lado da Lei nº 9.432/1997, que reservou determinados mercados para o setor marítimo brasileiro. O novo regime visa modernizar o setor, principalmente levantando barreiras aos operadores estrangeiros (PPI, 2019[32]). Pesquisas e experiências de casos internacionais sugerem que a flexibilização dos regimes de cabotagem melhorará a concorrência e reduzirá os preços no Brasil (Ipea, 2020[33]).

A principal mudança prevista pelo novo regime diz respeito às autorizações para simplificar a expansão da cabotagem e a entrada de novas empresas. De acordo com as novas disposições, as empresas brasileiras de navegação (EBN), pessoas jurídicas criadas de acordo com as leis brasileiras, com sede no país, e sem restrição de nacionalidade do capital, poderão afretar navios em vez de possuí-los (SNPTA, 2021[30]).

Outra alteração diz respeito à nacionalidade da tripulação. A antiga legislação estabelecia que, nas embarcações de bandeira brasileira, o comandante, o chefe de máquinas e dois terços da tripulação tinham que ser brasileiros; o novo regime afrouxou essa restrição e estabeleceu que o comandante, mestre de cabotagem, chefe de máquinas e condutor de máquinas devem ser brasileiros.

Os resultados esperados da reforma são um aumento de 40% na oferta de navios de cabotagem e 30% no crescimento anual da cabotagem (SNPTA, 2021[30]). No entanto, tanto quanto é do conhecimento da OCDE, na ausência de medidas de implementação, o novo regime ainda não é aplicável.

Fontes: (UNCTAD, 2017[31]), (PPI, 2019[32]), (Ipea, 2020[33]), (SNPTA, 2021[30]).

3.2. Prestação de serviços portuários

3.2.1. Contextualização

Embora os modelos de gestão portuária variem entre os países, existem quatro modelos principais, dependendo do papel que os setores público e privado desempenham (Tabela 3.4).

Tabela 3.4. Principais diferenças entre os modelos básicos de gestão portuária

	Propriedade da infraestrutura	Propriedade da superestrutura	Operações de movimentação de carga	Outras operações
Porto de serviço público	Público	Público	Público	Público
Tool port	Público	Público	Privado	Público ou privado
Landlord port	Público	Privado	Privado	Público ou privado
Porto totalmente privatizado	Privado	Privado	Privado	Privado

Observação: um *tool port* é um porto público em que a movimentação de carga é administrada de maneira privada, mas os equipamentos do terminal ainda são de propriedade da autoridade portuária pública. Às vezes, eles são modelos de transição entre os portos de serviço público e os do modelo *landlord*.
Fonte: (OCDE, 2018[34]).

O modelo *landlord*, em que os terrenos do porto permanecem de propriedade pública, mas sua infraestrutura é arrendada a longo prazo a uma empresa operadora privada, é o mais comum nos países da OCDE, principalmente para portos de médio e grande portes (OCDE, 2018[35]).

No Brasil, os portos recorrem a dois modelos: um deles é o *landlord* para portos públicos – com marco legal específico – e o outro é aplicado aos portos totalmente privatizados (TUPs), com marco regulatório próprio. Em 2021, existiam 127 terminais em 25 portos públicos (de um total de 35) sujeitos ao modelo *landlord* e 170 TUPs em funcionamento no modelo totalmente privatizado (ANTAQ, 2022[5]).

Quadro 3.6. Experiências internacionais de participação privada em portos

Em geral, apesar das reformas nas últimas décadas que abriram os serviços portuários à participação privada, a experiência internacional mostra que a propriedade das autoridades portuárias em mãos públicas continua sendo mais comum (Notteboom, Pallis and Rodrigue, 2022[36]).

A Austrália tem um sistema de dois modelos semelhante aos portos do Brasil. No país, a maioria deles é pública, e apenas poucos portos privados podem lidar com um tipo de carga (minério) (Chen, Pateman and Sakalayen, 2016[37]).

A Nova Zelândia tem um modelo diferente com propriedade privada total em que uma ou mais partes privadas detêm tanto a infraestrutura portuária quanto o terreno (Notteboom, Pallis and Rodrigue, 2022[36]).

O modelo mexicano combina elementos do *landlord* e do porto privado. Os portos mexicanos são administrados por empresas privadas por meio de uma entidade (Administración Portuária Integral), que é uma concessionária do Ministério das Comunicações e Transportes (SCT). Paralelamente à existência de regulação e fiscalização pública, os contratos de concessão abrangem também a exploração dos portos, que é, portanto, realizada por *players* privados. O marco institucional portuário não é rígido e coexistem diferentes modelos de gestão portuária (Netherlands Enterprise Agency, 2019[38]). De fato, nos dois principais portos mexicanos, o de Veracruz, no Golfo do México, e o de Manzanillo, na costa do Pacífico, empresas privadas oferecem todos os serviços.

O modelo *landlord* é o mais comum na Europa. Por exemplo, o Porto de Pireu na Grécia foi um *tool port* até 2002, quando passou a operar sob o modelo de *landlord* público, com a construção de um terminal privado com área física e operacional própria dentro do porto (Britto et al., 2015[39]). A principal exceção é o Reino Unido, onde o modelo é único, caracterizado por expressiva participação privada. Existem três modelos principais de propriedade portuária no Reino Unido: (i) propriedade privada (o governo não tem participação nesse tipo de modelo, ela varia desde portos detidos por grupos internacionais àqueles de propriedade privada); (ii) portos fiduciários (órgãos independentes que não podem ser detidos por outras empresas ou acionistas, são sociedades legais independentes do ponto de vista financeiro e estratégico); e (iii) portos detidos por autoridades locais (também atuando em uma base competitiva e comercial) (Maritime UK, 2022[40]).

O Quadro 3.7 abaixo apresenta um panorama da assimetria regulatória resultante da Lei nº 12.815/2013 e as principais diferenças entre terminais arrendados em portos públicos e terminais privados (TUPs).

Quadro 3.7. Assimetria regulatória entre portos públicos e privados

A assimetria regulatória é um dos motivos pelos quais os investidores preferem ter um terminal privado em vez de concorrer em uma licitação para se tornarem arrendatários em portos públicos (Tribunal de Contas da União, 2020[41]).

Desde a promulgação da Lei nº 12.815/2013, em função de sua localização em portos públicos, os terminais neles arrendados estão sujeitos a mais regulamentações do que os terminais privados (TUPs), que contam com maior liberdade e flexibilidade. Essa assimetria foi motivada pelo objetivo de atrair mais investimento privado, que era o principal objetivo da lei.

Tabela 3.5. Diferenças regulatórias entre terminais arrendados em portos públicos e terminais privados

	Terminais arrendados em portos públicos	Terminais privados (TUPs) fora dos portos públicos
Processo de outorga	Processo de licitação	Autorização
Localização	Dentro dos portos públicos	Fora da área do porto público
Duração máxima do contrato	35 anos, prorrogável uma única vez por um prazo máximo de 70 anos, dependendo do desempenho do arrendatário	25 anos, renovável sem limites
Carga	Estabelecida no edital de licitação; pode ser alterada após solicitação oficial à ANTAQ	Definida pelo investidor portuário; poderá ser alterada após uma simples notificação à ANTAQ
Novo investimento por investidor privado	Requer aprovação da ANTAQ	Notificação simples à ANTAQ
Trabalhadores portuários	Contratados pelo OGMO	Contratados livremente
Tarifas portuárias	Definidas pela ANTAQ após solicitação da autoridade portuária	Negociadas livremente
Flexibilidade contratual para alterar o perfil da carga	Autorização da ANTAQ	Sem autorização
Sujeição do investidor privado à autoridade portuária	Sujeição	Sem sujeição

Fonte: Adaptado de (Tribunal de Contas da União, 2020[41]).

No entanto, o legislador precisa equilibrar o cumprimento dos objetivos das políticas públicas – estimular a concorrência nos portos – com a necessidade de não prejudicar a prestação de serviços públicos portuários, objetivo estabelecido pela Constituição. Esse equilíbrio é extremamente importante, pois a concorrência não é uma meta por si só e não deve comprometer a consecução dos objetivos constitucionais. Essas regulações assimétricas podem distorcer a concorrência entre portos privados e públicos e levar a resultados anticompetitivos em um mercado com altas barreiras de entrada e forte tendência à integração vertical (Oliveira Fernandes, 2015[42]).

Conforme resumido no Quadro 3.7, os terminais privados apresentam uma série de vantagens sobre os portos públicos. Por exemplo, o perfil da carga é definido pelos investidores portuários e pode ser alterado após comunicação à ANTAQ, enquanto nos portos públicos, ele é definido em edital e sua alteração requer autorização da ANTAQ. Além disso, nos portos privados, os trabalhadores são livremente contratados e as tarifas são negociadas livremente, enquanto nos portos públicos, eles precisam ser contratados por meio do OGMO (ver 3.3.2) e as tarifas são definidas pela ANTAQ. A fim de garantir a igualdade de condições entre os portos públicos e privados e aumentar a concorrência no setor portuário, as restrições impostas pela legislação sobre os portos públicos devem ser eliminadas. Este relatório usou o Guia para Avaliação de Concorrência da OCDE para identificar as principais restrições legislativas aos portos públicos.[13] Elas são:

- duração do processo de revisão de tarifas em portos públicos (Seção 3.2.2);
- regras que regem o arrendamento de portos públicos (Seção 3.2.3);
- obrigação, para os portos públicos, de contratar trabalhadores por meio do OGMO (Seção 3.3.2).

3.2.2. Duração do processo de revisão de tarifas em portos públicos

Descrição do obstáculo e objetivo dos formadores de políticas

No Brasil, os portos privados podem definir livremente as próprias tarifas. Em contrapartida, a ANTAQ fixa as tarifas nos portos públicos para cada tipo de serviço prestado pela autoridade portuária, como os de embarcações, operadores portuários ou proprietários de mercadorias. As tarifas são fixadas com base nas características específicas de cada porto público e cobrem os custos totais e uma margem de lucro para os investidores (Mello and Monteiro, 2020[42]). As tarifas estão sujeitas a reajustes anuais, com base no Índice Nacional de Preços ao Consumidor Amplo (IPCA), levando em consideração a variação percentual dos índices de preços incorrida no período de apuração anterior e eventuais ganhos de produtividade previstos. Os arrendatários privados nos portos públicos estão sujeitos à regulação tarifária de acordo com seus respectivos contratos de concessão e arrendamento.

Uma vez fixadas as tarifas, a ANTAQ também poderá revê-las posteriormente.[14]

As revisões tarifárias são comuns nos portos de todo o mundo. Uma pesquisa de 2015 com 67 portos dos cinco continentes mostrou que 60% revisavam suas tarifas anualmente; 18% não tinham prazo específico para revisões; e 10% raramente revisavam suas tarifas portuárias (Bandara and Nguyen, 2016[43]).

Quadro 3.8. Tarifas portuárias pelo mundo

A fixação de tarifas por tipo de serviço é prática comum nos portos de todo o mundo (ESCAP, 2003[44]).

No Vietnã, o governo fornece uma estrutura de preços e um operador portuário pode optar por aumentar ou reduzir as tarifas dentro dessa faixa máxima-mínima (OCDE, 2021[45]).

No México, de acordo com a Lei dos Portos, a Secretaria de Infraestrutura, Comunicações e Transportes é o órgão competente para estabelecer a base da regulação tarifária se houver apenas um terminal dedicado a uma carga específica ou um prestador de serviços em um porto. Para tanto, a Secretaria pode solicitar um parecer da Comissão da Concorrência sobre esta questão (Congreso de los Estados Unidos Mexicanos, 1993[46]).

Na Tailândia, Singapura, Brunei Darussalam e África do Sul, as tarifas são estabelecidas por um órgão nacional, como a autoridade portuária nacional (Agência Reguladora de Portos da África do Sul, 2022[47]). Na Malásia e no Camboja, as autoridades portuárias locais de cada porto definem as próprias tarifas (OCDE, 2021[45]).

Na Alemanha, os armadores podem celebrar acordos de direito civil com um operador portuário e definir tarifas diferentes para a utilização do porto; por exemplo, eles podem negociar descontos se seus navios visitarem um porto regularmente. No Porto de Gotemburgo, Suécia, as autoridades portuárias estabelecem tarifas e o governo nacional pode intervir por meio de regulamentos de aplicação geral (OCDE, 2021[48]).

Em Portugal, as tarifas dos serviços portuários prestados diretamente pelas autoridades portuárias são reguladas pelo Decreto-Lei nº 273/2000, que estabelece fórmulas de fixação de tarifas, isenções e descontos. Em seguida, cada autoridade portuária publica anualmente as próprias tarifas dentro das regras dessa lei. Se os serviços forem prestados por operadores privados, as tarifas são determinadas nos respetivos contratos de concessão e licenciamento (OCDE, 2018[34]).

Embora a regulação tarifária possa restringir a capacidade de uma autoridade portuária estabelecer tarifas, ela pode ser justificada em setores tradicionalmente monopolistas, onde é necessário um contrapeso à falta de alternativas concorrentes. A regulação introduzida pela ANTAQ poderá impedir que as autoridades portuárias abusem do poder de mercado detido por meio do monopólio da prestação dos serviços no porto específico.

Os portos privados movimentam 66% do total de cargas movimentadas nos portos brasileiros, embora a maior parte da carga conteinerizada seja movimentada em portos públicos, conforme mostrado na Seção 3.1.1 Estrutura do Mercado. No entanto, o mercado relevante é definido pelo CADE por tipo de carga em cada complexo portuário e o Conselho observa que certos portos enfrentam concorrência significativa, enquanto outros não estão sujeitos a qualquer pressão competitiva. Devido a este fato, os regulamentos aplicáveis aos portos públicos podem ser onerosos (como notificação prévia de preços em oposição à regulação de preços) no caso de portos públicos específicos estarem sujeitos a pressão competitiva suficiente de TUPs localizados fora do porto público.

Além disso, o processo de revisão de tarifas nos portos públicos é complexo,[15] pois é longo e envolve ANTAQ, SNPTA e Ministério da Economia (Figura 3.14). A ANTAQ inicia o processo de revisão tarifária mediante aviso prévio ao poder concedente com antecedência mínima de 15 dias úteis. Ela analisa as propostas recebidas das administrações portuárias para aprovação e poderá solicitar informações e esclarecimentos adicionais; em seguida, informa os reajustes tarifários ao poder concedente e às administrações portuárias.

Figura 3.14. O processo de revisão tarifária

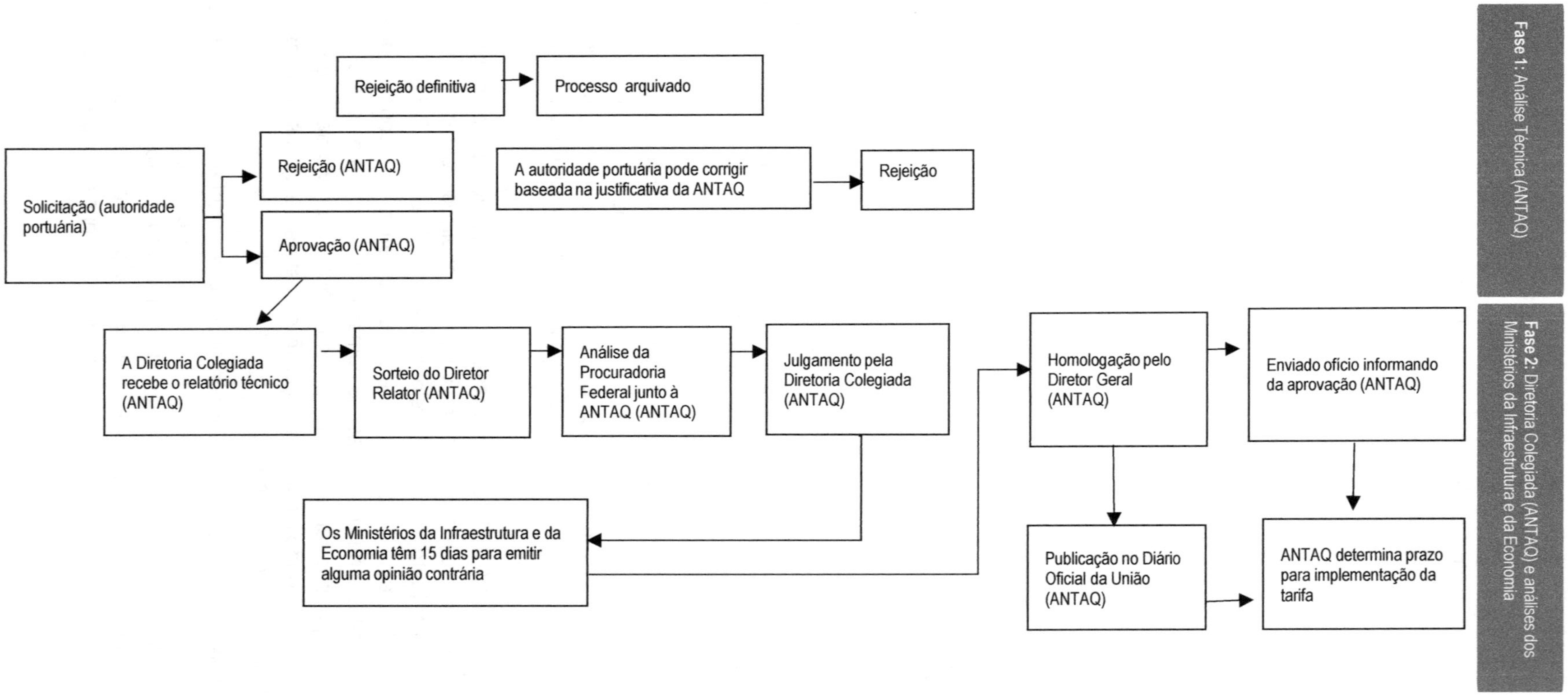

Fonte: (ANTAQ, 2021[49])

As administrações portuárias devem fornecer à ANTAQ a justificativa de suas propostas de revisão, mostrando que os aumentos de custos não podem ser absorvidos por aumentos de produtividade ou eficiência operacional e precisam ser repassados aos usuários das instalações ou aos destinatários dos serviços.

Dano à concorrência

Como a tarifa deve ser homologada pela ANTAQ e demora muito tempo (Tabela 3.6) para aprovação, a tarifa proposta poderá ficar desatualizada e baseada em custos anteriores. Uma tarifa baseada em custos passados pode gerar uma diminuição na qualidade do serviço, uma vez que o custo não pode ser coberto. Além disso, esse serviço de menor qualidade pode levar o usuário a escolher outro porto (Tribunal de Contas da União, 2020[41]).

Qualidade de serviço, eficiência e tarifas são relevantes determinantes da concorrência entre portos privados e públicos (Tribunal de Contas da União, 2020[41]). Como os TUPs fora dos portos públicos competem com os arrendatários nos portos públicos, mas apenas estes últimos estão sujeitos ao longo e complexo processo de revisão tarifária descrito acima, os portos públicos podem sofrer uma desvantagem competitiva em relação aos privados. Isso cria outra assimetria que prejudica a concorrência.

Tabela 3.6. Duração do processo de revisão tarifária (10/2019 – 01/2022)

Porto público	Tempo de análise técnica (dias)	Tempo com tarifa inalterada (dias)	Tempo total (dias)	Índice de Reajuste Tarifário (IRT) *
São Sebastião	113	1.480	162	38,03%
São Francisco do Sul	126	2.136	163	12,76%
Paranaguá	106	1.125	177	26,42%
Antonina	106	1.125	177	79,24%
Itaqui	169	2.238	190	31,36%
Vitória	84	438	117	13,99%
Santos	168	1.286	207	13,19%
Suape	329	665	380	19,87%
Fortaleza	284	993	324	35%
Itajaí	55	993	81	40,42%
Média	**154**	**1247,9**	**197,8**	**29,62%**

Observação: *O Índice de Reajuste Tarifário é a atualização monetária da tarifa, tendo como referência a aplicação da variação percentual dos índices de preços incorridos no período de apuração anterior e o ganho de produtividade previsto.
Fonte: (ANTAQ, 2021[49])

O risco de desvantagem competitiva é ainda mais grave desde a promulgação da Lei nº 12.815/2013. Após a revogação da proibição de terminais privados movimentarem carga de terceiros (ver 3.1.1, Estrutura do mercado), as autoridades portuárias públicas devem enfrentar de fato a concorrência dos portos privados (mais especificamente, dos TUPs localizados fora da área dos portos públicos) (Mello and Monteiro, 2020[42]). A regulação assimétrica descrita no Quadro 3.7 pode traduzir-se numa vantagem para os portos privados. Por exemplo, dada a duração do processo de revisão, uma tarifa baseada em custos desatualizados pode levar a uma diminuição na qualidade do serviço, pois eles não poderão ser mais cobertos (Tribunal de Contas da União, 2020[41]). A redução da qualidade do serviço, por sua vez, pode desviar os usuários para um porto concorrente.

Por outro lado, os portos privados têm flexibilidade e agilidade para revisar suas tarifas rapidamente sempre que necessário. Como resultado, as tarifas baseadas nos custos reais permitem que os portos mantenham seus usuários e atraiam novos, já que a tarifa portuária é um fator importante na escolha de um porto (Bandara and Nguyen, 2016[43]) ; (De Souza and Pitombo, 2021[50]).

Recomendações

Com a necessidade de um processo mais ágil nos portos públicos, a OCDE recomenda que as autoridades brasileiras considerem rever o regime para simplificar e agilizar o processo de revisão das tarifas portuárias. Por outro lado, um processo de revisão mais ágil poderá evitar o risco de redução da qualidade, removendo uma desvantagem competitiva para os portos públicos quando comparados aos terminais privados.

As autoridades brasileiras também podem considerar a imposição de regulação ainda menos rígida (como a notificação prévia de preços atualmente aplicável também a TUPs) sempre que portos públicos específicos enfrentarem pressão competitiva suficiente.

3.2.3. Instrumentos de outorga ao privado de zonas e instalações portuárias

Marco regulatório

Três soluções foram introduzidas pela Lei nº 12.815/2013 para a participação privada nos portos:

- concessão de portos públicos
- arrendamento de zonas dentro de portos públicos
- autorização para criar e explorar portos privados em zonas fora do porto público

No modelo de concessão de portos públicos, a concessionária atua como administradora e autoridade portuárias, enquanto no modelo de arrendamento, o arrendatário atua apenas como operador portuário de zonas dentro de portos públicos.[16]

A primeira concessão no país foi outorgada em março de 2022 (Quadro 3.9).

Quadro 3.9. Concessões portuárias no Brasil

A primeira concessão outorgada no Brasil foi parte da privatização da Companhia Docas do Espírito Santo (Codesa), autoridade do complexo portuário de Vitória, sudeste do Brasil (BNDES, 2021[24]).

O modelo escolhido é uma combinação de concessão e privatização. Todas as ações da Codesa detidas pelo governo federal foram vendidas e ela será uma empresa do setor privado. O processo de privatização foi realizado pela venda de todas as ações detidas pelo governo federal após a assinatura de contrato de concessão entre o Poder Executivo e a empresa para a administração dos Portos de Vitória e Barra do Riacho por 35 anos (Governo do Brasil, 2022[51]).

O BNDES realizou estudos preliminares e recomendou a adaptação do sistema *landlord* clássico com um sistema híbrido de gestão público-privada para terminais portuários concedidos por meio de concessões ao setor privado. A autoridade portuária seria privada, mas a administração pública ainda seria responsável pelo planejamento estratégico e pela garantia dos interesses nacionais (BNDES, 2021[24]).

A concessão do Porto de Santos, o maior da América Latina, está prevista para o segundo semestre de 2022. A minuta do Edital de Concessão do Porto de Santos estabelece limitações à participação na licitação, sendo que pelo menos 60% do capital da concessionária deve ser detido por grupos econômicos sem conflito de interesses relacionados às operações no Porto de Santos; esta restrição à participação se estende à totalidade de qualquer grupo econômico (ANTAQ, 2022[52]). O estudo realizado pelo BNDES destaca que essa limitação visa manter a independência da concessionária em relação às principais contratantes de infraestrutura dos portos públicos. Isso mantém a premissa do modelo de *landlord* privado, em que a concessionária do porto público não intervém diretamente nas operações portuárias, uma vez que o licitante vencedor – a futura autoridade portuária – não será uma empresa com participação relacionada às operações portuárias (ANTAQ, 2022[52]) ; (BNDES, 2021[26]).

Se a competição no mercado parece impossível ou ineficiente, a possível solução para entregar vantagens aos consumidores e resolver a falha de mercado de um monopólio natural pode ser a concorrência pelo mercado (OCDE, 2019[53]). Nessas situações, o processo de seleção dos operadores é vital para preservar os benefícios da concorrência. O arrendamento é útil nos casos em que a concorrência no mercado pode não ser viável, por exemplo, onde há restrições de espaço ou questões de segurança, proteção ou interesse público, como em portos públicos (OCDE, 2021[45]).

No Brasil, como na maioria dos países da América Latina – Chile, México, Costa Rica, Equador, Guatemala, Honduras e Jamaica – o arrendamento é concedido por meio de licitações públicas (Suárez-Alemán, A., 2020[54]). No Brasil, de 2013 a 2021, foram assinados 30 contratos de arrendamento de terminais de carga em portos públicos – sendo que o maior número foi de 12 em 2019.

Figura 3.15. Autorizações anuais (TUPs) e arrendamento

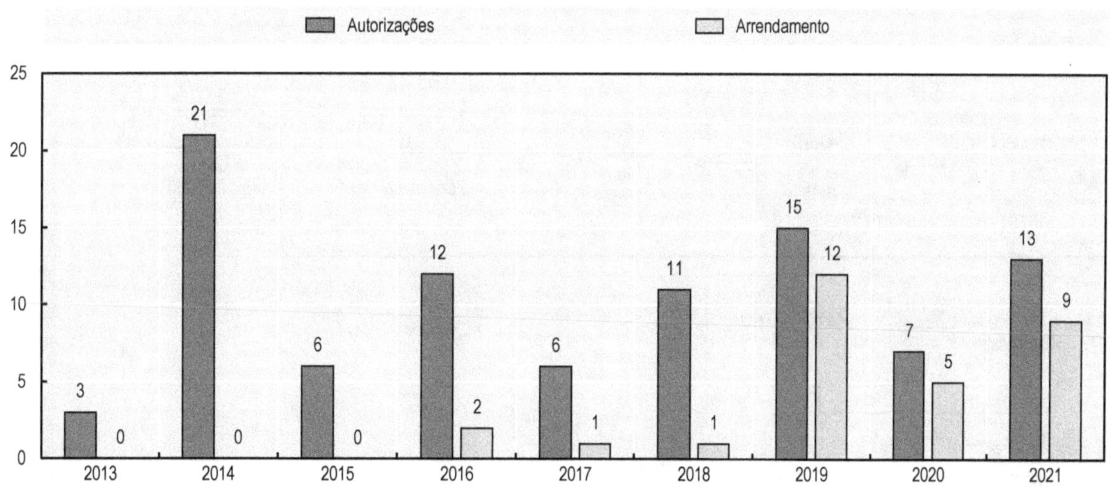

Fonte: (ANTAQ, 2022[5]) e (ANTAQ, 2022[6]).

No arrendamento, apenas a gestão de contratos e bens é delegada à iniciativa privada por um período até 35 anos, prorrogável uma vez por um total máximo de 70 anos. Ela também é concedida por meio de licitação pública. Ao final do contrato, todos os contratos e bens retornam ao Poder Executivo Federal.

A exigência de autorização justifica-se pela importância dos serviços portuários para a economia e pela utilização das águas nacionais. O Estado pode exercer a regulação e fiscalização em atividades intimamente ligadas ao interesse público. Devido à sua importância para o interesse público e seus efeitos indiretos para a economia, esses tipos de atividades – como as portuárias – necessitam de regulamentações que concedam à administração pública o controle da forma como esses serviços são oferecidos para garantir sua prestação na melhor maneira possível (Moreira Neto and de Freitas, 2015[55]).

Arrendamento

O arrendamento é o instrumento instituído pela Lei nº 12.815/2013 para a exploração e gestão indireta de áreas e instalações portuárias públicas. Seu uso visa permitir a expansão e o desenvolvimento dos portos ao mesmo tempo que, em teoria, remove a carga financeira e de risco dos governos, incentivando a eficiência e reduzindo as deficiências dos monopólios (Banco Mundial, 2007[56]). Promover um processo de licitação competitivo para selecionar a empresa mais eficiente é importante, pois o arrendamento concede direitos exclusivos para operar um ativo específico dentro do porto público. Nesta situação o arrendatário atua como monopolista para aquela área específica ou terminal (OCDE, 2014[57]).

Critérios pouco claros de acesso e participação em licitações podem impedir a identificação da empresa mais eficiente para deter o contrato de arrendamento, enquanto empresas mais eficientes podem ser excluídas do mercado, com consequências na qualidade do serviço (OCDE, 2021[18]).

O processo de arrendamento de áreas e terminais portuários organizados segue as diretrizes de planejamento contidas no Plano Nacional de Logística Portuária (PNLP), no Plano Diretor e no Plano de Desenvolvimento e Zoneamento de cada porto (PDZ). Esses documentos contêm informações detalhadas sobre a capacidade de movimentação e armazenamento nos portos públicos e uma análise se essa capacidade atende à demanda atual e futura projetada para todos os perfis de carga. A Figura 3.16 fornece uma visão geral das principais etapas de um procedimento de arrendamento, um processo que leva, em média, 28 meses.

Figura 3.16. O processo de arrendamento portuário

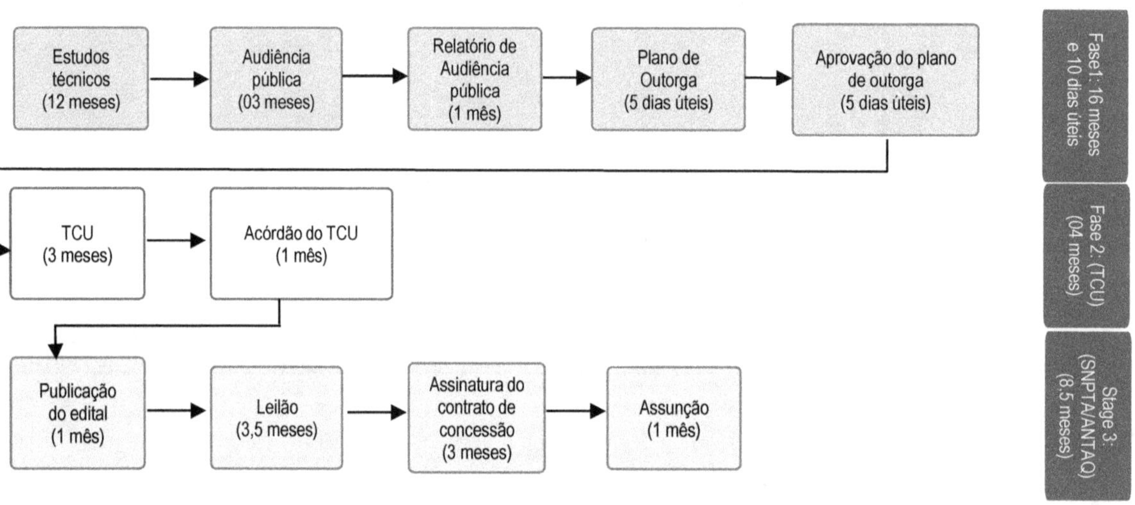

Fonte: OCDE, com base em (Tribunal de Contas da União, 2020[41])

O próprio processo de arrendamento pode estar criando barreiras e limitando o investimento, sendo que alguns requisitos criam obstáculos à concorrência e não promovem eficiência e qualidade nos serviços portuários.

Quaisquer exigências dos possíveis operadores portuários devem proporcionar segurança jurídica e garantir a competitividade, em consonância com as políticas portuárias mais amplas. Para tanto, não deve haver barreiras de entrada desproporcionais ou cláusulas exorbitantes na relação comercial entre as partes (órgão público e arrendatário privado). A OCDE encontrou quatro áreas que apresentavam barreiras à concorrência:

1. centralização do processo de licitação
2. duração dos contratos de arrendamento

3. requisito de sede localizada no Brasil
4. ausência de flexibilidade dos contratos.

Centralização do processo de licitação

Descrição do obstáculo e objetivo dos formadores de políticas

Antes da Lei nº 12.815/2013, as autoridades portuárias controlavam o arrendamento de terminais. Para garantir maior controle sobre o arrendamento em portos públicos, a Lei nº 12.815/2013 instituiu o Poder Executivo Federal, especificamente a Secretaria de Portos do Ministério da Infraestrutura, como órgão concedente do arrendamento de terminais em portos públicos. O objetivo dessa disposição era centralizar a tomada de decisões na Secretaria de Portos, em parte para garantir uma visão integrada das políticas públicas setoriais e desenvolver a expertise setorial. Desde a reforma, porém, o processo de outorga de contratos de arrendamento em portos públicos – desde os estudos técnicos até o início da administração – agora leva em média 28 meses (Tribunal de Contas da União, 2020[41]).

O principal instrumento aplicado aos portos públicos brasileiros é o processo tradicional de arrendamento descrito acima. No entanto, para mitigar a morosidade desse processo, que pode resultar em ociosidade nos portos públicos, novos instrumentos foram introduzidos recentemente. Entre eles estão o processo de arrendamento simplificado (estabelecido no art. 6º do Decreto nº 8.033/2013) e os contratos de uso temporário (art. 5-D Lei 12.815/2013).

O instrumento de arrendamento simplificado facilita e agiliza investimentos em áreas pequenas ou com pouca relevância econômica ou que não constam na lista de terminais prioritários do governo federal para inclusão no Programa de Parcerias de Investimentos – PPI. Essa modalidade pode ser aplicada a contratos de até 10 anos, e os estudos são baseados em valores unitários para exploração de áreas em portos organizados (ANTAQ, 2021[58]). Espera-se que o processo "simplificado" leve seis meses. Até julho de 2022, esse procedimento foi aplicado a dois processos licitatórios.[17] Em julho de 2022, havia 10 pedidos de licitação simplificada em análise pela ANTAQ.

Os contratos de uso temporário, introduzidos pela "minirreforma da Lei dos Portos Brasileira" (Quadro 3.4), permitem aos interessados testar a viabilidade de movimentação de cargas sem mercado consolidado por meio de contrato com prazo máximo de 48 meses (PPI, 2020[28]). Caso não seja lançado nenhum procedimento licitatório formal, haja mais de uma empresa interessada e não seja possível outorgar as áreas a apenas uma delas, a administração portuária pode promover um processo seletivo simplificado para escolher o projeto que melhor atende aos interesses públicos e portuários. Dessa forma, a área para movimentação de uma carga (que não teria investidores) torna-se mais atrativa e isso mitiga riscos de uma possível ociosidade. Até julho de 2022, foram assinados 22 contratos de uso temporário, dois deles após a promulgação da Lei nº 14.047/2020, que agregou o contrato de uso temporário à Lei nº 12.815/2013.

Em 2018, o Ministério da Infraestrutura publicou a Portaria nº 574/2018 com o objetivo de mitigar os impactos desta centralização. Como exceção ao procedimento de arrendamento descrito na Figura 3.16, ela delegou a autoridades portuárias específicas não apenas o procedimento licitatório para arrendamentos portuários, mas também a execução, gestão e fiscalização desses contratos. De acordo com a portaria, a delegação de poder decisório não é automática e deve ser formalizada por convênio específico firmado entre o Ministério da Infraestrutura e a entidade responsável pela administração do respectivo porto, com o envolvimento da ANTAQ. Para aproveitar as oportunidades criadas pela portaria, recuperar sua autonomia e começar a outorgar suas áreas e terminais, a administração de cada porto público brasileiro deve atender às exigências do Ministério da Infraestrutura, que deve concordar com a solicitação e assinar um acordo formal. Os principais requisitos incluem um cronograma prevendo as principais ações previstas para os próximos três anos, a constituição da autoridade portuária de acordo com a Lei das Estatais (Lei 13.303/2016), planos diretor e de zoneamento atualizados com certificação

ISPS-Code e pontuação no Índice de Gestão das Autoridades Portuárias – IGAP. A exigência desta pontuação mostra que, para ter a delegação, a autoridade portuária deve ter um nível de gestão adequado.

Até o momento, apenas duas autoridades portuárias tiveram essas funções delegadas e os primeiros arrendamentos firmados pelas autoridades portuárias de acordo com a nova portaria só ocorreram em março de 2022 (Ministério da Infraestrutura, 2022[59]).

Dano à concorrência

A centralização do poder decisório e o número de órgãos participantes prolongam e retardam o processo licitatório. Durante o longo procedimento de arrendamento, um terminal pode ficar ocioso e qualquer possível arrendatário poderá perder oportunidades. Essa situação também poderá impedir as empresas de entrarem no processo licitatório.

Além disso, a centralização do planejamento, da tomada de decisão e da execução dos processos licitatórios para todos os portos públicos cria gargalos administrativos. Apesar de sua experiência, as equipes responsáveis em entidades centralizadas podem simplesmente não ter tempo suficiente para conduzir todos os processos simultaneamente. Eles também têm menos conhecimento das operações do dia a dia ou das especificidades de cada porto do que os administradores locais.

Essa situação resulta em um processo licitatório para arrendamento portuário incompatível com a agilidade necessária para otimizar o uso do espaço público. Isso poderá resultar em perda de oportunidades para o porto e possíveis arrendatários e perda de receita para as autoridades portuárias devido às baixas taxas de ocupação; isso poderá, por sua vez, levar à insustentabilidade financeira e à incapacidade de investir. Além disso, isso poderá resultar em danos financeiros ao Estado devido à subutilização da infraestrutura e do patrimônio público de um porto, bem como a necessidade de apoio monetário às autoridades portuárias. No geral, uma perda de eficiência no sistema resultará em custos mais altos de movimentação de carga e, portanto, na economia brasileira em geral (Tribunal de Contas da União, 2020[41]).

Apesar da tentativa de descentralização, como dito, apenas duas autoridades portuárias tiveram a delegação, o que deixou barreiras decorrentes da morosidade e ineficiência do procedimento de arrendamento centralizado.

Recomendação

As autoridades brasileiras devem considerar uma maior flexibilização das regras da Portaria nº 574/2018 para conceder mais autonomia às autoridades portuárias na escolha dos arrendatários, seja por meio de licitações ou processos simplificados para contratos não complexos, permanecendo sujeitos à legislação federal sobre contratações públicas e contratos de arrendamento portuário.

Quadro 3.10. Experiência internacional no arrendamento de espaço em portos

Internacionalmente, muitas autoridades portuárias têm autonomia para emitir chamamentos de operadores portuários e, em seguida, conduzir o processo de seleção.

No Reino Unido, a Autoridade Portuária de Londres realiza a seleção dos próprios operadores portuários seguindo o *Plano de Investimento do PLA*, documento no qual a autoridade portuária apresenta sua estratégia, visão, categorias de investimento e suas características, os critérios pelos quais são avaliados e afirma estar aberta a receber propostas de possíveis parceiros.

Na Austrália, a Autoridade Portuária de Nova Gales do Sul, de propriedade do governo do estado de Nova Gales do Sul, publica instruções virtuais sobre a apresentação de um projeto e os documentos necessários. Após as submissões, ela decide se aprova ou não o projeto.

No Porto de Roterdã (detido em 70% pela cidade de Roterdã e em 30% pelo governo central), os parceiros comerciais são selecionados por meio de um processo definido pelos gestores, que decidem o procedimento mais conveniente a ser utilizado a partir de uma variedade de métodos possíveis, incluindo convite individual e chamamento público.

A autoridade do Porto de Antuérpia-Bruges, uma estatal, tem três processos diferentes para selecionar seus parceiros: licitação pública; seleção não pública; e por iniciativa da empresa. Os projetos são selecionados considerando critérios como saúde financeira da empresa, valor do investimento proposto, qualidade do projeto e número de empregos potenciais gerados. Não há transparência pública sobre os motivos da adjudicação de um contrato.

No Porto de Houston, que pertence ao estado do Texas, o processo de seleção depende da duração do contrato. Para aqueles com menos de 50 anos, a licitação não é necessária, e a autoridade pode escolher livremente. Para contratos com mais de 50 anos, é necessário um processo de licitação, embora ele seja rápido e 90% das licitações sejam concluídas no período de quatro a oito meses. O porto também possui contratos chamados de "arrendamentos mês a mês" que equivalem a contratos de arrendamento mensal. Esse tipo de contrato foi criado para cargas urgentes ou em trânsito ou para áreas onde não existia contrato de arrendamento prévio. O objetivo deste instrumento é responder rapidamente às mudanças do mercado e não perder oportunidades de negócios.

Fonte: (Tribunal de Contas da União, 2020[41]).

Duração dos contratos de arrendamento

Descrição do obstáculo e objetivo dos formadores de políticas

No Brasil, a Lei nº 12.815/2013 estabelece que a duração máxima inicial do contrato de arrendamento em portos públicos é de 35 anos, prorrogável uma vez por prazo máximo de 70 anos, dependendo do desempenho do arrendatário. A OCDE analisou 30 contratos de arrendamento, assinados após 2013, e mais da metade foram concedidos por 25 anos, por ser esse o prazo máximo inicial estabelecido na legislação antes de 2017 (Figura 3.17).

Figura 3.17. Duração das concessões de arrendamento portuário, 2013-22

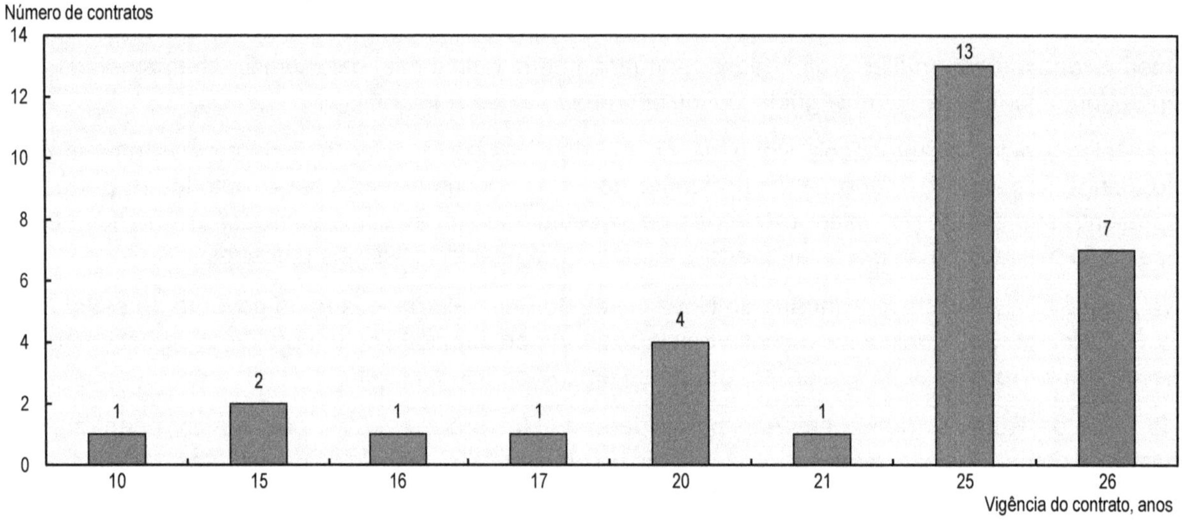

Observação: os dados usados foram obtidos de (ANTAQ, 2022[60]) e a duração considerada refere-se ao período desde a assinatura do contrato até ao final da sua validade (dados públicos disponíveis no site) e não a duração entre a data da transferência da área e o final da sua validade.
Fonte: (ANTAQ, 2022[60]).

Dano à concorrência

Um contrato de arrendamento de longo prazo permite que um arrendatário se envolva em investimentos de longo prazo. De fato, "não é raro que concessões mais longas sejam preferidas, pois isso garante que o investimento de capital feito pela concessionária tenha um período estável de retorno de receita a longo prazo para garantir seu financiamento" (Banco Mundial, 2018[61]). Por outro lado, contratos de longo prazo impedem novas licitações, enquanto contratos mais curtos geram licitações mais frequentes que "podem facilitar a entrada e garantir que quaisquer benefícios do aumento da concorrência sejam refletidos mais rapidamente" (Banco Mundial, 2018[61]).

Quadro 3.11. Referências internacionais para a duração do contrato de arrendamento portuário

A duração do contrato e possíveis extensões variam de país para país. Na América Latina, 57% dos contratos são entre 15 e 25 anos, enquanto a duração mínima é de 10 anos (Manzanillo na República Dominicana). Os contratos de média duração são de 24 a 26 anos em mais da metade dos países, mas na Colômbia, no Equador, na Jamaica e no Peru são de 29 a 30 anos. Em 11 dos 20 contratos analisados, os contratos não permitem prorrogação; 8 de 20 permitem; e em 2 (Balboa e Cristóbal no Panamá), a prorrogação é automática se o arrendatário cumprir suas obrigações (Suárez-Alemán, A., 2020[54]).

A análise do ITF/OCDE de um conjunto de dados de mais de 730 contratos mostra que os arrendamentos em terminais de contêineres têm duração média de 32,5 anos. Em Portugal, as autoridades portuárias fixam a duração dos contratos de serviços de reboque em até 10 anos e as concessões de serviços de movimentação de carga em até 30 anos. As durações podem variar dentro do mesmo porto e entre portos (OCDE, 2018[34]). Cerca de 90% dos contratos para terminais europeus com mais de 100 hectares são concedidos por períodos de 30 a 65 anos (Notteboom, 2008[62]).

Fontes: (Suárez-Alemán, A., 2020[54]) ; (OCDE, 2018[34]) ; (Notteboom, 2008[62]).

Evidências empíricas sugerem que, embora a duração do arrendamento no Brasil seja de 25 anos e em conformidade com a duração média do contrato na América Latina (Quadro 3.11), determinados contratos de arrendamento foram adjudicados por um período superior ao necessário para recuperar o capital investido (Figura 3.18). Os dados disponíveis para 30 contratos de arrendamento de terminais revelam uma fraca correlação entre a duração da outorga de um terminal e o volume de investimento acumulado pelo setor privado, dados outros fatores além da duração que podem afetar as escolhas de investimento.

Figura 3.18. Correlação entre investimento e duração do arrendamento em portos brasileiros

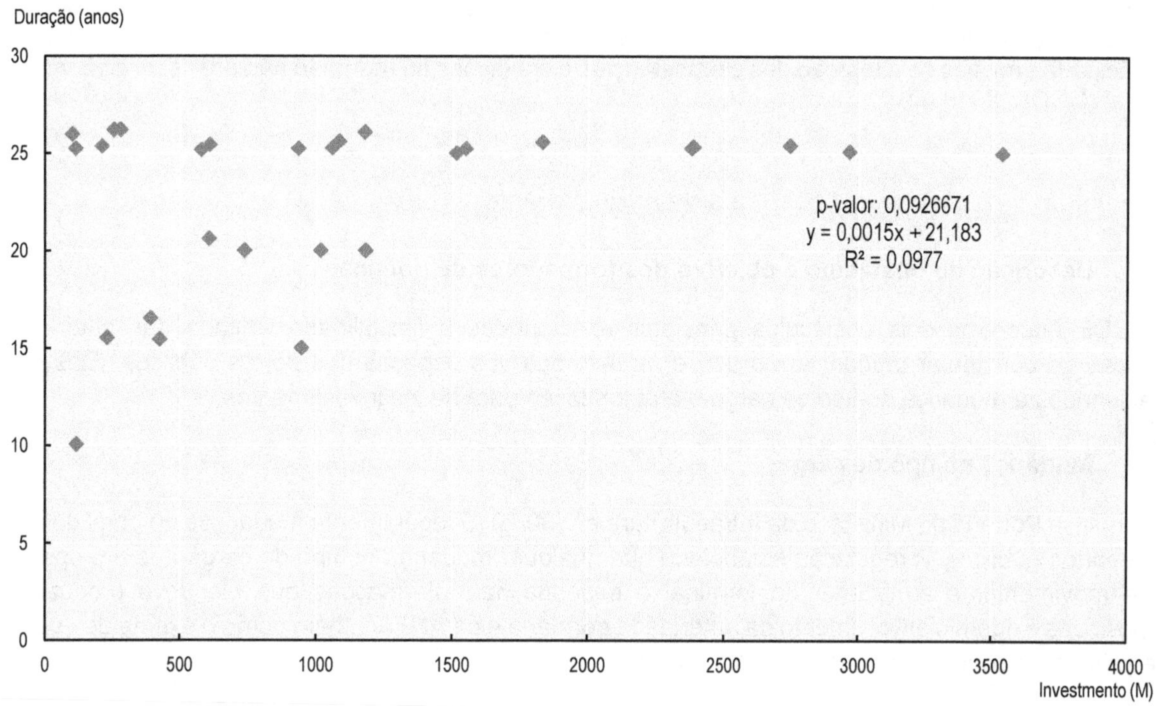

Fonte: (ANTAQ, 2022[60]).

A Diretiva Europeia n.º 2014/23/UE relativa à Adjudicação de Contratos de Concessão estabelece que, nos contratos com duração superior a cinco anos, o nível do investimento deve estar associado à duração máxima do acordo. A legislação da UE estabelece que a duração de uma concessão deve ser limitada para evitar o fechamento do mercado e a restrição da concorrência. No entanto, longas durações podem ser justificadas se forem indispensáveis para a recuperação do investimento (Parlamento Europeu, 2014[63]).

O regulamento europeu prevê que, ao estimar a duração do contrato, quaisquer investimentos iniciais e posteriores necessários para operar a concessão, incluindo gastos com infraestrutura, direitos autorais, patentes, equipamentos, logística, contratação, treinamento de pessoal e despesas iniciais devem ser levados em consideração (Parlamento Europeu, 2014[63]).

Recomendações

As autoridades brasileiras devem revisar os regulamentos para estabelecer critérios claros que assegurem que a duração de um contrato leve em consideração o nível de investimento. A duração do arrendamento deve ser determinada caso a caso e expressamente vinculada ao número mínimo de anos necessários para recuperar o capital investido em cada caso.

Mais especificamente, o prazo de vigência dos contratos de arrendamento deve ser estabelecido para permitir a amortização e o retorno do investimento para o arrendatário. Ao mesmo tempo, recomenda-se que o contrato de arrendamento inclua os mecanismos apropriados para permitir a rescisão antecipada em caso de alteração das circunstâncias e condições de mercado não previstas no contrato inicial (OCDE, 2018[34]).

Falta de flexibilidade em contratos de arrendamento

Descrição do obstáculo e objetivo dos formadores de políticas

A OCDE encontrou dois obstáculos principais relacionados à flexibilidade limitada das autoridades públicas ao considerar mudanças no uso e na melhoria dos espaços nos portos públicos. Eles estão relacionados à mudança no tipo de carga e à autorização para novos investimentos.

Mudança no tipo de carga

No Brasil, a Portaria do Ministério da Infraestrutura nº 530/2019 regulamenta mudanças no perfil de carga para portos públicos. A regulação estabelece que qualquer mudança no tipo de carga que um operador pode movimentar e armazenar no terminal é baseada nas informações que ele deve produzir. As disposições exigem o envolvimento da autoridade portuária e da ANTAQ, bem como o exame de eventual reequilíbrio do contrato em caso de força maior ou caso fortuito.[18]

O arrendatário deve dirigir-se ao poder concedente com a justificativa da pretensão, acompanhada de plano de investimento que contenha as seguintes informações:

1. informações e dados sobre a capacidade atual e desempenho do arrendamento
2. capacidade revisada e estimativas de desempenho para o arrendamento portuário se o aditivo contratual proposto fosse aprovado
3. informações sobre serviços que o arrendatário pretende adicionar ou excluir do contrato
4. informações sobre possíveis impactos concorrenciais na região de influência do porto que resultariam da alteração contratual pretendida (Ministério da Infraestrutura, 2020[64]). O arrendatário também poderá incluir qualquer outra informação que considere relevante para a sua pretensão.

Nos portos públicos, a alteração do tipo de carga movimentada será aprovada se for compatível e coerente com as políticas públicas definidas para o setor portuário e o planejamento geral do porto público (Ministério da Infraestrutura, 2020[64]).

Ao contrário dos portos públicos, os privados não enfrentam um processo tão oneroso. O perfil de carga de um porto privado pode ser alterado pelo operador, bastando informar a ANTAQ.

Autorização para novos investimentos

Receber autorização para novos investimentos em portos públicos, pelo processo ordinário,[19] pode ser um processo demorado. Em consulta ao Tribunal de Contas da União em 2019, a SNPTA afirmou que havia 16 pedidos de operadoras portuárias para aprovação de novos investimentos aguardando análise, o mais antigo datado de 2016 (Tribunal de Contas da União, 2020[41]). A autorização para novos investimentos está no Decreto nº 8.033/2013 e no artigo 8º da Portaria do Ministério da Infraestrutura nº 530/2019. O artigo da Portaria estabelece que, sempre que houver interesse público justificado, a autoridade competente poderá aprovar a realização de investimentos não previstos originalmente nos contratos de arrendamento portuário, após análise da ANTAQ.

O arrendatário deve apresentar à ANTAQ um documento de projeto executivo acompanhado de nota de responsabilidade técnica com antecedência mínima de seis meses do início da obra. No caso de obras executadas em etapas, o arrendatário poderá apresentar projetos executivos parciais para cada etapa, com antecedência mínima de seis meses do início de qualquer atividade.

A implementação de um plano de investimento só poderá ser iniciada após parecer favorável da ANTAQ que comprove a compatibilidade do plano e estudo de viabilidade técnica, econômica e ambiental (EVTEA) aprovado, eventual aditivo (incluindo condições contratuais firmadas pelo arrendatário e poder concedente) e os valores de mercado de novos investimentos. Caso o documento de projeto executivo apresentado à ANTAQ seja incompatível com o EVTEA aprovado, o arrendatário poderá fazer os ajustes necessários. Caso a ANTAQ entenda que o valor estimado do investimento é inferior ao previsto no documento do projeto, ela pode seguir as diretrizes do Ministério da Infraestrutura para apresentar cenários alternativos que assegurem a continuidade do equilíbrio econômico-financeiro do contrato. O arrendatário deve executar a obra de acordo com o documento de projeto executivo aprovado. Qualquer alteração no projeto executivo previamente aprovado pela ANTAQ exige nova análise e declaração confirmando sua compatibilidade com o EVTEA aprovado, a alteração e os valores de mercado. Se considerado compatível com essas condições, a alteração pré-existente permanece em vigor (Ministério da Infraestrutura, 2020[64]).

De acordo com as partes interessadas, a Portaria nº 530/2019 melhorou a situação graças ao fornecimento de um termo de risco de investimento. Esse instrumento é utilizado em circunstâncias específicas que autorizam investimentos imediatos e urgentes não previstos no contrato inicial de arrendamento e anteriores à análise da ANTAQ.[20] Ao assinar um termo de risco de investimento antes da outorga de uma autorização, o operador portuário assume o risco de que: 1) o plano de investimento será rejeitado posteriormente, caso o poder concedente o considere incompatível com a política pública; 2) o plano de investimento precisará ser revisado posteriormente para obter aprovação; 3) A ANTAQ rejeitará o estudo EVTEA apresentado; 4) quaisquer outros riscos discriminados nesse acordo.

Os portos privados não são obrigados a passar por um processo oneroso para realizar novos investimentos. Em vez de exigir uma autorização, basta informar a ANTAQ sobre qualquer novo investimento (Ministério da Infraestrutura, 2020[64]).

Dano à concorrência

Os terminais portuários exigem investimentos constantes e, dado o dinamismo do comércio internacional e as frequentes inovações tecnológicas, os possíveis operadores portuários não podem prever na fase de licitação todas as necessidades potenciais que possam surgir ao longo da vigência do contrato para manter o negócio eficiente e competitivo. Essa é a razão pela qual os instrumentos legais relativos ao arrendamento portuário requerem flexibilidade para permitir adaptações contratuais oportunas às mudanças comerciais e tecnológicas competitivas e, assim, permitir uma via rápida de investimentos para esses fins.

No Brasil, como foi observado, os contratos de arrendamento em portos públicos não conferem a flexibilidade necessária para permitir que os arrendatários se adaptem ao dinamismo do mercado. É complicado alterar os contratos de arrendamento, mesmo que isso beneficie o interesse público e o arrendatário. Isso também porque o princípio da vinculação ao instrumento convocatório obriga a administração e os licitantes a cumprirem os critérios e regras estabelecidos na licitação. Os atrasos na aprovação de aditivos geram custos para empresas que podem perder contratos e oportunidades e não conseguem adequar seus negócios à realidade e à modernidade do setor portuário. Essa ausência de flexibilidade gera dificuldades para a gestão dos contratos e reduz sua eficiência.

Essas dificuldades na implementação de novos investimentos colocam os portos públicos em desvantagem competitiva em relação aos privados, que possuem mais autonomia.

Quadro 3.12. Flexibilidade nos contratos em portos ao redor do mundo

Em Roterdã, um operador de terminal precisa de autorização da autoridade portuária para alterar o tipo de carga que está autorizado a movimentar. As partes interessadas relatam que o processo é rápido. Da mesma forma, no Porto de Houston, a autoridade autoriza modificações no perfil de carga, desde que atendam aos interesses do porto.

Para novos investimentos, se um arrendatário em Roterdã investir mais do que foi acordado inicialmente, o prazo do arrendamento poderá ser prorrogado, mas não necessariamente alterado, pois a eficiência e o aumento da capacidade de movimentação de carga são priorizados para aumentar as receitas. Em Houston, qualquer pedido de novo investimento, como prorrogação do prazo ou redução do valor do arrendamento, é feito pelo operador do terminal e resulta em acompanhamento detalhado do orçamento e da execução do projeto.

Fonte: (Tribunal de Contas da União, 2020[41]).

Recomendações

A OCDE recomenda que as autoridades brasileiras revisem os regulamentos e implementem processos mais eficientes e rápidos para alterações contratuais.

As autoridades brasileiras também devem considerar a criação de mais instrumentos, como o termo de risco de investimento, que facilitem a alteração do contrato por parte de um operador por sua conta e risco com a possibilidade de um reequilíbrio posterior do contrato em casos de interesse público e privado.

3.2.4. Autorização para construir e para operar instalações portuárias

Marco regulatório

No Brasil, é possível construir instalações portuárias privadas fora da área de um porto público, desde que seja obtida autorização das autoridades federais. A Constituição Federal de 1988, em seu artigo 21, inciso XII, alínea "f", estabelece a competência do Poder Executivo Federal para explorar portos marítimos, fluviais e lacustres, seja por meios diretos (através da administração pública) ou indiretos (via operadores que atuem mediante delegação de obrigações e direitos, por meio dos instrumentos de autorização, concessão ou permissão). A Lei nº 12.815/2013 estabelece que a exploração indireta de instalações portuárias localizadas fora da área do porto público ocorrerá mediante autorização. O instrumento de autorização é denominado "contrato de adesão".

A Figura 3.19 abaixo fornece uma visão geral do processo de autorização.

Figura 3.19. Processo de autorização de porto privado (TUP)

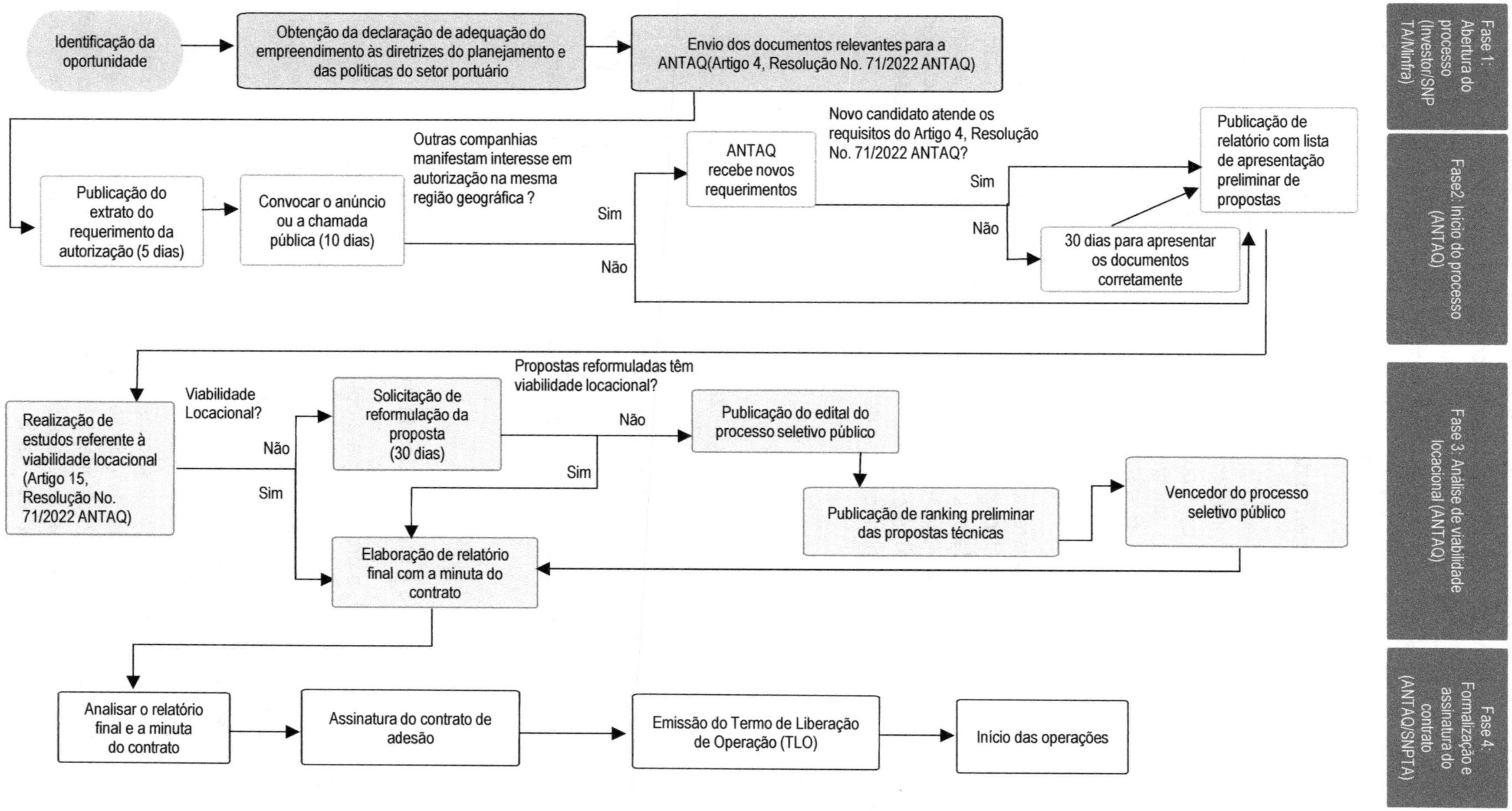

Fonte: OCDE, com base em (Tribunal de Contas da União, 2020[41])

A OCDE constatou que as principais barreiras à autorização estavam relacionadas a garantias de desempenho, garantias de proposta e de requisitos técnicos para participar da seleção pública (que serão analisados no Capítulo 4). Além disso, o processo de obtenção de autorização exclui empresas estrangeiras e impõe encargos administrativos e outros requisitos onerosos.

Duração do processo para obter a declaração de adequação

Descrição do obstáculo e objetivo dos formadores de políticas

As empresas interessadas em obter autorização para a construção de novas instalações portuárias privadas devem apresentar um requerimento à Secretaria Nacional de Portos para avaliar se o plano atende às diretrizes de planejamento e às políticas do setor portuário. A emissão desta declaração de adequação, o primeiro passo antes do lançamento do processo de autorização descrito na Figura 3.19, pode levar 100 dias úteis (Presidência da República do Brasil, 2022[65]).

Dano à concorrência

Embora a regra de que uma parte interessada deve cumprir as diretrizes de planejamento e as políticas portuárias sejam razoáveis, hoje a duração do processo de declaração é excessivamente longa. Os investidores devem aguardar mais de cinco meses para obter a declaração de adequação, necessária para apresentar um pedido de autorização à ANTAQ. Consequentemente, a concorrência poderá ser reduzida devido a possíveis operadores serem impedidos de entrar no mercado por um período significativo e, com isso, perderem oportunidades de negócios.

Recomendação

As autoridades brasileiras devem considerar agilizar os processos usados para analisar os pedidos apresentados.

Por outro lado, uma declaração provisória e rápida, que permite às partes iniciar o processo de autorização com a ANTAQ imediatamente, poderia ser introduzida. Se, após análise posterior, a SNPTA constatar que o projeto de construção de novas instalações portuárias é inadequado, a declaração de adequação original seria revogada e o processo de autorização encerrado.

Duração do processo de autorização

Descrição do obstáculo e objetivo dos formadores de políticas

Como mostrado na Figura 3.19, o processo para obter a autorização pode ter 18 etapas e, segundo o Tribunal de Contas da União, entre 2013 e 2018, levou de 6 a 26 meses (Tribunal de Contas da União, 2020[41]). A autorização deve ser concedida pelo corpo técnico e pela Diretoria Colegiada da ANTAQ, e pela SNPTA, e envolve uma série de agentes administrativos no processo decisório.

A necessidade de autorização é justificada por terminais privados que exerçam atividade econômica de interesse público e, portanto, devem seguir as diretrizes e políticas setoriais (Justen Filho, 2019[66]).

Para iniciar o processo de autorização para construção e exploração de uma instalação portuária, a empresa deve, previamente, apresentar um pedido à ANTAQ apresentando documentos específicos, incluindo sua declaração de adequação às diretrizes e às políticas de planejamento do setor portuário e documentos que descrevam os acessos, as áreas poligonais (áreas do terminal) e os equipamentos e os dispositivos para carga e descarga de navios e movimentação de carga em instalações de armazenamento. Além disso, ela deve apresentar o cronograma físico e financeiro para a construção de uma instalação portuária; uma estimativa dos movimentos de carga ou de passageiros; e o valor total do investimento. Também é necessária o título de propriedade do terreno, inscrição de ocupação, contrato de cessão ou qualquer outro instrumento legal que confira o direito de uso e o aproveitamento da terra.

Quando uma área pertencente ao Poder Executivo Federal for indispensável para a criação da instalação portuária, o que acontece na maioria dos casos de acordo com as partes interessadas, o possível operador deve obter uma certidão expedida pela Secretaria do Patrimônio da União (SPU) garantindo o direito de uso do solo e declarando a disponibilidade do terreno ao empresário autorizado pelo Ministério da Infraestrutura.

Dano à concorrência

Uma entidade solicitante deve esperar em média 16 meses para investir, muito mais do que em outras jurisdições, pois envolve muitas entidades distintas. Por exemplo, nas Filipinas, uma licença para construir e explorar portos privados é concedida dentro de 60 a 85 dias (Autoridade Portuária das Filipinas, 2021[67]). Os requisitos e o tempo de processamento reduzem os incentivos de uma empresa para competir no mercado. Além disso, ela pode perder oportunidades de negócios enquanto aguarda uma decisão.

Recomendação

A OCDE tem duas recomendações para as autoridades.

1. Considerar a redução do número de órgãos envolvidos no processo de autorização.
2. Considerar a implementação de instrumentos provisórios que autorizem uma solicitação após menos etapas do processo de autorização para permitir que a entidade solicitante avance sem ter que esperar pela conclusão de todo o processo.

Requisito de sede e administração localizadas no Brasil

Descrição do obstáculo e objetivo dos formadores de políticas

O Artigo 3º da Resolução Normativa ANTAQ nº 72/2022 estabelece que somente empresas ou entidades constituídas de acordo com a lei brasileira, com sede e administração no País, poderão requerer autorização para a construção de novas instalações portuárias privadas. A disposição visa garantir que a entidade solicitante cumpra o contrato, pois é mais fácil acionar judicialmente uma empresa estabelecida no Brasil.

Dano à concorrência

A exigência de ser constituída de acordo com a lei brasileira e ter sede e administração no Brasil limita a capacidade de fornecedores estrangeiros prestarem seus serviços no Brasil e pode aumentar os custos de entrada.

Recomendação

A OCDE recomenda que as autoridades brasileiras aceitem que empresas estrangeiras solicitem a autorização para construir e operar um porto pelo simples compromisso de estabelecer uma subsidiária ou empresa local após a eventual outorga de autorização para esse fim.

3.2.5. Praticagem

A praticagem marítima consiste em um serviço prestado às embarcações por uma pessoa com conhecimento local especializado de um determinado porto, que lhe permite navegar e manobrar as embarcações que nele entram, saem ou se deslocam (OCDE, 2011[2]). Esta atividade é extremamente importante devido aos riscos que a navegação sem segurança dentro de um porto pode representar para outros usuários do porto, a carga, a infraestrutura portuária e o meio ambiente (OCDE, 2021[18]).

Embora os serviços de praticagem variem entre as jurisdições, eles geralmente são oferecidos por:

3. governos federais ou locais
4. entidades controladas pelo governo, como uma autoridade portuária ou outra entidade pública
5. setor privado (OCDE, 2021[18]).

O grau do envolvimento dos três *players* pode diferir significativamente, dependendo do modelo de atribuição de responsabilidades. Elas dependem de quem assume os riscos comerciais, realiza operações diárias e possui ativos (como navios e docas). Dez modelos podem ser identificados para a prestação de serviços de praticagem, conforme demonstrados na Tabela 3.7.

Tabela 3.7. Visão geral dos modelos de prestação de serviços de praticagem

Modelo	Descrição
1	Governo federal
2	Empresas estatais
3	Governo municipal, regional ou provincial
4	Entidade autônoma
5	Modelo de porto
6	Práticos licenciados que fazem parte de um monopólio regulado
7	Práticos licenciados vinculados a organizações concorrentes reguladas
8	Sociedade que faz parte de um monopólio regulado
9	Sociedade com concorrência regulada
10	Armadores

Fonte: (Governo do Canadá, 2018[68]).

Os modelos seis e sete são os sistemas de serviço de praticagem mais comuns em todo o mundo. No modelo seis, os governos não têm responsabilidades operacionais e o serviço é prestado por meio de um monopólio regulado por práticos licenciados com incentivos para melhorar seu serviço. No modelo sete, alguma forma de concorrência regulada no mercado visa estimular a inovação, ganhos de eficiência e, em última análise, reduzir os custos do usuário (Governo do Canadá, 2018[68]).

3.2.6. Marco regulatório

A Lei nº 9.537, de 11 de dezembro de 1997, estabelece o marco legal da praticagem marítima no Brasil, regulamentando os aspectos de segurança do tráfego aquaviário em águas domésticas. Ela define os serviços de praticagem como uma atividade essencial para o país, o que significa que devem estar permanentemente disponíveis em todas as zonas de praticagem do Brasil.

Para tanto, a Lei de Praticagem estabelece que os práticos não podem se recusar a prestar serviços, sob pena de suspensão de seu certificado de habilitação, ou, em caso de reincidência, seu cancelamento. Além disso, com o objetivo de garantir a plena disponibilidade dos serviços de praticagem, a Autoridade Marítima pode fixar o preço dos serviços em cada zona de praticagem e fixar o número exato de práticos em cada uma delas.[21]

A Lei de Praticagem confere à Marinha o papel de Autoridade Marítima. No âmbito da Marinha, é a Diretoria de Portos e Costas (DPC) que atua como representante da autoridade marítima, por exemplo, regulando os serviços de praticagem no Brasil, definindo as zonas de praticagem onde é obrigatório o recurso aos serviços de praticagem e especificando as embarcações isentas da contratação desses serviços.[22] A DPC também possui capitanias, agências e delegacias portuárias como unidades locais da Autoridade Marítima em áreas específicas. Elas são responsáveis por monitorar e detalhar os parâmetros regionais nas respectivas áreas de atuação (Marinha do Brasil, 2021[69]).

Além da gestão da praticagem marítima, a DPC também é responsável pelo registro de embarcações, matrícula do pessoal marítimo, socorros marítimos, polícia naval do litoral e ensino profissional de pessoal marítimo e de pesca.[23]

Em 2011, a DPC editou a norma NORMAM 12/DPC para coordenar os aspectos dos serviços de praticagem que ainda não estavam previstos na Lei de Praticagem; desde então, ela foi atualizada e modificada 23 vezes. As especificidades locais são abordadas nas normas e procedimentos emitidos pelas capitanias portuárias locais.[24]

A NORMAM 12/DPC define zona de praticagem (ZP) como a " a área geográfica delimitada por força de peculiaridades locais que dificultem a livre e segura movimentação de embarcações, exigindo a constituição e o funcionamento ininterrupto de serviço de praticagem para essa área. Compete à DPC estabelecer uma ZP. [25] A Figura 3.20 fornece um mapa das 20 zonas de praticagem atuais no Brasil.

Figura 3.20. Zonas de praticagem estabelecidas pela DPC no Brasil

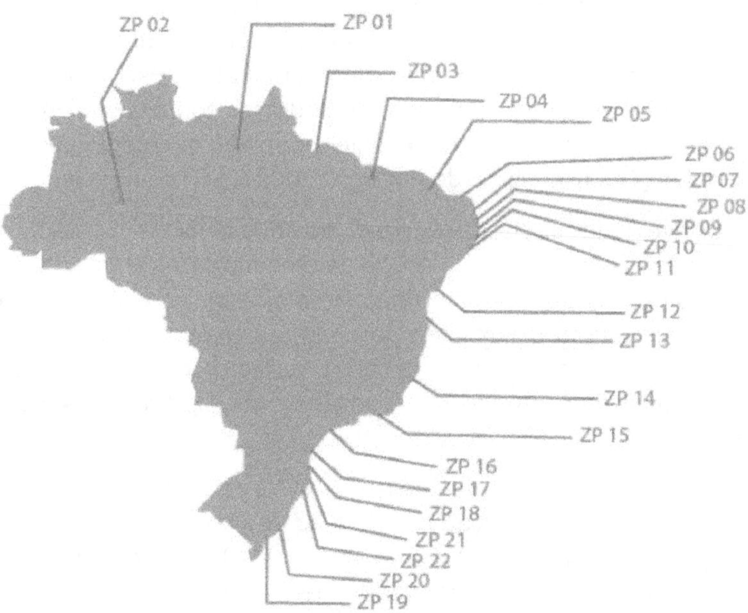

Observação: as ZPs 11 e 13 foram extintas e seus práticos redistribuídos entre as demais em 2022.
Fonte: (LS Prático, 2017[70]).

Em todas as zonas de praticagem, os práticos devem ser contratados pelas empresas de transporte para auxiliar os capitães dos navios durante a chegada de uma embarcação ao porto e a sua atracação no berço. A mesma obrigação se aplica quando o navio sai do porto ou quando muda de terminal dentro dele (Secretaria de Acompanhamento Econômico do Ministério da Fazenda, 2005[71]).

Na NORMAM 12/DPC, a DPC estabeleceu exceções à obrigatoriedade de contratação de serviços de praticagem para embarcações de pequeno porte[26] ou para determinados trechos opcionais dentro das zonas de praticagem.[27]

3.2.7. Acesso à profissão de prático

Descrição do obstáculo e objetivo dos formadores de políticas

Os práticos em potencial no Brasil devem passar por um exame organizado pela DPC e, se aprovados, por um treinamento mínimo de um ano. Depois disso, eles devem passar por um exame técnico antes de se qualificarem totalmente como "prático profissional".

Para fazer o exame inicial, o candidato precisa:

6. ser brasileiro e ter 18 anos ou mais
7. ter um diploma de graduação reconhecido oficialmente pelo Ministério da Educação
8. ter certificação como aquaviário ou como mestre-amador, conforme definido no regulamento.
9. não ser ex-militar reformado por incapacidade definitiva ou civil aposentado por invalidez.

Uma pessoa que atenda a esses critérios inicia as quatro fases do processo de seleção de prático: 1) uma prova escrita; 2) apresentação de documentos que comprovem os requisitos de integridade moral e atestado de boa conduta, bem como teste psicológico e de aptidão física; 3) uma revisão e pontuação das qualificações relevantes fornecidas pelos candidatos; e 4) uma prova oral prática, incluindo uma realizada em simulador (Diretoria de Costas e Portos, 2011[72]).

Em termos gerais, os requisitos para se tornar um prático profissional não parecem restritivos. No entanto, exigir que os práticos sejam brasileiros pode ser restritivo. Segundo a DPC, a razão por trás dessa exigência está relacionada à segurança nacional e à necessidade de garantir o conhecimento de portos específicos no Brasil. Esse requisito de nacionalidade é comum em todo o mundo. Ele também é exigido na Argentina e alguns estados dos EUA.[28] Em contrapartida, outros países, como o Reino Unido, não impõem nenhum requisito de nacionalidade para se tornar um prático (Escola Marítima de South Shields, 2021[73]). Da mesma forma, em Portugal, o requerente pode ser português, cidadão da UE, do Espaço Econômico Europeu ou de países que, reciprocamente, permitem que portugueses exerçam atividades profissionais em suas jurisdições (República de Portugal, 2002[74]).[29]

No entanto, parece não haver uma correlação clara e direta entre o dispositivo legal e o objetivo da política supracitada. Os práticos marítimos auxiliam o capitão da embarcação a entrar no porto. Os capitães que conduzem as suas embarcações pelo mesmo porto várias vezes ao ano com o apoio de um prático marítimo inevitavelmente adquirirão conhecimentos sobre as rotas mais seguras para entrar em um determinado porto. Os avanços tecnológicos também facilitam a circulação neles. No entanto, os requisitos de nacionalidade podem impedir que capitães com experiência suficiente obtenham uma licença e se tornem práticos.

Para o processo de acesso à profissão de prático, a DPC (enquanto representante da Autoridade Marítima) determina quando ocorre a seleção e o número de vagas em cada zona de praticagem.[30] A última convocação de práticos ocorreu em 2012. Nos últimos 10 anos, a DPC convocou os candidatos aprovados nesse processo seletivo de 2012 para assumirem suas funções como práticos.[31]

A DPC também define o número de práticos de cada zona de praticagem (Diretoria de Costas e Portos, 2011[72]). De acordo com a última versão da NORMAM 12/DPC, há atualmente um total de 624 práticos no Brasil, ativos em 20 zonas de praticagem. Em 2020, foram abolidas duas zonas de praticagem (ZPs 11 e 13) e seus práticos realocados para outras ZPs, a critério exclusivo da DPC. Se transferidos, os práticos devem reingressar no programa de qualificação e passar em uma prova para se qualificar na nova área de praticagem.[32]

Tabela 3.8. Localização de práticos marítimos por zonas de praticagem

Zona de praticagem	Abrangência da zona de praticagem	Número de práticos
1	Fazendinha-Itacoatiara (Estados do Amapá e Amazonas)	160
2	Itacoatiara-Tabatinga (Estado do Amazonas)	45
3	Belém e Complexo Portuário Vila do Conde e arredores (Estado do Pará)	36
4	Itaqui, Alumar e Ponta da Madeira (Estado do Maranhão)	33
5	Fortaleza e Pecém (Estado do Ceará)	15
6	Areia Branca (Estado do Rio Grande do Norte)	4
7	Natal (Estado do Rio Grande do Norte)	6
8	Cabedelo (Estado do Paraíba)	4
9	Recife e Suape (Estado de Pernambuco)	18
10	Maceió/Terminal Químico e Redes/Terminal Marítimo Inácio Barbosa (Estados de Alagoas e Sergipe)	05
12	Salvador, Portos e Terminais da Baía de Todos os Santos e Ilhéus (Estado da Bahia)	33
14	Vitória, Tubarão, Praia Mole, Barra do Riacho e Ubu (Estado do Espírito Santo)	31
15	Rio de Janeiro, Niterói, Sepetiba, Ilha Guaíba, Ilha Grande (TEBIG), Angra dos Reis e Forno, Açu, Barra do Furado e Macaé (Estado do Rio de Janeiro)	65
16	Santos, Baixada Santista, São Sebastião e TEBAR (Estado de São Paulo)	65
17	Paranaguá e Antonina (Estado do Paraná)	33
18	São Francisco do Sul e Itapoá (Estado de Santa Catarina)	13
19	Rio Grande (Estado do Rio Grande do Sul)	26
20	Lagoa dos Patos, Rios, Portos e Terminais Interiores (Estado do Rio Grande do Sul)	09
21	Itajaí e Navegantes (Estado de Santa Catarina)	17
22	Imbituba (Estado de Santa Catarina)	06

Fonte: Anexo 2-I, NORMAM 12/DPC.

A DPC não tem obrigação de revisar o número de práticos em cada zona de praticagem, a menos que julgue necessário.[33]

Dano à concorrência

A obrigatoriedade da nacionalidade brasileira é discriminatória. Ao excluir os cidadãos de outros países, menos pessoas podem oferecer serviços no mercado. Além disso, a recusa de estrangeiros pode reduzir a qualidade do serviço; por exemplo, empregar estrangeiros como práticos marítimos no Brasil poderia facilitar o intercâmbio de melhores práticas e, assim, melhorar os serviços prestados nas zonas de praticagem.

Para o processo de acesso à profissão de prático, a DPC goza de ampla discricionariedade. Ela tem o poder de abrir novos processos seletivos sempre que julgar necessário, sem qualquer controle externo de outro órgão. Isso também se aplica a seu critério para revisar o número efetivo de práticos em cada zona. Sem previsão legal para quando a DPC precisa realizar essa revisão, juntamente com o estabelecimento de um número fixo de práticos, o número desses profissionais pode ficar defasado facilmente.

Como uma ilustração, a Figura 3.21 mostra que a duração total das manobras dos práticos varia bastante nas diferentes zonas de praticagem. Isso pode sugerir a necessidade de revisar o número de práticos em cada zona com mais frequência. Como exemplo, os práticos das ZPs 18 e 20 oferecem mais de 100 horas de trabalho efetivo – realizando manobras reais – a cada mês sem contar seus períodos de sobreaviso (ver Seção 3.2.8), enquanto os práticos nas ZPs 7 e 21 apenas oferecem menos de 10 horas por mês.

Figura 3.21. Duração total da manobra para cada prático em cada Zona de praticagem

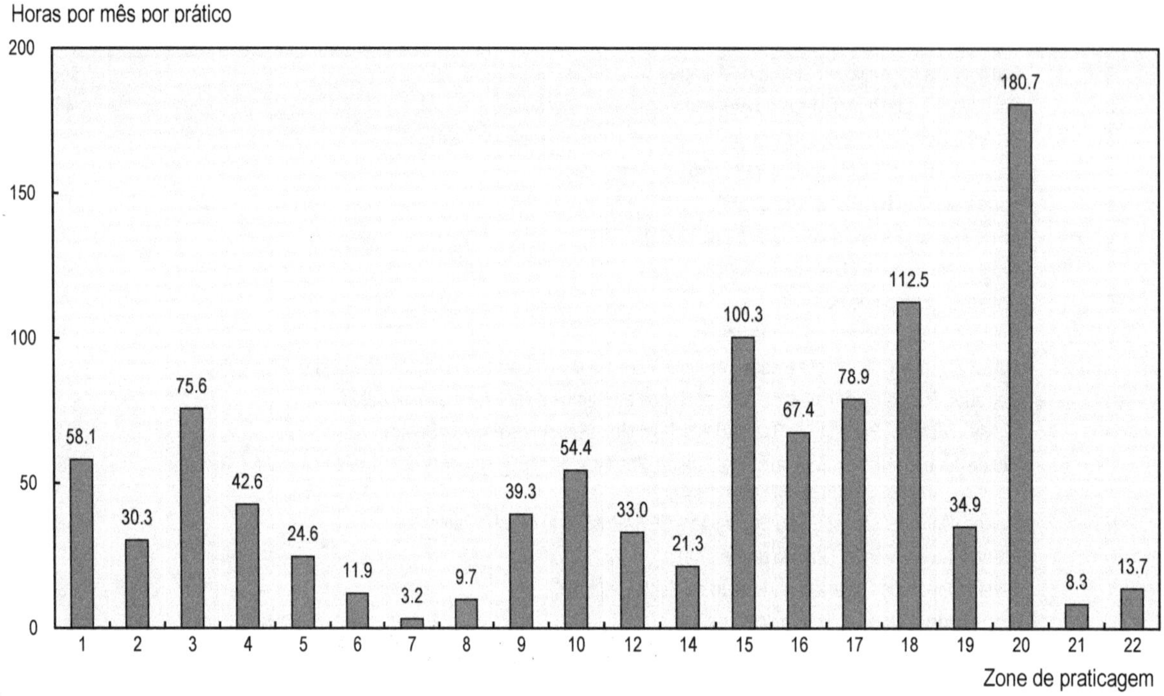

Fonte: OCDE, com dados fornecidos pela Marinha do Brasil do número total de manobras de praticagem no Brasil entre janeiro de 2017 e outubro de 2021.

Definir um número fixo de práticos para cada zona pode dar origem a ineficiências alocativas. Considerando que o tráfego de embarcações flutuará nas zonas de praticagem, por exemplo, é importante que elas não tenham um número fixo de práticos qualificados e que ele possa se ajustar facilmente às necessidades em tempo real. Isso, associado à rápida contratação de práticos experientes (sujeito à sua formação na zona de praticagem específica, quando necessário em função das condições locais), possivelmente de outros países, evitaria o risco de escassez ou sobrecarga desses profissionais em determinadas zonas de praticagem.

Recomendações

A OCDE tem duas recomendações.

1. Revisar a exigência de que os práticos sejam brasileiros. Um conhecimento proficiente de português pode ser exigido para candidatos estrangeiros, assim como um conhecimento de inglês é exigido atualmente para brasileiros.
2. As autoridades brasileiras não devem definir um número preciso ou máximo de pilotos em cada zona de praticagem. Como alternativa, as autoridades devem estipular um prazo para reavaliar se o número de práticos em cada zona de praticagem é adequado.

3.2.8. Alternativas de fixação de preços para serviços de praticagem

Descrição do obstáculo e objetivo dos formadores de políticas

A Lei nº 9537/1997 permite que os práticos marítimos ofereçam serviços individualmente ou organizados em associações ou como empregados de empresas. Serviços de praticagem no Brasil podem ser oferecidos livremente por operadoras privadas[34] e, na maioria das zonas de praticagem, duas ou mais entidades de práticos oferecem serviços.

Entretanto, essas entidades não concorrem entre si na prática, devido à NORMAM 12/DPC, regulação técnica da praticagem da DPC. Isso elimina efetivamente a concorrência ao estabelecer uma escala de rodízio única para cada zona de praticagem com todos os práticos licenciados, independentemente de sua organização operacional.[35] Essa escala divide os práticos em três grupos.

1. **Práticos em período de escala.** Os práticos estão ativos e disponíveis para trabalhar por um número específico de horas ou dias consecutivos. Cada período é subdividido em um "período de serviço", durante o qual o prático está efetivamente em serviço, e um "período de sobreaviso", durante o qual ele não está prestando serviços de praticagem, mas deve permanecer à disposição.
2. **Práticos em período de repouso.** Os práticos dispõem de um tempo ininterrupto após um período de escala durante o qual não estão disponíveis para realizar faina de praticagem, a não ser em caso de emergência ou na situação em que há risco para a vida humana.
3. **Práticos em período de indisponibilidade.** Durante esse período, os práticos não estão disponíveis para realizar faina de praticagem em qualquer circunstância; isso ocorre, de modo geral, quando o prático está de férias ou cumprindo uma suspensão temporária.

Na prática, a escala de rodízio única funciona seguindo uma lista elaborada pelo representante dos práticos de cada zona de praticagem.[36] Quando uma embarcação precisa da auxílio de um prático para entrar ou sair da zona de praticagem, o primeiro deles em período de escala da lista é atribuído a essa embarcação. Ao concluir o serviço, esse prático retornará ao final da lista e será colocado no período de sobreaviso até retornar ao topo dela. Quando os práticos estão em período de repouso, eles não são incluídos na lista até que ele termine. O prático designado a uma embarcação durante a escala de rodízio única não pode recusar-se a exercer as funções sob pena de suspensão.

As embarcações das empresas de transporte marítimo são obrigadas a contratar serviços de praticagem para entrar ou sair de um porto; elas devem aceitar o prático designado pela escala de rodízio única. Isso significa que a escala de rodízio cria um monopólio artificial do primeiro prático devido à ausência de concorrência entre os concorrentes, pois nenhum outro prático pode oferecer seus serviços às empresas de transporte marítimo.

Além disso, as empresas de transporte marítimo não têm poder de barganha nessa situação, pois são obrigadas a contratar os serviços. Teoricamente, os práticos designados para realizar serviços de praticagem para uma determinada embarcação não são constrangidos na fixação de preços, a menos que sejam obrigados a cobrar um preço com base em um acordo celebrado entre seu sindicato e suas respectivas empresas de transporte marítimo.

Na prática, os representantes dos práticos estabelecem amplos acordos com sindicatos de agentes marítimos para precificar serviços para qualquer tipo e tamanho de navio. Normalmente, eles servem como preços de referência para quaisquer navios de empresas estrangeiras ou brasileiras que não possuam acordos específicos de preços de praticagem (Tribunal de Contas da União, 2020[75]).

Além disso, as associações de práticos profissionais também assinam acordos especializados com empresas ou associações de empresas de navegação estabelecendo preços diferentes dos valores de referência para um determinado período. Quando esses contratos se aproximam do vencimento, os valores de referência são usados como moeda de troca para aumentar os preços dos contratos especializados durante sua renegociação. Isso porque os próprios tribunais utilizam esses preços de valores como guias no caso de uma ação judicial relativa ao preço das manobras de praticagem (Tribunal de Contas da União, 2020[75]).

O prático é designado quando uma empresa de navegação informa o representante dos práticos em uma zona de praticagem que um de seus navios necessitará de serviços de praticagem para entrar ou sair do porto em um determinado horário. Com base no cronograma fornecido pela empresa, o representante dos práticos designará o prático em período de serviço naquele navio, com base no cronograma de rodízio. Nesse momento, a empresa de navegação será informada se o preço será baseado em contratos especificamente negociados ou nas tabelas de preços estabelecidas pelos representantes da praticagem.

Até 2012, a DPC fixava preços quando empresas de transporte marítimo e práticos discordavam sobre preços,[37] utilizando valores de referência para cada zona de praticagem fixados em portaria e com base nos últimos preços negociados entre os práticos de uma determinada zona de praticagem e as empresas marítimas, sendo reajustados periodicamente.[38] O Decreto-Lei nº 7.860, de 6 de dezembro de 2012, revogou o dispositivo legal que estabelecia a competência da Autoridade Marítima para fixar preços e criou a Comissão Nacional para Assuntos de Praticagem (CNAP), que, entre outros objetivos, elaborou propostas de regulação de preços. Composta por representantes do Ministério da Defesa (Autoridade Marítima e DPC), da Secretaria de Portos, da ANTAQ, do Ministério dos Transportes e do Ministério da Economia, a CNAP foi incumbida de definir: 1) uma metodologia para regulação de preços de praticagem; 2) preços máximos dos serviços de praticagem em cada zona de praticagem; 3) medidas para melhorar a regulação do serviço de praticagem em cada zona de praticagem; e 4) cobertura de cada zona de praticagem. A CNAP publicou a Resolução nº 3, de 23 de setembro de 2013, para estabelecer uma metodologia predefinida de regulação de preços de praticagem. Além disso, a Comissão estabeleceu tabelas de preços máximos para três zonas de praticagem: ZP 12, ZP14 e ZP16. Entretanto, essa metodologia proposta gerou diversas disputas judiciais e a comissão foi extinta com o Decreto nº 9.679, de 2 de janeiro de 2019.

Com a extinção da CNAP e a revogação do Decreto-Lei nº 7.860/2012, a competência da DPC para resolver disputas sobre preços ficou em um vácuo regulatório. A Lei nº 9537/1997 quanto à praticagem permite à Autoridade Marítima estabelecer preços em caso de litígio, mas não a *obriga* a fazê-lo, ao contrário do Decreto-Lei nº 7860/2012. De fato, a DPC não fixa preços desde 2012, quando a obrigação foi revogada. As únicas vezes que a Autoridade Marítima continuou a fixar os preços foi quando os tribunais a obrigaram a fazê-lo.[39] À luz desse vácuo, os práticos e suas associações não enfrentam mais obstáculos ao negociar seus preços.[40]

A utilização da escala de rodízio única atende ao principal objetivo da DPC de garantir a segurança das operações portuárias. De fato, o Brasil é um dos países com menor número de acidentes relacionados aos serviços de praticagem (Tribunal de Contas da União, 2020[75]). Além disso, em consonância com a NORMAM 12/DPC, a escala de rodízio única visa garantir a disponibilidade ininterrupta do serviço de praticagem dentro das zonas de praticagem, bem como garantir que os práticos não fiquem cansados no desempenho de suas funções. Além disso, a escala de rodízio única busca manter a capacidade dos práticos para o desempenho de suas funções, pois todos têm direito a trabalhar na escala de rodízio única, exceto quando estiverem em período de indisponibilidade ou de repouso (Marinha do Brasil, 2021[69]).

Dano à concorrência

A necessidade de seguir a escala de rodízio única cria um monopólio artificial no mercado. Os práticos são obrigados a aceitar a atribuição que recebem de acordo com a escala de rodízio única, sem poder escolher seus próprios clientes, ao passo que as embarcações devem aceitar o prático designado de acordo com a referida escala. Isso significa que os práticos marítimos escolhidos para prestar serviços a um determinado navio atuam como monopolistas, no sentido de que nenhum outro prático pode competir com eles.

Este marco regulatório elimina toda a concorrência entre os práticos. Desta forma, a escala de rodízio única poderá aumentar os preços e diminuir a qualidade geral dos serviços. O fato de a DPC não fixar preços em casos de desacordo entre os práticos e as empresas de transporte marítimo e deixar a resolução para os tribunais incentiva os práticos a explorar seu monopólio para continuar aumentando os preços sem maiores obstáculos.

Além disso, há falta de transparência na definição dos preços e nas justificativas dos aumentos. (Tribunal de Contas da União, 2020[75]). De fato, a OCDE encontrou dificuldades para encontrar preços de praticagem atualizados para os anos de 2021 e 2022, pois as listas de preços e os contratos geralmente são confidenciais.

Uma reclamação recebida pela OCDE das partes interessadas foi que, embora os preços da praticagem no Brasil já estivessem muito altos quando comparados a outros países em 2019, esses preços continuaram subindo.

Os preços da praticagem no Brasil estão, de fato, entre os mais altos do mundo. Em 2016, a Associação Brasileira de Cruzeiros Marítimos (Abremar), em audiência pública perante a Comissão de Viação e Transportes do Congresso Nacional, apresentou um comparativo de preços dos serviços de praticagem entre o Brasil e o resto do mundo. Em particular, enquanto o preço médio global de uma única operação de praticagem de entrada e saída foi de US$ 7.870, a mesma operação de entrada e saída no Brasil custou US$ 32.500 (Associação Brasileira de Cruzeiros Marítimos, 2016[76]). (Ver Tabela 3.9.)

Também é importante mencionar que várias disputas judiciais sobre preços de praticagem entre práticos e empresas de transporte marítimo terminaram nos tribunais brasileiros. A OCDE descobriu processos antes de 2012 e casos questionando os preços cobrados pelos práticos em 1999 permanecem pendentes.

Quadro 3.13. Processos judiciais e administrativos relativos à praticagem

Processos judiciais

Nos últimos anos, foram ajuizadas diversas ações judiciais relacionadas à praticagem e ao preço dos serviços em diversas áreas relacionadas a essa atividade no Brasil. Foram apuradas mais de 30 ações judiciais em diversos tribunais estaduais do Brasil referentes ao preço dos serviços de praticagem em diversas zonas de praticagem do país. As questões mais comuns são a discussão do preço cobrado pelos práticos e a inclusão de cobranças adicionais feitas por eles sem a concordância da empresa de navegação no valor final de uma prestação de serviço.

Em 2017, o Superior Tribunal de Justiça do Brasil decidiu que a Autoridade Marítima não pode fixar valores máximos para os preços dos serviços de praticagem prestados em áreas portuárias por tempo indeterminado, mas deixou ao poder público a possibilidade de intervir para garantir a continuidade do serviço. O processo teve início com uma ação movida pelo Sindicato dos Práticos do Estado do Paraná exigindo que o tribunal se abstenha de todas as iniciativas para permitir que a Marinha estabeleça preços máximos para os serviços de praticagem. O tribunal observou que a Lei de Praticagem só permite que a Marinha estabeleça preços ocasionalmente quando não há acordo entre um prático e uma empresa de navegação marítima. Este caso ainda está em andamento e teve seu encaminhamento em recurso ao Supremo Tribunal Federal.

Processos administrativos perante o CADE

Em 1999, foi aberto um inquérito contra a Associação dos Práticos do Estado do Paraná (APEP) após denúncia feita pelo Sindicato das Agências de Navegação Marítima do Paraná (SINDAPAR). Em particular, as condutas alegadas estavam relacionadas com o aumento arbitrário dos lucros e abuso de posição dominante. Em 2006, o CADE encerrou o processo devido à ausência de provas que corroborassem a denúncia.

Em 2019, o CADE recebeu outra denúncia de um prático na zona de praticagem em Santos, na qual alegava que a associação de práticos dominante em Santos tinha o controle e a gestão do tráfego no porto santista e utiliza esse poder, sem qualquer controle ou fiscalização pela Autoridade Marítima, para prejudicar a associação concorrente na medida em que atrasaria os navios maiores para serem manobrados pelos práticos de sua própria associação. O CADE ainda está investigando as supostas condutas.

Fontes: (Superior Tribunal de Justiça, 2017[77]); (CADE, 2006[78]).

Tabela 3.9. Preços de praticagem apresentados pela Abremar, 2016

Cidade, País	Preço em 2016 (US$)
Salvador, Brasil	44.062
Angra dos Reis, Brasil	37.500
Ilha Grande, Brasil	37.500
Santos, Brasil	36.875
Rio de Janeiro, Brasil	32.500
Fortaleza, Brasil	30.625
Recife, Brasil	26.562
Maceió, Brasil	17.187
Newark, EUA	14.300
Miami, EUA	11.000
Xiamen, China	11.000
Ostend-Bruges, Bélgica	10.000
Sydney, Austrália	9.700
Lisboa, Portugal	8.200
Veneza, Itália	7.700
Valparaíso, Chile	6.900
Montevidéu, Uruguai	6.800
Okinawa, Japão	5.600
Barcelona, Espanha	4.080
Atenas, Grécia	3.600

Observação: custos baseados nos serviços do prático em um navio de cruzeiro com um peso bruto de 139 000 toneladas.
Fonte: (Associação Brasileira de Cruzeiros Marítimos, 2016[76]).

Da mesma forma, o TCU também comparou os preços da praticagem brasileira com o benchmarking internacional em 2019 (Tabela 3.10). Os resultados foram semelhantes àqueles apresentados pela Abremar. Ao comparar esses preços, o TCU encontrou uma diferença percentual de aproximadamente 529% entre os preços no mundo e no Brasil.

Atualmente, há projetos de lei no Congresso brasileiro que propõem alterar a Lei de Praticagem para endereçar questões de preços (ver Quadro 3.14).

Tabela 3.10. Preços de praticagem para duas manobras portuárias, no mundo e no Brasil, 2019, R$

Preços globais				
Porto, país	65.000 mt	92.000 mt	138.000 mt	153.000 mt
Dubai, EA	-	6.577	8.164	8.164
Barcelona, Espanha	-	13.573	14.563	14.563
Lisboa, Portugal	-	7.760	9.481	10.002
Civitavecchia, Itália	-	8.737	11.833	12.865
Genoa, Itália	-	19.054	26.522	30.256
Hamburgo, Alemanha	-	13.823	13.823	13.823
Miami, EUA	27.480	33.096	42.647	42.836
Fort Lauderdale, EUA	25.329	30.575	39.530	40.422
Vancouver, Canadá	-	26.000	38.440	41.392
Média	21.427			
Preços no Brasil				
Cidade, Estado	62.000 mt	92.000 mt	138.000 mt	153.000 mt
Angra dos Reis, Rio de Janeiro	-	70.380	154.680	154.680
Rio de Janeiro, Rio de Janeiro	-	58.234	127.938	127.938
Santos, São Paulo	63.051	89.107	132.694	147.682
Ilhabela, São Paulo	66.417	93.952	139.908	155.711
Salvador, Bahia	-	121.225	190.882	214.719
Ilhéus, Bahia	-	121.225	190.882	214.719
Maceió, Alagoas	-	66.755	89.669	89.669
Recife, Pernambuco	-	102.243	177.012	201.612
Média	134.729			

Fonte:: (Tribunal de Contas da União, 2020[75]).

Quadro 3.14. Projetos de lei relacionados à praticagem

Em março de 2022, foi apresentado ao Congresso Nacional o Projeto de Lei nº 757/2022 para alterar a Lei de Praticagem. O projeto possibilita a transferência para a ANTAQ da regulação econômica dos serviços de praticagem, incluindo a fixação dos preços dos serviços e o monitoramento do cumprimento da qualidade dos serviços. Ele também prevê um órgão colegiado, instituído por ato do Poder Executivo, estabelecendo os parâmetros que a ANTAQ observará em sua regulação econômica dos serviços de praticagem para corrigir falhas de mercado e garantir a qualidade do serviço. Por fim, ele prevê que o serviço de praticagem seja realizado por práticos devidamente habilitados, individualmente ou por meio de empresa constituída, que prestarão as informações solicitadas pela ANTAQ.

Outros projetos de lei em tramitação no Congresso brasileiro incluem, notadamente, o Projeto de Lei nº 4.392/2020, que visa conferir competência à ANTAQ para atuar na regulação econômica dos serviços de praticagem. Em particular, os limites de preços em cada zona de praticagem seriam fixados pela ANTAQ. Além disso, em vez de deixá-la com o representante dos práticos, o Projeto de Lei nº 1.565/2019 busca introduzir a obrigação da Marinha de estabelecer uma escala de rodízio com todos os práticos em determinadas zonas de praticagem.

Fonte: (Agência Câmara de Notícias, 2022[79]); (Câmara dos Deputados, 2022[80]); (Câmara dos Deputados, 2020[81]); (Câmara dos Deputados, 2019[82]).

A ausência de regulação ou controle de preços, juntamente com a escala de rodízio única, poderá resultar em preços mais altos e menor qualidade geral do serviço.

Recomendações

A OCDE tem duas recomendações para aumentar a concorrência no setor de praticagem.

1. As autoridades brasileiras poderiam extinguir a escala de rodízio única, de acordo com as possibilidades oferecidas na Lei de Praticagem, para dar aos práticos uma opção sobre como prestam seus próprios serviços. Se essa opção for escolhida, as autoridades brasileiras devem definir outra forma de identificar qual prático prestará o serviço para garantir a concorrência de serviço entre os práticos e suas entidades, bem como a segurança. Esse novo regime deve considerar a fadiga dos práticos e os exercícios para a renovação de sua habilitação e garantir a disponibilidade ininterrupta desses profissionais.
2. Alternativamente, se as autoridades brasileiras mantiverem a escala de rodízio atual estabelecida pela DPC, alguma forma de controle de preços dos serviços de praticagem pode ser apropriada. Se esta opção for escolhida, qualquer órgão responsável pela fixação de preços deve ser independente e utilizar critérios objetivos em suas decisões.

3.2.9. Certificados de dispensa de praticagem

Descrição do obstáculo e objetivo dos formadores de políticas

Um certificado de dispensa de praticagem (PEC) permite ao titular navegar e manobrar dentro de uma área de praticagem obrigatória sem recorrer aos serviços de um prático marítimo, evitando custos de praticagem (OCDE, 2018[35]).

No Brasil, o Artigo 13, § 4º, da Lei nº 9.537/97 estabelece que a Marinha poderá autorizar os capitães de navios de bandeira brasileira a manobrar embarcações sob seu comando dentro de uma zona de praticagem específica (ou parte dela) na qual serão considerados práticos. A NORMAM 12/DPC estabelece os requisitos básicos exigidos pela DPC para a concessão do PEC.[41] Navios de passageiros ou de cruzeiro, navios-tanque de petróleo, gás e produtos químicos, além de embarcações com carga embalada que apresentem risco de explosão em massa não podem manobrar em uma zona de praticagem sem um prático.

Além disso, a Seção VII da NORMAM 12/DPC indica que um PEC é concedido somente após a DPC levar em consideração a experiência e o conhecimento do capitão, o porte da embarcação, a zona de praticagem específica e o porto e terminal solicitados. Se algum desses critérios for alterado, ele será revogado. Além disso, em uma zona de praticagem com mais de 30 milhas de extensão, os serviços de praticagem são obrigatórios mesmo que o capitão possua um PEC. No entanto, o titular do PEC poderá substituir um dos práticos que deveria estar a bordo.

Se os capitães preencherem as condições necessárias e possuírem os certificados necessários de saúde e competência marítima, podem requerer um PEC por carta dirigida ao capitão dos portos competente. O processo de obtenção dessa licença tem as seguintes fases: 1) fornecimento de documentos que comprovem o atendimento das condições de habilitação (ver nota de rodapé 33); 2) elaboração de um plano de gestão de riscos; 3) simulação; e 4) exames a bordo (Diretoria de Costas e Portos, 2011[72]).

Esses dispositivos visam garantir que o capitão tenha os conhecimentos necessários para realizar os serviços de praticagem e, assim, garantir a segurança portuária.[42] A NORMAM 12/DPC não estabelece prazos para cada fase, o que pode levar a prazos de processamento não razoáveis, o que reduz os incentivos para solicitar a isenção. A terceira e quarta fases preveem avaliações realizadas em simulador e a bordo de navios para examinar as habilidades técnicas do capitão como prático, ao passo que, nessas duas fases, a NORMAM 12/DPC indica que é a banca examinadora que estabelece os critérios de avaliação para o capitão, incluindo quais e quantos exercícios de praticagem serão avaliados, bem como a base dos critérios de pontuação utilizados para aprovação (Diretoria de Costas e Portos, 2011[72]). Essa avaliação subjetiva pode levar a um tratamento discriminatório entre capitães dentro de uma mesma zona de praticagem, mas também entre zonas geograficamente semelhantes.

Além disso, considerando que a banca examinadora é geralmente composta por práticos marítimos, a regulação deve evitar qualquer conflito de interesses entre os práticos marítimos e os capitães durante as avaliações.

Embora a lei tenha dado à DPC a possibilidade de outorgar PECs desde 1997, ela não implementou a opção até 2020 após um relatório do TCU, que ordenou que ela desenvolvesse um plano de ação para tornar o processo de PEC no Brasil mais transparente, rápido e viável. Consequentemente, a DPC alterou a NORMAM 12/DPC (Tribunal de Contas da União, 2020[75]).

A Portaria nº 53/2020 previa que a DPC adotasse regras que estabelecessem o seguinte: para um capitão se qualificar para um PEC, ele deveria ter realizado um mínimo de 18 manobras de praticagem em portos nos últimos 24 meses acompanhado de um prático qualificado. A NORMAM 12/DPC havia exigido anteriormente um total de 72 tarefas de praticagem em dois semestres consecutivos, o que era ainda mais rigoroso do que as manobras mínimas exigidas para práticos totalmente qualificados em determinadas zonas de praticagem.

A OCDE entrevistou as partes interessadas sobre a emissão do PEC no Brasil após a reforma de 2020 e, até onde é de seu conhecimento, nenhum certificado foi ainda concedido. Não obstante, de acordo com cálculos da OCDE (Figura 3.22), sob os requisitos atuais, mais de 200 capitães de navios poderiam ter recebido PECs apenas nas ZPs 15 e 16 após 2017. A extrapolação desse número sugere que, se os PECs fossem concedidos, quase 1.000 capitães seriam elegíveis.[43] Esse número estaria em conformidade com outros países, como Suécia, Alemanha e Finlândia (ver Tabela 3.11).

Figura 3.22. Número de embarcações que realizaram 18 manobras em cada zona de praticagem, 2017-21

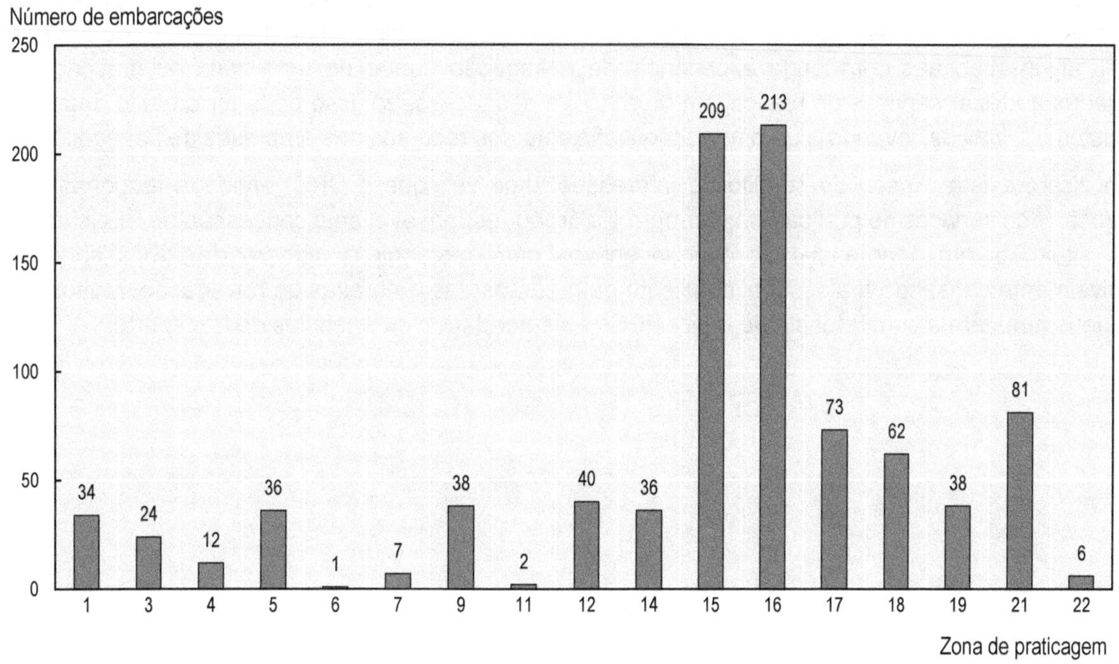

Observação: exclui navios de cruzeiro e navios-tanque de petróleo, gás e produtos químicos; dados para ZP 2 não incluídos.
Fonte: OCDE, com base em dados da Marinha do Brasil sobre o número total de manobras de praticagem no Brasil entre janeiro de 2017 e outubro de 2021.

Tabela 3.11. Número de PECs aprovados em países europeus, 1995-11

País	2011	2010	2009	2008	1995
Bélgica	112	107	103	9	0
Chipre	0	0	0	0	0
Croácia	0	0	0	0	0
Dinamarca	158	167	182	-	0
Finlândia	857	1.185	1.405	1.659	1.900
França	224	228	236	233	500-1.000
Alemanha	1 267	1.269	1.180	-	20
Irlanda	113	118	111	-	80
Países Baixos	315	317	309	203	60
Noruega	2.800	2.800	2.800	2.866	-
Portugal	5	5	5	-	0
Espanha	375	375	375	-	0
Suécia	1.200	1.100	1.200	1.100	-
Reino Unido	815	-	-	-	1000

Fonte: (PwC e Panteia, 2012[83]).

Dano à concorrência

Após o lobby do TCU, as exigências legais para obtenção do PEC no Brasil mudaram em 2020 e a DPC modificou o número de manobras de praticagem exigidas dos capitães como forma de facilitar a emissão do certificado no Brasil. No entanto, tanto quanto é do conhecimento da OCDE, nenhum PEC foi concedido desde as modificações.

Os critérios modificados recentemente ainda não refletem as peculiaridades e necessidades de cada zona de praticagem. Em particular, a necessidade de completar exatamente o mesmo número de manobras em cada zona de praticagem parece pouco razoável devido às peculiaridades de cada área. Por exemplo, a travessia de determinados trechos de zonas de praticagem no Amazonas e seus afluentes pode levar até dois dias, enquanto outras levam apenas algumas horas. Devido à dificuldade de obtenção de um PEC no Brasil, alguns capitães com longa experiência de navegação dentro de uma zona de praticagem são obrigados a utilizar serviços de praticagem de maneira desnecessária. Isso pode ter o efeito de aumentar os custos dos navios, levando a uma alocação ineficiente dos recursos das empresas de navegação.

Além disso, existe o risco de conflito de interesses, uma vez que a DPC, entidade responsável pela regulação dos serviços de praticagem, também é o órgão responsável pela concessão de PECs no Brasil. Essa situação tem o potencial de criar incentivos para restringir o número de PECs concedidos, possivelmente causando a alocação ineficiente de recursos das empresas de navegação. Muitos países europeus atribuem a competência de emitir PECs às autoridades ou agências de transporte.

Recomendações

A OCDE tem duas recomendações para reforçar a viabilidade dos PECs no Brasil.

1. Revisitar os critérios para cada zona de praticagem e o procedimento estabelecido pela DPC para propor modificações na forma como os PECs são emitidos. Isso deve a) incluir a proposição de prazos razoáveis de análise para cada fase do processo de qualificação do PEC; e b) introduzir critérios de avaliação objetivos, relevantes e proporcionais em cada zona de praticagem para evitar possíveis conflitos de interesse e tratamento discriminatório.
2. Tendo em vista a competência da DPC para estabelecer critérios de qualificação de PEC, a responsabilidade pela concessão de PECs deve ser atribuída a outra entidade que não a Diretoria. Se a DPC continuar a ser o poder concedente dos PECs, as autoridades brasileiras devem estabelecer um novo modelo de governança dentro dela para garantir que a aprovação do certificado seja viável sem preocupações de conflito de interesses.

3.3. Órgão Gestor de Mão de Obra

3.3.1. Histórico

Um pool de mão de obra é uma organização de empregados administrada como uma rede de trabalhadores individuais no mesmo setor e região. Os trabalhadores vinculados ao pool são enviados para onde os empregadores precisam deles. Este sistema é usado como uma forma de gerenciar a atividade com altos e baixos (Eurofund, 2022[84]). No setor portuário brasileiro, esse pool é organizado por um órgão de gestão trabalhista, o Órgão Gestor de Mão de Obra, OGMO.

De modo geral, o objetivo dos pools de mão de obra no setor portuário – como o OGMO – é “compartilhar a mão de obra portuária disponível entre diferentes terminais no mesmo porto para que os trabalhadores possam ser mobilizados do pool, dependendo da demanda. Isso aumenta a eficiência, pois permite que os terminais mobilizem mais trabalhadores se houver muita demanda e menos trabalhadores se houver pouca procura” (ITF, 2021[85]).

Os pools de trabalhadores – ou outros mecanismos que permitem flexibilidade na oferta de trabalhadores – são particularmente úteis quando a demanda é imprevisível. Embora a conteinerização do transporte marítimo tenha reduzido a imprevisibilidade da demanda, à medida que os horários de navegação se tornaram mais previsíveis, o trabalho portuário continua irregular, principalmente em portos de pequeno porte e para cargas fracionadas (OCDE, 2014[57]). Além disso, picos relacionados a meganavios e alianças (ou seja, acordos de cooperação em escala global entre empresas de navegação regulares) exigem flexibilidade trabalhista nos portos (ITF, 2021[85]).

Os pools de trabalhadores foram amplamente utilizados para organizar o trabalho nos portos na década de 1960, sem que um empregado fora de um pool fosse autorizado a trabalhar. Na década de 1980, os portos entraram em uma era de modernização e liberalização gradual, que alterou esta exclusividade e a obrigatoriedade do registro. Em muitos portos ao redor do mundo, isso significou que os trabalhadores fora do pool podiam trabalhar (Cooper, 2007[86]). Alguns países (como o porto de Le Havre, na França) substituíram o sistema de emprego casual de trabalhadores de pools registrados por emprego regular sob contratos de longo prazo com um empregador individual. Em outros países (como era na Espanha antes do RDL 9/2019), os trabalhadores assinavam contratos de trabalho permanentes com a própria agência do pool. Em ambos os casos, a transição para vínculos de emprego estáveis durante a década de 1980 foi definida como um período de “regularização” (Van Hooydonk, 2014[87]). Atualmente, muitos governos (como Países Baixos e Reino Unido) consideram que o trabalho portuário pode ser organizado de maneira adequada, eficiente e segura com base na legislação trabalhista geral.

Quadro 3.15. Registros de trabalhadores portuários em todo o mundo

Internacionalmente, existem grandes diferenças no uso de pools de trabalhadores portuários. A Convenção 157 da Organização Internacional do Trabalho sobre a Convenção relativa à Manutenção dos Direitos da Previdência Social, 1928 (nº 157) estabelece que os registros para todas as categorias profissionais de trabalhadores portuários devem ser determinados pela lei ou prática nacional. A convenção também estabelece que os estivadores registrados devem ter prioridade de contratação para o trabalho.

Na UE, em onze Estados-Membros, os sistemas de pool têm direitos preferenciais e, portanto, prioridade para o trabalho (OCDE, 2021[18]).

- Na Alemanha, os empregadores podem contratar empregados permanentes diretamente do mercado de trabalho externo, mas qualquer trabalho ocasional deve ser contratado de um pool de trabalho regulado. Em alguns esquemas, os trabalhadores excedentes dos operadores portuários podem ser incluídos no pool de mão de obra (Van Hooydonk, 2014[87]). Este é o caso de Hamburgo, onde o pool de trabalhadores portuários atua como um ponto de transferência para profissionais excedentes. Por exemplo, os operadores podem oferecer seus trabalhadores excedentes ao pool, que não é obrigado a empregá-los (Notteboom, 2018[88]).
- Nos Países Baixos, não há exigência de registro nacional para estivadores, que nunca precisaram se registrar, nem precisaram ser titulares de um cartão de associado para desempenhar suas funções portuárias. Em Roterdã, no entanto, os estivadores sem emprego podem se registrar na Rotterdam Port Services (RPS), uma agência de empregos temporários, mas não serão remunerados, a menos que trabalhem. Os trabalhadores diretamente empregados são contratados individualmente em caráter permanente ou temporário (Ministério da Infraestrutura e Meio Ambiente dos Países Baixos, 2014[89])
- No porto de Le Havre, na França, um sistema de pool foi introduzido em 1947 com trabalhadores *professionnels*, que tinham direito a 300 escalas de meio período por ano, e *occasionnels* temporários, que não tinham garantia de trabalho. Em 1992, o sistema de pool foi abolido e os estivadores passaram a ser empregados assalariados comuns. Essa reforma foi considerada essencial para abrir os portos franceses aos operadores globais de terminais. Em 2008, a autoridade portuária de Le Havre foi renomeada para Grand Port Maritime du Havre e os trabalhadores portuários foram transferidos para empresas operacionais independentes (Notteboom, 2018[88]).
- O sistema português – que inspirou o OGMO – foi reformado em 1993 para facilitar a contratação e qualificação da mão de obra portuária. O país criou um regime transitório de contratação de trabalhadores portuários. Após essa criação, o pool de mão de sobra passou a ser empresas de mão de obra portuária. A mesma lei permite a criação de empresas de trabalho portuário como associações e cooperativas para fomentar a concorrência (Tribunal de Contas da União, 2020[41]). Caso as empresas de mão de obra portuária não sejam suficientes para atender a demanda de trabalho casual, elas podem contratar trabalhadores de agências de trabalho temporário (OCDE, 2018[34]), que não existem no sistema brasileiro. Assim, o regime jurídico português permite que as agências de trabalho temporário forneçam mão de obra indiretamente aos operadores de movimentação de carga, utilizando uma empresa de trabalho portuário existente como intermediária ou criando a própria empresa de trabalho portuário como intermediária (OCDE, 2018[34]). Ao contrário do Brasil, em Portugal, o registro de trabalhadores permanentes nas empresas de trabalho portuário não é uma obrigação legal (OCDE, 2018[34]).

A Lei nº 12815/2013 estabelece que apenas os membros de um OGMO podem prestar serviços de trabalho portuário nos portos públicos.[44] Entidades sem fins lucrativos criadas por operadores portuários em portos públicos, os OGMOs têm funções fiscalizadoras, administrativas e profissionais, e são responsável pela gestão e pelo fornecimento de trabalhadores portuários, tanto avulsos quanto com vínculo empregatício. Os operadores portuários mantêm e criam um OGMO nos portos públicos por obrigação legal. Cada porto público possui um OGMO – 30 no total – que detém o monopólio do registro de todos os trabalhadores portuários. A Figura 3.23 apresenta a localização dos OGMs no Brasil. Os portos privados não estão vinculados ao regime do OGMO e, portanto, seus trabalhadores não são obrigados a fazer parte de um.

Figura 3.23. Localização do OGMO

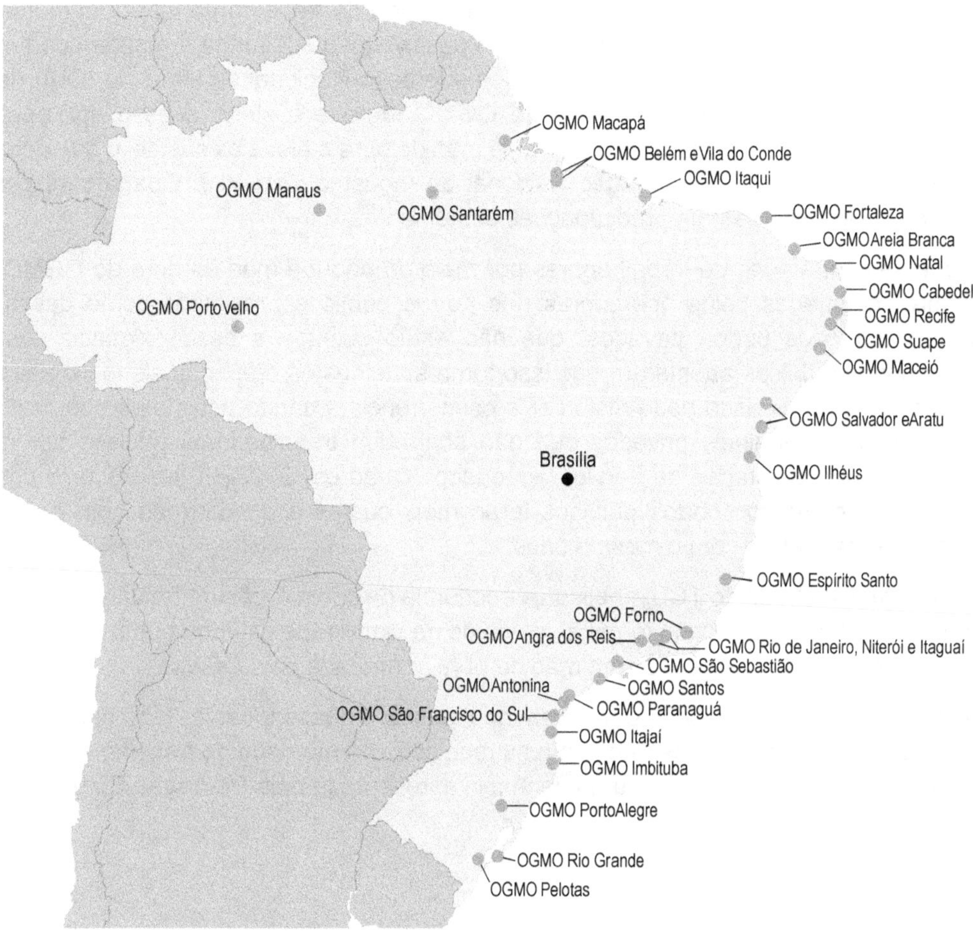

Fonte: Baseado em (Ministério do Trabalho e Previdência, 2022[90])

3.3.2. Monopólio do registro do trabalhador portuário

Descrição do obstáculo e objetivo dos formadores de políticas

Todos os trabalhadores dos portos públicos, quer tenham vínculo empregatício por prazo indeterminado ou estejam inscritos apenas para trabalho avulso, devem fazer parte do OGMO. A Lei nº 12.815/2013 confere ao OGMO direitos exclusivos nos portos públicos para cadastrar e selecionar trabalhadores com vínculo empregatício e avulsos, bem como administrar sua contratação pelos operadores portuários. O OGMO é uma entidade sem fins lucrativos criada coletivamente e financiada por todos os operadores portuários por obrigação estabelecida por lei. Existe apenas um OGMO por porto público, gerido coletivamente por todos os operadores portuários. É possível que ele atue em mais de um porto público (ex: OGMO Aratu e Salvador). No entanto, nenhum operador portuário pode investir em uma empresa de pool de mão de obra separada diferente do OGMO do porto em que opera. O OGMO não pode prestar serviços a terceiros (apenas aos operadores portuários do porto público determinado) ou exercer qualquer atividade não ligada à gestão de mão de obra.

Dano à concorrência

O monopólio do OGMO do registro e fornecimento de mão de obra constitui uma limitação ao comércio imposta aos operadores portuários em portos públicos. Ele também exclui do mercado outras empresas com atividades corporativas diferentes, como agências de trabalho temporário. O estabelecimento de direitos exclusivos restringe o nível de concorrência no mercado de trabalho portuário, aumentando os custos de mão de obra para os operadores portuários e possivelmente levando a menos oportunidades de emprego para trabalhadores avulsos. De fato, a Confederação Nacional da Indústria (CNI) destacou que a obrigatoriedade da contratação por meio do OGMO impede o pleno acesso dos operadores portuários ao mercado de trabalho, restringe a oferta de mão de obra e eleva os custos, o que pode afetar o preço final ao usuário (CNI - Confederação Nacional da Indústria, 2018[91]). Operadores portuários entrevistados pela OCDE expressaram preocupações semelhantes.

A obrigatoriedade de contratação de trabalhadores por meio do pool de mão de obra do OGMO é uma das questões mais apontadas pelos operadores dos portos públicos brasileiros como desvantagem competitiva em relação aos portos privados, que não estão sujeitos a essa exigência. As partes interessadas dos portos públicos apontaram que isso torna seus custos operacionais mais elevados do que os dos terminais privados. Isso pode distorcer a concorrência, criando assimetria competitiva com claros benefícios para os terminais privados que não contratam trabalhadores avulsos por meio do OGMO, bem como a não prestação de serviço adequado (Quadros, 2022[92]). Isso ocorre porque os terminais arrendados dentro dos portos públicos terão mais custos e concorrerão com os terminais privados que não precisam arcar com o mesmo ônus.

Por exemplo, um estudo de 2020 do TCU, analisou a economia da contratação de trabalhadores por meio do OGMO no Porto de Santos. Em cada terminal, o estudo de viabilidade estimou que 31% da receita do terminal foi utilizada para cobrir despesas com mão de obra contratada pelo OGMO.

Os estados-membros da União Europeia removeram com sucesso quase todas as restrições no mercado de trabalho portuário. O Quadro 3.16 explica como as restrições ao mercado de trabalho portuário foram abordadas na Espanha como resultado de uma denúncia apresentada pela Comissão Europeia.

Quadro 3.16. Procedimentos contra o sistema de pool de estivadores na Espanha

Em 2014, a Comissão Europeia começou a avaliar o caráter fechado e, por vezes, exclusivo de determinados pools de trabalho; isso levou a procedimentos contra os sistemas de pool de estivadores na Bélgica e na Espanha.

Após uma denúncia apresentada pela Comissão Europeia, o Tribunal de Justiça da União Europeia (CJEU) considerou em 2014 que, na Espanha, as obrigações dos operadores de terminais de se registarem em uma empresa de pool de trabalho portuário e de empregarem preferencialmente trabalhadores de pool eram contrárias ao Artigo 49 do Tratado sobre o Funcionamento da União Europeia (TFUE) (Notteboom, 2018[88]), que estabelece que são proibidas as restrições à liberdade de estabelecimento dos nacionais de um Estado-Membro no território de outro Estado-Membro. Isso resultou em uma reforma que estabeleceu a liberdade de contratação de trabalhadores portuários, além de criar centros de emprego portuários (CPE) que poderiam servir como pools facilitando o compartilhamento de mão de obra entre empresas. O Decreto-Lei nº 9/2019 resultante, que regulamenta o CPE, visa promover uma abordagem mais equilibrada da precariedade da profissão, levando em consideração a sua natureza de trabalho temporária, mas também o setor específico a que pertence (OCDE, 2021[18]).

Recomendação

A OCDE recomenda abolir o monopólio do OGMO sobre o registro e fornecimento de trabalhadores portuários. As autoridades brasileiras devem discutir com os sindicatos os estudos necessários para a elaboração de uma nova legislação. Particularmente, as autoridades brasileiras devem levar em conta tanto a imprevisibilidade da demanda por trabalhadores portuários avulsos quanto os requisitos flexíveis do setor naval atual.

3.3.3. O monopólio no estabelecimento dos ternos

Descrição do obstáculo e objetivo dos formadores de políticas

Nos portos públicos, nem os operadores portuários nem o OGMO escolhem os trabalhadores específicos para realizar cada tarefa, pois os trabalhadores prestam seus serviços seguindo um sistema de rodízio pré-estabelecido. Além disso, nenhum dos dois pode escolher o número de trabalhadores avulsos necessários para realizar cada tarefa, pois os números dos ternos são definidos em um acordo coletivo assinado por sindicatos e operadores portuários e geralmente válidos por um ou dois anos.

Por exemplo, em um porto público, o acordo coletivo prevê que a tarefa chamada conexo – a amarração e desamarração de contêineres – requer cinco trabalhadores. O operador portuário não pode contratar um número diferente para realizar essa tarefa mesmo quando for preferível, por exemplo, devido a equipamentos técnicos específicos empregados pela empresa ou porque não há problema de segurança. A cada escala, o trabalhador determinado pelo sistema de rodízio deve ser contratado e, então, trabalhará para uma única operação em uma equipe com o número de trabalhadores estabelecido em acordo coletivo. O valor auferido pelos trabalhadores também é fixado nesses acordos coletivos. Os sistemas de rodízio foram estabelecidos para evitar que os sindicatos manipulem as equipes de trabalhadores; antes do sistema, principalmente trabalhadores com vínculos sindicais eram contratados pelos operadores portuários.

Dano à concorrência

De acordo com a literatura acadêmica, o rodízio gera ineficiência, pois permite a participação dos trabalhadores avulsos na jornada de trabalho, com contratação obrigatória por terminais arrendados, sem possibilidade de o contratante selecionar profissionais (Tribunal de Contas da União, 2020[41]).

A escala de rodízio, sem estimular trabalhadores mais produtivos, também gera baixo interesse pelo desenvolvimento profissional entre os trabalhadores avulsos. A pesquisa do TCU em terminais destacou que muitos dos cursos de capacitação oferecidos pelo OGMO (entidade legalmente responsável pela qualificação dos trabalhadores portuários) atraem poucos interessados, pois os trabalhadores sabem que serão contratados mesmo que não sejam a melhor escolha para essa vaga de emprego, uma vez que os empregadores não podem selecionar trabalhadores por suas competências ou qualificações (Tribunal de Contas da União, 2020[41]). O TCU também apontou um estudo que concluiu que o trabalho portuário realizado por trabalhadores portuários avulsos contratados pelo OGMO poderia ser feito com 40% da força de trabalho, o que mostra que a contratação de trabalhadores portuários avulsos por meio do OGMO é 150% mais onerosa do que contratar diretamente um trabalhador avulso (Tribunal de Contas da União, 2014[93]). O benchmarking internacional mostra que a liberdade de escolha do trabalhador a ser contratado é aceita em muitas jurisdições, inclusive na Argentina e no Peru, na América do Sul. Na Espanha, a composição das equipes está sujeita a negociação para cada porto. Antes do RDL 9/2019 que permitia negociações, as equipes geralmente eram maiores do que o necessário, e isso afetava a produtividade em escala. Assim, o Decreto Real dispõe expressamente que a empresa titular da licença de serviço portuário de movimentação de carga tem o poder de designar o pessoal necessário para desempenhar cada uma das atividades portuárias (OCDE, 2021[18]).

Em pools de mão de obra portuária localizados internacionalmente, empregados e empregadores geralmente definem o número de trabalhadores necessários para cada operação (ITF, 2021[85]). Isso visa determinar a oferta global de mão de obra necessária em um porto para atender às necessidades de tráfego atuais e futuras, gerando eficiência e garantindo que sempre haja mão de obra suficiente disponível.

Os terminais privados têm a liberdade de selecionar seus trabalhadores e definir o número de profissionais necessários em cada atividade. Em 2020, os salários por hora dos estivadores em portos privados eram, em média, 30% inferiores àqueles de um trabalhador temporário em um porto público. Isso parece mostrar que a flexibilidade na escolha do número de trabalhadores em cada terno e a possibilidade de os operadores portuários selecionarem livremente sua força de trabalho os levam a pagar salários bem mais baixos para aumentar a eficiência. Além disso, a legislação trabalhista brasileira conta com mecanismos para proteger os trabalhadores de ganhar menos do que o salário mínimo.

Todas essas fontes de ineficiência prejudicam a concorrência quando um porto público com seus trabalhadores registrados no OGMO compete com um porto privado e sua liberdade de escolher os trabalhadores mais eficientes.

Tabela 3.12. Números e salários dos trabalhadores portuários em OGMO e portos privados, 2020

Profissão	Terminais Privados		Portos Públicos - OGMO		Diferença %
	Número	Média Salário mensal (R$)	Número	Média Salário mensal (R$)	
Estivador	1.441	3.317,7	13.313	5.396,2	-62.6%
Conferência de carga	822	4.400,6	447	9.640,0	-119.1%
Capatazia (terminal)	517	1.383,9	102	915,4	33,9%
Capatazia (veículos de transporte terrestre)	263	2.485,9	-	-	-
Operador de guindaste (fixo)	186	5.543,5	-	-	-
Vigilância das embarcações	262	2.417,5	177	2.895.8	-15,8%
Outros	17.493	4.358,8	769	3.846,0	11,0%
Total	20.298	4.178,4	14.808	5.383,1	-28,8%

Fonte: Ministério do Trabalho e Previdência (2020).

Recomendações

A OCDE tem duas recomendações.

1. As autoridades brasileiras devem permitir que os operadores portuários designem trabalhadores e que escolham aqueles que melhor atendam às suas necessidades.
2. As autoridades brasileiras devem flexibilizar o número fixo de trabalhadores necessários para realizar cada tarefa.

3.3.4. Exclusividade na gestão do treinamento do trabalhador portuário

Descrição do obstáculo e objetivo dos formadores de políticas

Nos portos públicos, o registro como trabalhador portuário depende das qualificações e formação profissional prévias do trabalhador em potencial pelo OGMO ou por uma entidade nomeada por esse órgão. Conforme explicado abaixo, o OGMO tem exclusividade na gestão dos trabalhadores portuários, que podem se cadastrar e trabalhar em portos públicos somente se tiverem sido treinados pelo OGMO ou por uma entidade nomeada pelo órgão.

A legislação confere ao OGMO a gestão exclusiva da formação dos trabalhadores portuários nos portos públicos. Em particular, ele deve apoiar a formação profissional dos trabalhadores portuários com vínculo empregatício e avulsos, fazendo a adaptação aos modernos processos de movimentação de cargas e operação de máquinas e equipamentos portuários.

A gestão exclusiva do OGMO de treinamento para a força de trabalho avulsa constitui uma limitação imposta aos operadores portuários em portos públicos, uma vez que os terminais privados não precisam passar pelo OGMA para treinamento.

Quadro 3.17. Treinamento de trabalhadores portuários: uma perspectiva internacional

Em todo o mundo, os órgãos que gerenciam o treinamento de trabalhadores portuários de modo geral incluem: 1) um órgão público, o estado ou a autoridade portuária; 2) organizações conjuntas de trabalhadores e empregados, ou 3) organizações de empregados ou empregadores (Van Hooydonk, 2014[87]). O Brasil se enquadra no terceiro grupo, pois os OGMOs – administrados pelos operadores portuários conforme obrigatoriedade da Lei 12.815/2013 – têm controle exclusivo do treinamento dos trabalhadores.

Os portos onde o exercício das atividades portuárias é controlado (como por meio de um sistema de registro de trabalhadores) muitas vezes investem pesadamente na capacitação desses profissionais. No Porto de Antuérpia-Bruges, por exemplo, os trabalhadores devem passar por um rigoroso treinamento inicial antes de começar a trabalhar. Cerca de um quinto do período de treinamento é teórico; o resto é trabalho prático, como manuseio de carga (Tribunal de Contas da União, 2020[41])

A principal referência internacional para o treinamento no setor portuário são as *Diretrizes de treinamento no setor portuário* da Organização Internacional do Trabalho, publicadas pela OIT em 2012 (Organização Internacional do Trabalho, 2012[94]). Elas identificam as competências necessárias para todas as funções ao longo da cadeia de transporte e logística (OCDE, 2021[18]) ; (Van Hooydonk, 2014[87]).

Na "Comunicação relativa a uma política portuária europeia", publicada em 2007, a Comissão Europeia propôs estabelecer normas comuns para o treinamento dos trabalhadores portuários. No entanto, em

2021, nenhuma regulamentação específica no âmbito da UE foi introduzida, exceto a Diretiva de Terminais de Granéis (2001/96/CE), que exige treinamento de segurança para todos os funcionários em terminais de granéis sólidos (OCDE, 2021[18]).

Na Itália, uma lei nacional estabelece o treinamento e a certificação de todos os trabalhadores e, embora os pools de trabalho sejam obrigados a fornecer treinamento, eles não têm o monopólio. Em outros países, incluindo Finlândia e Dinamarca, os operadores de equipamentos, como operadores de guindaste ou trabalhadores que manuseiam mercadorias perigosas, devem possuir um certificado de treinamento especial. Por último, a Croácia, a Estónia e a Irlanda não têm requisitos de treinamento específicos para além da formação obrigatória em saúde e segurança no trabalho (Van Hooydonk, 2014[87]). Nenhum dos países estudados conta com um corpo monopolista de treinamento para trabalhadores portuários semelhante ao Brasil.

Dano à concorrência

Por meio de seu controle sobre o treinamento, o OGMO pode determinar quem pode se tornar um trabalhador portuário, pois o treinamento é um pré-requisito para se tornar um trabalhador portuário registrado. Neste sentido, o controle da formação pelo OGMO constitui uma barreira ao acesso ao mercado.

Além disso, o fato de o OGMO gerir o treinamento, e não o empregador, pode conduzir a trabalhadores menos eficientes, uma vez que as necessidades individuais de treinamento de cada um podem não ser detectadas.

Em relação ao nível de escolaridade, como mostra a Figura 3.24, os trabalhadores contratados por meio do OGMO têm níveis educacionais mais baixos do que os dos terminais privados. Isso pode ser devido ao sistema de escalas de de rodízio, pois os operadores portuários devem contratar o trabalhador registrado da vez na escala de rodízio e não podem ajudar os trabalhadores a fortalecer suas habilidades e conhecimentos.

Figura 3.24. Nível de escolaridade dos trabalhadores em portos públicos e terminais privados, 2020

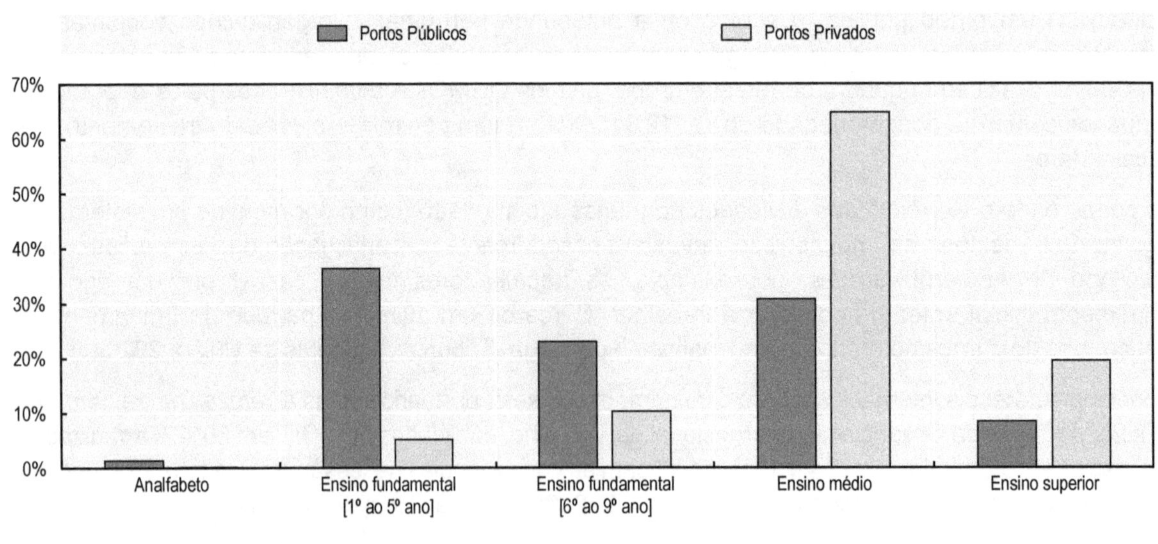

Fonte: (Ministério do Trabalho e Previdência, 2022[90]).

Além disso, a formação adequada é uma variável importante para o bem-estar físico dos trabalhadores e para a produtividade portuária (Notteboom, 2010[95]). Segundo a OIT, o treinamento ajuda a garantir a segurança e a saúde no trabalho nos portos e é uma forma de intensificar o bem-estar e as competências dos trabalhadores portuários, que podem utilizar melhor as novas tecnologias para as operações portuárias (Organização Internacional do Trabalho, 2012[94])

Recomendação

A OCDE tem a seguinte recomendação. As autoridades brasileiras devem extinguir a exclusividade do OGMO na gestão do treinamento de trabalhadores portuários e permitir que os operadores portuários escolham o treinamento mais adequado para seus trabalhadores.

3.4. Taxa de Serviço de Segregação e Entrega

A taxa de segregação e entrega (SSE) é uma taxa cobrada pelos operadores portuários – públicos e privados – pela movimentação de contêineres dentro do terminal portuário. A definição legal é dada pela Resolução nº 72, de 30 de março de 2022, emitida pela ANTAQ.[45] O SSE está relacionado, entre outras atividades, ao serviço de movimentação de carga, desde a pilha no pátio até o portão do terminal portuário para importação (ANTAQ, 2022[96]).[46]

Até a década de 1990, o setor portuário no Brasil tinha um modelo marcado pela forte intervenção estatal, com a administração, coordenação e operação dos portos realizada por uma empresa estatal, a Empresa de Portos do Brasil (Portobrás). Ela controlava as companhias docas (que também eram estatais) responsáveis por cada porto. Com a extinção da Portobrás pela Lei nº 9.029/1990, a operação e administração dos portos brasileiros passou exclusivamente às companhias docas (CADE, 2016[97]). Após a promulgação da Lei nº 8.630/93, a operação dos portos públicos[47] deixou de ser exclusividade das companhias docas, pois a lei implantou o modelo *landlord* no Brasil, uma forma de gestão que visa a transferência progressiva das atividades da autoridade portuária para o setor privado. Esse modelo de governança vê a autoridade portuária sendo proprietária da infraestrutura e da área do porto, mas arrendando a infraestrutura para players privados (Ferreira dos Santos, 2019[98]).[48] No modelo *landlord*, os operadores privados são responsáveis pela implementação e desenvolvimento dos equipamentos portuários, mas também pela gestão dos seus negócios, incluindo a contratação da força de trabalho para operar nas docas e atividades administrativas, pela segurança das suas instalações e pelo desenvolvimento de outras atividades empresariais (CADE, 2005[99]). Com o modelo *landlord*, a concorrência pelos serviços portuários se dá de duas formas: 1) concorrência interportos entre provedores de infraestrutura que competem com outras instalações portuárias para atrair volumes para seu porto; e 2) concorrência intraportos nos mercados a jusante para serviços como carga e descarga de carga, prestados por operadores de terminais (OCDE, 2011[2]).

Os operadores portuários costumam ter contratos com diferentes operadores de transporte marítimo relacionados aos serviços de atracação, estiva e movimentação horizontal no porto. Os operadores portuários são responsáveis por descarregar e carregar toda a carga de um determinado navio com destino a um porto específico (Soares Coelho, 2013[100]).

Os operadores portuários são remunerados pelos seus clientes – armadores – por meio de uma taxa denominada "box rate", que inclui movimentos verticais[49] (abrangidos por contratos *liner-terms*, que estabelecem os custos do serviço prestado pela empresa de navegação ao embarcador ou clientes finais) e movimentos horizontais[50] (não incluído nos contratos *liner-terms*) de contêineres. Quando a *box rate* é adicionada ao frete movimentado por conta dos armadores, essa tarifa é chamada de taxa de movimentação no terminal (THC) ou preço de atracação.

Após descarregar a carga dos navios, os operadores portuários movimentam a carga para os terminais de armazenamento, onde ela aguarda até ser entregue aos importadores.Operadores portuários costumam manter esses armazéns dentro do porto público. Este serviço é coberto por uma taxa adicional (Oliveira Fernandes, 2015[101])

Uma nova taxa de serviço de segregação e entrega (SSE) ou THC2 foi criado após o estabelecimento de terminais retroportuários, também conhecidos como portos secos, pelo Decreto nº 1910 de 21 de maio de 1996. Eles eram "instalações de prestação de serviços públicos de movimentação e armazenagem de mercadorias importadas e exportadas, não localizadas em zona portuária ou aeroportuária".[51] Eles são autorizados pela Receita Federal do Brasil como terminais alfandegados (assim como os operadores portuários),[52] e também podem armazenar mercadorias importadas até o desembaraço aduaneiro.[53] A principal diferença entre os terminais portuário e retroportuário é que o primeiro realiza transferências de cargas entre o porão da embarcação e o portão do terminal portuário, enquanto o segundo é uma instalação que armazena e realiza serviços até os controles aduaneiros para facilitar o trânsito e a logística do terminal portuário. Foi uma solução da própria Receita Federal para melhorar os terminais sobrecarregados, de modo que o terminal retroportuário está localizado a uma longa distância do terminal portuário, na maioria das vezes.

Terminais retroportuários passaram a competir com os operadores portuários no mercado de armazenagem de cargas, o que levou os operadores a exigir taxas adicionais não previstas inicialmente nas taxas de movimentação de cargas cobradas dos usuários dos serviços portuários (Secretaria de Advocacia da Concorrência e Competitividade, 2021[102]). A justificativa para SSE/THC2 foi que a segregação de carga destinada a instalações alfandegárias localizadas fora do porto envolveria custos adicionais não abrangidos pela taxa usual de THC (Oliveira Fernandes, 2015[101]).

Em contrapartida, os terminais retroportuários alegaram que os operadores portuários não estavam efetivamente oferecendo nenhum serviço além dos movimentos horizontais já abrangidos pelo THC. Segundo eles, os operadores portuários criaram artificialmente uma taxa por um serviço (que já estava abrangido por taxas existentes) apenas para aumentar os custos dos terminais retroportuários (Prata de Carvalho and Frazão, 2020[103]). A Figura 3.25 mostra graficamente o fluxo de importação de carga e a imposição do SSE/THC2.

Figura 3.25. Fluxo de importação de carga com imposição do SSE/THC2

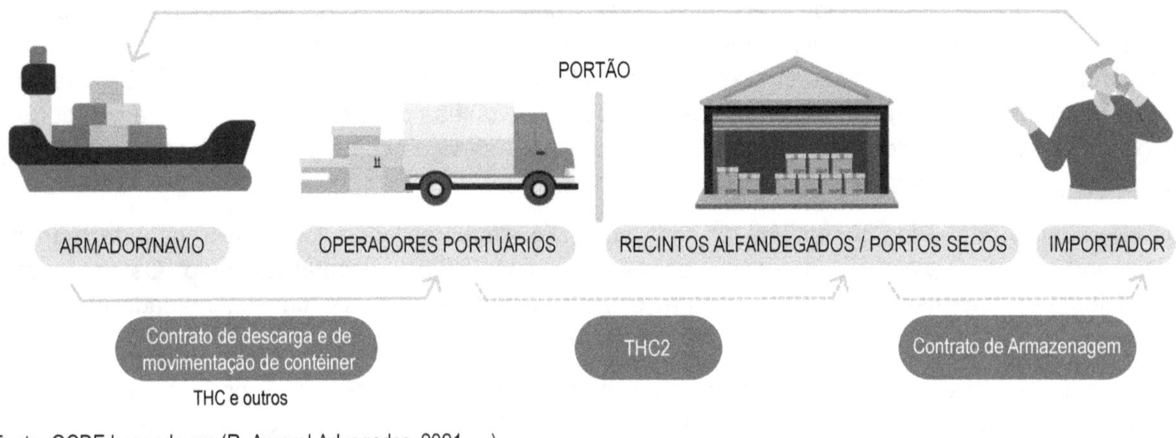

Fonte: OCDE baseado em (R. Amaral Advogados, 2021[104])

Quadro 3.18. Pontos de vista divergentes sobre SSE/THC2: ANTAQ, CADE, SEAE e TCU

Resoluções da ANTAQ

Desde sua criação, em 2001, a ANTAQ é responsável pelo desenvolvimento de normas para a prestação de serviços de transporte e operação de infraestrutura aquaviária e portuária. Em 2003, a ANTAQ examinou a legalidade do SSE/THC2 e concluiu que os serviços de movimentação de carga para terminais retroportuários estavam totalmente cobertos pelo THC. Em 2019, no entanto, a diretoria da ANTAQ considerou o SSE/THC2 uma taxa legítima, esclarecendo que havia custos adicionais relacionados à segregação e entrega de contêineres aos terminais retroportuários.

Em 2012, a ANTAQ publicou a Resolução Normativa nº 2.389/2012, com base nas conclusões de um grupo de trabalho criado para dirimir divergências sobre o tema. A Resolução determinou que, no regime de importação, a tarifa THC apenas remuneraria a movimentação entre o costado do navio e o portão do terminal portuário.

Por fim, em 2019, a ANTAQ publicou a Resolução Normativa nº 34/2019, revogando a Resolução nº 2.389/2012. A nova norma prevê que "o SSE nas importações não faz parte dos serviços remunerados pelo *box rate*, nem daqueles cujas despesas são reembolsadas por meio do THC, salvo disposição contratual em contrário". Ou seja, esta disposição prevê expressamente a possibilidade de cobrança do SSE/THC2 e conclui que essa taxa não se sobrepõe ao THC.

CADE

O CADE chegou a uma decisão sobre o primeiro caso sobre SSE/THC2 em 1999, concluindo que a imposição de taxas de SSE/THC2 aumentou artificialmente os custos dos rivais e constituiu um abuso de posição dominante. Até 2021, havia cerca de nove processos administrativos perante o Tribunal do CADE envolvendo taxas portuárias relacionadas ao serviço de segregação de mercadorias de importação em diversos portos do Brasil. Em junho de 2022, o Departamento Econômico do CADE emitiu parecer divergente da jurisprudência do Tribunal do CADE ao concluir que as taxas SSE/THC2 são justificadas do ponto de vista econômico.

TCU

O TCU, órgão competente para fiscalizar as atividades das agências reguladoras, emitiu um parecer em 2018, concluindo que a resolução criadora do THC2 (Resolução nº 2.389/2012) precisava ser revisada pela ANTAQ por violar diretamente a Lei de Defesa da Concorrência Brasileira na época, regulamentando a cobrança de THC2.

Em junho de 2022, o TCU decidiu que a ANTAQ deve anular todas as disposições da nova resolução que permite a cobrança da taxa SSE/THC2. O Ministro relator concluiu que a versão atual da regulação contém "desvio expresso" e "vício de finalidade". Ele considerou que, ao editar a Resolução 72/2022, que permite aos terminais portuários cobrar SSE nos terminais retroportuários, o órgão promulgou regulação que descumpriu o princípio de evitar abuso de poder regulatório,[54] o que incentivaria a criação de "reserva de mercado ao favorecer um grupo econômico ou profissional por meio de regulação, em detrimento de outros concorrentes".

Parecer da SEAE

Em janeiro de 2022, a entidade brasileira de advocacia da concorrência SEAE divulgou um parecer avaliando os efeitos da Resolução Normativa da ANTAQ nº 34/2019 sobre a concorrência e outros incentivos à eficiência econômica, principalmente sua permissão para cobrar a taxa SSE/THC2. Em sua conclusão, a SEAE recomendou a alteração da resolução, devido aos "fortes indícios da presença de abuso regulatório que leva à distorção competitiva".

Observação: O SSE/THC2 não é a única tarifa disputada entre operadores portuários e terminais retroportuários. De fato, o CADE já investigou e julgou casos relativos ao código ISPS e taxas de fiel depósito (Secretaria de Advocacia da Concorrência e Competitividade, 2021[102])
Fonte: (Brasil, 2001[105]) (ANTAQ, 2003[106]) (ANTAQ, 2005[107]) (Oliveira Fernandes, 2015[101]) (ANTAQ, 2022[96])

As implicações legais e competitivas do SSE/THC2 são objeto de debate há mais de duas décadas no Brasil. Vários órgãos públicos brasileiros têm se debruçado sobre o assunto nos últimos anos. A ANTAQ tem avaliado o SSE/THC2 do ponto de vista regulatório, enquanto o CADE e a SEAE têm analisado suas implicações concorrenciais (ver Quadro 3.18).

Em 2019, a ANTAQ publicou sua Resolução Normativa nº 34/2019, na qual traz diferentes definições de THC e SSE, e afirma que o SSE/THC2 não se sobrepõe ao THC e se refere a diferentes serviços pagos pelo importador ao operador portuário (Prata de Carvalho and Frazão, 2020[103]). Além disso, a Resolução Normativa nº 34/2019 dispôs que os operadores portuários são livres para negociar a remuneração referente ao SSE/THC2, mas os preços máximos devem ser previamente divulgados em tabelas de preços, observadas as condições comerciais estipuladas nos contratos de arrendamento e nas regras da ANTAQ. [55]

Embora o CADE e a ANTAQ tenham adotado posições divergentes em relação ao SSE/THC2 no passado, em junho de 2021, eles assinaram o Memorando de Entendimentos nº 01/2021 sobre procedimentos de cooperação na análise do SEE/THC2 (ANTAQ e CADE, 2021[108]).[56] O MoU prevê que o SSE/THC2 não é uma taxa ilegal per se, mas pode ser abusivo quando for possível verificar em determinadas circunstâncias, por exemplo: 1) a abusividade dos valores (ou seja, o valor cobrado por meio do SSE/THC2); 2) seu caráter discriminatório; 3) a falta de racionalidade econômica; 4) cobrança dupla para itens já cobertos por outras taxas, como a taxa de movimentação no terminal (THC); e 5) cobrança por serviço sem efetiva realização de serviço adicional, entre outros.

Ambas as agências se comprometeram a envidar esforços para cooperar e estabelecer procedimentos para identificar comportamentos abusivos. Além disso, o CADE e a ANTAQ informarão um ao outro sobre a abertura de novos processos relativos a essa taxa e promoverão a troca de experiências para melhorar a regulação da cobrança de SSE/THC2 (ANTAQ e CADE, 2021[108]).

3.4.1. Falta de segurança jurídica

Descrição do obstáculo e objetivo dos formadores de políticas

Várias partes interessadas destacaram preocupações relacionadas à insegurança jurídica decorrente de questões sobre a taxa de SSE/THCs. A insegurança jurídica parece estar parcialmente relacionada à falta de um marco legal claro – devido às frequentes mudanças na regulação da ANTAQ – que defina a abrangência dos serviços prestados pelos operadores portuários para movimentação de contêineres nos terminais portuários e seus mecanismos de remuneração.

Dano à concorrência

Um marco legal tão pouco claro poderá permitir que os operadores portuários aumentem os custos no mercado de armazenamento de contêineres ao cobrar serviços artificiais. Isso permite que os terminais portuários alavanquem seu poder de mercado para implementar condutas abusivas em relação aos terminais retroportuários, o que pode ter implicações negativas para a concorrência e preços potencialmente mais altos para os importadores que lidam com terminais retroportuários (e, portanto, seus consumidores, de maneira indireta).

O marco legal atual poderá desincentivar os terminais retroportuários e colocá-los em desvantagem competitiva, pois enfrentam custos mais elevados em relação aos serviços de armazenagem em terminais portuários públicos e privados. Nesse contexto, os operadores portuários teriam a habilidade de oferecer serviços integrados, incluindo armazenamento, sem que os clientes incorressem em taxas adicionais.

Ao mesmo tempo, as taxas de serviço portuário devem refletir os custos reais do negócio, a fim de proteger os investimentos dos operadores portuários e as expectativas de lucro. Conforme descrito, os operadores portuários estão sujeitos a contratos de concessão firmados com o governo brasileiro que contêm termos e condições destinados a proteger os investimentos e manter os incentivos econômicos para a execução do contrato, além de preservar o interesse privado em futuras rodadas de concessão.

Por fim, os importadores podem não conseguir avaliar adequadamente o custo das importações devido à insegurança jurídica sobre as taxas portuárias devido ao SSE/THC2.

O Brasil se beneficiaria de maior clareza e estabilidade jurídica sobre esse assunto, o que também teria implicações possivelmente positivas para os investimentos estrangeiros e para o marco geral de concorrência no país. Esforços conjuntos também podem ajudar a mitigar incertezas jurídicas, como o MoU recentemente assinado pela ANTAQ e CADE sobre a legalidade das taxas SSE/THC2. Além disso, disposições regulatórias objetivas, transparentes e não discriminatórias também podem reduzir os riscos de condutas abusivas na relação entre operadores portuários e terminais retroportuários.

Recomendação

As autoridades brasileiras devem endereçar a falta de segurança jurídica relacionada às taxas portuárias relativas à movimentação de contêineres. O Brasil deve considerar a simplificação do marco legal vigente por meio de dispositivos transparentes, não discriminatórios e objetivos para a cobrança de taxas portuárias, incluindo aquelas relacionadas à taxa de SSE/THC2.

Anexo 3.A. Quantificação na praticagem

Para calcular os benefícios associados à implementação das recomendações, a OCDE coletou dados sobre todas as manobras de praticagem no Brasil entre janeiro de 2019 e outubro de 2021. Isso correspondeu a informações sobre 328.000 manobras, bem como dados sobre as características dos navios, incluindo o registro de bandeiras, tipo de carga e arqueação bruta. A OCDE também obteve dados sobre preços médios praticados no Brasil e em países de comparação, tanto de autoridades brasileiras quanto do setor privado, que foram agregados na ocasião para preservar a confidencialidade, quando aplicável.

Por questões de segurança, a Marinha do Brasil estabeleceu zonas de praticagem ao longo do litoral do país e do rio Amazonas nas quais profissionais prestam serviços de praticagem. Os 7.300 quilômetros de costa do Brasil contam com 624 práticos alocados pela DPC (no âmbito da Marinha do Brasil), de acordo com as necessidades de cada uma das 20 zonas de praticagem, conforme apresentado na Tabela 3.8. Três zonas de praticagem são notavelmente distintas: A ZP 1 abrange os portos de Itacoatiara e Fazendinha, que ficam a mais de 1.000 quilômetros no interior do rio Amazonas; A ZP 2 também está localizada na Amazônia e serve o porto de Manaus, a mais de 1.200 quilômetros rio Amazonas acima do Oceano Atlântico; e, no extremo sul, a ZP 20 atende a cidade de Porto Alegre, a 315 quilômetros da foz da Lagoa dos Patos. Essas características são observadas na duração média das manobras dessas zonas de praticagem, conforme mostrado na Figura do Anexo 3.A.1; por exemplo, em 2018, a duração média da manobra na ZP 1 foi de 3.000 minutos.

Figura do Anexo 3.A.1. Duração média das manobras nas zonas de praticagem, 2017-2021

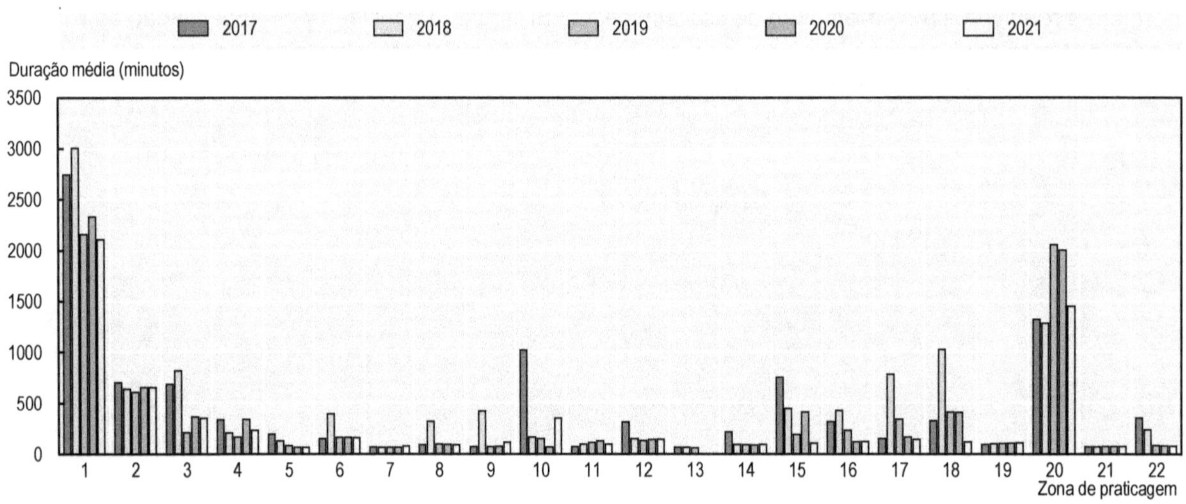

Fonte: cálculos da OCDE baseados em dados da Marinha do Brasil.

Para garantir a disponibilidade desses profissionais e permitir-lhes períodos de repouso adequados, a DPC define normas técnicas a serem seguidas pelos práticos, incluindo escala de rodízio. Conforme descrito na Seção 3.2.8 acima, esta regulação obriga um navio ao entrar a contratar o próximo prático na fila e limita a concorrência entre práticos. Essa configuração leva a um poder de mercado semelhante ao monopólio, pois há apenas um prático a ser contratado em um determinado momento e divide igualmente as embarcações que chegam entre eles. Como resultado adicional, respeitando o período de descanso, o regulamento também busca garantir a disponibilidade dos práticos a qualquer momento.

Os preços da praticagem no Brasil são bem mais altos do que nos portos internacionais para navios de diferentes arqueações brutas, conforme demonstrado em Figura do Anexo 3.A.2.

Para quantificar o benefício ao consumidor, presumindo uma elasticidade constante da demanda, a abordagem proposta em (OCDE, 2019[109]) é:

$$CB = (\rho + \frac{1}{2}|\epsilon|\rho^2)R_r \qquad \text{Equation 2}$$

Onde ρ é a diferença de preço (%)

R_r é a receita

ϵ é a elasticidade.

Usando esses dados, a receita (r) e a diferença de preço (p) podem ser estimadas para calcular os benefícios ao consumidor, conforme estabelecido no Guia da OCDE, que leva em consideração o seguinte:

3. os preços são calculados para uma visita ao porto de entrada e saída, e incluem todas as manobras feitas desde a entrada no porto até a partida
4. os preços são fornecidos para as categorias de arqueação bruta
5. os preços não foram fornecidos para todos os portos
6. a base de dados não especifica o tipo de manobra, como entrada, saída ou ancoragem.

Para estimar a diferença de preço (ρ), o porto com o preço mais alto para cada categoria de tamanho foi selecionado como referência para chegar a uma estimativa conservadora de qualquer alteração de preço devido à implementação da recomendação. Os portos selecionados para cada categoria de arqueação bruta são exibidos na Tabela do Anexo 3.A.1 abaixo. Os portos e as zonas de praticagem para os quais há dados disponíveis no Brasil são apresentados na Figura do Anexo 3.A.3. Para outros, a média do país foi usada para estimar a receita.

Tabela do Anexo 3.A.1. Zona de praticagem e portos no banco de dados de preços

Zona de praticagem	Porto, estado
9	Recife, Pernambuco
10	Maceió, Alagoas
12	Salvador, Bahia
12	Ilhéus, Bahia
15	Angra dos Reis, Rio de Janeiro
15	Rio de Janeiro, Rio de Janeiro
16	Santos, São Paulo
16	Ilhabela, São Paulo
17	Paranaguá, Paraná
18	Itapoá, Santa Catarina
19	Rio Grande, Rio Grande do Sul
21	Itajaí, Santa Catarina

Os navios que entram nos portos brasileiros têm em média uma arqueação bruta menor do que as categorias de preços observadas (Figura do Anexo 3.A.2) nos dados levantados. Para calcular a receita de manobra, primeiramente foi calculado um índice de "dólares por arqueação bruta", que foi multiplicado pela arqueação bruta dos navios. Diante desses preços, a menor diferença entre o preço médio praticado no Brasil e aquele mais alto observado internacionalmente é de 71%. O próprio TCU calculou uma diferença média de preço de 528% entre os portos brasileiros e internacionais.

Figura do Anexo 3.A.2. Distribuição de arqueação bruta de navios entrando nos portos brasileiros, 2017-21

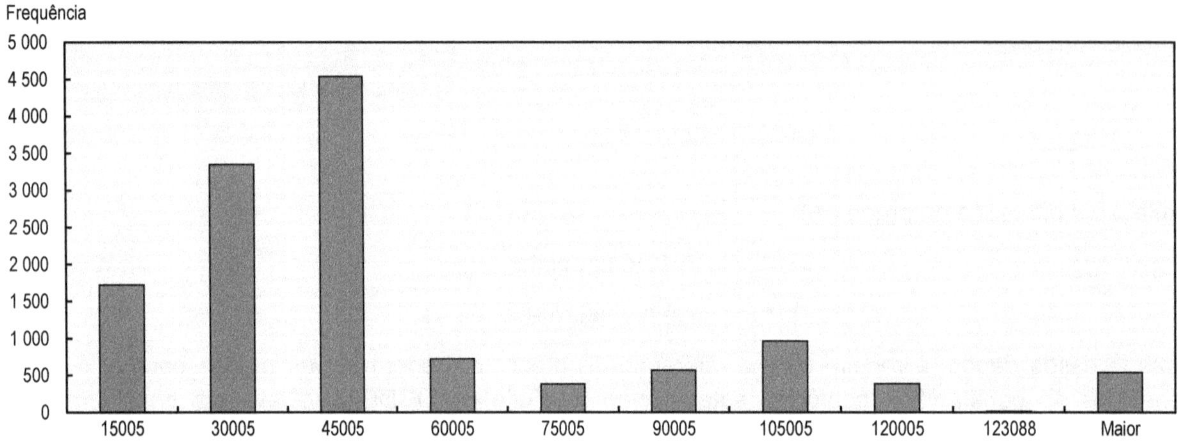

Fonte: cálculos da OCDE baseados em dados da Marinha do Brasil.

Antes de entrar em uma zona de praticagem, as embarcações são obrigadas a esperar em um local predeterminado pela chegada de um prático. Na direção oposta, uma embarcação que sai de uma zona de praticagem é direcionada para um local específico onde o prático desembarca e o navio segue para seu próximo destino. Essas informações foram utilizadas para definir a entrada e saída das embarcações em zonas de praticagem específicas e calcular o número de ciclos de entrada-saída que poderiam ser multiplicados pelos preços para calcular eventuais receitas.

A Figura do Anexo 3.A.3 mostra a porcentagem de manobras identificadas como entrada ou saída em cada zona de praticagem, que foi utilizada para definir as quantidades de ciclos. A DPC não especifica uma zona de espera específica para a ZP 2, mas estabelece que as embarcações devem aguardar nas proximidades do porto de Itacoatiara, refletindo a dificuldade de identificação dos ciclos.[57] Para a ZP2, foram utilizadas médias nacionais de entrada e saída, o que representa 83,1% das manobras. As ZPs 6, 20 e 21 apresentam percentuais globais diferentes, o que pode ser decorrente de especificidades locais. Com base nos dados disponíveis, a ZP 16 apresentou um número de saídas relativamente baixo em relação às entradas, portanto, para corrigir essa inconsistência de dados, o número de entradas foi utilizado. Foi calculada uma média anual de 30.024 ciclos em todas as zonas de praticagem brasileiras; quando multiplicada pelo menor preço praticado no Brasil pelos serviços de praticagem e levando em consideração a arqueação bruta de cada embarcação, ela gera uma receita de R$ 757 milhões ou R$ 3 milhões por mês e zona de praticagem.

Figura do Anexo 3.A.3. Manobra de entrada e saída em zonas de praticagem, 2017-21

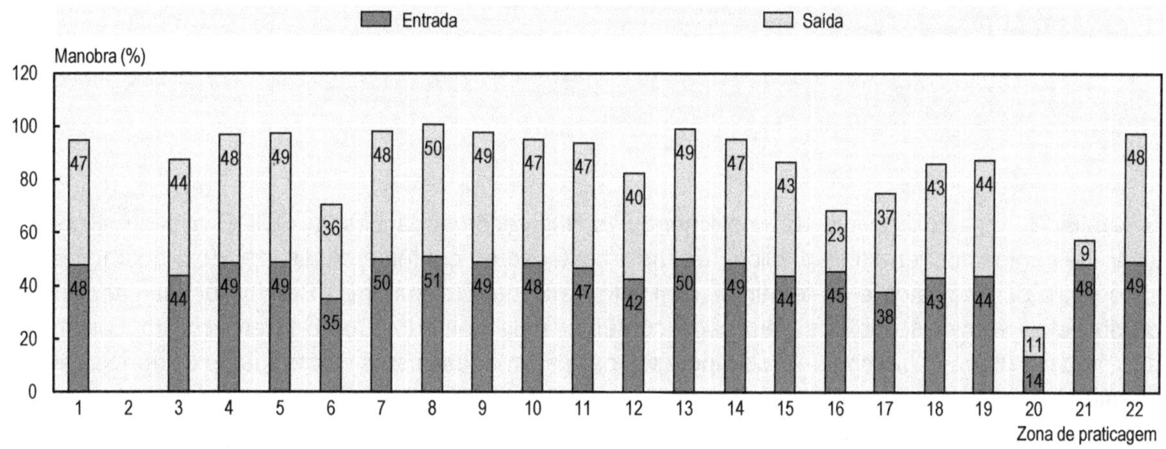

Fonte: OCDE, com base nos dados da Marinha do Brasil.

Levando em consideração o número médio de ciclos e as menores diferenças de preços, estimamos uma receita anual de R$ 757 milhões.

> *Utilizando diferentes hipóteses para a Elasticidade-preço da Demanda, o benefício da implementação das recomendações foi calculado na faixa de R$ 502 milhões a R$ 796 milhões por ano.*

A estimativa refere-se aos impactos diretos estimados sobre o preço do mercado estudado e exclui efeitos dinâmicos como de inovação ou produtividade.

Tabela do Anexo 3.A.2. Resultados anuais de benefícios ao consumidor

Número de ciclos	Diferença de preço mais baixa	Receita (R$)	Elasticidade	Benefício (R$)
30.024	-43,1%	757.406.032,55	-0,8	502.752.688,07
			-0,3	796.250.857,26

Para avaliar a sensibilidade das estimativas a mudanças na elasticidade, a Figura do Anexo 3.A.4 apresenta estimativas calculadas usando uma ampla faixa de elasticidade. As estimativas variam de cerca de R$ 400 milhões com elasticidade de -1,5 a pouco mais de R$ 1 bilhão, com elasticidade de -0,2.

Figura do Anexo 3.A.4. Benefício dependendo da elasticidade

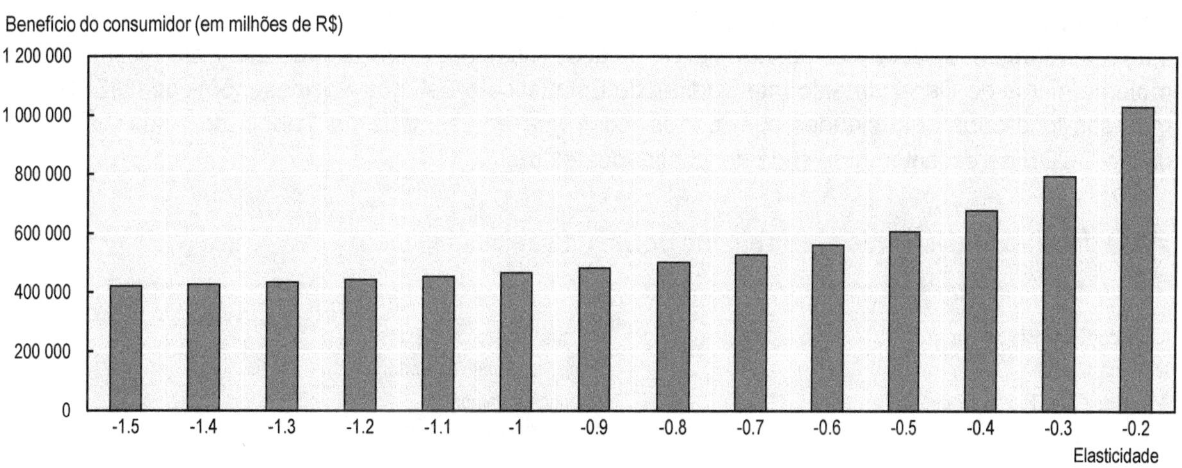

Anexo 3.B. Quantificação no pool de trabalhadores

Para avaliar o impacto previsto da implementação das recomendações, a OCDE avaliou a possível redução de custos nos terminais públicos de movimentação de contêineres. Utilizando o acordo coletivo firmado entre os sindicatos e os terminais do Porto de Santos (o maior do Brasil), foi estimado o custo incorrido pelos terminais públicos para cada contêiner movimentado. Como referência, foi calculado o salário médio e utilizado um conjunto de hipóteses para estimar os custos incorridos pelos portos privados no Brasil.

Os dados foram coletados da RAIS, relatório anual de informações sociais contendo dados demográficos, ocupacionais e de renda, entre 2014 e 2020 para caracterizar o perfil dos trabalhadores e a demanda de trabalho nos portos brasileiros. Como a base de dados da RAIS registra informações sobre todos os vínculos empregatícios entre trabalhadores e empresas, incluindo ocupação, salário, idade e qualificação, e localização das empresas, foi possível identificar as empresas com base em seu código de atividade econômica, conforme apresentado na Tabela do Anexo 3.B.1, ou seus registros únicos.

Os códigos de atividade econômica para atividades do setor portuário são classificados na Classe CNAE 52.31-1, sob Gestão de Portos (52.31-1/01) e Operação de Terminal (52.31-1/02), que inclui terminais públicos e privados. As atividades também estão listadas sob ISIC Rev. 4 Classe 5222.

Tabela do Anexo 3.B.1. Códigos CNAE e ISIC associados às atividades portuárias

Divisão	Grupo	Classe	Subclasse		ISIC Rev.4
52				Armazenamento e atividades auxiliares dos transportes	52
	52,3			Atividades auxiliares do transporte aquaviário	5222
		52.31-1		Gestão de portos e terminais	5222
			5231-1/01	Gestão da infraestrutura de portos	5222
			5231-1/02	Operações de terminal	5222

Fonte: IBGE e Nações Unidas, 2008.

Dado que as informações da base de dados da RAIS são autodeclaradas, pode haver um certo nível de erro de registro acidental de códigos CNAE ou profissões. Isso pode levar a erros de cálculo do número de trabalhadores nas operações do terminal ou na gestão das atividades portuárias. Para minimizar esse problema, filtros do Departamento Intersindical de Estatística e Estudos Socioeconômicos (DIEESE) em empresas localizadas em cidades com portos, conforme apresentado na Tabela do Anexo 3.B.2, aos quais a OCDE acrescentou uma série de localidades extras.

Tabela do Anexo 3.B.2. Cidades e estados portuários selecionados

Cidade, Estado	Cidade, Estado
Angra dos Reis, Rio de Janeiro	Manaus, Amazonas
Antonina, Paraná	Natal, Rio Grande do Norte
Arraial do Cabo, Rio de Janeiro	Paranaguá, Paraná
Belém – Vila do Conde, Pará	Pelotas, Rio Grande do Sul
Cabedelo, Paraíba	Porto Alegre, Rio Grande do Sul

Cidade, Estado	Cidade, Estado
Vitória, Espírito Santo	Recife, Pernambuco
Fortaleza, Ceará	Rio de Janeiro – Sepetiba – Forno – Niterói, Rio de Janeiro
Ilhéus, Bahia	Rio Grande, Rio Grande do Sul
Imbituba, Santa Caterina	Salvador – Aratu, Bahia
Itaguaí, Rio de Janeiro	Santarém, Pará
Itajaí, Santa Caterina	Santos, São Paulo
Itaqui, Maranhão	São Francisco do Sul, Santa Caterina
Macapá, Amapá	São Sebastião, São Paulo
Maceió, Alagoas	Suape, Pernambuco

Fonte: DIEESE (2020) e OCDE.

Foi necessário um método diferente para identificar os empregados registrados no OGMO, pois eles podem ser atribuídos a vários CNAEs. Usar a mesma abordagem acima resultaria em uma superestimação do emprego no setor portuário, pois outros sindicatos setoriais compartilham os mesmos códigos da CNAE. Por isso, 30 OGMOs foram identificados usando o cadastro nacional de pessoas jurídicas, CNPJ, para adquirir dados sobre características do emprego (Tabela do Anexo 3.B.3).[58]

Tabela do Anexo 3.B.3. Trabalhadores do OGMO nos portos públicos brasileiros

Região	Estado	Pool de trabalhadores portuários	Região	Estado	Pool de trabalhadores portuários
Nordeste	Alagoas	OGMO Maceió	Nordeste	Paraíba	OGMO Cabedelo
Nordeste	Bahia	OGMO Ilhéus	Nordeste	Pernambuco	OGMO Recife
Nordeste	Bahia	OGMO Salvador e Aratu	Nordeste	Pernambuco	OGMO Suape
Nordeste	Ceará	OGMO Fortaleza	Nordeste	Rio Grande do Norte	OGMO Areia Branca
Nordeste	Maranhão	OGMO Itaqui	Nordeste	Rio Grande do Norte	OGMO Natal
Norte	Amazonas	OGMO Manaus	Norte	AC	OGMO Cruzeiro do Sul
Norte	Amapá	OGMO Macapá	Norte	Pará	OGMO Santarém
Norte	Pará	OGMO Belém e Vila do Conde	Norte	Rondônia	OGMO Porto Velho
Sudeste	Espírito Santo	OGMO Espírito Santo	Sudeste	São Paulo	OGMO Santos
Sudeste	Rio de Janeiro	OGMO Angra dos Reis	Sudeste	São Paulo	OGMO São Sebastião
Sudeste	Rio de Janeiro	OGMO Forno	Sudeste	Rio de Janeiro	OGMO Rio de Janeiro, Itaguaí e Niterói
Sul	Paraná	OGMO Antonina	Sul	Rio Grande do Sul	OGMO Rio Grande
Sul	Paraná	OGMO Paranaguá	Sul	Santa Catarina	OGMO Imbituba
Sul	Rio Grande do Sul	OGMO Pelotas	Sul	Santa Catarina	OGMO Itajaí
Sul	Rio Grande do Sul	OGMO Porto Alegre	Sul	Santa Catarina	OGMO São Francisco do Sul

Dados de 2020 indicam que mais de 13 mil empregados contratados pelo OGMO são trabalhadores portuários (estivadores), que podem ser designados como avulsos e representam cerca de 90% da força de trabalho do OGMO. Conforme mostrado na Tabela 3.12 (Seção 3.4.3), 94,9% de todos os empregados registrados nos OGMOs atuam em apenas quatro tipos de funções. Sob o código CNAE Operação de Atividades de Terminais (terminais privados), estivador é o cargo mais comum, com 1.441 profissionais e salário médio de R$ 3.317.

Comparações de custos

Segundo o acordo coletivo estabelecido entre os operadores do Porto público de Santos e seu OGMO, esse último dispõe de uma equipe fixa de nove estivadores, dos quais quatro atuam nas atividades de amarração e desamarração e cinco realizam atividades de carga e descarga. Além disso, o acordo coletivo estabelece que os estivadores de amarração e desamarração recebem um valor fixo por jornada de trabalho de seis horas, enquanto o estivador responsável pelas atividades de carga e descarga é pago por cada contêiner movimentado, com preços diferenciados para contêineres cheios ou vazios. O contrato também estabelece que o fluxo de trabalho seja em sistema de rodízio, de modo que a equipe utilizada por uma empresa para uma escala não será a mesma para a seguinte.

O custo médio total de uma escala de seis horas é dado por:

$$C_{escala} = C_{Amarração} + C_{Carga}$$

Equation 3

C_{Carga} é dado por:

$$C_{Carga} = Contêineres\ (prop_{cheio} * p_{cheio} + prop_{vazio} * p_{vazio})$$

Equation 4

Onde:

contêineres é o número médio de contêineres movimentados por uma equipe permanente de estivadores

prop é proporção de contêineres cheios ou vazios movimentados no terminal

p é o preço pago pelo contêiner cheio ou vazio movimentado.

Usando os parâmetros do contrato e certas hipóteses, C_{escala} pode ser calculado. Quando dividido pelo número médio de contêineres, ele é igual ao custo médio por contêiner ou $C_{contêiner}$:

$$C_{contêiner} = \frac{C_{escala}}{contêineres}$$

Equation 5

A partir do acordo coletivo, pode ser identificado o valor das seguintes variáveis:

- uma escala de amarração de seis horas custa: R$ 12.833 para cada trabalhador
- custo para um contêiner cheio: R$ 5,03
- custo para um contêiner vazio: R$ 1,35

As hipóteses são:

- número de contêineres movimentados por uma equipe em uma escala de seis horas: 150
- quota de contêineres vazios: 25%

$$C_{Carga} = 150 * (75\% * 5{,}03 + 25\% * 1{,}35)$$

Equation 6

Isso soma R$ 3.476,05 para uma escala de seis horas, ou R$ 23,17 por contêiner. Adicionando mais 120% das contribuições sociais e previdenciárias, a utilização de trabalhadores ocasionais portuários leva a um custo médio por contêiner de R$ 50,98.

Os terminais privados têm a flexibilidade de definir as próprias equipes, tanto em termos de tamanho quanto nas proporções de cada grupo de amarração ou carregamento. De acordo com a documentação compartilhada com a OCDE, uma equipe permanente em um porto privado tem, em média, cinco estivadores, dos quais quatro trabalham na amarração e um no carregamento. Esses estivadores de contratação direta também podem ser reaproveitados no mesmo grupo de trabalho em atividades subsequentes (sujeito ao requisito de cumprimento de períodos de pausa obrigatórios, mas sem qualquer obrigação de respeitar um regime de rodízio), o que leva a uma maior produtividade do trabalho, ou a um número superior de contêineres movimentados em uma escala de seis horas. De acordo com estudos compartilhados com a OCDE, em média, 300 contêineres são movimentados a cada escala de seis horas em terminais privados.

O salário médio mensal do estivador em um porto público é de R$ 5.194,84 ou R$ 173,16 para cada escala de seis horas, ou seja, uma equipe de cinco em uma escala de seis horas custa R$ 865,81 (Tabela do Anexo 3.B.4). Esse número provavelmente é enviesado pelo fato de o Porto de Santos estar muito acima da média nacional, tanto em relação ao salário médio quanto à porcentagem de contêineres movimentados.[59] O custo médio de cada contêiner movimentado em uma escala equivale a R$ 2,89 ou R$ 6,35 com contribuições sociais. Além disso, somando um custo de ociosidade de 10%, o custo médio dos estivadores contratados diretamente para cada contêiner é de R$ 6,98. A diferença média de custo entre as duas modalidades de contratação é de R$ 44.

Para avaliar quantos contêineres são movimentados por trabalhadores avulsos, foi contabilizado o número de trabalhadores portuários avulsos (14.039) e os com vínculo empregatício (2.930). Levando em consideração o número de contêineres por trabalhadores de portos privados como o dobro daqueles movimentados por trabalhadores com vínculo empregatício, 70,5% dos contêineres foram movimentados por trabalhadores avulsos, multiplicado por aqueles movimentados nos portos públicos brasileiros em 2020 – 4.432.180 – o que equivale a 3.124.687 contêineres. Por fim, esse número foi multiplicado pela diferença de preço.

> *Estima-se que a contratação de trabalhadores avulsos tenha um custo médio anual de R$ 137,5 milhões.*

Tabela do Anexo 3.B.4. Comparação entre trabalhadores com vínculo empregatício e avulsos

	Contêineres movimentados durante cada escala	Tamanho da equipe	Custo para cada contêiner	Número de contêineres movimentados por trabalhadores avulsos em 2021	Custo adicional anual para o uso de trabalhadores avulsos
Avulsos	150	9	R$ 50,98	3.124.687	R$ 137.480.355,61
Equipe com vínculo empregatício	300	5	R$ 6,98		

Os dados da ANTAQ mostram que, em 2021, o número de contêineres movimentados nos portos públicos brasileiros foi de 4.815.278, sendo 73,4% cheios e 26,6% vazios.[60] Os terminais privados movimentaram 2.272.856 contêineres, com proporção semelhante de contêineres cheios (77,8%) e vazios (22,2%).

A Tabela do Anexo 3.B.5 apresenta um teste de sensibilidade para estimativas de diferenças de preços que corrige o custo dos trabalhadores avulsos e varia os custos do porto privado por meio de mudanças no tamanho da equipe e no número de contêineres movimentados durante a escala. Vale ressaltar que as estimativas apresentaram diminuição com o aumento do número de contêineres movimentados enquanto se intensificam com o aumento do tamanho da equipe. Além disso, ao considerar o número de contêineres movimentados e o tamanho da equipe nos portos públicos, o custo dos terminais privados chega a R$ 25 por contêiner, o que representa cerca de metade do custo dos portos públicos na mesma hipótese, conforme apresentado na Tabela do Anexo 3.B.4.

Tabela do Anexo 3.B.5. Teste de sensibilidade para diferenças de preços entre portos

Contêineres movimentados por escala \ Tamanho da equipe do porto privado	1	2	3	4	5	6	7	8	9	10	11	12	13
400	1.05	2.10	3.14	4.19	5.24	6.29	7.33	8.38	9.43	10.48	11.52	12.57	13.62
375	1.12	2.23	3.35	4.47	5.59	6.70	7.82	8.94	10.06	11.17	12.29	13.41	14.53
350	1.20	2.39	3.59	4.79	5.99	7.18	8.38	9.58	10.78	11.97	13.17	14.37	15.56
325	1.29	2.58	3.87	5.16	6.45	7.74	9.03	10.32	11.60	12.89	14.18	15.47	16.76
300	1.40	2.79	4.19	5.59	6.98	8.38	9.78	11.17	12.57	13.97	15.37	16.76	18.16
275	1.52	3.05	4.57	6.10	7.62	9.14	10.67	12.19	13.71	15.24	16.76	18.29	19.81
250	1.68	3.35	5.03	6.70	8.38	10.06	11.73	13.41	15.09	16.76	18.44	20.11	21.79
225	1.86	3.72	5.59	7.45	9.31	11.17	13.04	14.90	16.76	18.62	20.49	22.35	24.21
200	2.10	4.19	6.29	8.38	10.48	12.57	14.67	16.76	18.86	20.95	23.05	25.14	27.24
175	2.39	4.79	7.18	9.58	11.97	14.37	16.76	19.16	21.55	23.95	26.34	28.73	31.13
150	2.79	5.59	8.38	11.17	13.97	16.76	19.56	22.35	25.14	27.94	30.73	33.52	36.32
125	3.35	6.70	10.06	13.41	16.76	20.11	23.47	26.82	30.17	33.52	36.88	40.23	43.58
100	4.19	8.38	12.57	16.76	20.95	25.14	29.33	33.52	37.71	41.91	46.10	50.29	54.48
75	5.59	11.17	16.76	22.35	27.94	33.52	39.11	44.70	50.29	55.87	61.46	67.05	72.64
50	8.38	16.76	25.14	33.52	41.91	50.29	58.67	67.05	75.43	83.81	92.19	100.57	108.95

References

Agência Câmara de Notícias (2022), *Projeto transfere para Antaq regulação econômica de serviço de praticagem*. [79]

Agência Reguladora de Portos da África do Sul (2022), *The Ports Regulator of South Africa*, https://portsregulator.org/economic-regulation/. [47]

ANTAQ (2022), *Minuta do Edital de concessão do Porto Organizado de Santos*, http://web.antaq.gov.br/Sistemas/WebServiceLeilao/DocumentoUpload/Audiencia%20101/Minuta_de_Edital_SSZ_Limpa.pdf. [52]

ANTAQ (2022), *Painel de Indicadores: Contratosde Arrendamento e Contratos de Transição*, https://app.powerbi.com/view?r=eyJrIjoiNTEyMDBhMjMtYTEwYy00YjIzLTg2YzEtNzlmYWUyOTU1MWMxIiwidCI6IjhlNTdmNzI3LTBlNWUtNDEzMC04ZTI0LTJkNWY3YzhjMzhmNiJ9&pageName=ReportSection10f1c852edd036a49131. [60]

ANTAQ (2022), *Painel Estatístico Aquaviário da ANTAQ*, http://ea.antaq.gov.br/QvAJAXZfc/opendoc.htm?document=painel%5Cantaq%20-%20anu%C3%A1rio%202014%20-%20v0.9.3.qvw&lang=pt-BR&host=QVS%40graneleiro&anonymous=true. [5]

ANTAQ (2022), *Resolução No. 72*, https://sophia.antaq.gov.br/Terminal/acervo/detalhe/30494?guid=1657593355386&returnUrl=%2fTerminal%2fresultado%2flistarlegislacao%3fguid%3d1657593355386%26quantidadePaginas%3d1%26codigoRegistro%3d30494%2330494&i=1. [96]

ANTAQ (2021), *Estudos destinados à proposição de valores remuneratórios na modalidade de arrendamento simplificado*, https://www.gov.br/antaq/pt-br/central-de-conteudos/estudos-e-pesquisas-da-antaq-1/arrendamento-simplificado-evento-06-05-final.pdf. [58]

ANTAQ (2021), *Tarifas das Autoridades Portuárias*, https://www.gov.br/antaq/pt-br/assuntos/instalacoes-portuarias/portos/tarifas-das-autoridades-portuarias (accessed on 4 March 2022). [49]

ANTAQ (2005), *Acórdão No. 13 do Conselho Diretor no Processo Administrativo No. 50300.00159/2002.*. [107]

ANTAQ (2003), *Acórdão do Conselho Diretor no Administrativo nº 50300.000022/02.* [106]

ANTAQ e CADE (2021), *Memorando de Entendimentos No. 01/2021.*, https://cdn.cade.gov.br/Portal/acesso-a-informacao/convenios-e-transferencias/acordos-nacionais/2021/Acordo-Cade-e-ANTAQ.pdf. [108]

APEX (2021), *The Federal Government, through Decree n. 10.672/2021, regulated the legal changes provided in 2020 to the Brazilian Ports Law (Law n. 12.815/2013). The update established simplified rules for the concession of ports and the temporary cession of port area*, https://portal.apexbrasil.com.br/regulatory_report/the-federal-government-through-decree-n-10-672-2021-regulated-the-legal-changes-provided-in-2020-to-the-brazilian-ports-law-law-n-12-815-2013-the-update-established-simplified-rules-for-the-con/. [29]

Associação Brasileira de Cruzeiros Marítimos (2016), *Pilotage prices.* [76]

ATP (2022), *Dataport*, https://www.portosprivados.org.br/publicacoes/data-port. [19]

Autoridade Portuária das Filipinas (2021), *Citizen's Charter*, https://www.ppa.com.ph/sites/default/files/citizen_charter_docs/PPA%20Citizen%27s%20Charter%203rd%20Edition%20Final%20ver2.pdf. [67]

Azeredo, L. (2004), *Investimento em Infra-Estrutura no Plano Plurianual (PPA) 2004-2007 – Uma Visão Geral.*, IPEA, https://www.ipea.gov.br/portal/index.php?option=com_content&view=article&id=4604. [10]

Banco Mundial (2018), *Public Private Partnership Legal Resource Center - Concessions, Build-Operate-Transfer (BOT) and Design-Build-Operate (DBO) Projects*, WORLD BANK, https://ppp.worldbank.org/public-private-partnership/agreements/concessions-bots-dbos#:~:text=Concessions%2C%20Build%2DOperate%2DTransfer,partnerships%20that%20are%20output%20focused. [61]

Banco Mundial (2007), *Port Reform Toolkit PPIAF, 2nd Edition*, World Bank, https://ppp.worldbank.org/public-private-partnership/library/port-reform-toolkit-ppiaf-world-bank-2nd-edition. [56]

Bandara, Y. and H. Nguyen (2016), "Influential factors in port infrastructure tariff formulation, implementation and revision,", *Transportation Research Part A: Policy and Practice*, Vol. 28, pp. 220-232, https://doi.org/10.1016/j.tra.2016.01.011. [43]

BNDES (2022), *Concession of the Organized Ports of Salvador, Aratu-Candeias and Ilhéus, including the privatisation of Codeba*, https://hubdeprojetos.bndes.gov.br/en/projetos/CODEBA/1a438b16-2553-11ec-9fe9-0242ac11002b. [27]

BNDES (2021), *Estudos desenvolvidos no âmbito do processo de desestatização da CODESA*, https://www.bndes.gov.br/wps/portal/site/home/transparencia/desestatizacao/processos-em-andamento/desestatizacao-da-companhia-docas-do-espirito-santo-codesa. [26]

BNDES (2021), *Projects Hub*, https://hubdeprojetos.bndes.gov.br/en/setores/Portos#1. [24]

Brasil (2001), *Lei No. 10,233*, http://www.planalto.gov.br/ccivil_03/leis/leis_2001/l10233.htm. [105]

Britto, P. et al. (2015), "Promoção da concorrência no setor portuário: uma análise a partir dos modelos mundiais e aplicação ao caso brasileiro", *Revista de Administração Pública [online]*, Vol. 49/1, pp. 47-72, https://doi.org/10.1590/0034-76121690. [39]

CADE (2018), *Cadernos do CADE - Mercado de Serviços de Transportes de Conteineres*, https://cdn.cade.gov.br/Portal/centrais-de-conteudo/publicacoes/estudos-economicos/cadernos-do-cade/mercado-de-transporte-maritimo-de-conteineres-2018.pdf. [17]

CADE (2017), *Cadernos do CADE - Mercado de Serviços Portuários*, http://antigo.cade.gov.br/acesso-a-informacao/publicacoes-institucionais/dee-publicacoes-anexos/CadernosdoCadePortos26092017.pdf. [12]

CADE (2016), *Voto do Conselheiro Relator Paulo Burnier no Processo Administrativo n.º 08012.001518/2006-3*, https://sei.cade.gov.br/sei/modulos/pesquisa/md_pesq_documento_consulta_externa.php?DZ2uWeaYicbuRZEFhBt-n3BfPLlu9u7akQAh8mpB9yNJ2UMBKW3SwcfdSoC7DBG-rpfGUGueMrEWPJD4rMc8T5zaZ1qbzvTQaMA1rJ4YAzrOXiapeQJb3gD6Q0XXLY0q. [97]

CADE (2006), *Voto do Conselheiro Luiz Carlos Delorme Prado no Processo Administrativo nº 08012.006144/1999-19*, https://sei.cade.gov.br/sei/modulos/pesquisa/md_pesq_processo_exibir.php?0c62g277GvPsZDAxAO1tMiVcL9FcFMR5UuJ6rLqPEJuTUu08mg6wxLt0JzWxCor9mNcMYP8UAjTVP9dxRfPBcSDppHgM_5CirWqvFRpYBhqtLtkOd81v-tmoF4794GWU. [78]

CADE (2005), *Voto do Conselheiro Luiz Prado no Processo Administrativo nº 08012.007443/1999-17*, https://sei.cade.gov.br/sei/modulos/pesquisa/md_pesq_processo_exibir.php?0c62g277GvPsZDAxAO1tMiVcL9FcFMR5UuJ6rLqPEJuTUu08mg6wxLt0JzWxCor9mNcMYP8UAjTVP9dxRfPBcT5kD7elswaslV8jhGPE3S_J-rCKax9D6QFsJB51jxZW. [99]

Câmara dos Deputados (2022), *PL No. 757/2022.* [80]

Câmara dos Deputados (2020), *PL No. 4,392/2020.* [81]

Câmara dos Deputados (2019), *PL No. 1,565/2019.* [82]

CEPAL (2020), *The effects of maritime container transport on economic growth in the countries on the west coast of Latin America*, https://www.cepal.org/en/publications/45977-effects-maritime-container-transport-economic-growth-countries-west-coast-latin. [6]

Chen, P., H. Pateman and Q. Sakalayen (2016), "The latest trend in Australian port privatisation: Drivers, processes and impacts", *Research in Transportation Business & Management*, https://doi.org/10.1016/j.rtbm.2016.10.005. [37]

CNI - Confederação Nacional da Indústria (2018), *Sistema Portuário: Avanços, Problemas e Agenda*, https://static.portaldaindustria.com.br/media/filer_public/6b/b8/6bb863cd-6cab-4f85-9b3e-d08b9044a7f9/sistema_portuario_web.pdf. [91]

Congreso de los Estados Unidos Mexicanos (1993), *LEY DE PUERTOS*, https://portalcip.org/wp-content/uploads/2019/10/LEY-DE-PUERTOS.pdf. [46]

Cooper, M. (2007), *When law and social science go hand in glove: usage and importance of local and national news sources – critical questions and answers for media market analysis*, Routledge. [86]

Coutinho, P. (2014), *Estudo comparativo das estruturas de custos e avaliação de projetos/investimentos entre terminais portuários de uso público e terminais portuários de uso privativo misto. Relatório 3 - Relatório Final*, CERME/UNB. [13]

De Souza, F. and C. Pitombo (2021), "Port choice in Brazil: a qualitative research related to in-depth interviews.", *Journal of Shipping and Trade*, Vol. 6/10, https://doi.org/10.1186/s41072-021-00094-2. [50]

Diretoria de Costas e Portos (2011), *NORMAN 12.* [72]

ESCAP (2003), *Comparative Analysis of Port Tariffs un the ESCAP Region*, https://www.unescap.org/resources/comparative-analysis-port-tariffs-escap-region-escap-and-kmi-2002#. [44]

Escola Marítima de South Shields (2021), *Marine Pilot*, https://www.stc.ac.uk/marine-school/course/pilot-training-and-assessment. [73]

Eurofund (2022), *Labour Pool*, https://www.eurofound.europa.eu/efemiredictionary/labour-pool. [84]

Ferreira dos Santos, A. (2019), *Regulação e Concorrência no Direito Portuário: Ineficiência Regulatória da ANTAQ em relação à THC2*, https://bdm.unb.br/bitstream/10483/23410/1/2019_AlessandraFerreiraDosSantos_tcc.pdf. [98]

Florida Harbor Pilots (2022), *Training & Qualifications*, https://floridapilots.com/about/training-qualifications/. [111]

Fórum Econômico Mundial (2020), *Global Competitiveness Index 4.0*, https://govdata360.worldbank.org/indicators/ha03bec65?country=BRA&indicator=41472&viz=line_chart&years=2017,2019. [9]

Governo do Brasil (2022), *1st Brazilian port authority soon to go into auction*, https://www.gov.br/en/government-of-brazil/latest-news/2022/codesa. [51]

Governo do Canadá (2018), *International comparisons - Pilotage Act Review*, http://www.tc.gc.ca/en/reviews/international-comparisons.html. [68]

IBGE (2022), *Produto Interno Bruto*, https://www.ibge.gov.br/. [110]

Ipea (2020), *NT DISET 73 - Reforma do Setor Brasileiro de Cabotagem: Impactos Sobre a Comparação Internacional. Notas Técnicas.*, https://doi.org/10.38116/ntdiset73. [33]

ITF (2021), *Container Port Automation: Impacts and Implications, International Transport Forum Policy Papers, No. 96*, OECD Publishing, https://www.itf-oecd.org/sites/default/files/docs/container-port-automation.pdf. [85]

ITF (2018), *The Impact of Alliances in Container Shipping*, https://www.itf-oecd.org/sites/default/files/docs/impact-alliances-container-shipping.pdf. [16]

Jucá, P. (2021), *Regulação do Setor Portuário*, Almedina. [14]

Justen Filho, M. (2019), *O regime jurídico das atividades portuárias e seus reflexos sobre a delimitação do porto organizado*, Forum. [66]

LS Prático (2017), *Guia completo da Praticagem*. [70]

Marinha do Brasil (2021), *Capitania dos Portos*, https://www.marinha.mil.br/dpc/node/3503. [69]

Maritime UK (2022), *Ports*, https://www.maritimeuk.org/about/our-sector/ports/. [40]

Mello, F. and S. Monteiro (2020), "Princípios da Regulação Tarifária: Uma abordagem Segundo os Normativos da ANTAQ", *Revista Reflexões: Ensaios sobre a Regulação do Setor Aquaviário Brasileiro*, Vol. 2, pp. 63-73, https://www.gov.br/antaq/pt-br/assuntos/instalacoes-portuarias/portos/PrincpiosdaRegulaoTarifriadoSetorPorturioUmaAbordagemsegundoosNormativosdaANTAQ.pdf. [42]

Michail, N. and D. Batzilis (2021), *Container shipping trade and real GDP growth: A panel vector autoregressive approach*, https://doi.org/10.2139/ssrn.3724480. [7]

Ministério da Infraestrutura (2022), *Governo Federal assegura R$ 2,6 bilhões para investimentos privados em portos brasileiros*, https://inovecapacitacao.com.br/governo-federal-assegura-r-26-bilhoes-para-investimentos-privados-em-portos-brasileiros/. [59]

Ministério da Infraestrutura (2021), *Organograma*, https://www.gov.br/infraestrutura/pt-br/acesso-a-informacao/lei-de-acesso-a-informacao/organograma-2/organograma-1. [23]

Ministério da Infraestrutura (2021), *Porto sem Papel*, https://www.gov.br/infraestrutura/pt-br/assuntos/transporte-aquaviario/conteudo-inteligencia-logistica/porto-sem-papel-psp. [20]

Ministério da Infraestrutura (2020), *Manual do Investidor do Setor Portuário*, https://pgo.labtrans.ufsc.br/wp-content/uploads/2019/12/Manual-do-Investidor-2020.pdf. [64]

Ministério da Infraestrutura (2014), *Trabalhador Portuário*, https://www.gov.br/infraestrutura/pt-br/assuntos/transporte_aquaviario/snpta/trabalhador-portuario. [116]

Ministério da Infraestrutura e Meio Ambiente dos Países Baixos (2014), *Level Playing Field - Study on distorted cross-border competition between seaports*, https://docplayer.net/61784488-Level-playing-field-study-on-distorted-cross-border-competition-between-seaports-commissioned-by-ministry-of-infrastructure-and-the-environment.html. [89]

Ministério do Comércio Exterior (2022), *ComexStat*, http://comexstat.mdic.gov.br/pt/geral. [3]

Ministério do Trabalho e Previdência (2022), *RAIS*, http://rais.gov.br/sitio/index.jsf. [90]

Moreira Neto, D. and R. de Freitas (2015), *A Nova Regulação Portuária*, Forum. [55]

Netherlands Enterprise Agency (2019), *Bussiness Opportunities, Key Projects and Players at Mexico's Ports*, https://www.rvo.nl/files/file/2022-04/Business-Opportunities-Ports-report.pdf. [38]

Notteboom, T. (2018), "The impact of changing market requirements on dock labour employment systems in northwest European seaports", *J. Shipping and Transport Logistics, 429–454.*, Vol. 10/4, pp. 429-454, https://biblio.ugent.be/publication/8588475/file/8588476.pdf. [88]

Notteboom, T. (2010), *Dock labour and port-related employment*, European Sea Ports Organisation, http://app.regiaocentro.net/UserFiles/ITTMAReportonDockLabourand2010.pdf. [95]

Notteboom, T. (2008), *The Awarding of Seaport Terminals in Europe. Results from the ITMMA Survey Commissioned by the European Sea Ports Organisation (ESPO)*, http://www.espo.be/media/espopublications/ITMMASurveyontheAwardingofSeaportTerminalsinEurope2008.pdf. [62]

Notteboom, T., A. Pallis and J. Rodrigue (2022), *Port Economics, Management and Policy*, Routledge, https://doi.org/10.4324/9780429318184. [36]

OCDE (2021), *Enhancing economic performance and well-being in Chile Policy actions for improving ports' labour conditions and competitiveness*, https://www.oecd.org/economy/surveys/CHL_OECD_policy_actions_improving_ports_labour_conditions.pdf. [18]

OCDE (2021), *OECD Competition Assessment Reviews - ASEAN - Logistic Sector*, https://www.oecd.org/daf/competition/oecd-competition-assessment-reviews-asean-2021.pdf. [45]

OCDE (2021), *OECD Competition Assessment Reviews: Logistics Sector in Brunei Darussalam*, https://www.oecd.org/daf/competition/oecd-competition-assessment-reviews-brunei-darussalam-2021.pdf. [48]

OCDE (2021), *OECD Regulatory Policy Outlook 2021*, OECD Publishing, Paris, https://doi.org/10.1787/38b0fdb1-en. [22]

OCDE (2019), *Competition Assessment Toolkit: Volume 3. Operational Manual*, http://www.oecd.org/competition/toolkit. [109]

OCDE (2019), *Competition for the market, OECD Competition Policy Roundtable Background Note*, https://one.oecd.org/document/DAF/COMP/GF(2019)7/en/pdf. [53]

OCDE (2018), *OECD Competition Assessment Reviews: Portugal: Volume I - Inland and Maritime Transports and Ports*, OECD Competition Assessment Reviews, OECD Publishing, Paris, https://doi.org/10.1787/9789264300026-en. [34]

OCDE (2018), *OECD Competition Assessment Reviews: Portugal: Volume I - Inland and Maritime Transports and Ports*, OECD Competition Assessment Reviews, OECD Publishing, Paris, https://doi.org/10.1787/9789264300026-en. [35]

OCDE (2016), *Being an Independent Regulator, The Governance of Regulators*, OECD Publishing, https://doi.org/10.1787/9789264255401-en. [21]

OCDE (2014), *The Competitiveness of Global Port-Cities*, OECD Publishing, Paris, https://doi.org/10.1787/9789264205277-en. [57]

OCDE (2011), *Competition in Ports and Port Services*, OECD Paris, https://www.oecd.org/daf/competition/48837794.pdf. [2]

OCDE (2002), *Glossary of Statistic Terms*, https://stats.oecd.org/glossary/detail.asp?ID=4231. [1]

OECD (2022), *OECD Services Trade Restrictiveness Index*, http://www.oecd.org/tad/services-trade/services-trade-restrictiveness-index.htm. [8]

OECD (2017), *Executive summary of the roundtable on Competition Issues in Liner Shipping*, https://one.oecd.org/document/DAF/COMP/WP2/M(2015)1/ANN3/FINAL/en/pdf. [15]

Oliveira Fernandes, V. (2015), "Os desafios do Antitruste no Setor Portuário Brasileiro: as inovações da Lei nº 12.815/13 e seus reflexos concorrenciais", *Revista de Direito Setorial e Regulatório*, Vol. 2/1, pp. 161-210, https://papers.ssrn.com/sol3/papers.cfm?abstract_id=2857586. [101]

Organização Internacional do Trabalho (2012), *Guidelines on training in the port sector.* [94]

Parlamento Europeu (2014), *Directive 2014/23/EU of the European Parliament and of the Council of 26 February 2014 on the award of concession contracts*, https://eur-lex.europa.eu/legal-content/en/TXT/?uri=CELEX:32014L0023. [63]

PPI (2020), *Changes in the Brazilian Ports Law will bring more dynamism and competitiveness to the sector*, https://portal.ppi.gov.br/11109. [28]

PPI (2019), *Política de Estímulo à Cabotagem (BR do Mar)*, https://portal.ppi.gov.br/politica-de-estimulo-a-cabotagem-denominada-br-do-mar. [32]

Prata de Carvalho, A. and A. Frazão (2020), *CADE precisa urgentemente fazer análise antitruste no caso da THC2*, https://www.conjur.com.br/2020-mai-13/frazao-carvalho-cade-thc2. [103]

Presidência da República do Brasil (2022), *Portal de Serviços - Requisitar a emissão de declaração de adequação para obter autorização para exploração indireta de áreas não afetas à operação portuária*, https://www.gov.br/pt-br/servicos/autorizacao-para-exploracao-indireta-de-areas-nao-afetas-a-operacao-portuaria. [65]

PwC e Panteia (2012), *Study on Pilotage Exemption Certificates - Final Report*, https://transport.ec.europa.eu/system/files/2016-09/2012-09-18-pec.pdf. [83]

Quadros, D. (2022), *Aspectos Legais e Regulatórios do Trabalho Portuário*, https://www.gov.br/antaq/pt-br/noticias/daniela-ribeiro-caldellas-quadros-artigo.pdf. [92]

R. Amaral Advogados (2021), *CADE retoma investigações envolvendo práticas Anticompetitivas relacionadas à cobrança de tarifa portuária*, https://ramaral.com/cade-retoma-investigacoes-envolvendo-praticas-anticompetitivas-relacionadas-a-cobranca-de-tarifa-portuaria/. [104]

Receita Federal do Brasil (2022), *Portaria RFB No 143, de 11 de fevereiro de 2022*, http://normas.receita.fazenda.gov.br/sijut2consulta/link.action?visao=anotado&idAto=123006. [114]

Receita Federal do Brasil (2014), *Desembaraço Aduaneiro*, https://www.gov.br/receitafederal/pt-br/assuntos/aduana-e-comercio-exterior/manuais/despacho-de-importacao/topicos-1/despacho-de-importacao/etapas-do-despacho-aduaneiro-de-importacao/desembaraco-aduaneiro. [113]

República de Portugal (2002), *Decreto-Lei nº 48/2002.* [74]

Secretaria de Acompanhamento Econômico do Ministério da Fazenda (2005), *Parecer 6180/2005/DF.* [71]

Secretaria de Advocacia da Concorrência e Competitividade (2021), *Frente Intensiva de Avaliação Regulatória e Concorrencial (FIARC): USUPORT vs Resolução Normativa ANTAQ nº 34/2019*, https://biblioteca.cade.gov.br/cgi-bin/koha/opac-retrieve-file.pl?id=a89cc0ddb58fdc01aad72b7f86798139. [102]

Senado Federal (2022), *Siga Brasil - Orçamento*, https://www12.senado.leg.br/orcamento/sigabrasil. [25]

Silva, F. and J. Filho (2013), "Concentração e diferença no transporte de contêineres nos portos do Brasil: um estudo exploratório no tempo", *Revista ANTT*, Vol. 1. [11]

SNPTA (2021), *BR do Mar Cabotage Incentive Program*, https://www.gov.br/infraestrutura/pt-br/NEWSLETTERBRDOMAReng.pdf. [30]

Soares Coelho, J. (2013), *Regulação e concorrência nos setores de infraestrutura: A Terminal Handling Charge 2 ("THC 2") no Porto de Salvador*, https://bdm.unb.br/handle/10483/5818. [100]

Suárez-Alemán, A. (2020), *Perfil de las asociaciones público-privadas en puertos de América Latina y el Caribe: principales cifras y tendencias del sector*, BANCO INTERAMERICANO DE DESENVOLVIMENTO, https://publications.iadb.org/publications/spanish/document/Perfil_de_las_asociaciones_p%C3%BAblico-privadas_en_puertos_de_Am%C3%A9rica_Latina_y_el_Caribe_Principales_cifras_y_tendencias_del_sector_es.pdf. [54]

Subsecretaría de Formación, Capacitación y Titulación del personal embarcado de la Marina Mercante (2021), *Guia de Preguntas y Respuestas*, https://www.marina-mercante.com.ar/es/informacion/titulo-de-practico. [115]

Superior Tribunal de Justiça (2017), *Voto do Ministro Og Fernandes no REsp No. 1.662.196/RJ.* [77]

Tribunal de Contas da União (2020), *Relatório de Auditoria Operacional: Regulação dos serviços de praticagem.* [75]

Tribunal de Contas da União (2020), *TC 000.515/2020-5*, https://pesquisa.apps.tcu.gov.br/#/redireciona/acordao-completo/%22ACORDAO-COMPLETO-2402802%22. [41]

Tribunal de Contas da União (2014), *Acórdão 940 - 024.011/2013-4*, https://pesquisa.apps.tcu.gov.br/#/documento/acordao-completo/*/KEY:ACORDAO-COMPLETO-1305519/NUMACORDAOINT%20asc/0. [93]

UNCTAD (2022), *UNCTAD STAT*, https://unctadstat.unctad.org/wds/TableViewer/tableView.aspx?ReportId=13321. [4]

UNCTAD (2017), "Rethinking Maritime Cabotage for Improved Connectivity", *Transport and Trade Facilitation*, https://unctad.org/system/files/official-document/dtltlb2017d1_en.pdf. [31]

Universidade Federal de São Carlos (2021), *Reequilíbrio Econômico, Repactuação ou Reajuste de Contratos*, https://www.proad.ufscar.br/pt-br/servicos/contratos/gestao-de-contratos/reequilibrio-economico-de-contratos#:~:text=O%20reequil%C3%ADbrio%20econ%C3%B4mico%2Dfinanceiro%2C%20recomposi%C3%A7%C3%A3o,de%20consequ%C3%AAncias%20incalcul%C3%A1veis%2C%20retardad. [112]

Van Hooydonk, E. (2014), *Port Labour in the EU. Labour Market, Qualifications & Training, Health & Safety, Volume 1 - The EU Perspective. Portius.* [87]

Notas

[1] Este valor de 0,16% é de 2019, antes da pandemia de COVID-19, e são os dados disponíveis mais recentes. O volume de serviços prestados pelo transporte aquaviário tem estreita relação com as habilidades e capacidades de movimentação de carga dos portos (IBGE, 2022[99]). Os dados dos serviços de transporte aquaviário abrangem a seção H - Transporte e Armazenamento, divisão 50 (transporte aquaviário), do CNAE 2.0 (Classificação Nacional de Atividades Econômicas). Os dados de 2019 são os mais recentes disponíveis para o nível de segregação.

[2] Uma medida da importância de um setor para uma economia é o nível de emprego que ele exige para funcionar. O emprego no setor de transporte aquaviário brasileiro e nas respectivas atividades auxiliares aumentou nos últimos anos. Em 2006, o setor tinha cerca de 51 mil empregos; em 2002, esse número havia subido para quase 89.000, um aumento de 75%, cujo principal motivo foi a navegação de apoio: os empregos passaram de menos de 2.000 em 2006 para mais de 18.000 em 2020 (um aumento de 851%) (Ministério do Trabalho e Previdência, 2022[90]). Os dados abrangem a seção H – Transporte e armazenamento, divisão 50 – Transporte aquaviário; Seção H – Transporte e armazenamento, divisão 52 – Armazenamento e atividades auxiliares dos transportes, grupo 52.3 – Atividades auxiliares dos transportes aquaviários, da CNAE 2.0 (Classificação Nacional de Atividades Econômicas).

[3] O STRI da OCDE identifica restrições em cinco categorias de políticas – barreiras à concorrência; transparência regulatória; restrições à circulação de pessoas; restrições à entrada de estrangeiros; e outras medidas discriminatórias – em 19 grandes setores de serviços em 45 países. O STRI pontua em uma escala de 0 (abertura total ao comércio e investimento) a 1 (totalmente fechado para serviços estrangeiros). Ver https://stats.oecd.org/Index.aspx?DataSetCode=STRI.

[4] O resultado composto considera as cinco categorias de restrições: restrições à entrada de estrangeiros, restrições à circulação de pessoas, outras medidas discriminatórias, barreiras à concorrência e transparência regulatória.

[5] O Fórum Econômico Mundial calcula o Índice de Competitividade Global (GCI) usando estatísticas de organizações internacionais e uma pesquisa de opinião de executivos. O GCI é composto por 103 indicadores, organizados em 12 pilares. O pilar infraestrutura engloba 12 indicadores, incluindo a "eficiência dos serviços portuários", para mensurar a percepção dos líderes empresariais sobre a eficiência (frequência, pontualidade, velocidade, preço) dos serviços portuários, incluindo balsas e navios em uma determinada economia. (Países sem saída para o mar são avaliados pelo seu acesso aos serviços portuários.) Ele varia de 1 (extremamente ineficiente e o pior do mundo) a 7 (extremamente eficiente e o melhor do mundo). Ver https://govdata360.worldbank.org/indicators/

[6] No modelo *landlord*, a autoridade portuária é pública, responsável pela infraestrutura básica e operacional, enquanto os terminais são arrendados ou concedidos a operadores de terminais privados. No modelo totalmente privatizado, os serviços e ativos são de propriedade privada e o porto é administrado por uma única empresa privada (Banco Mundial, 2007[56]).

[7] Os investimentos anuais realizados em TUPs não são divulgados pela ANTAQ; no entanto, a Associação de Terminais Portuários Privados (ATP) publica dados em seu site sobre investimentos planejados em terminais privados.

[8] A superestrutura portuária é uma instalação ou terminal portuário "construído na superfície do porto, de acordo com os tipos de mercadorias a serem movimentadas", como contêineres para carga geral, veículos e outras mercadorias, como produtos agrícolas, minerais e fluidos. Esses terminais são sustentados por equipamentos fixos (armazéns, dutos) e móveis (guindastes, veículos), elementos que constituem a superestrutura portuária: eles são mantidos na infraestrutura e permitem a movimentação de cargas no porto (OCDE, 2011[2]).

[9] Ministério da Infraestrutura (Secretaria Executiva); Gabinete Executivo do Presidente do Brasil; Ministério da Justiça e Segurança Pública; Ministério da Defesa (Marinha); Ministério da Economia; Ministério da Agricultura, Pecuária e Abastecimento; Agência Nacional de Vigilância Sanitária (ANVISA); e Agência Nacional de Transportes Aquaviários (ANTAQ).

[10] Antes da Lei 12.815/2013 os TUPs podiam estar localizados dentro da área dos portos públicos. Por esse motivo, alguns deles contratados antes da Lei ainda permanecem dentro da área do porto público. Em dezembro de 2021, havia 18 TUPs dentro de portos públicos.

[11] As seis estatais responsáveis pela gestão dos portos públicos tiveram prejuízo de R$ 1,042 bilhão em 2018. Em 2019, elas tiveram superávit de R$ 911 milhões e em 2020, o superávit foi de R$ 162,3 milhões, pois tiveram que arcar com despesas extraordinárias, como o acordo para sanar o déficit atuarial do fundo de pensão Portus e os programas de demissão voluntária.

[12] A Codesa é responsável pela gestão dos portos de Vitória e Barra do Riacho. De acordo com estudos preliminares do BNDES, os quatro portos administrados pela Codesa têm perfil de carga diversificado (combustíveis líquidos, granéis sólidos, ferro-gusa, fertilizantes e contêineres), movimentam cerca de 7 milhões de toneladas de peso bruto anualmente e geram R$ 155 milhões no faturamento total em 2019.

[13] O Guia de Avaliação Concorrencial da OCDE ajuda os governos a eliminar as barreiras à concorrência, fornecendo um método para identificar restrições desnecessárias às atividades de mercado e desenvolvendo medidas alternativas, menos restritivas, que ainda atinjam os objetivos da política governamental; ver www.oecd.org/competition/assessment-toolkit.htm

[14] Existem dois tipos de revisões tarifárias: ordinárias e extraordinárias. A revisão tarifária ordinária é realizada periodicamente, a cada três ou, no máximo, a cada cinco anos, conforme calendário determinado pela ANTAQ. A revisão extraordinária da tarifa pode ocorrer por iniciativa da ANTAQ ou por

solicitação da autoridade portuária afetada por desequilíbrio econômico-financeiro causado pela estrutura tarifária vigente; por exemplo, circunstâncias imprevistas fora do controle da administração portuária podem ocorrer e afetar os insumos sobre os quais a fixação da tarifa foi baseada.

[15] A ANTAQ destaca que as primeiras revisões tarifárias à luz da Lei 12.815/2013 foram mais minuciosas e demoradas, pois os passivos históricos foram sendo eliminados e toda a estratégia comercial de cada porto foi rediscutida, o que levou os gestores portuários a repensarem cuidadosamente o negócio.

[16] A legislação brasileira estabelece que concessão portuária é a outorga da administração e operação portuária por um determinado período. A diferença básica, na regulamentação brasileira, entre concessão de portos públicos e arrendamento reside no fato de que a concessionária é responsável pela administração portuária e exerce a função de autoridade portuária, enquanto no modelo de arrendamento, o arrendatário atua apenas como operador portuário. Existem algumas diferenças entre a definição brasileira de concessão e arrendamento portuário e aquela encontrada nas publicações acadêmicas internacionais. Para comparações internacionais, a acepção geral de "concessão" é aplicada no Brasil à definição legal de "arrendamento".

[17] Leilão 11/2021 – IMB05 – Contrato 02/2022 e leilão 04/2021 – SSD09 – contrato a ser assinado.

[18] O reequilíbrio econômico-financeiro, a revisão ou a recomposição de preços são instrumentos para restabelecer o equilíbrio da equação financeira da relação firmada entre a Administração e o contratante, prejudicada por evento imprevisível ou previsível, mas com consequências incalculáveis, retardantes ou impeditivas na celebração do contrato, ou ainda, em caso de força maior, caso fortuito ou fato do príncipe, configurando circunstâncias econômicas extraordinárias e extracontratuais, de acordo com as regras estabelecidas pela Lei 8.666/1993 (Universidade Federal de São Carlos, 2021[112]).

[19] Após 2021, com o acréscimo do § 9º ao artigo 42 do Decreto 8.033/2013 e do § 1º ao artigo 8º da Portaria 530/2019, há um "processo extraordinário" em que o arrendatário poderá realizar investimentos não previstos em contrato, sem anuência do poder concedente e análise prévia da Antaq, desde que sejam exclusivamente por conta própria e sem alterar o equilíbrio econômico-financeiro do contrato.

[20] Existem três situações que podem permitir que o poder concedente autorize investimentos de forma imediata e urgente antes da análise da ANTAQ: 1) investimento necessário ao cumprimento de exigências dos órgãos ou das entidades da administração pública com competência para intervir nas operações portuárias; 2) investimento necessário para restabelecer a operacionalidade da instalação portuária devido a uma situação superveniente que impeça ou dificulte a prestação dos serviços portuários; 3) investimento para aumentar a eficiência operacional ou ampliar a capacidade da instalação portuária quando a medida se mostrar urgente para os usuários (Ministério da Infraestrutura, 2020[64]).

[21] Artigo 14, parágrafo único, Lei nº 537/1997.

[22] Artigo 0103, NORMAM 12/DPC.

[23] Artigo 5, inciso f, Lei nº 1658 de 4 de agosto de 1952.

[24] Artigo 0102, NORMAM 12/DPC.

[25] Artigo 0122, NORMAM 12/DPC.

[26] Anexo 4-F, NORMAM 12/DPC.

[27] Anexo 4-D, NORMAM 12/DPC.

28 (Florida Harbor Pilots, 2022[111]); (Subsecretaría de Formación, Capacitación y Titulación del personal embarcado de la Marina Mercante, 2021[116]).

29 Artigo 12(1) (B), Decreto-Lei nº 48/2002.

30 Artigo 0201, inciso b, NORMAM 12/DPC.

31 Ver www.marinha.mil.br/dpc/processo-seletivo-categoria-de-praticante-de-pratico.

32 Artigo 0405, NORMAM 12/DPC.

33 Artigo 0245, NORMAM 12/DPC.

34 Segundo o Superior Tribunal de Justiça, a praticagem é um serviço privado confiado a pessoas físicas que atendam aos requisitos estabelecidos pela Autoridade Marítima para sua seleção e qualificação. (Superior Tribunal de Justiça, 2017[77])

35 Artigo 0226, NORMAM 12/DPC.

36 O Representante dos Práticos da Zona de Praticagem é aquele que reúne todos os Práticos de uma ZP e que os representa perante a Marinha. Quando houver mais de uma entidade de praticagem, o representante será aquele indicado por consenso entre os práticos habilitados. Caso não haja acordo, caberá à Marinha escolher esse representante (Artigo 0120 da NORMAN 12/DPC).

37 Decreto-Lei nº 2596 de 18 de maio de 1998.

38 Por exemplo, Portaria nº 135/DPC, de 7 de julho de 2010 e Portaria nº 84/DPC de 22 de setembro de 2003.

39 Por exemplo, ver Portaria nº 383/DPC, de 25 de outubro de 2019.

40 Os preços de praticagem não são pagos na chegada ou partida da embarcação. Quando não há acordo de pagamento, os navios ainda podem entrar ou sair do porto, mas podem se recusar a pagar e os práticos podem entrar com uma ação exigindo o pagamento.

41 Os PECs estão sujeitos às seguintes condições: 1) os capitães devem estar em suas funções no navio há pelo menos 24 meses; 2) dentro do porto e terminal de interesse, o capitão deve ter realizado, no mínimo, 18 tarefas de praticagem, incluindo 12 manobras de atracação-desatracação obrigatórias, nos 24 meses anteriores, e possuir comprovação dessas tarefas; e 3) de acordo com a especificidade de cada zona de praticagem, o capitão do porto poderá estabelecer requisitos adicionais.

42 Enquanto a contratação de serviços de praticagem aumenta os custos dos armadores, contar com serviços especializados dos práticos pode diminuir a percepção de risco e reduzir os custos de seguro, que podem ser significativos quando comparados ao custo geral de transporte. Para minérios de ferro transportados para ou do Brasil, os custos de seguro atingiram 10% em 2016, enquanto estimativas da OCDE mostram que os custos agregados de seguro variam de 0,6% a 4,6% em 2016. Em caso de acidente, além da embarcação e sua carga, há custos de terceiros, como os relacionados às operações portuárias, que podem ser incorridos pelo armador.

43 Dado que parte das tarefas desempenhadas em um navio não tinha necessariamente o mesmo capitão, este valor situa-se no intervalo superior do número de licenças PEC que poderiam ser concedidas no período de 2017 a 2021.

44 No Brasil, o termo "trabalhador portuário" inclui os trabalhadores que executam tarefas de capatazia, estiva, conferência de carga, reparo de carga, vigilância e manutenção de embarcações (limpeza e conservação de embarcações mercantes e seus tanques, incluindo ferrugem, pintura, pequenos reparos e serviços correlatos) (Ministério da Infraestrutura, 2014[117]).

45 Artigo 2 da Resolução ANTAQ nº 72/2022.

[46] As demais atividades consistem no gerenciamento de riscos de cargas perigosas, no cadastramento de empresas ou pessoas, na permanência de veículos para retirada, na liberação de documentos ou na circulação de prepostos.

[47] De acordo com o artigo 1º da Lei nº 8.630/93, o porto organizado – ou público – é aquele "construído e aparelhado para atender às necessidades da navegação e da movimentação e armazenagem de mercadorias, concedido ou explorado pela União, cujo tráfego e operações portuárias estejam sob a jurisdição de uma autoridade portuária".

[48] Havia três instrumentos previstos na Lei nº 8.630/93 para a delegação dos serviços portuários a empreendimentos privados: arrendamento, concessão e autorização.

[49] Movimentos do convés ou porão do navio para o seu costado.

[50] Movimento em terra, do costado do navio até o portão do terminal.

[51] Artigo 1º do Decreto nº 1.910/96. Após a edição do Decreto nº 4.543/2002, os terminais retroportuários passaram a ser denominados também de "portos secos".

[52] Despacho aduaneiro significa a conclusão da "nacionalização" de um contêiner, compreendendo a análise de documentos e verificações de contêineres por um fiscal da Receita Federal do Brasil (Receita Federal do Brasil, 2014[114]).

[53] Para as competências dos terminais retroportuários, ver (Receita Federal do Brasil, 2022[115]).

[54] Artigo 4 º da Lei nº 13.874/2019.

[55] Artigo 5, Resolução Normativa nº 34/2019

[56] O MoU nº 01/2021 também foi assinado pelo Ministro da Infraestrutura.

[57] Ver www.marinha.mil.br/dpc/sites/www.marinha.mil.br.dpc/files/NORMAM%2012%20-%20MOD%2023_0.pdf.

[58] O DIEESE (2020) identifica 31 OGMOs em todo o país; ver www.dieese.org.br/perfildecategoria/2013/perfilTrabalhadorPortuarioRAIS2013.html.

[59] Em 2020 o Porto de Santos movimentou 1.992.541 contêineres, ou cerca de 44% do total deles movimentados pelos portos públicos.

[60] ANTAQ, "Estatístico Aquaviário 2.1.4", http://ea.antaq.gov.br/QvAJAXZfc/opendoc.htm?document=painel%5Cantaq%20-%20anuário%202014%20-%20v0.9.3.qvw&lang=pt-BR&host=QVS%40graneleiro&anonymous=true.

4 Achados horizontais sobre os setores de aviação civil e portuário

Diversas regulamentações que se aplicam aos setores de aviação civil e portuário apresentam desafios à concorrência. Essas normas estão relacionadas a compras públicas e procedimentos para que empresas estrangeiras atuem no Brasil. Este capítulo faz recomendações para reforma.

Além da análise da legislação que trata especificamente dos setores de aviação civil e portuário apresentados nos capítulos 2 e 3, este capítulo aborda as barreiras identificadas na legislação horizontal que se aplica a ambos os setores, discutindo, especificamente, questões relacionadas a:

- simplificação regulatória
- autorização para as empresas estrangeiras atuarem no Brasil
- licitações e contratos públicos.

4.1. Simplificação regulatória

4.1.1. Descrição do obstáculo

As regulamentações analisadas neste projeto geralmente estão espalhadas em textos legais e, às vezes, repetidas em diferentes instrumentos normativos. Para determinar as regras aplicáveis, as empresas precisam identificar os dispositivos relevantes em cada texto distinto e entender como eles interagem entre si. Novas legislações nem sempre revogam explicitamente as disposições anteriores. Por exemplo, o Código Brasileiro de Aeronáutica, que reúne legislação aplicável ao setor de aviação civil, contém diversos dispositivos obsoletos ou ultrapassados, mas não explicitamente revogados.[1] A recém-promulgada Lei nº 14.368/2022 revogou explicitamente a maioria desses dispositivos obsoletos ou ultrapassados. Outros dispositivos identificados pela equipe da OCDE como obsoletos estão disponíveis em uma planilha Excel separada, disponível em nosso site.

As deficiências na qualidade regulatória são refletidas na pontuação do Brasil no Indicador de Governança Mundial do Banco Mundial (Figura 4.1). Essa estimativa da qualidade regulatória capta a percepção da capacidade de um governo de formular e implementar políticas e regulações sólidas que permitam e promovam o desenvolvimento do setor privado. O Brasil está abaixo da média da América Latina e Caribe.

Figura 4.1. Classificação percentual de qualidade regulatória do Indicador de Governança do Banco Mundial, 2017-20

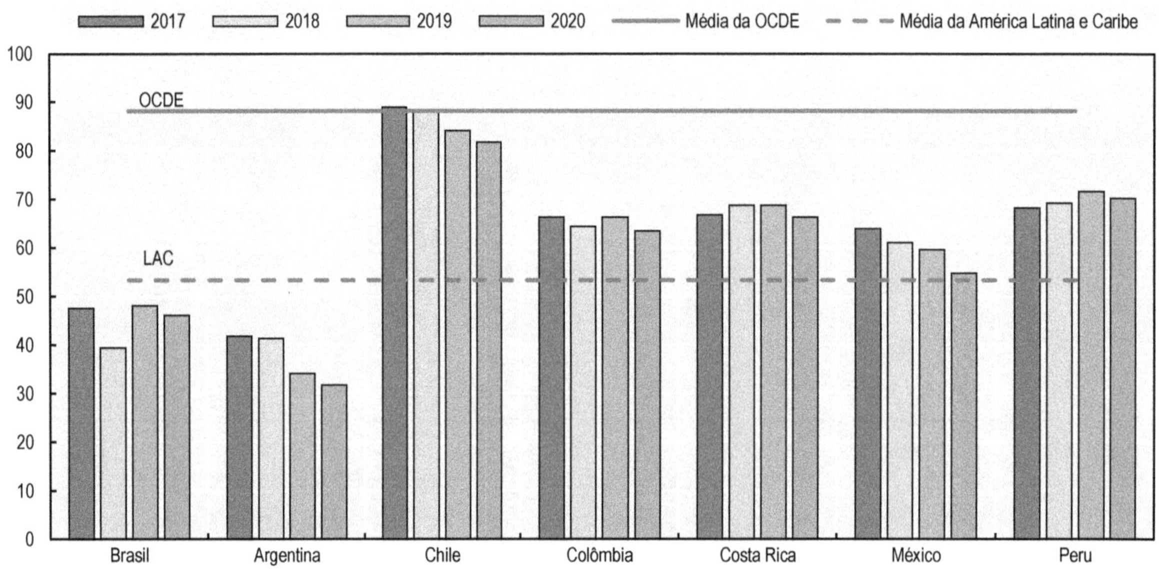

Observação: a classificação percentual varia de 0 (mais baixa) a 100 (mais alta). A linha contínua é a classificação percentual média dos países da OCDE (88) e a linha tracejada é a classificação percentual média dos países da América Latina e Caribe (ALC) (53).
Fonte: Indicadores de Governança Mundial do Banco Mundial, http://info.worldbank.org/governance/wgi

Recentemente, o governo brasileiro fez algumas melhorias regulatórias. Desde 2019, ele implementa um programa que visa revisar e consolidar as regulamentações, incluindo a abolição explícita de dispositivos obsoletos, eliminação de inconsistências e ambiguidades, simplificação da redação legal e harmonização de termos. Esses esforços resultaram em mais de 74.000 regulamentações revisadas por 79 órgãos públicos e cerca de 31.500 revogadas (Secretaria Geral da Presidência da República, 2022[1]). Além disso, está disponível um Portal Legislativo público; esta base de dados jurídica inclui versões consolidadas de todos os textos de leis, incluindo as suas respectivas alterações posteriores.[2] No entanto, a análise da OCDE mostrou que o problema da legislação obsoleta persiste.

4.1.2. Dano à concorrência

A dificuldade em identificar a legislação aplicável em vigor, principalmente devido à existência de dispositivos obsoletos ou ultrapassados, poderá constituir uma barreira regulamentar à entrada. Isso cria uma incerteza jurídica e, portanto, aumenta potencialmente os custos de conformidade regulatória e legal para os participantes do mercado.

Em contrapartida, um quadro regulamentar claro e facilmente acessível é essencial para os novos entrantes que não necessariamente conheçam o marco regulatório nacional e para as pequenas empresas, cujos custos de conformidade e encargos administrativos são relativamente mais importantes em comparação com empresas maiores.

4.1.3. Comparação internacional

O desenvolvimento e a implementação transparentes de regulações é um dos princípios essenciais da qualidade regulatória (ver Quadro 4.1). A transparência e a prestação de contas ao público estão entre os requisitos para a boa governança dos reguladores (OCDE, 2014[2]), pois a transparência intensifica a prestação de contas e a confiança no regulador. Além disso, a clareza ajuda as empresas reguladas a entender as políticas e as expectativas dos reguladores e a prever como elas serão monitoradas e aplicadas.

Quadro 4.1. O que é qualidade regulatória?

As regulações são regras que regem a vida cotidiana das empresas e a dos cidadãos. Elas são essenciais, mas também podem ser onerosas em termos econômicos e sociais. Nesse contexto, "qualidade regulatória" significa melhorar o desempenho, a relação custo-benefício e a qualidade legal das formalidades regulatórias e administrativas. A noção de qualidade regulatória abrange o processo – o modo como as regulações são desenvolvidas e aplicadas – que deve seguir os princípios essenciais de consulta, transparência e prestação de contas e ser baseado em evidências. O conceito de qualidade regulatória também analisa os resultados para entender se as regulações são eficazes para atingir os seus objetivos, eficientes (não impõem custos desnecessários), coerentes (quando consideradas dentro do regime regulatório completo) e simples (as próprias regulações e as regras para sua implementação são claras e de fácil compreensão para os usuários).

Com base na *Recomendação do Conselho da OCDE sobre Melhoria da Qualidade da Regulação Governamental*, adotada em 1995, a qualidade regulatória pode ser definida como regulações que:

1. atendem objetivos de políticas devidamente identificados e são eficazes em alcançá-los
2. são claras, simples e práticas para os usuários
3. têm um fundamento legal e empírico bastante sólido
4. são compatíveis com as outras regulações e políticas
5. produzem benefícios que justificam os custos, levando em consideração a distribuição dos impactos pela sociedade e os efeitos econômicos, ambientais e sociais
6. são implementadas de maneira justa, transparente e proporcional
7. minimizam os custos e as distorções de mercado
8. promovem a inovação por meio de incentivos de mercado e abordagens baseadas em objetivos
9. são compatíveis na medida do possível com os princípios de concorrência, comércio e facilitação do investimento nos âmbitos nacional e internacional.

Fonte: (OCDE, 2015, pp. 23-24[3]).

Para melhorar a qualidade regulatória, a OCDE reconhece a necessidade de os governos garantirem um programa abrangente que inclua a revisão sistemática das regulações existentes, com o objetivo de garantir a sua eficiência e eficácia e reduzir os custos regulatórios para os cidadãos e as empresas (OCDE, 2012[4]).[3]

Recomendação

A OCDE recomenda que a legislação ultrapassada seja expressamente abolida. A longo prazo, versões consolidadas das leis em vigor devem sempre ser disponibilizadas ao público.

4.2. Autorização para as empresas estrangeiras atuarem no Brasil

4.2.1. Descrição do obstáculo e objetivo dos formuladores de políticas

Uma empresa estrangeira que quiser atuar no Brasil por meio de uma filial deve obter uma autorização prévia do governo federal,[4] por meio do Departamento Nacional de Registro Empresarial e Integração, DREI, que faz parte do Ministério da Economia.[5] Da mesma forma, as alterações no estatuto social de uma empresa estrangeira devem ser aprovadas pelo DREI para entrarem em vigor no Brasil.[6] A obtenção de tal autorização requer um procedimento formal, semelhante a um registro, mesmo que o DREI verifique apenas se a empresa estrangeira apresentou todos os documentos exigidos indicados na legislação[7] e não faça nenhuma análise substancial das operações futuras da empresa no país.

Após obter a autorização emitida pelo DREI, uma empresa estrangeira deve apresentar alguns desses mesmos documentos à Junta Comercial,[8] que realiza a própria análise formal, com a intenção de garantir que todos os documentos necessários para o registro tenham sido apresentados.[9] O registro na Junta Comercial é uma exigência para todas as empresas no Brasil (incluindo uma filial ou agência), sejam elas nacionais ou estrangeiras.

Após uma reforma de 2019 destinada a simplificar o procedimento de autorização,[10] as empresas estrangeiras já podem solicitar a autorização on-line pelo Portal de Atendimento do Governo Federal.[11] Além disso, de acordo com a Instrução Normativa nº 82/2021, é possível obter a autenticação digital de documentos societários pelas juntas comerciais, simplificando ainda mais o procedimento para empresas estrangeiras. Essas mudanças reduziram drasticamente o prazo necessário para a emissão dessa autorização (de 45 para 3 dias). Por fim, a Lei nº 14.368/2022 alterou recentemente o artigo 225 da Lei nº 7.565/1986 (Código Brasileiro de Aeronáutica), estabelecendo que as companhias aéreas estrangeiras não precisam mais obter a referida autorização do DREI para atuar no Brasil.

Ao avaliar a pontuação do Brasil no Índice de Restrição Regulatória de Investimento Estrangeiro Direto (IED) da OCDE, os setores aéreo e marítimo não têm restrições para requisitos de triagem e aprovação prévia (Tabela 4.1).

Tabela 4.1. Requisitos de triagem e aprovação prévia, Índice de Restrição Regulatória de IED da OCDE, 2020

País	Marítimo	Aéreo	Todos os setores
Brasil	0,000	0,000	0,009
Argentina	0,000	0,000	0,000
Chile	0,000	0,000	0,000
Colômbia	0,000	0,000	0,000
Costa Rica	0,000	0,000	0,000
México	0,100	0,100	0,100
Peru	0,000	0,000	0,000
Países da OCDE	0,021	0,021	0,015

Observação: escala de índice de 0 a 1, sendo 1 a mais restritiva. Mecanismos de triagem aplicáveis apenas a investidores estrangeiros. Em sua forma mais restritiva, eles podem aplicar necessidades econômicas, benefícios econômicos líquidos ou testes de interesse nacional tanto para start-ups quanto para aquisições. Em outros casos, eles são automáticos e não passam de um requisito de pré-notificação para os investidores (OCDE, 2010[5]).
Fonte: OCDE, https://stats.oecd.org/Index.aspx?datasetcode=FDIINDEX#.

O Índice de Restrição Regulatória de IED da OCDE mensura quatro tipos de restrições legais ao investimento estrangeiro direto; que são 1) restrições de capital estrangeiro; 2) requisitos de triagem e aprovação prévia; 3) regras para pessoal-chave; e 4) outras restrições à operação de empresas estrangeiras. Para eles, o Brasil também pontua abaixo da média da OCDE e de outros países vizinhos, principalmente nos setores aéreo e marítimo, o que significa que o Brasil está mais aberto a investidores estrangeiros do que esses países de referência, exceto a Costa Rica (Figura 4.2).

Figura 4.2. Restrições, todos os tipos, Índice de Restrição Regulatória de IED da OCDE, 2020

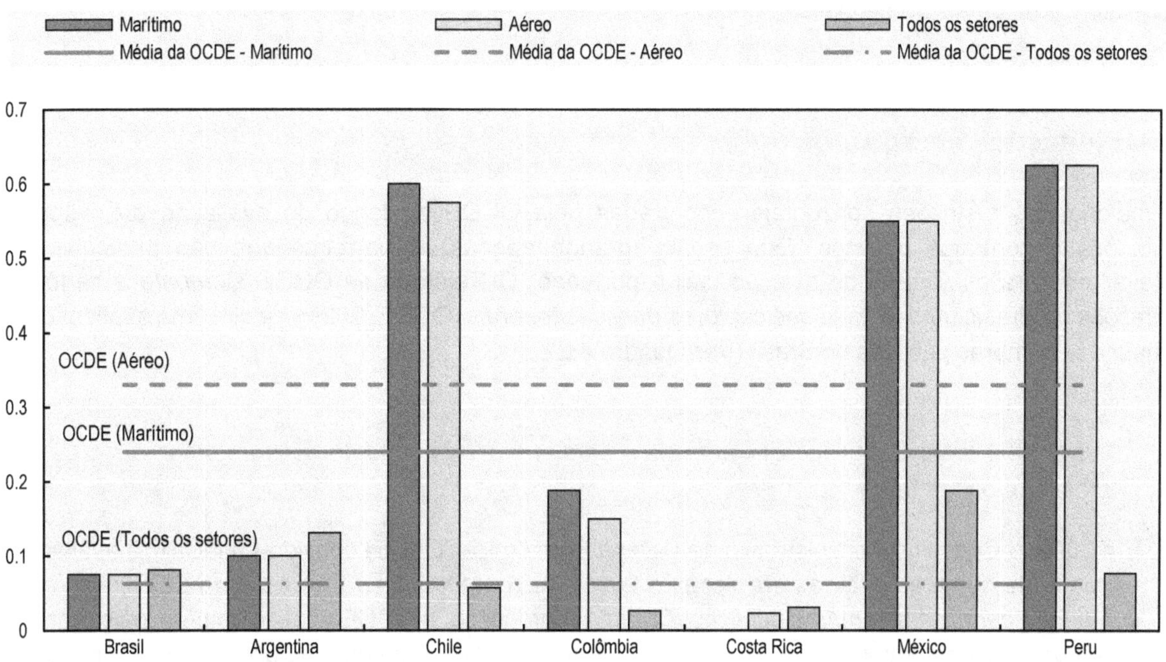

Observação: escala de índice de 0 a 1, sendo 1 a mais restritiva. As linhas horizontais correspondem à média de todos os países da OCDE para marítimo (0,24), aéreo (0,33) e todos os setores (0,06).
Fonte: OCDE, https://stats.oecd.org/Index.aspx?datasetcode=FDIINDEX#.

Embora não haja um considerando oficial do objetivo desses dispositivos, a equipe da OCDE presume que eles visam garantir que as empresas estrangeiras só possam atuar no Brasil se cumprirem a legislação nacional, como as leis societárias, tributárias e trabalhistas. No entanto, conforme mencionado anteriormente, sem uma avaliação substancial dos pedidos, é possível que o dispositivo não garanta o cumprimento do objetivo da política. Segundo o DREI, no passado, essas disposições também permitiam ao governo acompanhar todas as empresas estrangeiras que entravam no mercado brasileiro.

4.2.2. Dano à concorrência

Atualmente, existem dois procedimentos semelhantes destinados a atingir o mesmo objetivo de manter um registro de empresas estrangeiras que atuam no Brasil. Embora sejam simples e rápidos, eles constituem um ônus adicional e podem desestimular a entrada de empresas estrangeiras no mercado brasileiro.

De modo mais amplo, a exigência de autorização prévia para empresas estrangeiras e a complexidade do procedimento para abrir uma filial no Brasil aumentam os custos de entrada.[12] Isso é confirmado por muitas empresas que optaram por constituir uma empresa distinta no Brasil para estabelecer a sua presença.[13] No entanto, essa solução alternativa também envolve custos, pois exige a constituição de uma entidade distinta da controladora e a adoção de um dos tipos societários disponíveis no Brasil.

Recomendação

A OCDE recomenda que as autoridades brasileiras considerem abolir a necessidade de autorização prévia para uma empresa estrangeira atuar no Brasil e exigir apenas o registro de documentos societários na Junta Comercial.

4.3. Licitações e contratos públicos

A maioria das restrições horizontais encontradas pela OCDE ao longo da avaliação diz respeito a licitações e contratos públicos. Esta seção abrange apenas as barreiras que são particularmente relevantes para os setores de aviação civil e portuário. O Relatório da OCDE *Combate a cartéis em licitações no Brasil: uma revisão das compras públicas federais* (OCDE, 2021[6]) inclui uma avaliação mais ampla das compras públicas no Brasil (Ver Quadro 4.2).

Quadro 4.2. Relatório da OCDE: *Combate a cartéis em licitações no Brasil: uma revisão das compras públicas federais*

Em 2020, o Conselho Administrativo de Defesa Econômica (CADE) convidou a OCDE a avaliar a estrutura de compras públicas brasileiras à luz da *Recomendação e Diretrizes da OCDE sobre o combate a cartéis em compras públicas*. Durante o processo, a OCDE avaliou as principais regras que regem as compras públicas no Brasil no âmbito federal, bem como as práticas dos principais compradores federais. A avaliação da OCDE foi apresentada em um relatório divulgado em 2021.

As principais recomendações para melhorar a concorrência nas compras públicas incluíram:

1. reconhecer e aprimorar o papel fundamental dos agentes de compras públicas no combate a cartéis em licitações
2. elaborar procedimentos licitatórios embasados em informações adequadas
3. maximizar a participação genuína dos licitantes
4. melhorar os termos das licitação e os critérios de adjudicação de contratos
5. prestar atenção à transparência, publicidade e integridade das propostas apresentadas
6. aumentar a conscientização sobre os riscos de cartéis em licitações
7. detectar e punir cartéis.

Fonte: (OCDE, 2021[6]).

4.3.1. Encargos econômicos e financeiros

Descrição do obstáculo e objetivo dos formuladores de políticas

No Brasil, as leis de licitações de 1993 e 2021[14] e outros marcos regulatórios[15] permitem que as autoridades de licitações solicitem uma série de garantias econômicas e financeiras dos licitantes, incluindo capital mínimo, garantias de desempenho e garantias de proposta.

Os requisitos de capital mínimo são ferramentas para garantir a solvência das empresas participantes de uma licitação. A Lei nº 8.666/1993 permite que a participação em licitação seja restrita a empresas com um determinado capital mínimo. Mais especificamente, esses marcos preveem que as autoridades de licitações podem exigir um capital mínimo ou um patrimônio líquido mínimo equivalente a até 10% do valor estimado do contrato.[16]

As garantias de desempenho asseguram que o contratante cumprirá as suas obrigações nos termos e condições estabelecidos no contrato. No Brasil, as autoridades de licitações podem exigir garantias de desempenho dos licitantes, que incluem cauções em dinheiro e títulos de dívida pública, bem como seguro-garantia ou fiança bancária para garantir uma compensação à autoridade de licitações se o contratante não cumprir o objeto do contrato. De acordo com ambas as leis de licitações,[17] as garantias de desempenho poderão ser exigidas a critério das autoridades de licitações, embora algumas limitações sejam estabelecidas na legislação.[18]

As garantias de proposta são ferramentas utilizadas na fase de apresentação de propostas para garantir que o licitante aceite o contrato nos termos propostos e cumpra a sua oferta. No Brasil, elas não devem ser superiores a 1% do valor estimado do contrato, embora em alguns casos específicos a autoridade possa exigir garantias de até 5% do valor estimado do contrato.[19]

Embora as garantias de proposta e as garantias de desempenho visem dar alguma alavancagem às autoridades de licitações para garantir o cumprimento da oferta e do contrato, respectivamente, os requisitos de capital mínimo destinam-se a garantir que as empresas tenham capacidade econômica e financeira suficiente.

Dano à concorrência

Muitas licitações relacionadas a concessões de aeroportos e arrendamentos portuários exigem que os licitantes forneçam garantias de desempenho, capital mínimo e garantias de proposta. Em determinadas circunstâncias, esses requisitos parecem razoáveis para evitar que as autoridades públicas sofram prejuízos financeiros durante a fase de licitação e o contrato; no entanto, exigir todas as três obrigações com objetivos públicos semelhantes pode ser oneroso em licitações que não envolvam produtos ou serviços particularmente complexos, especializados ou caros. Elas podem aumentar bastante os custos de entrada e, assim, restringir potencialmente o número de participantes na licitação. Nesses casos, as garantias de proposta podem ser especialmente onerosas e podem ser suficientemente substituídas por requisitos de capital mínimo, juntamente com a possibilidade de adjudicar a licitação ao segundo melhor licitante nos casos em que o licitante vencedor não assine o contrato nos termos propostos na licitação.

Recomendação

A OCDE recomenda que as autoridades brasileiras limitem as garantias econômicas e financeiras exigidas para participar de licitações, a fim de diminuir os encargos financeiros e econômicos dos licitantes e aumentar o número de participantes. Isso pode ser feito garantindo que os requisitos sejam os menores possíveis, limitados aos casos em que a assinatura e a formalização dos contratos apresentem sérios riscos, com base em critérios objetivos e proporcionais.

4.3.2. Pré-qualificação

Descrição do obstáculo e objetivo dos formuladores de políticas

O regime de compras públicas no Brasil permite que as autoridades de licitações incluam uma etapa de pré-qualificação dos licitantes no processo.[20] A pré-qualificação é um procedimento de seleção anterior à licitação, que visa avaliar todas ou algumas das qualificações das partes interessadas e se o produto ou serviço ofertado atende aos requisitos técnicos ou de qualidade da autoridade proponente (Justen Filho, 2011[7]). Essa fase administrativa é prevista em edital.

A etapa de pré-qualificação geralmente é incluída quando há necessidade de avaliar minuciosamente as qualificações técnicas das empresas para obras ou serviços de grande porte e alto grau de complexidade (Torres Pereira Júnior, 2003[8]). Para contratos complexos que demandam preparação onerosa, a restrição de participação apenas a participantes com alto nível de especialização pode tornar a licitação mais atrativa, pois aumenta as chances de a empresa pré-qualificada vencê-la (OCDE, 2021[6]).

Dano à concorrência

A publicação da lista de licitantes pré-qualificados[21] facilita a comunicação entre os participantes, aumentando o risco de cartéis em licitações. O Anexo à *Recomendação da OCDE para o combate a cartéis em compras públicas* destaca o risco de práticas colusivas entre grupos pré-qualificados e recomenda, na medida do possível, que os licitantes se qualifiquem durante o processo de licitação para aumentar o nível de incerteza entre as empresas quanto ao número e identificação dos licitantes. As investigações do CADE também confirmaram a gravidade desse risco. Por exemplo, em 2015, a autarquia abriu uma investigação sobre um suposto cartel em uma licitação da Eletrobras Eletronuclear para obras em sua usina nuclear Angra 3. O processo teve uma fase de pré-qualificação, na qual os dois consórcios pré-qualificados supostamente conspiraram para fixar preços e dividir os lotes da licitação (Conselho Administrativo de Defesa Econômica, 2015[9]).

Recomendações

A OCDE tem três recomendações.

1. As autoridades brasileiras devem garantir que o uso da pré-qualificação não limite indevidamente a participação, principalmente quando mais licitantes puderem atender aos requisitos da licitação e, portanto, limitar o número de ofertas não fizer sentido.
2. A introdução de estudos de mercado seria uma ferramenta valiosa para avaliar a situação do mercado fornecedor.
3. As entidades adjudicantes devem assegurar a confidencialidade das identidades dos licitantes pré-qualificados, pelo menos até determinado momento após a conclusão da licitação, ou anonimizar as respectivas informações.

4.3.3. Necessidade de traduções juramentadas e documentos autenticados por consulado para empresas que não atuam no Brasil

Descrição do obstáculo e objetivo dos formuladores de políticas

A Lei nº 8.666/1993 exige que as empresas estrangeiras não atuantes no Brasil que desejem participar de uma licitação apresentem documentos autenticados pelo respectivo consulado e traduzidos por um tradutor juramentado.[22]

A exigência de tradução juramentada e autenticação por um consulado visa garantir que os documentos estrangeiros possam ser devidamente avaliados pela autoridade de licitações.

A nova Lei nº 14.133/2021 não estabelece requisitos semelhantes e prevê solução mais flexível, pois estabelece que as empresas estrangeiras não instaladas no Brasil terão que apresentar os documentos equivalentes exigidos das empresas que atuam no país. Uma legislação secundária deve ser editada pelo Governo Federal definindo os documentos necessários que as empresas estrangeiras que não atuam no Brasil terão que apresentar.[23] No entanto, as traduções juramentadas e autenticações ainda são exigidas.

Dano à concorrência

O cumprimento de todas essas formalidades faz com que a preparação de propostas de empresas estrangeiras seja mais onerosa e complexa, o que pode ser particularmente desafiador quando os prazos das licitações são curtos. Esses requisitos podem restringir (ou pelo menos reduzir os incentivos para) a participação de empresas estrangeiras nos processos licitatórios, reduzindo a concorrência e podendo levar a preços mais altos ou a uma qualidade inferior.

A natureza onerosa deste requisito também é confirmada por uma recente intervenção normativa. O Governo Federal editou a Instrução Normativa nº 10, de 10 de fevereiro de 2020, permitindo que empresas estrangeiras apresentem traduções não juramentadas para participar das licitações. Somente os licitantes vencedores são obrigados a apresentar documentos autenticados pelo respectivo consulado e traduzidos por um tradutor juramentado. A Instrução Normativa nº 10/2020, entretanto, não se aplica aos casos mais relevantes nos setores de aviação civil e portuário (como leilões de concessão e arrendamento), pois se refere apenas a licitações realizadas pelo SICAF (Sistema de Cadastramento Unificado de Fornecedores), um cadastro eletrônico de fornecedores para compras públicas (Poder Executivo Federal, 2022[10]). O SICAF é utilizado apenas para licitações de fornecedores em contratos administrativos para aquisição de bens e serviços, como obras e publicidade, alienações e locações.[24]

Recomendação

A OCDE recomenda que as empresas estrangeiras apresentem traduções não juramentadas de documentos e certificados estrangeiros. A tradução juramentada de documentos autenticados pelo consulado competente só deve ser exigida se uma empresa estrangeira vencer a licitação.

Referências

Cardoso de Meneses, F. (2015), *"Regime diferenciado de contratação – Lei nº 12.462/2011 – e suas implicações nos procedimentos licitatórios e de contratações nacionais"*, http://www.jus.com.br/1035823-fabricio-cardoso-de-meneses/publicacoes. [11]

Conselho Administrativo de Defesa Econômica (2015), *"Administrative Proceeding No. 08700.007351/2015-51"*. [9]

Justen Filho, M. (2011), *"A Pré-qualificação como procedimento auxiliar das Licitações do RDC (Lei 12.462/2011)"*, http://www.justen.com.br/pdfs/IE56/IE56-marcal_rdc.pdf. [7]

OCDE (2022), *OECD Reviews of Regulatory Reform: Regulatory Reform in Brazil*, OECD Publishing, https://doi.org/10.1787/d81c15d7-en. [12]

OCDE (2021), *Fighting Bid Rigging in Brazil: A Review of Federal Public Procurement*, OECD Paris, https://www.oecd.org/competition/fighting-bid-rigging-in-brazil-a-review-of-federal-public-procurement.htm. [6]

OCDE (2015), *Recommendation of the Council on Public Procurement*, https://www.oecd.org/gov/public-procurement/recommendation/. [3]

OCDE (2014), *Factsheet on how competition policy affects macro-economic outcomes*, OECD Paris, http://www.oecd.org/daf/competition/factsheet-macroeconomics-competition.htm. [2]

OCDE (2012), *Recommendation of the Council on Regulatory Policy and Governance*, OECD Publishing, https://doi.org/10.1787/9789264209022-en. [4]

OCDE (2010), *"OECD's FDI Restrictiveness Index: 2010 Update", OECD Working Papers on International Investment, 2010/03*, OECD Publishing, http://www.oecd.org/investment/investment-policy/WP-2010_3.pdf. [5]

Poder Executivo Federal (2022), *"Sistema de Cadastro de Fornecedores - SICAF"*, http://www.gov.br/compras/pt-br/sistemas/conheca-o-compras/sicaf-digital. [10]

Secretaria Geral da Presidência da República (2022), *Governo Federal conclui quinta e última etapa do processo de revisão de atos normativos inferiores a decreto*, https://inovecapacitacao.com.br/governo-federal-conclui-quinta-e-ultima-etapa-do-processo-de-revisao-de-atos-normativos-inferiores-a-decreto/. [1]

Torres Pereira Júnior, J. (2003), *Comentários à Lei das Licitações e Contratações da Administração Pública*, Editora Renovar. [8]

Notas

[1] É importante observar que o Brasil promulgou a Lei nº 14.368/2022, que revogou explicitamente a maioria dessas disposições obsoletas ou ultrapassadas, durante a finalização deste relatório.

[2] Ver www4.planalto.gov.br/legislacao/.

[3] Em junho de 2022, o *Relatório da OCDE sobre a Reforma Regulatória: Reforma Regulatória no Brasil* foi divulgado. Ele considera as barreiras regulatórias à concorrência no Brasil, usando os resultados do país nos indicadores de Regulação do Mercado de Produtos (PMR) da OCDE para propor uma gama de opções de políticas, com o objetivo de tornar o quadro regulatório do país mais favorável à concorrência. O documento também leva em consideração os acordos institucionais e políticos do Brasil para uma melhor regulação. O relatório evidencia o progresso do país até o momento e fornece recomendações para enfrentar os desafios futuros (OCDE, 2022[12]).

[4] Artigo 1.134 do Código Civil Brasileiro.

[5] Artigo 4, inciso X e Artigo 32, inciso II "c", da Lei nº 8.934/1994, e Instrução Normativa DREI nº 77/2020.

[6] Artigo 1.139 do Código Civil Brasileiro.

[7] De acordo com o Artigo 1,134, parágrafo único do Código Civil Brasileiro, eles são: 1) prova de que a empresa está constituída conforme a lei de seu país; 2) contrato social; 3) relação dos membros do quadro societário; 4) cópia do documento interno da empresa que determina o funcionamento no Brasil e o capital destinado às operações no país; 5) prova de nomeação de representante legal no Brasil; e 6) balanço patrimonial mais recente da empresa.

[8] De acordo com o Artigo 3 da Instrução Normativa DREI nº 77/2020, eles são: 1) autorização de funcionamento no Brasil emitida pelo DREI; 2) cópia do documento interno da empresa que determina o funcionamento no Brasil e o capital destinado às operações no país; 3) contrato social; 4) relação dos membros do quadro societário; 5) prova de constituição da sociedade conforme a lei de seu país; 6) comprovante de depósito em dinheiro de capital destinado a operações no Brasil; e 7) declaração indicando o endereço brasileiro da empresa. Os documentos 2, 3, 4 e 5 também são necessários para a autorização prévia.

[9] Artigo 1.136 do Código Civil Brasileiro.

[10] Instrução Normativa DREI nº 59/2019, que altera a Instrução Normativa DREI nº 07/2013. A Instrução Normativa DREI nº 77/2020 revogou as Instruções Normativas DREI nº 59/2019 e nº 07/2013. Até 2019, a autorização era emitida pelo ministro responsável pela supervisão do DREI, após avaliação dos documentos realizada pelo referido departamento. Desde então, o DREI obteve o poder de emitir a própria autorização, o que também simplificou o processo.

[11] Ver https://www.gov.br/pt-br/servicos/requerer-autorizacao-para-atos-de-filial-de-sociedade-empresaria-estrangeira.

[12] A Lei nº 8.666/1993 (Lei Geral de Licitações) exige que as empresas estrangeiras que atuam no Brasil apresentem essas autorizações para participar de um processo licitatório. As empresas que não atuam no país podem participar da licitação sem autorização, que só deve ser apresentada se elas forem as vencedoras. A Lei nº 14.133/2021 (Nova Lei Geral de Licitações) não menciona essa exigência, mas o regime não parece ter mudado.

[13] Ver Thomson Reuters Practical Law, "Establishing a Business in Brazil: Establishing a Presence from Abroad", https://uk.practicallaw.thomsonreuters.com/7-570-8027?transitionType=Default&contextData=(sc.Default)&firstPage=true#co_anchor_a527608.

[14] Em abril de 2021, foi promulgada a Lei nº 14.133, de 1º de abril de 2021, adotando uma nova lei de licitações no Brasil. O Artigo 194 da Lei nº 14.133/2021 determinou que esse marco legal teria vigência imediata. No entanto, a mesma lei (Artigo 193, inciso II) também permite que a lei de licitações anterior no Brasil (Lei nº 8.666, de 21 de junho de 1993) permaneça em vigor até abril de 2023.

[15] Outros marcos regulatórios relacionados a licitações e contratos públicos dizem respeito à Lei nº 11.079/2004 (Lei de Parcerias Público-Privadas), Lei nº 13.303/2016 (Lei das Estatais) e Lei nº 12.462/2011 (Lei do Regime Diferenciado de Licitações). A última foi sancionada como modelo de licitação provisória e diferenciada, visando dar maior agilidade à contratação de bens e serviços e reduzir procedimentos fraudulentos (Cardoso de Meneses, 2015[11]).

[16] Artigo 69, parágrafo 4º da Lei nº 14.133/2021, e Artigo 31, parágrafo 3º da Lei nº 8.666/1993.

[17] A Lei n.º 13.303/2016, referente às estatais, também permite o uso de garantias de desempenho.

[18] Por exemplo, a garantia de desempenho normalmente não deve ultrapassar 5% do valor do contrato, embora possa chegar a 30% do valor em casos específicos.

[19] As duas leis de licitações permitem que autoridades exijam garantias de proposta, assim como a Lei nº 13.303/2016 (Estatais) e a Lei nº 11.079/2004 (Parcerias Público-Privadas).

[20] Artigo 114 da Lei n° 8.666/1993; Artigo 30, parágrafo 2º da Lei nº 12.462/2011 (Lei do Regime Diferenciado de Licitações); Artigo 80, da Lei nº 14.133/2021.

[21] Artigo 80, §9º da Lei nº 14.133/2021.

[22] Artigo 32, parágrafo 4°, da Lei n° 8.666/1993.

[23] Artigo 70, parágrafo único da Lei nº 14.133/2021.

[24] Artigo 1 do Decreto nº 3.722, de 9 de janeiro de 2001.

Anexo A. Metodologia

O Projeto de Avaliação Concorrencial no Brasil teve início no primeiro semestre de 2021 e foi realizado em cinco fases, conforme acordado entre o CADE e a OCDE. Este anexo descreve a metodologia seguida em cada uma das etapas do projeto.

Etapa 1: Mapeamento dos setores e coleta da legislação

O objetivo da Etapa 1 do projeto foi identificar e reunir leis e regulamentos relevantes para o setor. As principais ferramentas utilizadas para identificar a legislação aplicável foram bancos de dados on-line, os sites das autoridades pertinentes e relatórios específicos do setor emitidos por órgãos privados ou governamentais. Além disso, para garantir que todas os instrumentos normativos importantes fossem abrangidas pelo estudo, a equipe consultou membros da indústria e todos os órgãos públicos competentes envolvidos nos setores, membros do Grupo Consultivo de Alto Nível (HLAG), composto por funcionários seniores do governo.

Ao longo do projeto, as listas da legislação foram refinadas conforme instrumentos normativos adicionais eram descobertos pela equipe ou promulgados pelas autoridades, enquanto outros inicialmente identificados foram considerados irrelevantes para os setores ou revogados. No total, aproximadamente 230 instrumentos normativos foram selecionados para análise, incluindo leis, decretos, portarias, regulamentos, editais de licitação e contratos de concessão.

Outro objetivo importante da primeira etapa (que continuou durante todo o período do projeto) foi o estabelecimento de contato com o mercado por meio das principais autoridades, associações da indústria e partes interessadas privadas ativas nos setores. A equipe da OCDE realizou missões de averiguação e se reuniu com partes interessadas do governo e privadas. Entrevistas com participantes do mercado contribuíram para um melhor entendimento de como os setores estudados realmente funcionam na prática e ajudaram na discussão de possíveis barreiras decorrentes da legislação. No total, mais de 30 partes interessadas públicas e privadas contribuíram para os relatórios.

A equipe também fez uma pesquisa on-line para entender melhor as questões de cada setor por meio da perspectiva de partes interessadas privadas. O principal objetivo da pesquisa foi verificar se as partes interessadas privadas consideravam que seus setores tinham barreiras regulatórias. A equipe fez mais de 20 reuniões com associações de empresas que operam nos dois setores para apresentar a pesquisa on-line e explicar o conceito de barreira regulatória de acordo com o Guia para avaliação da concorrência. O resultado da pesquisa foi bastante útil. Em relação ao setor portuário, a equipe recebeu 63 respostas, enquanto no setor de aviação civil foram recebidas 31 respostas.

Com base nos resultados da pesquisa, nas reuniões, na discussão sobre problemas práticos que as partes interessadas enfrentam e com o respaldo de pesquisas adicionais, a equipe da OCDE identificou a legislação a ser priorizada para áreas em que existiam barreiras *prima facie* à concorrência e em que um impacto na concorrência poderia ser esperado em decorrência disso.

Etapa 2: Triagem da legislação e seleção de dispositivos para análise detalhada

Na segunda etapa do projeto, o principal fluxo de trabalho foi a triagem da legislação para identificar dispositivos potencialmente restritivos, bem como fornecer uma visão econômica geral dos setores em questão.

A legislação selecionada na Etapa 1 foi analisada utilizando a estrutura fornecida pelo Guia para avaliação da concorrência da OCDE. Este guia desenvolvido pela OCDE fornece uma metodologia geral para identificar obstáculos desnecessários contidos em leis e regulamentos e para desenvolver políticas alternativas e menos restritivas que ainda atinjam os objetivos governamentais. Um dos principais elementos do guia é um checklist de avaliação concorrencial que faz uma série de perguntas simples para verificar as leis e os regulamentos com o potencial de restringir a concorrência desnecessariamente (ver Quadro A A.1).

Com base na metodologia do guia, a OCDE compilou uma lista de todos os dispositivos que responderam "sim" em qualquer uma das perguntas do checklist. Os especialistas do governo e membros do HLAG receberam listas preliminares e tiveram a oportunidade de comentar. A lista final contou com quase 1.250 dispositivos com potencial para restringir a concorrência nos setores de aviação civil e portos no Brasil.

A OCDE também preparou uma visão econômica geral abrangente do setor em questão (e a refinou em etapas posteriores), abrangendo as tendências do setor e os principais indicadores, como produção, emprego e preços, incluindo comparações com outros países da América Latina e membros da OCDE, quando pertinente. A análise realizada durante essa etapa teve como objetivo fornecer informações básicas para entender melhor os mecanismos dos setores, apresentando uma avaliação geral da concorrência e esclarecendo os atores e as autoridades importantes.

Quadro A A.1. Checklist de Avaliação Concorrencial da OCDE

Uma avaliação concorrencial adicional deve ser realizada se uma legislação responder "sim" a qualquer uma das seguintes perguntas:

A) Limita o número ou a variedade de fornecedores

É provável que esse seja o caso se a lei:

1. concede a um fornecedor direitos exclusivos para fornecer bens ou serviços;
2. estabelece um processo de licenciamento, permissão ou autorização como requisito para a operação;
3. limita a capacidade de alguns tipos de fornecedores de fornecer um bem ou serviço;
4. aumenta significativamente o custo de entrada ou saída de um fornecedor;
5. cria uma barreira geográfica à capacidade das empresas de fornecer bens, serviços ou mão de obra, ou investir capital.

B) Limita a capacidade dos fornecedores de competir

É provável que esse seja o caso se a lei:

1. limita a capacidade dos vendedores de definir os preços de bens ou serviços;
2. limita a liberdade dos fornecedores de realizar publicidade ou *marketing* de seus bens ou serviços;
3. define padrões de qualidade do produto que proporcionam uma vantagem a alguns fornecedores sobre outros ou que estão acima do nível que certos consumidores bem informados escolheriam;
4. aumenta significativamente os custos de produção para alguns fornecedores em relação a outros, particularmente tratando os incumbentes de forma diferente dos novos entrantes.

C) Reduz o incentivo dos fornecedores de competir

Este pode ser o caso se a lei:

1. cria um regime autorregulatório ou corregulatório;
2. exige ou incentiva a publicação de informações sobre a produção, preços, vendas ou custos do fornecedor;
3. isenta a atividade de um determinado setor ou grupo de fornecedores da aplicação da lei de concorrência geral.

D) Limita as opções e informações disponíveis para os consumidores

Este pode ser o caso se a lei:

1. limita a capacidade dos consumidores de decidir de quem compram;
2. reduz a mobilidade dos clientes entre fornecedores de bens ou serviços aumentando os custos explícitos ou implícitos da troca de fornecedor;
3. altera fundamentalmente as informações de que os consumidores precisam para comprar de forma eficaz.

Fonte: (OCDE, 2019[11])

Etapa 3: Avaliação aprofundada dos danos à concorrência

Os dispositivos que passaram para a Etapa 3 foram averiguados para avaliar se poderiam resultar em prejuízos para a concorrência. Paralelamente, a equipe pesquisou os objetivos políticos dos dispositivos selecionados de modo a entender melhor a regulação. O objetivo dos formuladores de políticas foi identificado no preâmbulo da legislação, quando aplicável, por meio de discussões com as autoridades públicas relevantes e/ou por meio da literatura acadêmica.

A análise aprofundada dos prejuízos à concorrência foi realizada qualitativamente e envolveu diversas ferramentas, incluindo a análise econômica e a pesquisa sobre os regulamentos aplicados em outros países. Todos os dispositivos foram analisados com base nas orientações fornecidas pelo Guia para avaliação da concorrência da OCDE. Conversas com especialistas do governo e participantes do mercado complementaram a análise com informações cruciais sobre os objetivos dos legisladores, o processo de implementação na prática e os efeitos das disposições.

No decorrer da Etapa 3, várias outras possíveis barreiras foram retiradas da análise uma vez que os limites dos setores foram estreitados ainda mais para se concentrar exclusivamente nos serviços mais relevantes para os negócios nos setores selecionados. Ademais, após a avaliação aprofundada, a equipe concluiu que algumas das disposições selecionadas não prejudicavam a concorrência. No final da Etapa 3, restavam 618 barreiras que foram consideradas potencialmente prejudiciais à concorrência.

Etapas 4 e 5: Formulação de recomendações e relatório final

Com base nos resultados da Etapa 3, a equipe da OCDE desenvolveu recomendações para os dispositivos que se considerou que restringiam a concorrência. A equipe desenvolveu propostas de políticas alternativas que são menos restritivas para os fornecedores, ao passo em que ainda visam cumprir o objetivo inicial dos formuladores de políticas. Para esse processo, a equipe contou com a experiência internacional sempre que disponível.

Além disso, os benefícios da eliminação das barreiras à concorrência foram analisados qualitativamente e, sempre que possível e relevante, quantitativamente. Nesses casos, o impacto esperado da eliminação de uma restrição regulatória se baseou na metodologia padrão de avaliação do efeito das mudanças nas políticas sobre o excedente do consumidor. Isso é explicado no Quadro A A.2 abaixo.

Quadro A A.2. Avaliando as mudanças no excedente do consumidor

Os efeitos da alteração de regulamentos podem ser examinados como movimentos de um ponto na curva de demanda para outro. Para regulamentos que têm o efeito de limitar a oferta ou aumentar o preço, uma estimativa do benefício ou prejuízo ao consumidor decorrente da mudança de um equilíbrio para outro pode ser calculada. Em gráficos, a mudança é ilustrada como uma curva de demanda de elasticidade constante. Er mostra o equilíbrio com o regulamento restritivo, Ec mostra o ponto de equilíbrio com o regulamento competitivo. O equilíbrio competitivo é diferente do equilíbrio do regulamento restritivo de duas formas importantes: preço mais baixo e maior quantidade. Essas características são um resultado bem conhecido de muitos modelos de concorrência.

Figura A A.1. Mudanças no excedente do consumidor

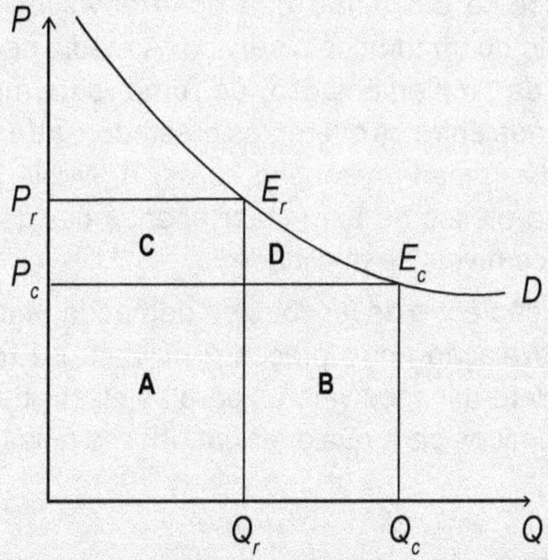

Sob o pressuposto de elasticidade constante da demanda, a equação do benefício do consumidor é a seguinte:

$$CB = C + D \approx (P_r - P_c)Q_r + \frac{1}{2}\ (P_r - P_c)(Q_c - Q_r) \qquad \text{Equation 7}$$

Em casos em que mudanças de preço são esperadas, uma fórmula básica para uma avaliação padrão do benefício ao consumidor decorrente da eliminação da restrição é:

$$CB = \left(\rho + \frac{1}{2}\epsilon\rho^2\right)R_r \qquad \text{Equation 8}$$

Onde CB: medida padrão de prejuízo ao consumidor, ρ: variação percentual no preço relacionada à restrição, R: receita do setor e ϵ: elasticidade da demanda. Quando a elasticidade não é conhecida, uma suposição relativamente padrão é $|\epsilon|$=2. Esse valor corresponde a uma demanda mais elástica do que a existente em um mercado de monopólio, porém, menor do que a demanda perfeitamente elástica existente em um mercado competitivo. Sob essa suposição, a expressão acima é simplificada para:

$$CB = (\rho + \rho^2)R_r \qquad \text{Equation 9}$$

Diversas suposições econômicas foram feitas:

- Supomos quaisquer impostos, ou seja, qualquer implicação resultante do regime de tributação sobre o excedente do consumidor.
- Supomos uma função de demanda regular, linear (ou quase linear), sem prazo aleatório.
- Supomos que o conjunto de serviços dentro de cada setor constitui um "serviço composto" com "volume" Q, pelo qual um "preço composto" P é cobrado no mercado.
- Supomos que o equilíbrio entre os diferentes serviços dentro de cada "serviço composto" não muda, ou muda apenas de forma insignificante, após as mudanças de preço que podem resultar da implementação das recomendações emitidas.
- Não levamos em consideração nenhuma interdependência entre os níveis de preço e qualidade (embora mudanças em qualquer um deles possam afetar o outro). Isso equivale à suposição de que a "qualidade" dos diferentes serviços permanece constante ou sofre mudanças insignificantes. "Qualidade" é um termo que pode envolver uma distribuição de níveis de qualidade dependendo de quem fornece o serviço. A média de qualidade poderia permanecer inalterada em virtude da implementação de uma determinada recomendação, mas a distribuição dessa qualidade entre os diferentes prestadores de serviços poderia mudar (spread de preservação da média (*mean-preserving spread*)). Neste último caso, mesmo com uma média inalterada, haveria efeitos de bem-estar apenas devido à mudança na distribuição de preservação da média dos níveis de qualidade.
- Aqui, não fazemos distinção entre as funções de demanda Marshalliana (relação entre preços e renda) e a Hicksiana (relação entre preços e utilidade). Em qualquer caso, uma vez que faremos suposições de determinados valores para as elasticidades da demanda ($\epsilon = 2$), esses valores podem ser presumidos para qualquer um desses dois tipos de funções de demanda.

Fonte: (OCDE, 2019[2])

As recomendações preliminares foram apresentadas ao HLAG. Após consulta com as partes interessadas públicas relevantes, as recomendações foram finalizadas e este relatório final foi preparado. No total, 368 recomendações foram apresentadas ao governo brasileiro.

Cooperação com o governo brasileiro

Outro componente importante do projeto foi dar assistência na construção das capacidades de avaliação concorrencial do governo brasileiro. A OCDE organizou três workshops durante o decorrer do projeto. Na Etapa 2 do projeto, foi abrangida uma introdução à concorrência e regulação e uma visão geral do projeto e da metodologia na etapa de mapeamento. Na Etapa 3, a equipe forneceu treinamento prático sobre o Guia para avaliação da concorrência da OCDE aplicado na triagem da legislação. Nas Etapas 4 e 5, especialistas do setor forneceram contribuições técnicas sobre a concorrência e o Índice de Restrição ao Comércio de Serviços da OCDE (*Services Trade Restrictiveness Index*) foi apresentado.

Os especialistas do governo brasileiro forneceram uma contribuição significativa no exercício de mapeamento da legislação comentando se os regulamentos coletados eram abrangentes. Posteriormente, a estreita cooperação com os especialistas do governo continuou com a identificação dos objetivos da legislação em seus setores de especialização e discussão sobre as disposições identificadas pela OCDE como restritivas com base no Checklist da Avaliação Concorrencial. No todo, a equipe da OCDE fez mais de 80 reuniões com os ministérios e autoridades nacionais e com as partes interessadas, incluindo especialistas nos setores.

www.ingramcontent.com/pod-product-compliance
Lightning Source LLC
LaVergne TN
LVHW080651011026
849160LV00014B/1382
9789264327153